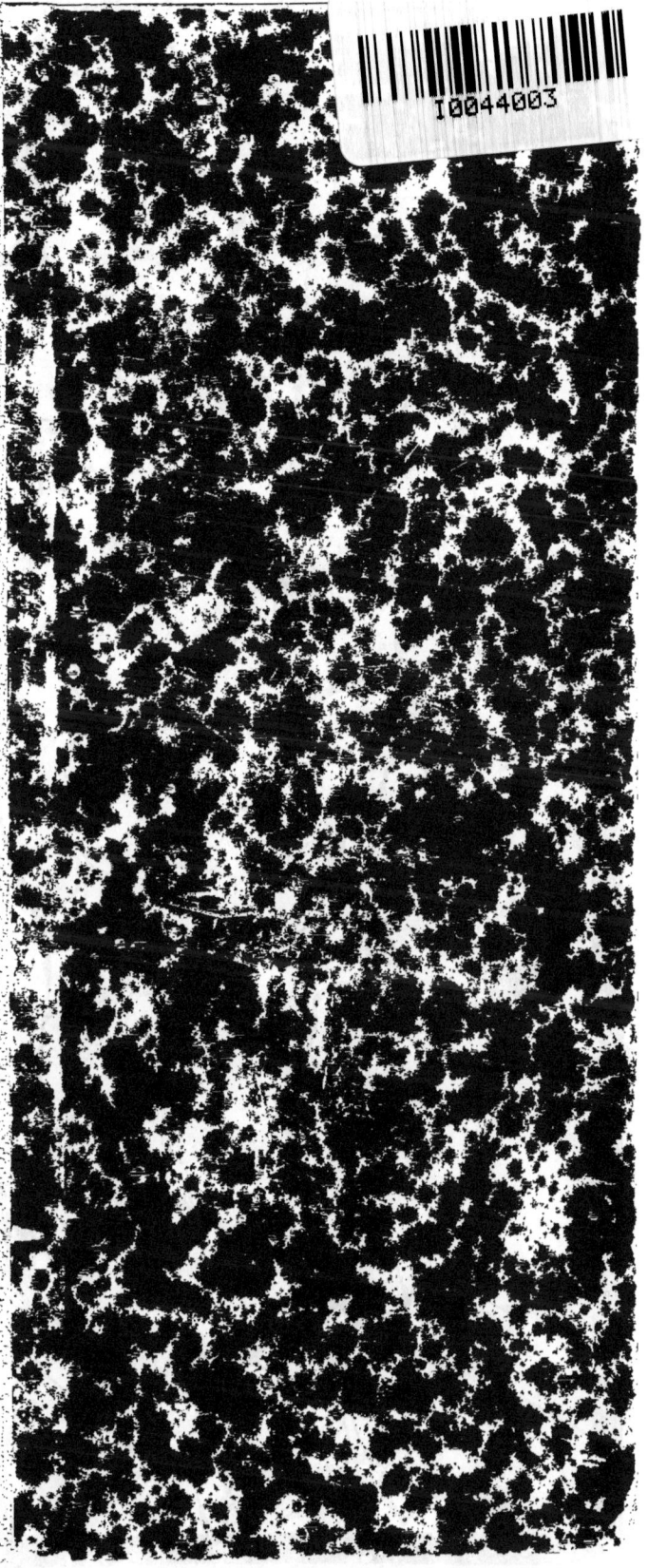

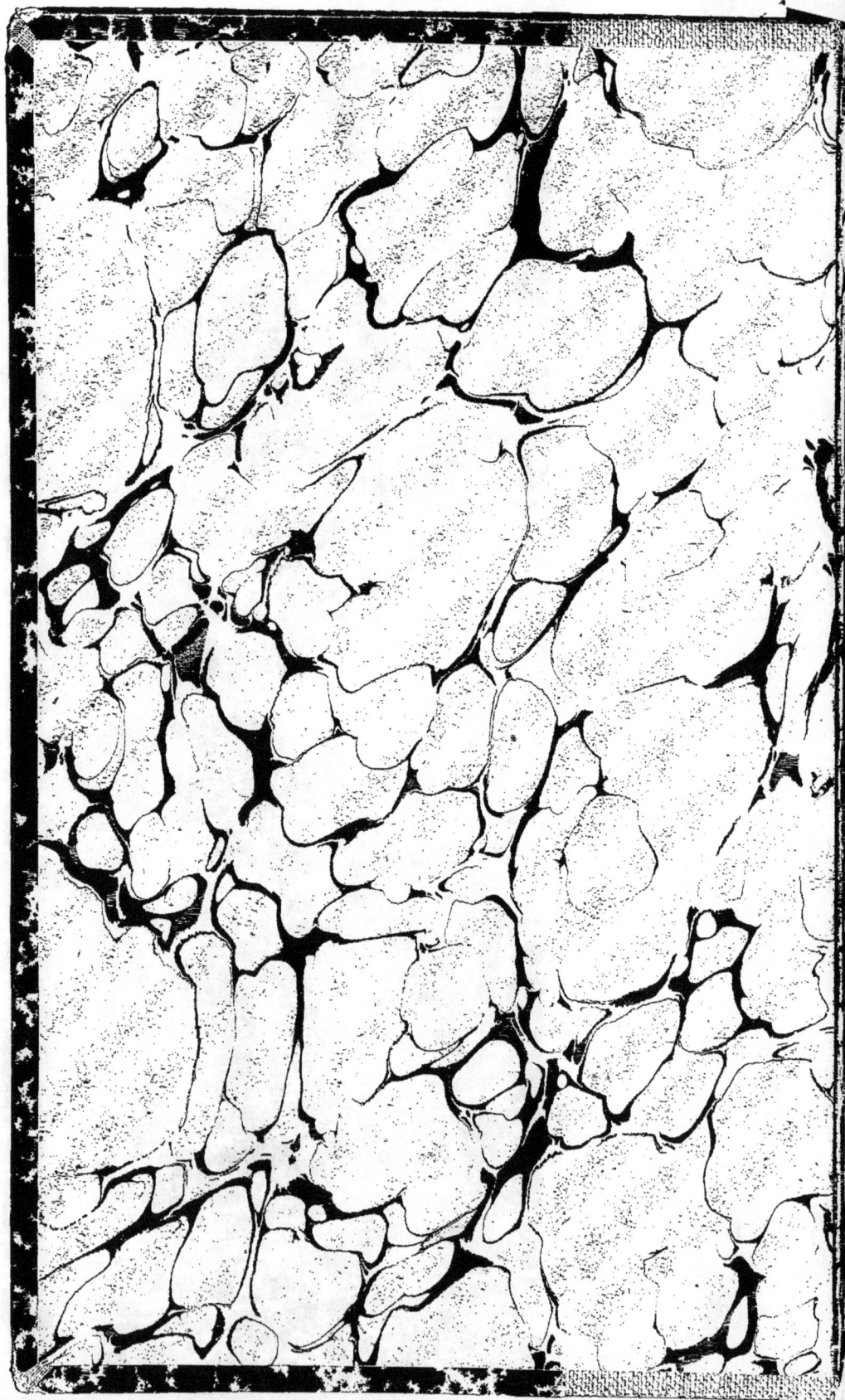

HISTOIRE

DU

CRÉDIT MOBILIER

12595

HISTOIRE

DU

CRÉDIT MOBILIER

1852 — 1867

PAR M. AYCARD

Toute richesse vient du travail.

LIBRAIRIE INTERNATIONALE

15, boulevard Montmartre

A. LACROIX, VERBŒCKHOVEN & Cⁱᵉ, ÉDITEURS

A BRUXELLES, A LEIPZIG & A LIVOURNE

1867

AUX MAGISTRATS FRANÇAIS

———

MESSIEURS,

Nous assistons à de grands malheurs financiers.

Depuis trois ans, le portefeuille public s'est
déprécié de plus de quatre milliards.

J'ai voulu rechercher les causes de cette dépréciation considérable, autant pour m'éclairer moi-
même, que pour instruire mes contemporains.
Quand des faits de cette nature se produisent, il
est utile que leurs enseignements ne soient pas
perdus.

Les actes de la Société générale du Crédi

Mobilier français devaient naturellement fournir sujet à mes premières recherches : la dépréciation énorme des nombreuses valeurs que cette Société a émises attira d'abord mon attention.

Après des études profondes, après de longs calculs appuyés sur les bases les plus positives, j'ai trouvé que vingt et une de ces valeurs seulement représentaient, comparativement au prix du pair, une perte de :

650 millions,

et comparativement aux prix les plus élevés qu'elles ont fait, sur le marché une perte de :

1,740 millions.

Si on prend la moyenne de ces deux chiffres, la perte reste encore supérieure à

1,100 millions.

Le mal avait des causes sérieuses.

Un instant on avait pu croire que toutes les classes en France avaient été atteintés de la fièvre de l'or et du délire de la spéculation, chacun,

cédant à un entraînement irréfléchi, rendu contagieux par l'exemple et par des succès passagers,
abandonnait les habitudes du travail honnête. On
voulait la fortune. On la voulait à tout prix. On
espérait l'acquérir en quelques années, en quelques mois, en quelques semaines. On oubliait que
nos pères consacraient toute leur vie au travail
assurer le bien-être de leur vieillesse et l'avenir de
leurs enfants.

Nous portons aujourd'hui la peine de nos
fautes. Nous sommes chatiés rudement ; et après
ces dures leçons, nous sommes forcés de revenir
à la pratique du travail. Nous ne pouvons plus
compter, en effet, que sur ses résultats modestes,
mais certains. Les fausses grandeurs, les fausses
prospérités n'ont laissé que des ruines.

Il est tout naturel, Messieurs, que le livre qui
raconte ces déceptions amères et qui, par de longs
chemins, ramène à la vérité, soit offert à la magis-
trature française.

Seule, en effet, elle est restée pure de toute
immixtion dans nos aventures financières. Seule
elle n'a jamais abandonné le culte des grands
désintéressements et des grandes vertus.

A vous donc, Messieurs, l'hommage de ce livre !

Qu'il vous plaise de l'agréer avec bienveillance, non en raison de son mérite; mais en raison de l'intention qui l'a dicté.

AYCARD,

Banquier à Paris

HISTOIRE

DU

CRÉDIT MOBILIER

CHAPITRE Ier

1852

SOMMAIRE

Création du Crédit Mobilier. — Décret du Président de la Répu-
blique. — Acte de fondation et Statuts de la Société. —
Voyage du Président de la République dans le Midi de la
France. — Discours à Bordeaux. — Convocation du Sénat. —
Rétablissement de l'Empire. — Scrutin du 21 novembre. —
L'Empire proclamé, 2 décembre. — Activité des affaires en
France. — Le Gouvernement favorise cette activité. — Me-
sures financières et économiques. — Les Fondateurs du Crédit
Mobilier. — MM. Emile et Isaac Pereire. — Chemin de fer de
Paris à Saint-Germain. — Le Monde financier en décembre
1852. — Les Actions du Crédit Mobilier négociées livrables à
l'émission des titres. — Cours du Crédit Mobilier en novembre
et décembre 1852. — Un mot sur les Sociétés de Crédit. —
Taux exagéré des reports à la Bourse de Paris. — Décision
prise par la chambre syndicale des agents de change. — Besoins d'argent à la fin de l'année 1852. — Conclusion du
chapitre Ier.

C'EST le 20 novembre 1852 que parut au *Moniteur
universel*, journal officiel de la République Française,
le décret d'autorisation de LA SOCIÉTÉ GÉNÉRALE DE
CRÉDIT MOBILIER.

1

Ce décret, daté du palais de Saint-Cloud, 18 novembre, était ainsi conçu :

AU NOM DU PEUPLE FRANÇAIS

LOUIS-NAPOLÉON,

Président de la République française,

Sur le rapport du ministre de l'intérieur, de l'agriculture et du commerce ;

Vu les articles 29 à 37, 40 et 45 du Code de commerce :

Le conseil d'État entendu,

Décrète :

Art. 1er. La Société anonyme formée à Paris sous la dénomination de *Société générale de Crédit Mobilier* est autorisée.

Sont approuvés les statuts de ladite société, tels qu'ils sont contenus dans l'acte passé les 16 et 17 novembre, devant Me Fould et son collègue, notaires à Paris, lequel acte restera annexé au présent décret.

Art. 2. La présente autorisation pourra être révoquée sur la proposition du ministre de l'intérieur ou du ministre des finances, en cas de violation ou de non-exécution des statuts approuvés, sans préjudice des droits des tiers.

Art. 3. La Société sera tenue de remettre, tous les six mois, un extrait de son état de situation au ministère de l'intérieur, de l'agriculture et du commerce, au préfet du département de la Seine, au préfet de police, à la Chambre de commerce et au greffe du Tribunal de commerce de Paris.

Art. 4. En outre, la Société devra fournir au ministre des finances, sur sa demande, ou à des époques périodiques par lui déterminées, les mêmes états présentant la situation de ses comptes et de son portefeuille, ainsi que le mouvement de ses opérations.

Les opérations et la comptabilité de la Société seront soumises à la vérification des délégués du ministre des finances, toutes les fois que celui-ci le jugera convenable. Il sera donné communication à ces délégués du registre des délibérations, ainsi que de tous les livres, souches, comptes, documents et pièces appartenant à la Société, Les valeurs de caisse et de portefeuille leur seront également représentées.

Art. 5. Il est interdit à la Société de souscrire des emprunts sur fonds publics étrangers, sans l'autorisation du Gouvernement.

Art. 6. Le choix des membres du comité de direction, formé en vertu de l'art. 41 des statuts, sera soumis à l'approbation du Gouvernement.

Art. 7. Le ministre de l'intérieur, de l'agriculture et du commerce et le ministre des finances sont chargés, chacun en ce qui le concerne, de l'exécution du présent décret, qui sera publié au *Bulletin des lois*, inséré au *Moniteur* et dans un journal d'annonces judiciaires du département de la Seine.

Fait au Palais de Saint-Cloud, le 18 novembre 1852.

LOUIS-NAPOLÉON.

Par le Prince Président :

Le ministre de l'intérieur, de l'agriculture
et du commerce,

F. DE PERSIGNY.

L'acte de fondation et les statuts de la société furent publiés dans les trois journaux obligatoires la *Gazette des Tribunaux, le Droit* et le *journal général d'affiches* [1].

Voici quels étaient ces statuts :

SOCIÉTÉ GÉNÉRALE DE CRÉDIT MOBILIER

STATUTS

Par devant Me THIFAINE-DESAUNEAUX et son collègue, notaires à Paris, soussignés, ledit Me DESAUNEAUX substituant, pour cause d'absence momentanée, Me Emile FOULD, son confrère, notaire en la même ville ;

Ont comparu :

M. Benoît FOULD, chef de la maison de banque établie à Paris sous la raison B.-L. FOULD et FOULD-OPPENHEIM, demeurant en ladite ville, rue Bergère, 22 ;

Agissant tant en son nom personnel qu'au nom et comme mandataire de M. Abraham OPPENHEIM, demeurant à Cologne (Prusse rhénane), aux termes de la procuration qu'il lui a conférée, par acte passé devant ledit Me FOULD et son collègue, le neuf novembre présent mois, enregistré, dont le brevet original est demeuré ci-annexé, après avoir été revêtu de la mention d'annexe par les notaires soussignés.

Dans laquelle procuration M. OPPENHEIM agit au nom et comme l'un des chefs ayant la signature sociale de la maison de banque établie à Cologne, sous la raison Salomon OPPENHEIM JUNIOR et Cᵉ ;

[1] *Gazette des Tribunaux,* 13-14 décembre 1852, 27ᵉ année, nᵒ 7935.

« Mondit sieur Benoît Fould agissant comme ayant charge
« et pouvoir, ainsi qu'il le déclare, et, en tant que de be-
« soin, comme se portant fort :

« 1° De Son Altesse Impériale Madame la princesse de
« Leuchtenberg, veuve de M. le prince de Leuchtenberg de
« Russie;

« 2° De MM. Torlonia et Cᵉ, de Rome;

« 3° Et de MM. Salomon Heine et Cᵉ, banquiers à Ham-
« bourg; »

M. Emile Pereire, administrateur du chemin de fer du
Nord, demeurant à Paris, rue d'Amsterdam, 5;

M. Isaac Pereire, administrateur du chemin de fer de
Paris à Lyon, demeurant à Paris, susdite rue d'Amsterdam, 5 ;

M. Adolphe d'Eichthal, président du conseil d'administration du chemin de fer de Paris à Saint-Germain, demeurant
à Paris, rue Basse-du-Rempart, 30;

Agissant tant en son nom personnel que comme ayant
charge et pouvoir, ainsi qu'il le déclare, et, en tant que
de besoin, comme se faisant et portant fort de M. Vincent
Buffarini, demeurant aussi à Paris, susdite rue Basse-du-
Rempart, 30;

M. Gédéon Marc Des Arts, banquier, demeurant à Paris,
rue de Provence, 34;

Au nom et comme ayant la signature, ainsi qu'il le
déclare, de la maison de banque établie à Paris, sous la
raison Lecointe, Des Arts et Cᵉ;

M. Jean-Pierre Pescatore, négociant, demeurant à Paris,
rue Saint-Georges, 13 ;

Au nom et comme ayant la signature de la maison de
commerce établie à Paris, sous la raison J.-P. Pescatore;

M. Charles Mallet, banquier, demeurant à Paris, rue de la Chaussée-d'Antin, 13;

Au nom et comme ayant la signature, ainsi qu'il le déclare, de la maison de banque établie à Paris, sous la raison Mallet frères;

M. José-Luis de Abaroa, banquier, demeurant à Paris, rue Richelieu, 108;

Au nom et comme ayant la signature, ainsi qu'il le déclare, de la maison de banque établie à Paris, sous la raison Aguirrevengoa fils et Uribarren ;

M. Ernest André, capitaliste-rentier, demeurant à Paris, rue du Faubourg-Poissonnière, 30;

M. Florentin-Achille baron Sellière, banquier à Paris, rue de Provence, 54 bis;

M. le duc Raphaël de Galliera, propriétaire, demeurant à Paris, rue d'Astorg, 16.

M. Henri de Noailles, duc de Mouchy, propriétaire, demeurant à Paris, rue d'Astorg, 10 ;

Et M. Hippolyte-Guillaume Biesta, directeur du Comptoir national d'escompte de la ville de Paris, demeurant à Paris, rue Bergère, 14, au siége du Comptoir :

Lesquels ont dit :

Que, considérant les services importants que pourraient rendre l'établissement d'une Société ayant pour but de favoriser le développement de l'industrie des travaux publics, et d'opérer, par voie de consolidation en un fonds commun, la conversion des titres particuliers d'entreprises diverses, ils ont résolu de réaliser une œuvre si utile, et qu'à cet effet ils entendent fixer, ainsi qu'il suit, les bases et les statuts d'une Société anonyme sous la dénomination de *Société générale de Crédit mobilier.*

TITRE PREMIER

Constitution de la Société. — Sa dénomination.
Sa durée. — Son siége.

Article 1er. Les comparants fondent par ces présentes, sauf l'approbation du Gouvernement, une Société anonyme qui existera entre tous les propriétaires des actions créées ci-après :

Art. 2. La Société prend la dénomination de SOCIÉTÉ GÉNÉRALE DE CRÉDIT MOBILIER.

Art. 3. Sa durée est de quatre-vingt-dix-neuf ans à partir de l'homologation des présents statuts.

Art. 4. Son siége et son domicile sont établis à Paris.

TITRE II

Opérations de la Société

Art. 5. Les opérations de la Société consisteront :

1º A souscrire ou acquérir des effets publics, des actions ou des obligations dans les différentes entreprises industrielles ou de crédit, constituées en sociétés anonymes, et notamment dans celles de chemins de fer, de canaux et de mines, et d'autres travaux publics, déjà fondés ou à fonder;

2º A émettre, pour une somme égale à celle employée à ces souscriptions et acquisitions, ses propres obligations;

3º A vendre ou donner en nantissement d'emprunts, tous effets, actions et obligations acquis, et les échanger contre d'autres valeurs;

4º A soumissionner tous emprunts, à les céder et réaliser, ainsi que toutes entreprises de travaux publics;

5° A prêter sur effets publics, sur dépôts d'actions et obligations, et à ouvrir des crédits en compte courant sur dépôts de ces diverses valeurs ;

6° A recevoir des sommes en compte courant ;

7° A opérer tous recouvrements pour le compte des compagnies sus-énoncées, à payer leurs coupons d'intérêts ou de dividende, et généralement toutes autres dispositions ;

8° A tenir une caisse de dépôts pour tous les titres de ces entreprises.

Art. 6. Toutes autres opérations sont interdites.

Il est expressément entendu que la Société ne fera jamais de ventes à découvert, ni d'achats à primes.

Art. 7. Jusqu'à l'émission complète des actions représentant le capital social, les obligations créées par la Société ne pourront dépasser cinq fois le capital réalisé.

Après l'émission complète du fonds social, elles pourront atteindre une somme égale à dix fois le capital.

Elles devront toujours être représentées pour leur montant total par des effets publics, actions et obligations existant en portefeuille.

Elles ne pourront être créées payables à moins de quarante-cinq jours d'échéance ou de vue.

Art. 8. Le montant cumulé des sommes reçues en compte courant et des obligations créées à moins d'un an de terme ne pourra dépasser le double du capital réalisé.

TITRE III

Fonds social. — Actions — Versements.

Art. 9. Le fonds social est fixé à SOIXANTE MILLIONS de francs.

Art. 10. Il se divise en 120,000 actions de 500 fr. chacune.

Une première série de 40,000 actions est seule émise,
quant à présent.

Ces actions sont réparties entre les souscripteurs ci-dessous dénommés, dans les proportions suivantes :

— MM. BADUEL, cent.	100
Benoît FOULD, sept cent trente.	730
Emile PEREIRE, cinq mille sept cent soixante-treize.	5.773
Isaac PEREIRE, cinq mille six cent soixante-treize	5.673
B.-L. FOULD et FOULD-OPPENHEIM, onze mille quatre cent quarante-cinq. . .	11.445
S, A. I. la princesse de LEUCHTENBERG, cinq cents	500
TORLONIA ET Cᵉ, cinq cents.	500
Salomon HEINE et Cᵉ, cinq cents	500
S. OPPENHEIM, JUNIOR et Cᵉ, cinq cents.	500
Duc de GALLIERA, cinq cents	500
Duc de MOUCHY, cinq cents	500
F.-A. SEILLIÈRE, cinq cents	500
PESCATORE et Cᵉ, cinq cents.	500
A. D'EICHTHAL, cinq cents	500
LECOINTE DES ARTS et Cᵉ, cinq cents. .	500
MALLET frères et Cᵉ, huit cents.	800
H.-G. BIESTA, sept cent cinquante . . .	750
Ernest ANDRÉ, cinq cents	500
AGUIRREVENGOA fils, URIBARREN, cinq cents.	500
Louis FOULD, trois cent trente-quatre. .	334
Le comte DELAMARRE, deux cents	200
A reporter. . . .	31.805

Report.	34.805
MM. Buffarini, deux cents	200
Veuve Andrade, cent	100
Charles Sarchi, cent	100
Achille Bouchet, cent	100
J. Béchet, Dethomas et Ce, cent.	100
Morisson, Dilon et Ce, deux cents.	200
Monteaux et fils, cent	100
E. Moiana, cent.	100
Morpurgo, cent	100
J. Mirès, cinq cents.	500
F. de Monguyon, cent.	100
A. Marcuard et Ce, cent	100
Pinard, trois cent cinquante	350
Joseph Pastré, soixante	60
J. Périer, cent	100
Edouard Rodrigues, cent	100
Veuve Rodrigues, cent	100
A. Thurneyssen, deux cents.	200
Charles Thurneyssen, cent	100
Théodore Uzielli, de Londres, cent	100
De Villiers, cent	100
Viguerie, de Toulouse, cent.	100
S. Drake, soixante-quinze.	75
Easthope, cinquante.	50
Comtesse Excelmans, quarante.	40
Darblay. cinquante.	50
Madame veuve Fonséca, cinquante.	50
L. Guntzberger, cent quatre-vingts	180
Labouillère, cinquante.	50
Baud, cent.	100
Carolus, cent.	100
A reporter.	35.610

Report . . . . . .

C. Devaux, de Londres, deux cent cinquante.	35.610 250
Mathieu Uzielli, de Londres, deux cent cinquante.	250
Damas jeune, cent.	100
G. D Elahante, cent.	100
A. D Elahante, cent.	100
P. D aru, cent.	100
Mada me Emerique, cent.	100
Eugè ne Fould, cent.	100
Isidor e Fould, cent.	100
Adolph ne Fould, quatre-vingt-quinze. . .	95
Furtad o, de Bayonne, cent.	100
Flacha b cent.	100
Les hé ritiers de M. Salomon Halphen. cent.	100
Max. K enigswarter, soixante.	60
J.-C. Le mé et Ce, d'Anvers, cent. . . .	100
Charles Laffitte, deux cents.	200
Madame de la Vallette, cent.	100
Leroy de Chabrol, cent.	100
Duhamel, c ent.	100
L. Lebeuf, cent.	100
Benayet, co nt.	100
David et r e Boé, cinquante.	50
Cahen, d'A nvers, cent cinquante. . .	150
E. Clapeyro n, cent.	100
Aureau, cen t.	100
Cibiel, cent.	100
Charles Ségui n, cent.	100
Paul Séguin, c ent.	100

A reporter. **38.765**

Report. . . . , ...	38.765
SINGER, deux cents.	200
Mᵐᵉ Louise THURET, cent.	100
Madame Charlotte DE BRETEUIL, cent. .	100
Jules DE LESSEPS, cinquante.	50
Achille BRINDEAU, cinquante.	50
H. O'SHÉA, de Madrid, quarante. . . .	40
CARAYON-LATOUR, cinquante.	50
Le docteur RAYER, quarante.	40
A. RONDEL, de Marseille, trente. . . .	30
Le docteur ROMÉAS, vingt-cinq. . . .	25
Dˡˡᵉ VAUGAN, vingt-cinq.	25
Achille RATISBONNE, vingt-cinq. . . .	25
Edmond RATISBONNE, vingt-cinq. . . .	25
Louis RATISBONNE, oncle, vingt-cinq. . .	25
Le docteur MONOD, vingt.	20
Mˡˡᵉ MARTIN D'ANDRÉ, vingt.	20
Madame MAY, dix.	10
BERTIN, cent cinquante.	150
BOMPIERRE, cinquante.	50
DE LOUVANCOURT, cinquante.	50
Henry GALOS, quarante.	40
Charles RHONÉ, cent.	100
TOTAL ÉGAL...	40.000

Au moyen de cette souscription, la Société est constituée, sauf l'approbation du Gouvernement.

Art. **11.** Les 80,000 actions restantes seront successivement émises, sur la décision du Conseil d'administration, au fur et à mesure des besoins de la Société.

Les nouvelles actions ne pourront être délivrées au-dessous du pair.

Le fonds social, au fur et à mesure de son émission, est affecté à la garantie des engagements sociaux.

Art. 12. Les fondateurs et les porteurs d'actions antérieurement émises ont un droit de préférence à la souscription au pair des actions à émettre, dans la proportion de 1/3 pour les fondateurs comparants et de 2/3 pour les actionnaires. La répartition de ces 2/3 est proportionnelle au nombre des titres possédés par les actionnaires.

Ceux d'entre eux qui n'ont pas un nombre d'actions suffisant pour en obtenir au moins une dans la nouvelle émission, peuvent se réunir pour exercer leur droit.

Un règlement arrêté par le Conseil d'administration fixe les détails et les formes dans lesquels le bénéfice des dispositions qui précèdent peut être réclamé.

Art. 13. Les titres définitifs d'actions sont au porteur.

Les actions se transmettent par simple tradition.

Elles sont extraites d'un registre à souche, numérotées et revêtues de la signature de deux administrateurs.

Elles portent le timbre de la Compagnie.

Art. 14. Tout actionnaire peut déposer ses titres dans la caisse sociale et réclamer en échange un récépissé nominatif.

Le Conseil d'administration règle la forme des récépissés et les droits auxquels le dépôt peut donner lieu au profit de la Compagnie.

Art. 15. Chaque action donne droit, dans la propriété de l'actif social et dans le partage des bénéfices, à une part proportionnelle au nombre des actions émises.

Art. 16. Toute action est indivisible. La Société ne reconnaît qu'un propriétaire pour une action.

Art. 17. Les droits et obligations attachés à l'action suivent le titre, dans quelques mains qu'il passe.

La possession d'une action emporte de plein droit adhésion aux statuts de la Société et aux décisions de l'assemblée générale.

Art. 18. Les héritiers ou créanciers d'un actionnaire ne peuvent, sous quelque prétexte que ce soit, provoquer l'apposition des scellés sur les biens et valeurs de la Société, en demander le partage ou la licitation, ni s'immiscer en aucune manière dans son administration; ils doivent, pour l'exercice de leurs droits, s'en rapporter aux inventaires sociaux et aux délibérations de l'assemblée générale.

Art. 19. Le montant des actions est payable à Paris aux termes qui sont fixés par le Conseil d'administration.

Pour les 40,000 actions actuellement souscrites, les versements auront lieu comme suit :

20 pour 100, ou 100 francs par action, au moment même de la souscription ;

30 pour 100, soit 150 francs, dix jours après l'insertion au *Moniteur* du décret d'autorisation des présents statuts ;

Et les derniers 50 pour 100 conformément aux appels faits par le Conseil d'administration, au moyen d'annonces insérées quinze jours à l'avance dans deux des journaux de Paris désignés pour la publication légale des actes de Société.

Art. 20 Le premier versement est constaté par un simple récépissé non négociable.

Lors du second versement, il est remis aux souscripteurs un certificat provisoire portant un numéro d'ordre; sur lequel les paiements ultérieurs sont inscrits à l'exception du dernier qui se constate par la remise du titre définitif.

Art. 21. Les titres provisoires se négocient par un transfert, inscrit sur les registres de la compagnie, et signé par le cédant et le cessionnaire.

Mention du transfert est faite au dos des titres par l'un des administrateurs de la société ou par toute autre personne ayant une délégation spéciale à cet effet.

La compagnie peut exiger que la signature des parties soit certifiée par un agent de change.

Le souscripteur primitif et ses cessionnaires restent engagés jusqu'au paiement intégral de l'action.

Art. 22. Toute somme dont le paiement est retardé porte intérêt de plein droit en faveur de la société, à raison de 5 pour 100 par an, à compter du jour de l'exigibilité, sans demande en justice.

Art. 23. A défaut de versement à l'échéance, les numéros des titres en retard sont publiés comme défaillants dans les deux journaux désignés sous l'article 19. Quinze jours après cette publication, la société a le droit de faire procéder à la vente des actions, à la bourse de Paris, par le ministère d'un agent de change, pour le compte et aux risques et périls du retardataire.

Cette vente peut être faite en masse ou en détail, soit un même jour soit à des époques successives, sans mise en demeure et sans aucune formalité judiciaire.

Les certificats provisoires des actions ainsi vendues deviennent nuls de plein droit; il en est délivré aux acquéreurs de nouveaux sous les mêmes numéros.

Tout certificat qui ne porte pas mention régulière des versements exigibles cesse d'être négociable.

Cette condition est mentionnée sur les titres provisoires.

Les mesures autorisées par le présent article ne font pas

obstacle à l'exercice simultané par la compagnie des moyens ordinaires de droit.

Art. 24. Le prix provenant de la vente, déduction faite des frais, appartient à la compagnie et s'impute, dans les termes de droit, sur ce qui lui est dû par l'actionnaire exproprié, qui reste passible de la différence, s'il y a déficit, mais qui profite de l'excédant, s'il en existe.

Art. 25. Les actionnaires ne sont engagés que jusqu'à concurrence du capital de chaque action. — Au-delà, tout appel de fonds est interdit.

TITRE IV.

Conseil d'administration.

Art. 26. La société est administrée par un Conseil.

Art. 27. Le conseil d'administration se compose de quinze membres, nommés par l'assemblée générale des actionnaires.

Il se renouvelle par cinquièmes chaque année.

Les membres sortants sont désignés par le sort pour les quatre premières années, et ensuite par l'ordre d'ancienneté.

Ils peuvent toujours être réélus.

Art. 28. En cas de vacance, le conseil pourvoit provisoirement au remplacement.

L'assemblée générale, lors de sa première réunion, procède à l'élection définitive.

L'administrateur ainsi nommé en remplacement d'un autre ne demeure en fonctions que pendant le temps qui restait à courir de l'exercice de son prédécesseur.

Art. 29. Chaque administrateur doit, dans la huitaine

de sa nomination, déposer dans la caisse de la société deux cents actions qui restent inaliénables pendant la durée de ses fonctions.

Art. 30. Les administrateurs reçoivent des jetons de présence. En outre, il pourra être attribué aux administrateurs qui composeront le comité d'exécution dont il est question à l'article 41 ci-après, une rémunération dont le chiffre, ainsi que la valeur des jetons de présence, sera réglé par l'assemblée générale.

Art. 31. Chaque année, le conseil nomme, parmi ses membres, un président et deux vice-présidents.

En cas d'absence du président et des vice-présidents, il désigne, pour chaque séance, celui des membres présents qui doit remplir les fonctions de président.

Le président et les vice-présidents peuvent toujours être réélus.

Art. 32 Le conseil d'administration se réunit au siège social aussi souvent que l'intérêt de la Société l'exige, et au moins deux fois par mois.

Art. 33 La présence de cinq membres au moins est nécessaire pour la composition régulière du conseil.

Les noms des membres présents sont constatés en tête du procès-verbal de la séance.

Art. 34. Les délibérations sont prises à la majorité des membres présents. En cas de partage, la voix du président est prépondérante.

Quand la majorité n'est pas formée de quatre membres au moins, la minorité peut demander le renvoi à une autre séance. Dans ce cas, les convocations adressées aux membres du conseil d'administration font connaître l'objet de la délibération, et, à cette nouvelle séance, la délibération est prise à la simple majorité.

Nul ne peut voter par procuration dans le sein du conseil.

Art. 35. Les délibérations sont constatées par des procès-verbaux inscrits sur un registre tenu au siége de la Société, et signés par le président et deux autres administrateurs.

Les copies et extraits de ces délibérations, à produire en justice ou ailleurs, sont certifiés par le président du conseil ou le membre qui en remplit les fonctions.

Art. 36. Par dérogation à l'article 27, le premier conseil d'administration sera composé de

MM. De ABAROA,

Ernest ANDRÉ,

H. G. BIESTA,

Marc-Gédéon DES ARTS,

Adolphe d'EICHTHAL,

Benoît FOULD,

Duc de GALLIERA,

Frédéric GRIENINGER, de la maison J.-P. Pescatore.

Charles MALLET,

Duc de MOUCHY,

Isaac PEREIRE,

Baron SEILLIÈRE.

Ils sont autorisés à s'adjoindre les membres qui doivent compléter avec eux le nombre fixé par l'article 27.

Art. 37. Le renouvellement de ce premier conseil ne commencera qu'à partir de la sixième année sociale.

Il s'opérera suivant le mode établi par l'article 27.

Art. 38. Le conseil a les pouvoirs les plus étendus pour l'administration des affaires de la compagnie, et notamment, il autorise, par ses délibérations, tous achats ou ventes d'actions ou d'obligations, tous crédits, toutes soumissions, cessions ou réalisations d'emprunts, toutes avances sur dépôts de valeurs, et généralement tous traités, transactions, compromis, retraits de fonds, transferts, emprunts sur dépôts d'obligations de la compagnie ou autres valeurs, achats d'objets mobiliers, enfin, toutes actions judiciaires tant en demandant qu'en défendant.

Il autorise l'achat, s'il y a lieu, de biens immeubles, pour y établir le siége de la société, ainsi que la dépense du mobilier et les frais de premier établissement;

Il détermine l'emploi des fonds libres ;

Il fait les règlements de la Compagnie;

Il autorise les dépenses de l'administration ;

Il nomme et révoque les principaux agents de la Compagnie ;

Il détermine leurs attributions ;

Il fixe leurs traitements, salaires et gratifications, et, s'il y a lieu, le chiffre de leurs cautionnements. Il en autorise la restitution ;

Il arrête les comptes qui doivent être soumis à l'assemblée générale;

Il fixe provisoirement le dividende ;

Il fait un rapport à l'assemblée des actionnaires sur les comptes et sur la situation des affaires sociales.

Art. 39. Le conseil peut déléguer ses pouvoirs au comité d'exécution dont il est question à l'article 41 ci-après ; il peut les déléguer en tout ou en partie à un ou plusieurs de ses membres, par un mandat spécial, pour des objets déterminés ou pour un temps limité.

Art. 40. Les membres du conseil d'administration ne contractent, à raison de leur gestion, aucune obligation personnelle. Ils ne répondent que de l'exécution de leur mandat.

Comité d'exécution

Art. **41.** Un comité de cinq membres au plus, pris dans le sein du conseil d'administration et nommé par lui, est chargé de l'exécution de ses décisions.

Il peut, en outre, être nommé, par le conseil d'administration, un secrétaire qui ne devra agir, toutefois, que sous la surveillance et le contrôle du comité d'exécution.

Art. **42.** Le comité est chargé, sous l'autorité du conseil d'administration, de la gestion des affaires sociales.

Il représente la Société vis-à-vis des tiers pour l'exécution des décisions du conseil, et exerce toutes les actions judiciaires.

La correspondance est signée par deux membres de ce comité, ou, à défaut, soit par le président, soit par l'un des vice-présidents, soit par d'autres administrateurs désignés à cet effet par le conseil d'administration.

L'endossement et l'acquit des effets, et les quittances des sommes dues à la Compagnie, les transferts de rentes sur l'Etat et effets publics appartenant à la Société, les mandats sur la Banque, les actes d'achats et de ventes, les mains-levées, les transactions, marchés, et généralement tous actes portant engagement de la part de la Compagnie, les titres provisoires et définitifs des actions, ainsi que les obligations et certificats nominatifs de dépôts, sont signés par deux administrateurs.

Le Comité dirige le travail des bureaux et nomme les agents secondaires de l'administration.

Il a droit de suspendre tous agents, sauf à référer, dans le délai de quinze jours, au Conseil d'administration.

TITRE V.

Assemblées générales

Art. 43. L'Assemblée générale, régulièrement constituée, représente l'universalité des actionnaires.

Elle se compose des deux cents plus forts actionnaires, dont la liste est arrêtée par le conseil d'administration un mois avant la convocation de l'assemblée. Les actionnaires inscrits sur les registres de la société, par suite du dépôt de leurs actions dans la caisse sociale deux mois avant la confection de la liste, peuvent seuls y figurer.

Jusqu'à l'émission totale de soixante millions, l'assemblée générale sera formée d'un nombre des plus forts actionnaires, correspondant au chiffre du capital émis, dans la proportion de quatre par chaque million, sans que le nombre puisse excéder le chiffre déterminé ci-dessus.

La première assemblée générale qui suivra la publication du décret approbatif des présents statuts, se composera des quatre-vingts plus forts actionnaires, en dehors des membres du conseil d'administration.

En cas de concours, pour l'admission sur la liste, entre deux actionnaires possesseurs du même nombre d'actions, la préférence sera accordée au plus anciennement inscrit, et au plus âgé, si plusieurs datent de la même époque.

La liste des déposants et celles des membres appelés à faire partie de l'assemblée, est tenue à la disposition de tous les actionnaires qui veulent en prendre connaissance.

Ces listes portent, à côté du nom de chaque actionnaire, le nombre des actions qu'il a déposées,

Le jour de la réunion, elles sont déposées sur le bureau.

Art. 44. Nul ne peut se faire représenter à l'assemblée que par un mandataire membre de l'Assemblée.

Art. 45. L'assemblée générale se réunit de droit chaque année au siége de la Société, dans le courant du mois d'avril.

Elle se réunit en outre extraordinairement toutes les fois que le conseil d'administration en reconnaît l'utilité.

Art. 46. Les convocations sont faites quinze jours avant la réunion, par un avis inséré dans deux des journaux de Paris désignés pour la publication des actes de Société.

Art. 47. L'assemblée est régulièrement constituée, lorsque les membres présents sont au nombre de quarante, et réunissent dans leurs mains le dixième des actions émises.

Art. 48. Si cette double condition n'est pas remplie sur une première convocation, il en est fait une seconde, au moins à quinze jours d'intervalle.

Dans ce cas, le délai entre la convocation et le jour de la réunion est réduit à dix jours.

Les membres présents à la seconde réunion délibèrent valablement, quels que soient leur nombre et celui de leurs actions, mais seulement sur les objets à l'ordre du jour de la première.

Art. 49. L'assemblée est présidée par le président ou un des vice-présidents du conseil d'administration, et, à leur défaut, par l'administrateur que le conseil désigne.

Les deux plus forts actionnaires présents, et, sur leur refus, ceux qui les suivent dans l'ordre de la liste, jusqu'à acceptation, sont appelés à remplir les fonctions de scrutateurs.

Le bureau désigne le secrétaire.

Art. 50. Les délibérations sont prises à la majorité des voix des membres présents.

Chacun d'eux a autant de voix qu'il possède de fois quarante actions, sans que personne puisse en avoir plus de cinq en son nom personnel, ni plus de dix voix tant en son propre nom que comme mandataire.

Tout membre de l'assemblée générale a droit à une voix lors même que le nombre de ses actions ne s'élève pas à quarante.

Art. 51. L'ordre du jour est arrêté par le conseil d'administration; il n'y sera porté que les propositions émanant de ce conseil, et celles qui auront été communiquées au conseil d'administration, quinze jours au moins avant la convocation de l'Assemblée générale, avec la signature de dix membres de cette assemblée. Aucun autre objet que ceux à l'ordre du jour ne peut être mis en délibération.

Art. 52. L'assemblée générale entend le rapport du conseil d'administration sur la situation des affaires sociales.

Elle discute, approuve ou rejette les comptes.

Elle fixe le dividende.

Elle nomme les administrateurs, toutes les fois qu'il y a lieu de les remplacer.

Elle délibère sur les propositions du conseil d'administration relatives à l'augmentation du fonds social, à la prolongation de la durée de la société, aux modifications à faire aux statuts et à la dissolution anticipée, s'il y a lieu.

Enfin, elle prononce souverainement sur tous les intérêts de la compagnie, et confère, par ses délibérations, au conseil d'administration les pouvoirs nécessaires pour les cas qui n'auraient pas été prévus.

Art. 53. Les délibérations de l'assemblée, prises conformément aux statuts, obligent tous les actionnaires, même absents ou dissidents.

Art. 54. Elles sont constatées par des procès-verbaux inscrits sur un registre spécial et signés par la majorité des membres composant le bureau.

Une feuille de présence, destinée à constater le nombre des membres assistant à l'assemblée et celui de leurs actions, demeure annexée à la minute du procès-verbal, elle est revêtue des mêmes signatures.

Art. 55. La justification à faire, vis-à-vis des tiers, des délibérations de l'assemblée, résulte de copies ou extraits certifiés conformes par le président du Conseil d'administration, ou par celui de ses collègues qui en remplit les fonctions.

TITRE VI.

Inventaire et comptes annuels.

Art. 56. L'année sociale commence le 1er janvier et finit le 31 décembre.

Le premier exercice comprendra le temps écoulé entre la date du décret approuvant les présents statuts et le 31 décembre 1853.

A la fin de chaque année sociale, un inventaire général de l'actif et du passif est dressé par les soins du Comité d'exécution.

Toutefois, un premier compte, établissant la situation de la Société, sera dressé pour le premier semestre de chaque année.

Les comptes sont arrêtés par le Conseil d'administration.

Ils sont soumis à l'assemblée, qui les approuve ou les rejette, et fixe le dividende après avoir entendu le rapport du Conseil d'administration. Si les comptes ne sont pas approuvés séance tenante, l'assemblée peut nommer des commissaires chargés de les examiner et de faire un rapport à la prochaine réunion.

TITRE VII.

Partage des bénéfices.

Art. 57. Les produits nets, déduction faite de toutes les charges, constituent les bénéfices.

Sur ces bénéfices, on prélève annuellement :

1° Cinq pour cent du capital des actions émises;

2° Cinq pour cent des bénéfices pour le fonds de réserve.

Ce qui reste est réparti, dans la proportion d'un dixième pour les administrateurs et de neuf dixièmes pour les actions, à titre de dividende.

Le paiement des dividendes se fait annuellement, aux époques fixées par le Conseil d'administration.

Toutefois, pour le premier semestre de chaque année, le Conseil d'administration sera autorisé à distribuer les bénéfices réalisés jusqu'à concurrence de 5 pour 100 par an du capital des actions, après les déductions proportionnelles déterminées dans le paragraphe 1er du précédent article.

Art. 58. Tout dividende qui n'est pas réclamé dans les cinq ans de son exigibilité est prescrit au profit de la Société.

TITRE VIII.

Fonds de réserve.

Art. 59. Le fonds de réserve se compose de l'accumulation des sommes produites par le prélèvement annuel opéré sur les bénéfices, en exécution de l'article 57.

Lorsque le fonds de réserve aura atteint le chiffre de deux millions de francs, le prélèvement affecté à sa re-création cessera de lui profiter. Il reprendra son cours si la réserve vient à être entamée.

En cas d'insuffisance des produits d'une année pour fournir un dividende de 25 francs par action, la différence peut être prélevée sur le fonds de réserve.

L'emploi des capitaux appartenant au fonds de réserve est réglé par le Conseil d'administration.

TITRE IX

Modifications aux statuts.

Art. 60 L'assemblée générale peut, sur l'initiative du conseil d'administration, et sauf l'approbation du Gouvernement, apporter aux présents statuts les modifications reconnues utiles.

Elle peut notamment autoriser :

1° L'augmentation du capital social au – delà de 60 millions;

2° L'extension des opérations de la Société ;

3° La prolongation de sa durée.

Dans ces divers cas, les convocations doivent contenir l'indication sommaire de l'objet de la réunion.

La délibération n'est valable qu'autant qu'elle réunit les deux tiers des voix des membres présents.

Le nombre des membres présents devra être du quart au moins des actionnaires ayant droit d'assister à l'assemblée générale.

En vertu de cette délibération, le conseil d'administration est, de plein droit, autorisé à suivre auprès du Gouvernement l'obtention de son approbation aux modifications adoptées, consentir les changements qui seraient exigés, et [réaliser] les actes qui doivent les consacrer.

TITRE X

Dissolution — Liquidation

Art. 61. En cas de perte de moitié du capital social souscrit, la dissolution de la Société peut être prononcée avant l'expiration du délai fixé pour sa durée, par une décision de l'assemblée générale.

Le mode de convocation et de délibération prescrit par l'article 60 pour les modifications aux statuts est applicable à ce cas.

Art. 62. A l'expiration de la Société, ou en cas de dissolution anticipée, l'assemblée générale, sur la proposition du conseil d'administration, règle le mode de liquidation et nomme un ou plusieurs liquidateurs.

L'assemblée générale est convoquée d'urgence pour régler le mode de liquidation et faire le choix des liquidateurs, comme il est dit ci-dessus

Les liquidateurs pourront, en vertu d'une délibération

de l'assemblée générale, faire le transport à une autre société des droits, actions et obligations de la compagnie dissoute.

Pendant le cours de la liquidation, les pouvoirs de l'assemblée générale se continuent comme pendant l'existence de la Société. Elle a notamment le droit d'approuver les comptes de la liquidation et d'en donner quittance.

La nomination des liquidateurs met fin aux pouvoirs des administrateurs, des membres du comité et du secrétaire.

TITRE XI

Contestations

Art. 63. Toutes les contestations qui pourront s'élever pendant la durée de la Société ou lors de sa liquidation, soit entre les actionnaires eux-mêmes et à raison des affaires sociales, seront jugées par des arbitres, conformément aux articles 51 et suivants du Code de commerce.

Dans le cas de contestations, tout actionnaire devra faire élection de domicile à Paris, et toutes notifications et assignations seront valablement faites au domicile par lui élu, sans avoir égard à la distance du domicile réel.

A défaut d'élection de domicile, cette élection aura lieu de plein droit, pour les notifications judiciaires, au parquet de M. le procureur de la République près le Tribunal de première instance du département de la Seine.

Le domicile élu formellement ou implicitement, comme il vient d'être dit, entraînera attribution de juridiction aux Tribunaux compétents du département de la Seine.

TITRE XII.

Publication.

Art. 64. Pour faire publier les présents status partout où besoin sera, tous pouvoirs sont donnés au porteur d'une expédition,

Dont acte,

Fait et passé à Paris en l'étude dudit Me Fould, pour M. le duc de Mouchy, en la demeure de M. Benoît Fould, pour ce dernier et M. de Abaroa, en la demeure de MM. Emile et Isaac Pereire pour ces derniers et MM. Biesta et d'Eichthal, et en leurs demeures respectives pour les autres comparants;

L'an mil huit cent cinquante-deux, les seize et dix-sept novembre, et lecture faite, les comparants ont signé avec les notaires.

Signé : Fould.

Le décret d'autorisation du Crédit mobilier avait paru au *Moniteur universel* un mois deux jours après la rentrée à Paris du Président de la République.

Parti de l'Elysée le 14 septembre au matin pour visiter les départements du Centre et du Midi de la France, le prince Louis Napoléon Bonaparte s'était successivement arrêté à Bourges (le 14) à Nevers (le 15) à Moulins (le 16) à Roanne (le 17) à Saint-Etienne (le 18) à Lyon (le 19) à Bourgoin, (le 21) à Grenoble (le 22) à Valence (le 23) à Avignon (le 25) à Marseille (le 26) à Toulon (le 28) à Aix (le 29) à Nîmes (le 30) à Montpellier (le 1er octobre) à Pézénas (le 2) à Carcassonne (le 3) à Toulouse (le 4) à Agen (le 6) à Bordeaux (le 7) à Angoulême, (le 10) à Rochefort (le 11) à la Rochelle, à Poitiers (le 12) à Niort (le 13) à Tours (le 15) et était rentré à Paris le 16, au milieu d'un enthousiasme indescriptible. « La Réception faite « au prince par la Capitale de la France ne peut se « décrire, disait le *Moniteur Universel* du 17 octo- « bre; et toute la presse périodique renchérissait « encore sur le langage du Moniteur. »

A vrai dire d'ailleurs, le voyage du président de la République n'avait été qu'une longue suite d'ovations passionnées. Les populations des communes rurales et urbaines s'étaient portées en foule sur le passage de Louis Napoléon Bonaparte et avaient salué en lui, moins le premier citoyen du pays, que l'héritier d'un nom auquel se rattachaient les souvenirs et l'attente de l'Empire.

Les membres des Corps constitués, les Conseillers d'arrondissement, les juges de paix, les maires, les adjoints, les conseillers municipaux, les délégués et les notables des départements couvraient le président de la République d'adresses enthousiastes demandant uniformément le rétablissement de l'Empire. Toutes ces adresses se résumaient, comme les acclamations populaires, par le cri de « Vive Napoléon III.

On oubliait que quel que soit le titre ou le nom

dont on le décore, le chef d'Etat d'un grand pays peut toujours faire de grandes choses ; mais l'Empire semblait être alors l'aspiration générale : le pays se préparait évidemment à le rétablir.

Toutefois, au milieu des acclamations de la foule, le président s'était recueilli. Il avait, suivant ses propres expressions, « approfondi les besoins des belles contrées qu'il venait de parcourir, et malgré un résultat beaucoup plus important obtenu, » il avait cru devoir répondre à ces besoins et formuler le programme du nouvel empire. Le 9 octobre, en s'adressant à la chambre et au Tribunal de Commerce de Bordeaux, il avait prononcé un discours qui produisit une sensation profonde. On remarqua surtout les passages suivants :

« Par esprit de défiance, certaines personnes se disent : « L'EMPIRE, « C'EST LA GUERRE. Moi je dis : L'EMPIRE, « C'EST LA PAIX.

« C'est la paix, car la France la désire, et, lorsque la « France est satisfaite, le monde est tranquille. La gloire « se lègue bien à titre d'héritage; « mais non la guerre...

« Nous avons d'immenses territoires incultes à défricher, « des routes à ouvrir, des ports à creuser, des rivières « à rendre navigables, des canaux à terminer, notre ré- « seau de chemins de fer à compléter. Nous avons, en face « de Marseille, un vaste royaume à assimiler à la France. « Nous avons tous nos grands ports de l'Ouest à rappro- « cher du Continent Américain par la rapidité de ces com- « munications qui nous manquent encore...

« Voilà comment je comprendrais l'Empire, ajoutait le

« Président de la République, si l'Empire doit se rétablir.
« Telles sont les conquêtes que je médite, et vous tous
« qui m'entourez, qui voulez comme moi, le bien de notre
« patrie, vous êtes mes soldats. »

Oui, il est vrai, en 1852, la France voulait la paix,
la France voulait les conquêtes pacifiques du travail,
de l'agriculture, du commerce, de l'industrie et de
l'esprit d'entreprises. La France les veut encore aujourd'hui : le programme de 1852 pourrait être encore le programme de 1888.

Les paroles du 9 octobre furent précieusement
recueillies. Chacun les nota dans sa mémoire. Le
25 octobre, la chambre de commerce de Paris les
rappelait en ces termes au président de la République :

« Vous avez dit : L'EMPIRE, C'EST LA PAIX ; c'est-à-dire,
« c'est l'ordre, le travail, le crédit, l'essor imprimé à toutes
« les grandes entreprises publiques et privées; c'est le
« bien-être s'infiltrant dans toutes les classes de la société;
« c'est la prospérité générale... »

Plus tard, Bordeaux devait les faire graver en
lettres d'or sur des tables de marbre, scellées aux
murs du palais de la Bourse et au piédestal de la
statue de Napoléon III. Aujourd'hui, elles appar-
tiennent à l'histoire.

Cependant, « la manifestation éclatante qui ve-
« nait de se produire dans toute la France, en faveur
« du rétablissement de l'Empire, imposait au prince

« présidént de la République le devoir de convoquer
« le Sénat¹. » Le Sénat fut donc convoqué. Il
se réunit le 4 novembre, et le 7 parut le Sénatus-
Consulte en vertu duquel, la dignité impériale était
rétablie. Louis Napoléon Bonaparte était Empereur
des Français sous le nom de Napoléon III.

Le Scrutin du 21 novembre ratifia le Sénatus-
Consulte. Sur 8,140,660 suffrages, 7,824,189 se
prononcèrent pour l'Empire, d'après les documents
officiels.

Le 2 décembre suivant, la proclamation de l'Empire avait lieu à l'Hôtel de Ville; et, le même jour,
l'Empereur Napoléon III faisait son entrée aux Tuileries.

La fin de l'année 1852 se trouvait ainsi marquée
par un événement considérable, qui inspirait au
pays une confiance sans bornes. Chacun croyait
à la stabilité des institutions; chacun comptait
sur de longues années de paix. Aussi vit-on les
entreprises de tout genre, entreprises publiques ou
privées, prendre un essor simultané : c'était une
explosion spontanée d'activité, de création et de
travail qui s'étendait sur tous les points du territoire. Paris en était à la fois l'instigateur et le
distributeur. A Paris, cœur de la France, abou-
tissaient tous les projets, toutes les idées, toutes

¹ Textuel : *Moniteur universel* du 13 octobre.

3

les combinaisons , toutes les intelligences, tous les capitaux, toutes les personnalités, et Paris les renvoyait incessamment vivifier les départements. La circulation était passionnée, fébrile , immense. A tous ces éléments créateurs se joignait une force nouvelle : la spéculation. Malgré les entraves légales, qui lui servaient de frein, la spéculation doublait, décuplait, centuplait les forces créatrices et distributives. Par la spéculation, Paris était devenu le marché de la France entière et la France ressemblait à une immense usine en travail.

Le gouvernement favorisait ce mouvement général par ses créations financières et par des mesures économiques, il venait d'autoriser *la Société générale de Crédit Mobilier* (18 novembre); il allait bientôt (10 décembre) transformer la Banque foncière de Paris en *Crédit Foncier de France* ; il prêtait son concours à de nouvelles lignes de chemins de fer, notamment à la Compagnie de Lyon à Avignon, qui devenait la Compagnie du chemin de fer de Lyon à la Méditerranée ; enfin il réduisait de plus de 30,000 hommes l'effectif de l'armée permanente [1] et il laissait espérer qu'une nouvelle réduction de 20,000 hommes [2] aurait lieu l'année suivante, en décembre 1853. Il donnait

---

[1] *Moniteur universel*, 18 novembre 1852.

[2] Le budget de 2185 se solda par 25,759,013 francs d'excédant de dépenses sur les recettes.

Les recettes étaient de........ 1,487,344,984 fr.
Les dépenses furent de........ 1,513,103,997

ainsi des gages à la déclaration faite à Bordeaux : L'EMPIRE, C'EST LA PAIX.

Résumons. A la fin de l'année 1852, la France voulait la stabilité à l'intérieur et la paix à l'extérieur ; la France voulait aussi l'activité, le travail, la vie ! Trente-trois années de paix profonde (1815-1848), sous la branche aînée et sous le règne de la branche cadette des Bourbons, avaient permis au pays d'accumuler des épargnes, des richesses considérables. Les capitaux, les esprits, les bras ne demandaient qu'à s'employer [1].

[1] Croit-on que l'avenir, qu'un avenir prochain, puisse offrir des ressources égales à celles que nous a données le passé ?

Qu'on se détrompe.

Quand, en 1852, la France passa du régime républicain au second Empire, elle venait de traverser, de 1815 à 1848, trente-trois années de paix profonde. Les gouvernements de la branche aînée et de la branche cadette s'étaient montrés dispensateurs économes, parcimonieux même de la fortune publique et des ressources du pays. On n'avait rien entrepris de hasardeux, de téméraire. On s'était reposé des fatigues du passé, et la France avait pu guérir toutes ses blessures, celles des malheurs de la première République comme celles des guerres du premier Empire.

Pendant ces trente-trois années, toutes les richesses du pays, richesses agricoles, commerciales, industrielles et financières, s'étaient reconstituées lentement. L'épargne s'était accrue dans des proportions considérables, et, par suite, le capital disponible s'était nécessairement augmenté. Les ressources du pays représentaient une somme énorme.

Ces trésors, amassés par l'épargne, par le travail, par la production, on les a trouvés tout accumulés, tout prêts en 1852. On les a employés, de 1852 à 1866, en chemins de fer, en travaux publics, en guerres, en emprunts, en affaires de tout genre. C'est la paix, la paix profonde, conservée pendant deux générations, de 1815 à 1851, qui a fait la force de l'Empire de 1852 à 1866. (*La Liberté*, 16 avril 1866.)

Le lecteur nous pardonnera ces quelques pages d'histoire rétrospective. Nous ne pouvions nous dispenser de les remettre sous ses yeux, avant de nous livrer tout entier à notre sujet.

La Société générale de Crédit Mobilier, ou, pour mieux dire, le *Crédit Mobilier,* comme on l'appelait dès lors, ne comptait, au 20 novembre, que deux jours d'existence légale, mais il avait déjà deux mois au moins d'existence de fait dans le monde financier.

On savait que ses fondateurs appartenaient aux plus hautes régions financières : on citait à l'envi les noms de la maison B. L. Fould et Fould Oppenheim, dont le chef était M. Benoît Fould, frère aîné du ministre d'État, Achille Fould ; de MM. Torlonia et Cᵉ, les riches banquiers de Rome ; de MM. Salomon Heine et Cᵉ, banquiers à Hambourg ; de M. Adolphe d'Eichthal, frère de Gustave d'Eichthal le publiciste, président du Conseil d'administration du chemin de fer de Paris à Saint-Germain ; de M. H. G. Biesta, premier directeur et organisateur du Comptoir d'Escompte aux jours difficiles de 1848 ; de MM. Des Arts, Pescatore, Ch. Mallet, de Abaroa, Ernest André, baron Seillière, duc de Galliera, duc de Mouchy, etc., etc. On voyait, dans la réunion de ces hommes tous puissants par leurs richesses ou leur influence, des gages certains de succès.

Mais on savait surtout que du *Crédit Mobilier*

Messieurs Émile et Isaac Pereire étaient la double âme, dualité solidaire confondue en une seule individualité : Les Pereire, disait-on alors, et dit-on encore, sans distinction de l'un ou de l'autre. Le Crédit Mobilier, c'était eux.

Émile et Isaac Pereire appartenaient à une famille israélite dont les ancêtres avaient parcouru et habité différents pays sans doute, mais en dernier lieu le Portugal, puis la France. Ils étaient petits-fils du philologue Joseph Rodriguez Pereire, l'un des plus savants instituteurs de sourds-muets. Tous deux étaient nés à Bordeaux, pays de négoce, d'affaires et d'initiative. Les débuts des deux frères furent modestes, comme ceux de beaucoup de nos contemporains : leurs compatriotes peuvent se souvenir encore d'avoir vu M. Émile Pereire faire le courtage du papier et des lettres de change dans la rue de la Rousselle, aux Salinières et dans les quartiers commerçants de Bordeaux. Venus ensuite à Paris, les frères Pereire continuèrent le courtage des papiers de Banque₁ ; mais leur ambition les portait plus haut. Ils élevèrent peu à peu leurs vues. De 1829 à 1834, ils s'attachèrent avec ferveur à la secte, ou à l'école Saint-Simonienne. Ils connurent parmi les adeptes le père Enfantin, Bixio, Michel Chevalier et une foule d'autres : c'est là qu'ils trouvèrent, dit-on, les premiers éléments de leur notoriété et de leur influence. Plus

---

¹ MM. E. et I. Pereire demeuraient alors 6, rue Cadet ; M. Thiers y demeurait aussi.

tard, nous retrouvons M. Émile Pereire à la rédaction du *Globe* et du *National* d'Armand Carrel : il
s'y occupait de traiter les questions de finances.
M. Isaac Pereire était toujours de moitié dans les
travaux et dans la fortune de son frère.

La création du chemin de fer de Paris à Saint-
Germain (1835-1837) mit en relief le nom de
MM. Émile et Isaac Pereire. L'entreprise était
hardie et fut heureuse [1]. Rien n'illustre comme le
succès.

Dès lors, MM. Émile et Isaac Pereire eurent un
nom européen. Quelques années après, ils entre-
prenaient la construction plus importante du chemin de fer du Nord, puis ils quittaient la maison
Rothschild pour voler de leurs propres ailes. De
1838 à 1851, les deux frères s'occupèrent de
finances, de spéculations sur les terrains et d'entre-

---

[1] Le *chemin de fer de Paris à Saint-Germain* fut compris dans
la fusion des chemins de fer de *Paris à Rouen*, — de *Rouen au
Havre*, — de *Caen à Cherbourg*, — et de *l'ancien Ouest*, qui
devint, en 1855, la Compagnie actuelle des CHEMINS DE FER DE
L'OUEST.

Créé au capital de 13,500,000 francs (250 francs versés), le chemin de fer de *Paris à Saint-Germain* fut compris, dans la fusion,
pour 47,500,000 francs. Ce qui représentait 625 francs de bénéfice
par action de 250 francs !

Outre les 270,000 actions de la *fusion* (CHEMINS DE L'OUEST), libérées à 500 francs, attribuées aux 34,000 actions du chemin de fer
de *Paris à Saint-Germain*, celles-ci reçurent :

27,000 obligations, remboursables à 1,250 francs, productives d'un
intérêt de 50 francs annuellement, jouissance du 1er juin 1855 !

... Je laisse à penser quels furent les bénéfices des fondateurs
et des initiés.

prises diverses. En 1852, dans l'acte constitutif du
Crédit Mobilier, M. Émile Pereire prenait la qualité
d'administrateur du chemin de fer du Nord et M. Isaac
Pereire celle d'administrateur du chemin de fer de
Paris à Lyon [1].

Les frères Pereire avaient le renom d'une haute
capacité financière : ils étaient regardés comme des
esprits hardis, audacieux même. On les disait doués
d'une activité dévorante. A ces titres, on attendait
beaucoup de leur concours.

Par la hardiesse et par l'audace qui foule aux
pieds les scrupules, on peut arriver à la fortune,
mais on n'acquiert pas toujours l'estime et la considération.

Mais en matière de finances, dans les questions
d'argent, toujours si délicates et si difficiles, dans la
gestion des deniers d'autrui, surtout, ni la hardiesse,
ni l'audace ne sauraient valoir la prudence et l'esprit
de conduite. La première qualité d'un administrateur doit d'ailleurs être l'honnêteté rigide; sinon,
tous les résultats obtenus sont contestables et peuvent
s'évanouir.

En 1852, du reste, dans certaines régions sociales,
on était peu enclin au désintéressement et aux vertus
aimées de nos pères. On eut été mal venu à parler du
mépris des richesses au sein du monde financier. Ce
monde-là ne voyait qu'un but : la fortune! n'enten-

[1] Tous deux demeuraient alors rue d'Amsterdam, n° 5.

dait qu'un mot d'ordre : parvenir! C'était comme une religion nouvelle.

L'argent était le Dieu; — la spéculation, le culte; — la Bourse, le temple; — la corbeille des agents de change, l'autel; — la cote authentique, la Bible ou le Coran; — les prêtres se recrutaient dans la banque, au parquet, à la coulisse [1]; les croyants, les fidèles, les martyrs, partout.

Combien de gens à cette époque d'entraînement ir-résistible abandonnèrent leur travail, leur industrie, leur établi, leur comptoir, leur magasin et même leur maison paisible pour accourir à la Bourse et s'abreu-ver aux eaux du Pactole nouveau ! Les récentes dé-couvertes des placers de Californie et d'Australie, les débordements d'or qui se déversaient sur la vieille Europe, achevaient de séduire les imagina-tions. Nous allions assister à une révolution inévi-table dans l'emploi, dans le cours, dans la valeur des métaux précieux. Notre vieille monnaie d'argent n'était plus assez maniable, assez rapide pour obéir à la fièvre des affaires. L'or lui-même semblait paresseux dans les règlements de compte. Tout en circulant à flots rapides, il captivait le temps et l'es-prit. On préférait les billets de banque, les mandats de virement, et de compensation, le papier en un

---

[1] Nous dirons plus loin l'histoire de la Coulisse ou Petite-Bourse; elle n'avait pas à cette époque (1852) l'importance qu'elle eut plus tard, c'est-à-dire de 1855 à 1859.

mot, au lieu de numéraire. On se serait cru aux premiers jours du système de Law.

Dans ce mouvement fébrile et passionné, avant leur négociation au parquet et leur apparition sur la cote authentique, les promesses d'actions du Crédit Mobilier, s'étaient négociées à 995 fr. puis à 1100, et successivement, avec des oscillations continuelles de 25 fr. à 175 fr. par jour, en hausse ou en baisse, elles avaient atteint le cours énorme de 2,110 fr. [1]. Dans l'espace de deux mois qui précéda les négociations officielles, les 120,000 actions du Crédit Mobilier représentèrent un mouvement du centuple et au-delà. Elles changeaient de mains chaque jour. Achetées, vendues, reprises, revendues encore, dix fois, cent fois, par chaque spéculateur, elles donnèrent lieu à des transactions considérables, qui se liquidèrent à l'émission, c'est-à-dire le 24 novembre, par des pertes ou des gains énormes [2].

Les actions du Crédit Mobilier figurèrent pour la première fois sur la cote authentique du parquet de Paris, le 23 novembre 1852.

Le premier cours coté fut 1100 fr. ; le deuxième,

[1] Ce cours fut fait au Casino-Paganini, rue de la Chaussée-d'Antin, en novembre 1852. Consulter, à cet égard, les anciens coulissiers encore existants et leurs carnets d'affaires.

[2] Plusieurs spéculateurs soldèrent leurs comptes par des bénéfices ou des pertes de plusieurs millions. L'un d'eux leva 500 actions et toucha en sus 872,000 francs après avoir couvert un million de pertes par fausses manœuvres (historique.) On cita plusieurs cas pareils ou à peu près.

1075 fr.; le troisième, 1050 fr., et l'on fit ensuite pendant le reste de la Bourse, 1025 1000 1060 1050 1025 1050 1040 |1025 et 1000. Dernier cours [1].

Le 24 on ouvrit au parquet à 1000, et l'on fit successivement : 1010 1015 1020 1025 1010 1020 1015 1007 50 1010 1000 1015 1025.

Le 25 on cota 1050 1070 1060 1065 1070 1065 1075 1085 1080 1090 1100 1120 1110 1130 1140 1150 1125 1150 1175 1200 1225 1210.

HAUSSE en trois jours : 119 fr.

Le 26, 1600 1605 1625 1605 1615 1620 1640 1625 1680 1700 1725 1710 1750 1775 1785 1740 1725 1700 1675 1650 1600 1625 1550 1575 1525 1590 1600 1625 1575 1560 1525 1500 1525.

HAUSSE sur le cours de clôture de la veille : 315 fr.

Le 27, 1575 1600 1575 1600 1550 1575 1590 1580 1590 1575 1590 1600 1650 1675 1650 1625 1600 1625 1600 1610 1620 1610 1600 1620 1575 1600.

HAUSSE sur le cours de la veille : 75 fr.

Le 30, 1450 1425 1440 1435 1450 1460 1490 1500 1480 1450 1460 1475 1490 1450 1460 1475 1430 1425 1440 1400.

BAISSE sur le cours du 27 : 200 fr.

Le 1er décembre, 1400 1375 1350 1375 1400 1375 1390 1380 1390 1380 1390 1400.

Pas de variation de clôture en clôture d'une Bourse sur l'autre.

Tous ces cours sont puisés à la cote authentique (novembre et décembre 1852).

Le 3, 1400 1425 1410 1400 1390 1400.

Pas de variation.

Le 4, 1400 1375 1390 1385 1395 1380 1350 1360.

BAISSE sur le cours du 3 décembre : 40 fr.

Le 6, 1375 1360 1350 1325 1340 1350 1310 1300 1290 1250 1225 1215 1210 1225 1235 1225.

BAISSE sur le cours du 4 décembre : 135 fr.

Le 7, 1275 1250 1270 1250 1240 1225 1200 1190 1150 1180 1175 1180 1170 1175.

BAISSE sur le cours du 6 : 5 fr.

Le 8, 1160 1150 1140 1150 1155 1150 1140 1120 1130 1125 1100 1110 1130 1120 1140.

BAISSE sur le cours du 7 : 35 fr.

Le 9, 1100 1130 1135 1120 1125 1135 1140 1145 1150 1140 1135 1130 1135 1150 1160 1175 1200.

HAUSSE sur le cours du 8 : 60 fr.

Le 10, 1200 1230 1250 1270 1275 1260 1270 1275 1280 1290 1300 1310 1325 1340.

HAUSSE sur le cours du 9 : 140 fr.

Le 11, 1360 1375 1400 1375 1425 1450 1425 1410 1405 1390 1375 1360 1375.

HAUSSE sur le cours du 10 : 35 fr.

Le 13, 1400 1390 1375 1390 1395 1375 1380.

HAUSSE sur le cours du 11 : 5 fr.

Le 14, 1390 1370 1350 1360.

BAISSE sur le cours du 13 : 20 fr.

Le 15, 1375 1365.

HAUSSE sur le cours du 14 : 5 fr.

Le 16, 1365.

Pas de variation.

Le 17, 1365.

Pas de variation.

Le 18 [1], 1000 1020 1010 1005 1000 1015 1000 995 1000 997 50 1000.

BAISSE sur le cours du 17 : 20 fr.

Le 20, 1000 995 997 50 990.

BAISSE sur le cours du 18 : 10 fr.

Le 21, 1000 997 50 995 1000 997 50 1000 995.

HAUSSE sur le cours du 20 : 5 fr.

Le 22, 1000 998 75 997 50 995 1000 997 50 995 996 25 987 50 990 985.

BAISSE sur le cours du 21 : 10 fr.

Le 23 : 995 992 50 990.

HAUSSE sur le cours du 22 : 5 fr.

Le 24, 980 975 970 960 965.

BAISSE sur le cours du 23 : 25 fr.

Le 27, 950 945 940 935 930 925 920 900 890 900 905 910 925.

BAISSE sur le cours du 24 : 40 fr.

Le 28, 880 870 860 850 840 850 845 840 835.

BAISSE sur le cours du 27 : 90 fr.

---

[1] Ce jour-là on cessa de négocier les actions du Crédit Mobilier, avec faculté de souscrire pour la seconde émission (le deuxième tiers, soit 40,000 actions). En tenant compte de la prime des nouvelles actions, le cours de 1,000 francs à l'ouverture constituait une baisse de 20 francs sur le cours de la veille.

Le 29, 850 860 855 850 860 855 850 860 840 830 840
850.

Hausse sur le cours du 28 : 15 fr.

Le 30, 860 865 870 875.
Hausse sur le cours du 29 : 15 fr.

Le 31, 860 865 870 875.
Pas de variations.

Voilà comment le Crédit Mobilier signalait son
apparition à la Bourse. Ses mouvements étaient sac-
cadés, imprévus, violents. C'était la valeur la plus
dangereuse du marché. Tel qui s'endormait riche la
veille, se réveillait ruiné le lendemain, et réciproque-
ment. Tel qui comptait le matin des bénéfices
énormes, soldait ses livres, le soir, par des pertes con_
sidérables. Mais quand il s'agit de spéculation pure,
les pertes ou les bénéfices ne sont, en fait, qu'un
déplacement de la richesse.

Tout a sa contre-partie en ce monde. Dans l'ordre
matériel, cette proposition est vraie; elle l'est peut-
être aussi dans l'ordre moral. Qui sait si toute joie
n'a pas une douleur qui la compense ? Si la vie de
chacun et de tous, quelles que soient les conditions
sociales, n'est pas une série de compensations calculées par une intelligence suprême? Telle est peut-être
la loi des contraires qui se réduirait comme toutes les
lois à une expression mathématique...

A coup sûr, ce système des compensations domine

en souverain les transactions de finances et les affaires
en général. En comptabilité, il a deux termes : le débit
et le crédit. Le solde est tantôt en faveur de l'un ou de
l'autre; mais la balance de tous les comptes est forcée,
par sommes égales, et cette balance sert de preuve.

De même dans les affaires, toute perte éprouvée
par les uns prouve un bénéfice fait par d'autres.

Eh bien ! dans les opérations faites par le Crédit
Mobilier qui pouvait recueillir les bénéfices, sinon les
créateurs, les administrateurs et les commanditaires
de la Société ? Eux seuls étaient à même de connaître
le fond des choses; eux seuls étaient en mesure d'apprécier sainement les causes des oscillations; eux
seuls pouvaient suivre les mouvements et les diriger.
N'étaient-ils pas au foyer même des renseignements
et des informations de tout genre ? N'accourait-on pas
de toutes parts les instruire des moindres faits, des
moindres accidents, des moindres détails ? peut-être
connaissaient-ils exactement à certains jours donnés
la position de la place, c'est-à-dire les opérations engagées par le public sur leurs valeurs ? En pareil cas,
tous ceux qui n'avaient pas pensé et agi comme eux
étaient livrés à leur merci. Mille exemples le prouvè-
rent. La Bourse de Paris eut toujours le sentiment de
ce danger, et néanmoins elle ne cessa de le braver.

En 1852, beaucoup de gens prétendaient que le
gouvernement avait autorisé le Crédit Mobilier, étendu
les attributions du Crédit foncier et allait favoriser la

création d'autres caisses analogues, pour paralyser
ou tout au moins pour balancer l'influence toute
puissante de la maison Rothschild. C'est chose possible ; mais ce but n'a pas été atteint [1].

[1] Voici comment le Docteur Véron, dans *Quatre Ans de règne*,
raconte la fondation du Crédit Mobilier :

« Pendant une des absences de l'Empereur, alors en voyage,
« M. de Persigny, ministre de l'intérieur, exposa à ses collègues,
« en plein conseil, tout le plan de la Société du Crédit Mobilier.
« Le désintéressement, la netteté de principes, le vieux dévoue-
« ment de ce fidèle compagnon de l'exil sont connus; il se montra
« plein d'enthousiasme pour la nouvelle combinaison financière ;
« elle détruisait, selon lui, le monopole des emprunts, l'espèce
« de dictature sur les grands marchés étrangers, et surtout sur la
« Bourse de Paris, exercée par une maison de banque prépondé-
« rante, solide, honnête, mais qui, aux yeux de M. de Persigny,
« avait peut-être le tort de conserver des relations d'amitié avec
« un des ennemis les plus déclarés de l'élu du suffrage universel.
« Dans la Société de Crédit Mobilier autorisée, M. de Persigny
« voyait une concurrence redoutable pour la maison de banque
« dont à tort il se défiait; il voyait un puissant levier pour la pros-
« périté de l'industrie, du commerce, pour la fermeté des cours
« de la Bourse française, en un mot, une grande maison de banque
« gouvernementale. M. Achille Fould combattit une à une toutes
« les espérances, toutes les illusions du ministre de l'intérieur,
« et moins ce dernier qui résista, *il fit ranger à son opinion tous*
« *ses autres collègues.*
« L'Empereur revient; dans un grand conseil de ministres au-
« quel assiste plus d'une notabilité financière, la question de la
« Société de Crédit Mobilier est étudiée, discutée, controversée;
« M. A. Fould soutient avec talent et fermeté ses convictions ; il
« prédit que cette nouvelle société anonyme, que cette colossale
« maison de banque exploiterait à son profit les temps de prospé-
« rité et déserterait dans les mauvais jours; il prédit que cette
« maison de banque se créerait des monopoles de tous genres :
« monopole de chemins de fer en France et à l'étranger, monopole
« d'affaires industrielles, monopole de société de crédit mobilier
« dans toute l'Europe; il prédit que par toutes les valeurs nou-

En examinant la liste des Sociétés de crédit créées
de 1852 à 1864, on peut remarquer un fait saillant : c'est que ces Sociétés n'ont pas été fondées
par suite d'un système financier prémédité. Elles se
sont établies d'une manière successive, au fur et à
mesure que des besoins nouveaux se faisaient sentir.
Ce qui prouve évidemment qu'il n'y a pas eu de système, ni même pensée d'un système, c'est que tous ces
établissements ont eu des intérêts divers et opposés.
Chacun d'eux compose une église spéciale, où règne
un esprit différent. L'antagonisme existe, profond,
radical. Souvent cet antagonisme enfante la guerre;
et de la guerre, qui paie les frais ? — Le public.

Mais le public de décembre 1852 ne pensait pas
aux orages; il voyait tout en beau. Pour lui, l'horizon

« velles, par tous les titres nouveaux qu'elle jetterait à pleines
« mains sur le marché de la Bourse, moins dans un but d'utilité
« publique que par l'appât des primes assurées par le jeu des ac-
« tions elle affecterait plus ou moins grièvement les cours des
« effets publics, et susciterait une *crise* inévitable le jour où l'é-
« quilibre serait rompu entre le chiffre des affaires et la somme
« de numéraire circulant en France. Tous les ministres tinrent
« bon contre l'opinion de M. de Persigny. Mais les idées politi-
« ques de ce dernier prévalurent, et la Société générale de Crédit
« Mobilier fut autorisée. »

Nous ne croyons pas que le docteur Véron ait été *exactement
renseigné* sur l'histoire vraie de la fondation du Crédit Mobilier.
Le docteur Véron ne figure pas comme actionnaire dans l'acte de
constitution de la société, et la maison B. L. Fould et Fould Oppenheim y participa pour 11,445 actions ! C'était, cela soit dit à titre
de renseignement seulement, la plus forte de toutes les souscriptions.

n'avait pas de points noirs et si le ciel avait des nuages, ces nuages même étaient dorés !

L'enthousiasme de la hausse avait pris des proportions folles. La Rente 3 0/0 venait d'atteindre et de dépasser le cours de 86 francs. Toutes les valeurs étaient à des prix extrêmes.

Il est vrai que dans le mois de novembre le chiffre des avances sur effets publics à la Banque de France avait augmenté de 22 millions, ce qui en portait la somme totale à 135 millions. On achetait, on achetait toujours.

Quant aux reports, ils étaient arrivés à des taux excessifs : ainsi en liquidation de novembre, les reports sur les chemins s'élevaient à 10, 15, 20 francs par action pour quinze jours ; le report de la Rente était coté 1 fr. 50 c. Ce dernier prix représentait de l'argent prêté à 20 0/0 par an !

Une situation pareille qui allait se compliquer sous peu de l'émission, de la négociation des actions du Crédit Mobilier, et de bien d'autres entreprises, inquiétait à bon droit le parquet de Paris. Il voulut prévenir une crise probable ; au lieu de la conjurer, il en décida l'explosion.

De ses archives surannées, la chambre syndicale exhuma une ancienne décision ainsi conçue :

« Tout agent de change a le droit d'exiger des acheteurs
« d'actions de chemins de fer à terme, un dépôt préalable
« de 150 francs par action ; et tout agent est tenu de

« fournir pareille caution au syndicat de la compagnie, si
le syndicat en fait la réclamation. »

Cette mesure fut rendue exécutoire pour la liquidation de fin novembre. De là, grande émotion parmi
les acheteurs; de là, des ventes précipitées; de là, une
baisse profonde. Toutes les valeurs furent frappées.
La Rente elle-même en subit le contre-coup. En moins
de quinze jours le 3 0/0 tombait de 86 fr. à 83,75.

Comme toujours en pareille occurence, mille
bruits défavorables au Crédit public circulèrent. Le
Moniteur chercha à rassurer les esprits.

Le 8 décembre, afin d'arrêter la baisse des actions
des chemins de fer, il publiait une note ainsi conçue :

« Des demandes relatives à l'établissement de nou-
« velles lignes de chemins de fer sont adressées chaque
« jour à l'Administration. Celles qui lui sont déjà parve-
« nues auraient pour résultat d'étendre notre réseau de
« plus de 7,000 kilomètres et imposeraient à l'État et aux
« compagnies une dépense de plus de deux milliards.

« Il est du devoir du Gouvernement de résister à
« cette entraînement exagéré.... Le Gouvernement n'ac-
« cordera que ce qui est conforme à la prudence. »

Le 18 décembre, le *Moniteur* revenait encore à la
charge et démentait formellement les bruits de conversion du 4 1/2.

Enfin le 29, il contenait une troisième communication.

« Plusieurs journaux ont annoncé que le gouverne-
« ment avait l'intention d'autoriser des maisons de jeu

« et de rétablir la loterie. Ces bruits sont dénués de
« toute espèce de fondement. »

Mais ni le langage du *Moniteur*, ni la cérémonie
d'inauguration de la rue de Rivoli (14 décembre), ni
les mesures projetées pour l'assainissement et l'amélioration de la Sologne, généreuse pensée, bien digne
d'un chef d'Etat, ne purent servir de digue à la baisse.

Le 13 décembre, le 3 0/0 fermait à 82 15.

Et le 31, il finissait l'année à 81 30.

Il est vrai que des besoins d'argent considérables
se faisaient sentir dans le commerce, dans l'industrie,
à la Bourse et chez les banquiers ; que les semailles
des blés s'étaient faites dans de mauvaises conditions ;
qu'on commençait à avoir des inquiétudes pour la récolte des céréales de 1853, et qu'enfin la question
d'Orient pointait dès lors à l'horizon.

En définitive, la fin de l'année 1852 fut moins heureuse qu'on l'avait espéré.

Mais elle fut favorable au Crédit Mobilier, à ses
actionnaires et surtout à ses fondateurs, par le seul
fait de l'émission des actions créées.

Sur le cours de 1,000 francs l'action, le capital de
la Société représentait 60 millions de bénéfices ; et
sur le cours de 1,500 francs, 120 millions.

Prenons note de ces deux chiffres. Nous aurons à en
reparler.

CHAPITRE II

1853

« La pensée du Crédit Mobilier était née, au dire des
« administrateurs de la Société [1] de l'insuffisance des

[1] Voir le Rapport présenté par le Conseil d'administration dans
l'assemblée générale ordinaire et extraordinaire des Actionnaires du
29 avril 1854.

« moyens de crédit, offerts à l'organisation des grandes
« affaires du pays; — de l'isolement où étaient réduites les
« forces financières; — de l'absence d'un centre assez
« puissant pour les rallier entr'elles.

« Elle était née du besoin d'amener sur le marché le
« concours régulier de capitaux nouveaux destinés à aider
« au développement du crédit public et du crédit indus-
« triel;

« Elle était née de l'exagération des conditions aux-
« quelles se faisaient les prêts sur les fonds publics et des
« difficultés qui en naissaient pour le classement défi-
« nitif des meilleures valeurs;

« Elle était née encore du besoin de centraliser le
« mouvement financier et administratif des grandes Com-
« pagnies, et notamment des Compagnies de chemins de
« fer; d'utiliser ainsi, au plus grand avantage de toutes,
« les capitaux dont chacun dispose successivement, de
« manière à ménager les ressources communes, aussi bien
« au profit des Compagnies qu'au profit de leurs nom-
« breux actionnaires.

« Elle était née enfin de la nécessité d'introduire dans
« la circulation un nouvel agent, une nouvelle monnaie
« fiduciaire, portant avec elle son intérêt de chaque jour,
« et faisant fructifier les épargnes les plus humbles,
« aussi bien que les capitaux les plus considérables.

« Créer une telle institution, ajoutait le rapporteur,
« c'était donner à l'industrie et au crédit public le plus
« puissant encouragement; c'était mettre à leur disposition
« l'instrument le plus propre à leur fournir à bon
« marché les capitaux nécessaires à leur développement. »

Tel était en théorie, au dire des fondateurs, le
Crédit Mobilier.

Il devait être, dans la pratique, une banque d'émission d'un nouveau billet de circulation ayant pour gage, non un portefeuille d'effets de commerce, comme la Banque de France, le Comptoir d'escompte et d'autres banques du Continent, mais des effets publics, actions, obligations ou titres de Sociétés anonymes ou autres Compagnies industrielles; en tout cas, des valeurs de premier ordre et de toute sûreté.

Ces billets de circulation, qui auraient porté le nom d'obligations, auraient été remboursables en espèces, non à vue, mais à terme, à échéances fixes, avec productivité d'intérêt quotidien.

Ainsi s'expliquait la faculté laissée par les statuts d'émettre en obligations une somme égale au décuple du capital social : si ce capital eut été de 60 millions, le Crédit Mobilier pouvait émettre jusqu'à 600 millions d'obligations, et si le capital eût été porté, comme il le fut plus tard, à 120 millions, la somme des obligations aurait pu s'élever à 1,200 millions.

Une telle entreprise aurait exigé un capital bien plus considérable : 120 millions de capital social, actions, et 1,200 millions de prêts en obligations, ensemble 1,320 millions ne pouvaient suffire, pour assurer, en le protégeant sans cesse, le classement régulier de 20 à 25 milliards de valeurs fiduciaires que l'on allait créer en douze ans !

Dans l'exécution, les plans du Crédit Mobilier allaient rencontrer des difficultés sans nombre et l'institution devait forcément dévier.

Le Crédit Mobilier avait deux sortes d'obligations :

Les obligations à longue échéance ;

Les obligations à courte échéance ;

Il ne pouvait émettre les premières avant d'avoir complété son capital social (60 millions), il fallait

« que ces obligations pussent jouir de la double garantie
« que leur présentaient les statuts : l'existence du fonds
« social , et la réalisation d'acquisitions faites sur
« une base assez large pour donner aux placements
« de la Société l'importance et la stabilité nécessaires. »

Or ces deux conditions n'existaient pas en 1853. Pendant toute l'année 1853, les actions du Crédit Mobilier furent négociées avec 250 francs seulement versés. Les 250 francs complémentaires de l'action à 500 francs ne furent appelés que du 15 au 31 décembre, c'est-à-dire un an révolu après la date de fondation : Le Mobilier n'eut donc à sa disposition en 1853, comme capital social, que 30 millions. Cette somme était évidemment insuffisante pour procéder à de larges opérations.

Quant aux obligations à courte échéance, une première série fut créée et mise en circulation ; mais les comptes courants avaient été ouverts à peu près à la même époque, et l'accroissement rapide de ces comptes contraignit les administrateurs à arrêter l'émission des obligations.

En effet, l'art. 8 des statuts imposait à l'émission de ces obligations une limite qui dès les premiers jours se trouva trop étroite. Cet article voulait que le montant cumulé des sommes reçues en comptes courants et des obligations créées, à moins d'un an de date, ne pussent pas dépasser le double du capital réalisé. Or, dès le mois de juin, le solde des comptes courants s'élevait à 60 millions.

La Société fut donc obligée de retirer de la circulation une partie de ces obligations. Elle le fit en les escomptant à un taux inférieur au taux de négociation ou d'émission primitivement consenti.

A l'assemblée des actionnaires de 1854, les administrateurs devaient demander la modification de l'art. 7 des statuts qui limitait à 45 jours l'échéance la plus courte des obligations; ils devaient proposer la création d'*obligations de liquidation*. Ce nouveau titre aurait eu pour échéance facultative l'époque même des liquidations à la Bourse de Paris; il aurait servi à réunir une masse considérable de fonds flottants qui auraient fourni un aliment constant aux prêts sur reports.

Mais les actionnaires furent peu favorables à cette combinaison nouvelle et on ne s'en occupa plus.

La création des obligations mobilières était l'idée fixe des fondateurs du Crédit Mobilier. Ces obligations devaient être leur levier, leur grand moyen d'action sur le public. A leur point de vue, le capital social

pouvait être le générateur des forces, mais le capital
obligations aurait été le mécanisme, mécanisme intel-
ligent, se pliant à tous les besoins des entreprises des
sociétés et des créations industrielles...... Dans leur
rapport de 1853, ils développaient cette idée et en
faisaient ressortir les conséquences :

« L'une des fonctions les plus importantes du Crédit
« Mobilier consistera, *lorsque le moment en sera venu*, dans
« l'émission de ses obligations portant intérêt jour par
« jour.

« Ces titres doivent participer à la fois du caractère du
« billet de banque et de celui de toutes les valeurs à
« intérêt fixe, remboursables à courts termes et amor-
« tissables à longue échéance, comme les rentes [1]. les
« actions, les obligations.

« Ils devront tout à la fois servir à mobiliser les effets
« dont ils seront la représentation exacte, et prendre, par
« leur forme et par la facilité qu'ils offrent de régler
« chaque jour, d'un coup d'œil, l'intérêt qui y est atta-
« ché, l'une des plus belles applications du crédit.

« Ce billet est le complément indispensable du système
« monétaire ordinaire; mais son utilité n'est pas seule-
« ment dans la facilité de transmission qu'il présente; elle
« se produit surtout dans les moyens qu'il donne d'aug-
« menter le capital nécessaire à la circulation des ri-
« chesses d'un pays; sous la direction intelligente et
« habile des établissements chargés d'en régler l'emploi,
« ce nouveau capital devient un instrument fécond, un
« levier puissant, à l'aide duquel le taux de l'intérêt a pu

---

[1] Les rentes n'ont jamais eu d'amortissements RÉGULIERS. Exemple mal choisi par le rapporteur.

« être régularisé et réduit. Mais la quantité de ces effets,
« qui ne rapportent pas d'intérêt et qui sont remboursables
« à vue, se trouve nécessairement limitée à la fois par les
« besoins de la circulation, par les prescriptions formelles
« du législateur, comme en Angleterre, ou, comme en
« France, par la haute prudence de l'établissement chargé
« de les émettre (1).

« A côté du billet de banque, il reste une place vacante,
« que nos obligations sont appelées à remplir.

« Le principe de ces obligations étant de n'être rem-
« boursables qu'à une époque correspondante à celle des
« effets qu'elles représentent dans notre portefeuille, et de
« porter intérêt au profit du détenteur, leur émission se
« trouve exempte de tout inconvénient, et doit avoir pour
« effet, d'une part, d'utiliser une masse considérable de
« fonds de caisse, de capitaux momentanément sans emploi,
« qui sont aujourd'hui perdus pour la communauté (2);
« d'autre part, de fournir à tous un moyen de placement
« régulier et permanent.

«   .   .   .   .

« Suivant l'économie du système qui sert de base à notre
« Société, ces titres seront non-seulement *gagés* par une
« somme correspondante de valeurs acquises sous le con-
« trôle du gouvernement (3), et dont la réunion offrira,

---

1 Cette partie de la rédaction du Rapport était due, dit-on, à
M. Michel Chevalier.

2 Réminiscence Saint-Simonienne.

3 Quelle étrange assertion ! Pouvait-on dire que, les *valeurs
étaient acquises sous le contrôle du Gouvernement* parce que l'article 3 et l'article 4 du décret d'autorisation étaient ainsi conçus :

ART. 3. La Société sera tenue de remettre, tous les six mois,
un extrait de son état de situation au ministère de l'intérieur, de

« par l'application du principe de la neutralité, les avan-
« tages de la compensation et de la division des risques;
« mais ils auront, de plus, la *garantie* d'un capital que
« nous avons élevé, dans ce but, à un chiffre considérable.

« Divisées en coupures qui pourront se prêter à tous
« les besoins de la circulation, et portant avec elles le ta-
« bleau du règlement, jour par jour, des intérêts dont
« elles sont productives, nos obligations présentent ainsi
« toute la sécurité et toutes les facilités désirables; elles
« sont destinées à devenir, entre les mains du plus grand
« nombre, une *véritable caisse d'épargne portative*, et leur
« introduction dans la circulation aura surtout pour ré-
« sultat de remplacer successivement des titres dont les
« revenus sont incertains, tels que les actions industrielles
« par des titres d'un revenu fixe et assuré.

« Ainsi, loin de surexciter la spéculation, comme l'ont
« pu croire ceux qui ont méconnu le principe, la nature
« et le but de notre institution, le résultat définitif de nos
« opérations sera d'offrir à toutes les fortunes les moyens

l'agriculture et du commerce, au préfet du département de a
Seine, au Préfet de Police, à la Chambre de Commerce et au greffe
du Tribunal de Commerce de Paris.

ART. 4. En outre, la Société devra fournir au Ministre des Finances, sur sa demande ou à des époques périodiques par lui déterminées, les mêmes états présentant la situation de ses comptes
et de son portefeuille, ainsi que le mouvement de ses opérations,

Les opérations et la comptabilité de la Société seront soumises
à la vérification des délégués du Ministre des Finances, toutes les
fois que celui-ci le jugera convenable. Il sera donné communication à ces délégués du registre de ces délibérations, ainsi que
tous les livres, souches, comptes, documents et pièces appartenant à la Société. Les valeurs de caisse et de portefeuille leur seront également représentées.

Le Gouvernement n'exerçait, en fait, qu'un droit de surveillance; rien de plus, aux termes même du décret

« et la facilité de réaliser sans péril des placements mo-
« biliers à intérêt fixe. »

Le rapport des opérations de l'année 1853 continuait en s'étendant sur les avantages de toute nature
que présentaient les obligations mobilières; il les
montrait faisant fonction de monnaie. « La Com-
« pagnie devait toujours avoir les moyens d'en main-
« tenir le niveau et d'éviter toute fluctuation provenant
« des variations de l'intérêt. » Comment? Le rapport
ne le dit pas. A côté de ces obligations spéciales devaient s'en trouver d'autres ayant pour objet d'*absorber* les emprunts des communes, des départements, des
compagnies de chemins de fer, etc., etc., ce qui per-
mettrait de substituer une valeur uniforme à la diver-
sité des titres qui encombraient le marché.

Le Crédit Mobilier pouvait ainsi établir entre tous
les intérêts, sans distinction, une solidarité intime,
dont l'uniformité de titre aurait été le symbole et la
représentation.

La Société recueillait naturellement tous les fruits
de cette centralisation générale. Les bénéfices auraient
consisté en une différence entre l'intérêt attaché aux
obligations et l'intérêt auquel on aurait pu placer
les sommes correspondantes à leur valeur.

En résumé, ce programme, quelque séduisant
qu'il put paraître à première vue à certains esprits,
laissait percer des tendances de monopole et d'absorption excessives..... Il froissa le sentiment public.

La théorie des obligations mobilières pouvait être vraie (et à notre avis elle l'est, au point de vue de certaines valeurs), mais l'heure de son application n'était pas encore venue. On n'y crut pas en 1853, — et peut-être n'y croirait-on pas aujourd'hui.

Les Administrateurs du Crédit Mobilier se faisaient donc illusion en prétendant que leur institution était semblable à celle du Crédit foncier.

« L'une, disaient-ils, prête par voie d'hypothèque au « moyen de son capital, d'abord, puis à l'aide d'obli- « gations qu'elle émet pour une somme égale à celle des « prêts effectués ; l'autre place ou prête sur valeurs mo- « bilières et industrielles, au moyen de son capital d'abord, « puis à l'aide des fonds que lui procurent les obligations « qu'elle est autorisée à émettre pour une somme égale « à celle de ses placements et du montant des dépôts en « comptes courants. »

Entre les deux institutions, il y avait des différences profondes.

Le Crédit foncier opérait et opère encore sur des valeurs positives, matérielles, peu sujettes à de grandes variations de prix, à moins de circonstances exceptionnelles, telles que les révolutions sociales et les grandes crises nationales ; le Crédit Mobilier, au contraire, eût opéré sur des valeurs de convention exposées à toutes les erreurs des hommes, à toutes les manœuvres de la spéculation et à toutes les chances des événements. Il est toujours possible d'évaluer une propriété foncière; il est toujours facile d'en contrôler la valeur intrinsèque; il est au contraire impossible d'estimer d'une manière certaine la valeur d'une action ou d'une obligation d'entreprise industrielle (1). En résumé, le Crédit foncier opère sur des bases certaines; le Crédit Mobilier n'eût opéré que sur des probabilités.

Le Crédit foncier ne serait en péril que, si par suite de mauvaise gestion ou par toute autre cause qu'il est inutile de prévoir ici, il était conduit à prêter plus que ne vaudraient les gages.

En ce cas, les obligations pourraient, à la rigueur, ne pas tout perdre; mais le capital actions pourrait être dévoré (1). Aucune entreprise des hommes n'est à l'abri de semblables malheurs.

Le public ne partageait pas les illusions des fondateurs du Crédit Mobilier à l'égard des obligations immobilières. Il ne les aurait certainement pas accueillies avec faveur. On le comprit à la place Ven-

---

1 Tout ce qui s'est passé depuis trois ans à la Bourse le prouve rréfragablement.

Le Crédit Foncier a 60 millions de capital actions (30 millions seulement versés). Ses prêts en obligations s'élèvent à 1,250 millions environ.

Que faudrait-il pour que le Crédit Foncier perdît 30 millions? — Il faudrait qu'il se fût trompé de 2 % pour 100 seulement, en moyenne, sur la totalité de ses prêts.

Que faudrait-il pour qu'il perdît 60 millions, soit le capital versé et celui qui reste à verser encore? — Il faudrait qu'il se fût trompé de 5 pour 100 en moyenne sur la totalité de ses prêts.

dôme. Après l'essai infructueux d'une émission avortée, on se consola en prétendant que l'éducation financière du pays n'était pas assez avancée pour comprendre ce genre de combinaisons.

De toutes les idées produites dans le programme du Crédit Mobilier, la plus simple, la plus pratique et la plus féconde était sans contredit la création d'une obligation-billet de Banque, portant intérêt jour par jour; mais cette idée n'appartenait pas aux financiers du Crédit Mobilier : ils l'avaient empruntée à M. EMILE DE GIRARDIN; ils ont dû la lui rendre, puisqu'ils ne leur fut pas donné d'en tirer parti (1).

Le programme du Crédit Mobilier (2) ne tarissait pas de promesses et d'espérances.

Le Crédit Mobilier devait être à la fois :

1° Société commanditaire de l'industrie;

2° Société financière;

3° Banque de placement, de prêts et d'emprunts ;

4° Banque d'émission.

Il devait « travailler au développement de l'industrie nationale, faciliter la création et l'exercice des

---

¹ Le *Crédit Lyonnais* s'est emparé de cette idée et l'a mise en pratique; il a lancé dans la circulation des billets au porteur, payables à vue, portant intérêt d'un centime par jour pour 100 francs, soit 3 fr. 65 c. par an pour 100. Il a réalisé ainsi la *Caisse d'épargne portative* dont parlaient, en 1852, les administrateurs du Crédit Mobilier.

³ Voir encore le Rapport déjà cité du 29 avril 1854.

« grandes entreprises, s'intéresser aux affaires en
« cours déjà fondées par l'acquisition de leurs ac-
« tions, ou par la souscription de leurs obligations,
« s'attachant de préférence aux entreprises qui pré-
« senteraient au plus haut degré un caractère d'utilité
« publique;

 « Dans les temps prospères, ajoutait-on, la Société
« doit être un *guide* pour les capitaux empressés de
« trouver un emploi productif; dans les moments
» difficiles, elle peut offrir des ressources précieuses
« pour maintenir le travail et modérer les crises, qui
« sont le résultat d'un brusque resserrement des
« capitaux. »

Ce programme était splendide, mais pour le réaliser, ce n'est pas un capital de 60 millions qu'il aurait
fallu réunir! Quelque considérable qu'il parût à cette
époque, ce capital devait être évidemment insuffisant; et encore, comme nous l'avons déjà dit, pendant la première année de ses opérations, le Crédit
Mobilier n'en eut à sa disposition que la moitié, c'est-
à-dire 30 millions. Il est vrai que les comptes courants et les obligations émises à moins d'un an de date,
furent en moyenne, pendant le premier exercice, de
60 à 65 millions. Le Crédit Mobilier eut donc 90 à 95
millions de fonds en maniement pendant l'année 1853.

 Comment les employa-t-il?

Il est hors de doute qu'il se livra à des affaires de
placement et de spéculation et qu'il dut y réaliser des

« bénéfices satisfaisants. » Nous en trouvons l'aveu dans un passage très-significatif du rapport du 29 avril 1854 :

« Le résultat définitif des opérations du Crédit Mobilier,
« lorsqu'il aura pris tous les développements prévus par
« nos statuts, se résumera, en dehors du revenu de notre
« capital, dans une différence d'intérêt entre la somme de
« ses emprunts et la somme de ses placements. Parvenues
« à ce point, les variations des cours nous seraient, jusqu'à
« un certain point, indifférentes, puisque nos bénéfices se
« trouveraient basés sur des revenus et non sur des
« *oscillations de capital.*

« *Mais avant que cet état de choses ait pu se réaliser,*
« NOUS NE POUVIONS NÉGLIGER DE RECUEILLIR LES DIF-
« FÉRENCES qui se présentaient sur des *placements qui*
« *n'avaient point encore un caractère définitif.* »

Il y avait, dans ces trois lignes échappées sans doute à un moment d'abandon ou de vérité, une porte ouverte à des suppositions de la nature la plus délicate.

Qu'entendait-on par ces *placements qui n'avaient pas encore un caractère définitif?*... — Quelles étaient les conditions, les signes ou les nuances auxquelles se distinguaient *les placements provisoires et les placements définitifs?*... — Comment s'établissait leur distinction ? Avant ou après le résultat ? — Le caractère définitif n'existait-il que s'il y avait perte? et, dans le cas contraire, quand il y avait bénéfice, comment *recueillait-on les différences?* — Comment ces différences s'attribuaient-elles et se répartissaient-elles dans les divers comptes, dans les comptes nombreux de la Société?...

Voilà des points qu'il aurait été du devoir des actionnaires d'étudier et d'éclaircir... Ne peut-on pas y revenir encore? Il ne saurait y avoir prescription en matière d'erreurs sur des comptes sociaux?

En 1854, cette partie du rapport des opérations de 1853 passa tout à fait inaperçue. En ce temps-là, on n'y regardait pas de si près. Les porteurs d'actions ne se préoccupaient que d'une chose : les dividendes! Ils lisaient à la fin des rapports le passage qui en établissait la quantité et la date de payement... puis tout était dit. C'est ainsi que certaines gens ne lisent d'un roman que les dernières pages : ils ne veulent savoir que le dénoûment.

Les opérations du Crédit mobilier, pendant l'exercice de 1853, furent importantes.

Il prêta son concours au Crédit foncier et souscrivit dans une forte proportion à l'émission alors en cours de ses obligations. Commencée en décembre 1852, cette affaire était entièrement liquidée à la fin de l'année suivante, en décembre 1853.

Il prit ensuite une part considérable à la fusion des chemins de fer de Saint-Etienne à Lyon, d'Andrezieux à Roanne, et de Saint-Etienne à la Loire, trois lignes qui furent d'abord réunies en une seule compagnie et cédées plus tard à la compagnie du chemin de fer grand Central. En même temps, il devenait souscripteur d'un emprunt contracté par la compagnie du grand Central et il nouait des relations étroites avec les compagnies du chemin de fer de l'Est et du chemin du Midi.

Le Midi et le grand Central lui confiaient leurs fonds. Le Crédit Mobilier faisait leur service de caisse et le paiement des intérêts et des dividendes attribués aux actions et aux obligations ; il se chargea de l'émission de leurs titres et du transfert des actions pendant le temps qu'elles restèrent nominatives etc. etc... Le grand Central lui donna de plus, moyennant un abonnement, sa caisse de dépôts de titres et de valeurs.

La compagnie du chemin de fer de l'Est conserva le service spécial de sa caisse ; mais elle confia au Crédit Mobilier une partie importante de ses fonds. En septembre 1853, quand il s'agit de la construction de la ligne de Mulhouse, le Crédit Mobilier offrit à tous les porteurs des nouvelles actions à émettre, de faire pour eux, jusqu'à concurrence de 200 fr. par action, à 4 0/0 d'intérêt par an, l'avance des premiers versements demandés. Cette opération équivalait à un prêt qui pouvait atteindre un chiffre très-élevé. Un cinquième des actionnaires seulement en profita.

La société de la Vieille Montagne contracta cette année un emprunt de 6 millions de francs envers le Crédit Mobilier, qui fut chargé en outre du paiement des intérêts et des dividendes pour compte de la société. Enfin la compagnie des Mines de la Silésie, lui confia sa caisse de dépôts de titres.

Le rapport de l'exercice 1853 ne fit pas mention de l'opération faite par le Crédit Mobilier sur les actions de la Banque de Darmstadt ; et cependant nous trouvons dans un bulletin financier de cette époque les mentions suivantes [1] :

« Le Crédit Mobilier a encouragé la création d'une « Banque de commerce et d'industrie à Darmstadt... La « Banque de Darmstadt a mis 10,000 de ses actions à la dis- « position des actionnaires du Crédit Mobilier... — les ac- « tions de la Banque de Darmstadt sont très-recherchées à « 100 francs de prime, etc., etc. »

Le rapport ne parla pas non plus des affaires de spéculation auxquelles put donner lieu en 1853 la concession du chemin de fer connu sous le nom de Grand Central. On remarqua d'autant plus la réserve gardée à cet égard, que l'entrée de M. le comte de Morny dans le conseil d'administration du Crédit Mobilier devait sans doute se rattacher à cette opération dont les résultats furent considérables [2].

... Pendant qu'il se livrait à ces opérations di-

[1] *Journal des Débats.* Avril 1853.

[2] Le 22 avril 1853, jour où la concession du chemin de fer du Grand-Central parut au *Moniteur universel,* les actions faisaient à la Bourse 93 francs de prime. On se souvient à combien de péripéties cette affaire donna lieu jusqu'au moment de sa fusion pour 2/3 avec le Paris-Lyon-Méditerranée et pour 1/3 avec le Paris à Orléans. C'est encore une histoire à faire !...

verses, le Crédit Mobilier ne négligeait par les placements de fonds en reports à la Bourse de Paris.

Les sommes qui lui furent versées en comptes courants dans l'année 1853, et qui atteignirent 147 millions [1], lui permirent de pratiquer ce genre d'affaires sur une grande échelle [2]. De grands capitalistes y avaient déjà réalisé des bénéfices considérables. En octobre et novembre 1852 le taux des reports était en moyenne de 18 à 20 pour 0/0 à la Bourse de Paris.

En Décembre 1852, il était à 12. 03, 0/0.

En Janvier 1853,   à   8, 65, 0/0.

mais il tomba successivement,

En Février	à	5 22 0/0
— Mars		5 04
— Avril.		4 78
— Mai		3 87
— Juin.		5 94
— Juillet. . .		3 42
— Août.		3 30
— Septembre. . . .		3 19
— Octobre.		2 88
— Novembre. . . .		3 32
— Décembre. . . .		2 85

[1] Somme exacte fr. 147,374,423 fr. 37 c. (Voir le Rapport lu à l'assemblée du 29 avril 1854.)

[2] L'ensemble des sommes successivement employées en reports par le Crédit Mobilier, pendant l'exercice 1853, fut de fr. 627,705,287, fr 95 c.

Au 31 décembre 1855 les sommes prêtées à ce titre s'élevaient à 45,445 ,539, fr. 45 c. (Rapport lu à l'assemblée du 29 avril 1854.)

Tel le taux du report, tel le degré de la confiance dit un vieil adage de la Bourse. La confiance allait elle donc diminuer?

Les Administrateurs du Crédit Mobilier prétendirent que c'était à leur société que la Bourse de Paris était redevable de l'abaissement du taux des reports. C'est dans ce sens du moins qu'ils parlèrent à l'Assemblée générale de leurs actionnaires au mois d'avril 1854. Ils avaient pu y contribuer, peut-être dans certaine mesure ; mais ils n'étaient pas en droit de s'en attribuer le mérite exclusif. La baisse des reports provenait d'autres causes et d'un ordre de faits qu'il est intéressant de rappeler.

En 1852, pendant neuf à dix mois de hausse consécutive et continue, sur la Rente et sur les valeurs de tout genre, toutes les perspectives heureuses, toutes les mesures favorables à la prospérité publique et privée avaient été largement escomptées. Le cours de la Rente 3 0/0 au dessus de 86 francs, les prix extrêmes des actions de chemins de fer et des valeurs industrielles le prouvaient surabondamment; mais la spéculation plutôt que l'argent avait conduit aux cours extrêmes : les capitaux petits ou grands sont circonspects et se défient des exagérations.

Depuis le coup d'Etat de 1851, jusqu'au voyage dans le Midi de la France, et jusqu'aux suffrages du 20 novembre, il y avait eu un courant de hausse persistante; mais l'Empire fait, qu'escompter de plus ?

— à partir du 2 décembre 1852, une réaction en baisse était inévitable et logique. Elle se produisit. La spéculation avait acheté avant l'empire, elle vendit après l'Empire et elle devait jouer la baisse jusqu'à nouvel ordre : Elle la joua en effet, vu les circonstances politiques et sociales, en 1853 et en 1854. Ces tendances ne se modifièrent qu'à partir de 1855.

En résumé jusqu'en 1853, il y eut des acheteurs et à partir de 1853, il y eut plutôt des vendeurs. Ainsi fut, en réalité, la position de la place. —

Dans cet ordre de faits, les vendeurs à découvert formaient aux liquidations de quinzaine et de fin de mois, la contre-partie des acheteurs qui avaient à se faire reporter. Les reporteurs en spéculation étaient toujours moins exigeants que les reporteurs capitalistes. Ceux-ci demandaient et voulaient beaucoup, à cause de leurs risques; ceux-là se contentaient de peu, satisfaits de conserver leur position à la baisse. Telle était, en 1853, la vraie cause de l'abaissement du taux des reports. Les administrateurs du Crédit Mobilier le savaient bien.

Il y aurait beaucoup à dire encore sur cette question des reports; mais notre sujet nous réclame. Revenons-y.

Les affaires en général furent actives en 1853. Les concessions de chemins de fer faites ou définitivement consacrées pendant l'année représentaient en longueur un développement de 2,134 kilomètres. Les

subventions accordées par l'État pour assurer l'exécution de plus de 500 lieues de voies ferrées s'élevaient seulement à 39,300,000 francs, et encore
convenait-il d'en déduire des garanties d'intérêt retirées, et diverses autres sommes qui pouvaient, éventuellement, faire retour au Trésor.

Antérieurement à 1848, le chiffre des subventions
accordées par l'État avait été de 102,482 francs par
kilomètre; ce chiffre s'éleva à 198,910 francs depuis
la révolution de février jusqu'au 2 décembre 1851;
il descendit à 102,061 francs du 2 décembre 1851
au 31 décembre 1852, et enfin à 20,909 francs pour
l'année 1853.

Les études de nouveaux chemins de fer entreprises
et exécutées en 1853 comprenaient un développement
de 6,254 kilomètres.

Les principales de ces études étaient relatives :

Au réseau pyrénéen : Toulouse à Bayonne et Dax,
Toulouse à Foix, Tarbes à la Garonne, Tarbes à Mont-
de-Marsan, Bayonne à la Bidassoa. Environ 1,500 kilomètres ;

Au réseau breton : Rennes à Brest, à Lorient et
Saint-Malo, Lorient à Quimper, Nantes à Napoléon-
ville et à Lorient. Environ 2,202 kilomètres ;

Au réseau central : lignes concédées définitivement
ou éventuellement à la Compagnie du Grand-Central,
et complément du Groupe, 1,553 kilomètres.

L'exécution de tous ces chemins était poussée avec une activité extraordinaire.

Sur tous les points dont nous venons de parler, les populations trouvèrent des entreprises, des profits; et les classes ouvrières du travail, des salaires, qui leur permirent de traverser sans trop de privations, une année rigoureuse par le haut prix de toutes les substances alimentaires.

Il était urgent de compléter le plus rapidement possible le réseau de nos voies ferrées. Combien l'agglomération lyonnaise, par exemple, n'eût-elle pas gagné, dans l'hiver de 1853, si la ligne d'Avignon eût été terminée et eût pu transporter rapidement les blés nécessaires à sa consommation? Mais, grâce à l'impulsion vigoureuse imprimée à l'industrie et à l'esprit d'association, la France voyait approcher le moment où elle aurait à sa disposition 10,000 kilomètres de chemins de fer.

Ce n'était pas seulement sur les chantiers de chemins de fer que cette activité se faisait sentir, c'était partout. Les carrières, les usines étaient mises à contribution pour les matériaux; les forêts fournissaient les bois; dans les forges, dans les usines, on construisait les machines, les outils, les rails, les ferrures; dans les ateliers, le matériel, wagons, meubles, etc., et les villes manufacturières ne cessaient de produire les tissus et les vêtements nécessaires aux nombreux ouvriers adonnés à ces divers genres de travaux.

Les capitaux étaient abondants et à bon marché.
La Banque de France conserva le taux de son escompte
à 3 0/0, du mois de mars 1852 au mois d'octobre
1853, où elle l'éleva à 4 0/0, — le taux moyen de
l'année fut, en réalité, de 3.23 0/0. Dans les banques
privées, l'argent contre effets de commerce s'obtint
toujours facilement à 5 0/0.

Les résultats du commerce d'importation et d'exportation étaient en progrès sensible sur ceux de l'année
1852 [1]. Enfin les revenus publics étaient aussi en
augmentation [2].

Malgré ces circonstances favorables, le cours des
valeurs en général se déprécia incessamment à partir

[1] En 1852, les IMPORTATIONS avaient été

en Marchandises de.........	989,400,000
en Numéraire de...........	242,800,000
Ensemble..........	1,232,200,000

Les EXPORTATIONS avaient été

en Marchandises de........	1,256,900,000
en Numéraire de..........	226,000,000
Ensemble........	1,482,900,000

En 1853, les IMPORTATIONS étaient

en Marchandises de........	1,196,100,000
en Numéraire de..........	433,200,000
Ensemble........	1,632,300,000

Les EXPORTATIONS étaient

en Marchandises de........	1,541,900,000
en Numéraire de..........	264,000,000
Ensemble........	1,805,900,000

[2] Consulter à cet égard les comptes-rendus du ministère des
Finances, *Moniteur universel*, années 1853, 54 et suivantes.

du mois de mai. Ainsi le 3 0/0, qui était coté au mois de janvier à 81 15, dont le cours s'élevait en mai à 82 15, tombait en octobre à 71 70, et finissait l'année à 73 30. Dans les premiers ours de janvier 1854 il devait toucher 70 fr.

Il résume à lui seul les mouvements du marché financier pour l'année que nous décrivons.

La Bourse salua par de la hausse le mariage de l'Empereur (janvier); conserva une fermeté relative sur le discours prononcé à l'ouverture de la session du Sénat et du Corps législatif [1] (février); revint à la baisse à cause des pluies torrentielles qui compromettaient les récoltes, et sur les craintes que lui inspirait la question d'Orient; eut un retour à la hausse sur une déclaration pacifique du *Moniteur* [2]

---

[1] « La richesse nationale s'est élevée à un tel point, que la partie « de la fortune mobilière, dont on peut chaque jour apprécier la « valeur, s'est accrue à elle seule de deux milliards environ..... l'ac- « tivité du travail s'est développée dans toutes les industries..... la « France a aujourd'hui des institutions qui peuvent se défendre « d'elles-mêmes, et dont la stabilité ne dépend plus de la vie d'un « homme.....

« Vous verrez, par le budget qui vous sera présenté, que notre « position financière n'a jamais été meilleure depuis vingt années et « que les revenus publics ont augmenté au delà de toutes les prévi- « sions,..... néanmoins l'effectif de l'armée déjà réduit de 30,000 hom- « mes dans le cours de l'année dernière, va l'être immédiatement « encore de 20,000..... »

(Discours de l'Empereur, 14 février 1852. *Moniteur universel.*)

[2] Des nouvelles particulières reçues de Constantinople font espérer que les complications survenues dans les affaires d'Orient se résou- dront sans compromettre le bon accord des puissances européennes.

(*Moniteur universel* du 22 mars 1853.)

(mars), et ne cessa tout le reste de l'année d'être agitée
par des variations très-accusées, suivant les craintes
de guerre ou les espérances de paix avec la Russie.

Il faut ajouter ici que les hauts prix des grains et
des farines contribuèrent puissamment à déprimer
les cours des fonds publics et des valeurs pendant les
trois derniers mois de l'année. Les inquiétudes à cet
égard étaient sérieuses et motivées.

Quant au Crédit Mobilier, le cours de ses actions
n'atteignit pas une seule fois 1,000 francs. Ses prix
extrêmes furent :

> En HAUSSE. . . .   960 (mois d'avril).

> En BAISSE.. . . .   640 (mois de janvier).

Soit un écart de 320 francs.

Mensuellement, les prix offrirent les variations suivantes :

| | COURS | |
1853.	HAUSSE	BAISSE
Janvier....................	910	640
Février....................	905	690
Mars......................	932.50	800
Avril	950	862.50
Mai.......................	960	810
Juin..	852.50	710
Juillet....................	850	685
Août	902.50	782.50
Septembre	867.60	717.50
Octobre...................	737.50	670
Novembre.................	732.50	685
Décembre.	797.50	722.50

Ce qui représentait, comme différence, dans les mouvements en sens opposés :

En Janvier...............	270 fr.	
— Février...............	215 »	
— Mars................	132 » 50	
— Avril................	87 » 50	
— Mai.................	150 »	
— Juin................	142 » 50	
— Juillet..............	165 »	
— Août................	120 »	
— Septembre...........	150 »	
— Octobre.............	67 » 50	
— Novembre...........	47 » 50	
— Décembre...........	75 »	

Un écart total de... **1,622 fr. 50** pour l'année.

Un spéculateur donc qui, opérant mois par mois, aurait toujours acheté au plus bas et vendu au plus haut pendant l'année 1853, aurait gagné :

Avec   100 actions........   162.250 fr.
Avec 1,000 actions........   1.622.500

Si on voulait supputer ces différences en les calculant sur les cours extrêmes de chaque semaine, on arriverait à des sommes bien autrement considérables. Que serait-ce donc si on faisait ce calcul jour par jour ?

Les mouvements du Crédit Mobilier étaient déjà bien dangereux et bien redoutables ; et il est à noter pourtant que l'année 1853 fut l'une des plus calmes de son existence, avec les années 1860 et 1861. Les mouvements de 1855 - 56 - 57 - 58 - 62, etc., firent frémir.

Faut-il croire, comme on le disait dès lors, que les administrateurs et les initiés aux mystères du Crédit Mobilier y trouvèrent leur compte ? Nous nous bornons à poser la question, laissant à d'autres le soin de la résoudre.

Au 31 décembre 1853, la situation financière du Crédit Mobilier se résumait comme suit [1] :

Les sommes reçues sur le capital, qui était presque entièrement réalisé, s'élevaient à. . . . .   56.503.875 »

Le solde des comptes courants et des obligations émises à moins d'un an de date était de. . . ., ...   65.819.059 74

Les dividendes et semestres restant à payer s'élevaient à. 941.356 87

Enfin, le solde des bénéfices réalisés, déduction faite des à-comptes payés sur le dividende, était de. 3.594.161 27

Total. . . .   126.878.452 88

(L'importance des sommes en comptes courants provenait des versements faits par les compagnies avec lesquelles le Crédit Mobilier était en rapport.)

[1] Voir le rapport déjà cité du 29 avril 1854.

Les placements faits s'élevaient, en rentes et actions de chemins de fer, à. . . . 15.562.483 59
En obligations, à. . . . 21.697.165 54

37.259.949 13

Les placements à échéance déterminée s'élevaient à. 37.834.769 32

Les prêts en reports, à. 45.445.539 45

L'acquisition et l'appropriation de l'hôtel place Vendôme, avait exigé une dépense de. 1.233.163 33

Enfin, le solde en caisse ou à la Banque s'élevait à. 5.105.031 35

Total. 126.878.452 58

Les bénéfices faits sur les opérations réalisées depuis la fondation de la Société jusqu'au 31 décembre s'élevaient à la somme brute de. 7.582.722 96

Savoir :

Intérêts et bénéfices sur rentes. 390.827 05

Dᵒ sur actions et obligations de chemins de fer. . . 2.955.420 83

Dᵉ sur actions diverses. . 272.307 30

Dᵉ sur émissions d'actions et d'obligations de compagnies diverses 2.303.050 07

Produits des reports sur rentes et actions de chemins de fer. 1.300.844 57

Intérêts divers pour placements temporaires. . . . 356.048 34

Produit de la caisse des dépôts 4.220 80

Ensemble, somme égale. 7.582.722 96

Mais des bénéfices bruts il fallait déduire les sommes
suivantes :

1° Pour frais généraux, loyers, etc. . . .	175.760 11
2° Pour frais de premier établissement..	47.432 39
3° Pour intérêts payés à divers.	1.109.036 87
Ensemble.	1.332.220 37
Les bénéfices bruts ayant été de	7.582.722 96
D'où il y avait à déduire.	1.332.220 37
Le solde des bénéfices nets, au 31 décembre 1853, était de.	6.250.493 59

« Mais, disaient les administrateurs dans leur rap-
« port de l'exercice 1853, en raison des GRAVES ÉVEN-
« TUALITÉS *que présentaient, au 31 décembre,* L'ÉTAT
« POLITIQUE DE L'EUROPE ET LE RENCHÉRISSEMENT DES
« SUBSISTANCES, il nous a paru prudent de RÉDUIRE
« LES BÉNÉFICES déjà acquis de toute la perte que la
« dépréciation des cours faisait subir aux valeurs qui
« figuraient à notre actif.

« A cet effet, nous avons évalué toutes ces valeurs,
« non plus au prix d'achat, mais d'après le dernier
« cours de la Bourse du 31 décembre.

« Il résulte de cette évaluation que notre compte de « profits et pertes.	6.250.493 59
« a subi une réduction de	826.332 32
« et que le chiffre de nos bénéfices « sur valeurs réalisées se trouve ra-« mené à.	5.424.161 27

Sur cette somme, le conseil d'administration, usant de

la faculté que lui donnait l'art. 57 de ses statuts, avait distribué 5 0/0 d'intérêt sur les sommes versées pendant
l'année 1853, soit 15 fr. 25 c. par action et ensemble.   1.830.000   »
Il avait prélevé, conformément à l'ar-
ticle 57 des statuts, 5 0/0 POUR LE FONDS DE
RÉSERVE, soit. 179.708 05
Et le DIXIÈME POUR LES ADMINISTRATEURS . .   341.445 32

Ensemble. 2.351.153 37
Il restait à répartir une somme de. . . .   3.073.007 90

Balance. 5.424.161 27

Sur cette somme de . . . , ...   3.073.007 90
le conseil proposa, à l'assemblée du 29 avril
1854, de répartir, pour solde du dividende
de 1853, à raison de 25 fr. par action, une
somme de trois millions, ci. . . . .   3.000.000   »
Ce qui laissait au crédit des comptes de
l'exercice 1854 une somme de. 73.007 90

Ainsi furent arrêtés les comptes de l'Exercice 1853.

Les porteurs d'actions du Crédit Mobilier reçurent
pour le premier exercice,

le 1er juillet 1853. . . . .   6.25
le 1er janvier 1854. . . . .   9. »
le 1er juillet 1854. . . . .   25. »

Ensemble. 40.25

d'intérêt et de dividende.

Les versements ayant représenté, pour l'ensemble
de l'année, une somme moyenne de 300 francs par

action, le placement avait produit un revenu de 13. 40 pour cent.

L'assemblée générale ordinaire et extraordinaire du 29 avril 1854 approuva ces comptes et ces mesures de comptabilité.

Elle fixa à 20 francs le chiffre des jetons de présence à allouer aux administrateurs et ouvrit à partir de l'exercice de 1854, un crédit annuel de 100,000 fr. destiné à faire face à la dépense de ces jetons de présence et à la rémunération attribuée au Comité d'exécution.

Enfin, elle adopta les modifications demandées aux statuts, modifications qui se rapportaient aux obligations immobilières, et donna au conseil d'administration tous pouvoirs pour en suivre l'obtention auprès du gouvernement.

Les statuts ont déjà fait connaître à nos lecteurs les noms des membres qui composaient le conseil d'administration du Crédit Mobilier, c'étaient

MM. de ABAROA,
 Ernest ANDRÉ,
 BIESTA,
 Marc Gédéon DES ARTS,
 Adolphe d'EICHTHAL,
 Benoit FOULD,
 Duc de GALLIERA,
 Fréd. GRIENINGER, (de la maison J. P. Pescatore)
 Charles MALLET,
 Duc de MOUCHY,
 Isaac PEREIRE,
 et le baron SEILLIÈRE,

M. le comte de Morny fut appelé depuis à en faire partie.

M. Benoit Fould avait été nommé président,

MM. Isaac Pereire et Charles Mallet vice-présidents.

Mais au mois de septembre 1853, une maladie grave éloigna M. Benoit Fould qui, ne prévoyant pas l'époque où il pourrait reprendre ses travaux, crut devoir adresser sa démission. Le Conseil d'administration, ne voulut pas pourvoir à son remplacement pour l'Exercice 1854. (1)

Le conseil d'administration du Crédit Mobilier, indépendamment du Comité d'Exécution, s'était divisé en trois commissions dont le travail était distinct.

La première était chargée de la vérification des caisses et des portefeuilles et du contrôle des écritures;

La seconde, se vouait à l'étude des affaires industrielles et des projets concernant les travaux publics;

La troisième devait examiner toutes les questions relatives aux emprunts et aux opérations financières.

Quant au service intérieur des bureaux il était mis sous la direction d'un secrétaire général, M. C. Salvador, ancien agent supérieur de l'administration des finances et placé sous la haute surveillance du Comité d'exécution.

---

1 M. Benoit Fould mourut le 30 juillet 1858. Il était né en 1792.

Tel était le Crédit Mobilier aux derniers jours de l'année 1853.

En réduisant aux proportions d'une analyse positive et succinte les opérations décrites dans ce chapitre, nous trouvons,

1° Que le Crédit Mobilier avait distribué à ses actionnaires une somme de....... 4,830,000 fr.

2° Qu'il avait mis à la réserve.   179,708 fr. 05

3° Que ses administrateurs avaient prélevé une somme de...   341,445 fr. 32

Mais n'est-il pas posssible qu'en sus de ces résultats les administrateurs aient eu des profits bien plus considérables?. Ils étaient mieux que personne en position de les recueillir.

Malheureusement ces bénéfices ne sauraient être évalués et ils doivent être laissés.... *pour mémoire.*

C'est dommage; le chiffre en eût été intéressant et instructif.

En tout cas, il dut être considérable!...

CHAPITRE III

1854

Dès sa naissance, avant même, c'est-à-dire pendant la période de sa formation organique, le Crédit Mobilier avait été l'objet de vives controverses.

Au moment où nous sommes arrivés (1854), il comptait quatorze mois d'existence, et il était plus

discuté que jamais. Il devait l'être toujours : activité
ou calme, paroles ou silence, spéculations ou placements, succès ou revers, tout allait fournir matière
aux récriminations, aux accusations des uns, aux
éloges, aux encouragements des autres, car dans le
monde financier, le Crédit Mobilier comptait des
partisans et des adversaires passionnés. Ceux-là
étaient forts quoique rares; ceux-ci, faibles quoique
nombreux. Les premiers disposaient de capitaux considérables, de toutes sortes d'influences et avaient su
se concilier les faveurs du pouvoir; les seconds,
moins riches, moins en évidence, n'avaient pour
force que la vérité... et encore la vérité ne se disait
qu'à voix basse. Il pouvait en coûter cher de la dire
tout haut.

La presse aussi, la presse périodique s'entend, se
partageait en plusieurs camps, inégaux par le nombre,
inégaux par le talent. De ses rédacteurs, les uns se
laissèrent séduire par le prestige des premiers résultats de la société, les autres y crurent de bonne foi.
Beaucoup durent garder un silence imposé, obéir à
des interventions supérieures ou transiger avec les
exigences de leur situation : le salaire de leur travail
payait le pain de leur famille. Bien peu, dans tous les
cas, restèrent libres, et purent écrire ce qu'ils
pensaient. Ceux-là firent preuve de courage; mais leur
voix fut étouffée par des procès   par des intimi-

---

[1] Tel fut, notamment, le procès fait par le Crédit Mobilier à
M. CRAMPON, rédacteur en chef de la FINANCE.

dations de tout genre, et qui, pis est, par des concerts de louanges, entonnés à l'unisson dans les feuilles favorisées. Il ne faut pas oublier, en effet, que la presse était alors, comme elle est encore aujourd'hui, un composé de monopoles destinés à être accaparés ou absorbés par la haute finance. On vit bientôt une seule institution de crédit posséder jusqu'à trois journaux à la fois[1]. Que de malheurs on eut évité, si depuis 1852, la presse eut été libre! passons ;......

Constatons seulement, au point de vue de notre travail, que, en 1854, les journaux de Paris se divisaient en quatre catégories ; il y avait les prôneurs ; — les tièdes, — les critiques. — il y avait enfin, les adversaires du Crédit Mobilier.

Quant au public, son éducation financière était loin d'être faite : il croyait ingénûment à la sincérité et à l'autorité de la lettre moulée. Il subissait tour à tour les influences des imprimés divers ; mais il sentait que la position considérable prise par le Crédit Mobilier allait porter des coups mortels aux maisons de banque qu'une longue et honorable carrière avait placées à la tête du Crédit public, et par suite aux petits capitaux provenant de l'Epargne ; il voyait l'initiative et l'individualité absorbées dans l'association ; il comprenait enfin, qu'au lieu de se trouver, comme par le passé, pour le placement et la gestion de ses économies, en présence de personnalités connues et res-

---

[1] La *Caisse Générale des Chemins de fer*, J. Mirès et Cᵉ.

ponsables, il allait avoir affaire à une espèce de mythe financier impersonnel et irresponsable. La forme anonyme, en effet, dégageait et exonérait les administrateurs de tous risques, de tous périls, de toute responsabilité. Risques, périls, responsabilité, n'existaient que pour les actionnaires. Si la société anonyme devenait prospère, les administrateurs et les actionnaires devaient en recueillir les fruits; mais si la société éprouvait des pertes et aboutissait à la ruine, les actionnaires seuls devaient les supporter et les subir. A ce point de vue, le public sentit s'éveiller ses défiances; il eut raison; puis il se dit que la responsabilité des administrateurs naîtrait inévitablement *de la force des choses*. Il devra encore avoir raison.

Cependant, au-dessus des appréciations du monde financier, des discussions de la presse et des craintes du public planaient de plus hautes pensées. Le gouvernement, par l'organe du ministre de l'Intérieur, définissait ainsi, le 21 juillet 1854, quel devait être le rôle de la Société générale de Crédit Mobilier?

« Le Commerce et l'Industrie sont, après l'Agriculture, « les principaux éléments de la richesse nationale; les « regards de votre gouvernement ne pouvaient manquer « de se tourner vers le développement du crédit fondé « sur les valeurs mobilières. Entre tous les établissements « de crédit qui existent au monde, la Banque de France « passe à bon droit pour être celui dont la constitution est « la plus solide. Cette Banque est à la fois pour notre

« commerce un point d'appui et un guide, et son influence
« matérielle et morale donne à notre marché une stabilité
« bien précieuse par la réserve et la prudence qui dirigent
« toutes ses opérations, cette admirable institution remplit
« donc à merveille le rôle d'élément régulateur. Mais le
« génie commercial pour enfanter les prodiges dont il porte
« en lui le germe, a besoin surtout d'être stimulé et préci-
« sément parce que la spéculation est contenue en France
« dans les plus étroites limites, il n'y avait aucun incon-
« vénient, et il y avait, au contraire, avantage à placer
« en regard de la Banque de France un établissement conçu
« dans un ordre d'idées tout différent qui représentât, en
« fait d'Industrie et de Commerce, l'esprit d'initiative. »

   « Le modèle des établissements était tout trouvé ; il suf-
« fisait de l'emprunter à un pays renommé POUR LA LOYAUTÉ
« SÉVÈRE, LA PRUDENCE ET LA SOLIDITÉ *qui président à toutes*
« *ses opérations commerciales.* En mettant au service de
« toutes les idées justes et de toutes ses entreprises utiles
« les capitaux, son crédit et son autorité morale, *la Société*
« *générale des Pays-Bas* a multiplié en Hollande les routes,
« les canaux, les défrichements, et mille améliorations qui
« ont rapporté au centuple le prix dont elles avaient été
« payées, pourquoi ne pas faire profiter la France d'une
« institution dont une expérience aussi éclatante avait
« montré les avantages ? Telle est la pensée qui a déterminé
« la création de la Société générale de Crédit Mobilier,
« autorisée par le décret du 18 novembre 1852. »

   « Aux termes de ses statuts, cette Société peut, entre
« autres opérations, acquérir et vendre des effets publics
« ou des actions industrielles, prêter ou emprunter ces
« valeurs, soumissionner les emprunts publics, enfin,
« émettre, jusqu'à concurrence du montant des valeurs
« acquises, des obligations à longue échéance. »

« Elle a donc entre les mains, les moyens de réunir
« à tout instant, à des conditions avantageuses, des capi-
« taux considérables; c'est dans le bon usage qu'elle fera
« de ces capitaux que réside la fécondité de l'institution.
« En effet, elle peut à volonté commanditer l'industrie,
« s'intéresser dans des entreprises, s'associer à des opéra-
« tions à long terme que la constitution de la Banque de
« France et du Comptoir d'Escompte interdit à ces établis-
« sements, en un mot, elle est libre de ses mouvements,
« et peut rendre son action aussi variée que les besoins du
« génie commercial. Si, entre les entreprises naissantes,
« elle sait discerner, pour leur donner un appui, celle qui
« portent le cachet de la fécondité; si, par l'intervention
« opportune des immenses ressources dont elle dispose,
« elle permet de conduire à terme et de rendre productives
« des œuvres qui languiraient ou avorteraient sans elles;
« si son concours est l'indice assuré d'une idée utile et d'un
« projet bien conçu, la Société du Crédit Mobilier méritera
« et commandera la confiance publique ! les capitaux dis-
« ponibles prendront l'habitude de se grouper autour d'ell
« et se porteront en foule où son patronage leur servira de
« garantie. C'est ainsi que par le pouvoir de l'exemple et
« par l'autorité qui s'attache à son appui, bien plus encore
« que par une aide matérielle, cette Société deviendra
« l'auxiliaire de toutes les pensées d'utilité générale. C'est
« ainsi qu'elle encouragera puissamment les efforts de
« l'industrie, et stimulera partout l'esprit d'invention. »

« Si j'insiste sur le véritable caractère de cette institu-
« tion et sur l'avenir qui lui est réservé, ajoutait le Minis-
« tre, c'est qu'un concours de circonstances fâcheuses à
« l'origine, des mesures de détail mal conçues, dont les
« conséquences ont été regrettables, des imperfections dans
« les statuts aussitôt révélées par la pratique, mises à profit
« par la spéculation ; enfin, l'influence exercée sur toutes

« les affaires par les craintes extérieures, ont failli com-
« promettre les débuts de la Société et entraver le dévelop-
« pement de ses opérations. Néanmoins, ses progrès ont
« été rapides..... »

« ..... Ainsi, soit que la Société de Crédit Mobilier prenne
« l'initiative des modifications intérieures dont l'expérience
« pourra démontrer la réalité, soit que le gouvernement
« soit amené à la provoquer, la pensée même de l'institu-
« tion demeure intacte [1]. »

Quelle était la pensée qui avait présidé à la rédaction de cette note ? Une seule : Celle de la probité
financière. Cette pensée ressortait clairement du langage du Ministre.

La loyauté sévère, avait-il dit, *la prudence et la solidité dans les transactions commerciales*, telle doit être la
conduite des institutions de crédit public.

La loyauté sévère, c'était là ce que tout le monde
demandait au Crédit Mobilier; *la loyauté sévère*, c'était
la seule garantie du public. *La loyauté sévère*, c'était
l'irresponsabilité couverte par l'honneur : L'honneur
peut remplacer au besoin les gages matériels.

*La prudence et la solidité dans toutes les transactions
commerciales*, tel était le moyen indiqué pour obtenir
le succès. Il est vrai que cette marche ne conduit à la
richesse qu'après de longues années de conscience et
de travail. Le Ministre proposait à ce sujet l'exemple
des sages et honnêtes Hollandais: mais en Hollande

---

[1] Rapport à l'Empereur par le *Ministre de l'intérieur* sur les travaux de son département. (*Moniteur Universel* du 21 juin 1854.)

la fortune d'une famille exige, pour se constituer, le concours assidu de trois ou quatre générations successives. Or, il y avait parmi les créateurs et les créatures du Crédit Mobilier des impatiences mal contenues qui s'affichaient au-delà de toute mesure. « Les « affaires, c'est l'argent des autres, disait-on proverbialement. » Et en vertu de cet axiome, certains faiseurs qui se pressaient à l'heure de la Bourse dans les antichambres ou les couloirs de l'hôtel de la place Vendôme, avaient la prétention de gagner des millions en un tour de main, c'est-à-dire dans une seule affaire ou une seule liquidation. L'exemple est contagieux : les maîtres pensaient-ils et agissaient-ils donc ainsi ?

Ces idées de lucre à tout prix et quand même, indignaient les honnêtes gens, troublaient la conscience publique et ne tendaient rien moins qu'à produire les dégoût et le mépris du travail. Comment, en effet, pouvait-on penser à amasser péniblement et lentement, par des privations et des économies de tout genre, un petit pécule pour assurer le pain et la paix de ses vieux jours, quand on voyait à ses côtés un hasard heureux ou une coïncidence fortuite, doter d'une fortune instantanée, le premier venu.

LA LOYAUTÉ SÉVÈRE, *la prudence et la solidité dans les transactions commerciales* telle devait donc être la voie du Crédit Mobilier.

La suivit-il cette voie ? voilà ce que nous aurons à rechercher. Quelque difficile et quelque délicate que soit la tâche, nous ne la répudions pas.

Disons d'abord, que le refus du public d'admettre dans la circulation les obligations mobilières, — obligations - billets de banque ou caisse d'épargne portative, comme les appelait le rapport de 1854, était une cause résolutoire. Ces obligations repoussées, soit parce qu'on ne leur reconnaissait pas des garanties suffisantes, soit parce qu'on ne pouvait apprécier leurs gages, soit par tout autre motif, il fallait que le Crédit Mobilier se résignât à une liquidation[1]. La loyauté sévère le commandait peut-être; la prudence le conseillait; mais on n'abdique point tant que l'on a l'espoir de vaincre. Le Crédit Mobilier poursuivit donc le cours de ses affaires.

Mais dès lors il se transformait : en effet, il quittait le rôle d'intermédiaire pour devenir spéculateur; et peut-être allait-il justifier cette définition restée célèbre : « Le Crédit Mobilier est la plus grande « maison de jeu du monde. »

Il faut du reste reconnaître que le Crédit Mobilier ne perdit jamais de vue la création de ses obligations mobilières, ou d'un titre qui pût les remplacer. Il en fit mention dans presque tous ses rapports, cherchant toujours la forme philosophale qui pourrait lui per-

---

[1] C'est ce que serait forcé de faire le Crédit Foncier lui-même, s'il ne pouvait plus placer ses obligations : une société de prêts à l'agriculture, à la propriété foncière, à l'industrie, etc., ne peut opérer que si elle trouve toujours, toujours de l'argent, il faut que le public lui en donne sans cesse. Son capital social n'est, en fait, qu'un fonds de roulement: — Il ne devient un capital de garantie que si le gage est insuffisant.

mettre de puiser à pleines mains les capitaux, soit en
France, soit à l'étranger.

Le rapport relatif aux opérations de l'exercice 1854,
contenait à cet égard, une longue dissertation. Elle est
trop intéressante pour que nous ne la citions pas entièrement.

« Tout donne à penser, disait le rapporteur, que les prin-
« cipaux Etats de l'Europe centrale commencent à sentir
« la nécessité de donner une grande impulsion à toutes
« les branches de l'industrie, et d'assurer, dans ce but, à
« leurs produits la circulation la plus rapide et la plus
« économique.

« Le retour de la paix (on était alors en pleine guerre de
« Crimée) fera sentir d'ailleurs aux gouvernements la
« nécessité de rétablir l'équilibre de eurs finances et de
« recourir à l'emploi du crédit pour pourvoir à des be-
« soins extraordinaires.

« Pour une pareille œuvre on comprend l'utilité que
« présenterait la création d'institutions de Crédit fondées
« sur des bases analogues à celles de notre société et qu'on
« peut considérer comme d'immenses réservoirs où vien-
« nent s'accumuler les capitaux disponibles d'un pays,
« pour se porter partout où le besoin de leur concours se
« fait sentir (1).

« On sait d'ailleurs combien de pareilles institutions peu-
« vent développer l'esprit d'économie et faciliter l'accu-
« mulation des capitaux, en offrant l'occasion des pla-
« cements les plus sûrs et les plus variés.

---

[1] Ce passage annonçait dès lors la création du Crédit Mobilier
Espagnol, du Crédit Mobilier Italien, de la Société Néerlandaise,
etc., etc.

« En créant ces établissements, il faudra, tout en as-
« surant l'indépendance de leur action, l'application spé-
« ciale de leurs efforts à l'industrie nationale, éviter ce-
« pendant avec soin les dangers de l'isolement. (2).

« Il faudra, en effet, s'attacher à développer leur puis-
« sance d'expansion et d'association ; car c'est par les liens
« qui devront nécessairement s'établir entre eux qu'on par-
« viendra à donner aux capitaux l'emploi le plus utile, et,
« à un moment donné, l'action la plus puissante et la
« plus étendue.

« Parmi les conséquences les plus importantes que l'on
« doit attendre de l'établissement de ces biens, on peut si-
« gnaler *la possibilité de créer* DES TITRES DE CRÉDIT, dont les
« intérêts seraient servis sur les principales places de
« l'Europe, d'après des rapports fixes à établir entre les
« monnaies des divers États, selon leur valeur intrinsèque
« respective.

« Ces titres pourraient, dans une certaine mesure, satis-
« faire à la fois aux conditions que remplissent ceux qui
« circulent actuellement sous le nom d'obligations, d'effets
« de commerce, de lettres de change, peut-être même de
« billets de banque, et atténuer ainsi, si ce n'est supprimer
« entièrement, les différences d'intérêt et de change qui
« existent entre les différentes places.

« Vous comprendrez facilement, Messieurs, ajoutait le
« Rapporteur, que les limites de ce rapport ne nous per-
« mettent point de longs détails sur la constitution et le
« caractère des grandes institutions de crédit dont nous ve-
« nons de vous entretenir ; mais telle est la grandeur de
« cette œuvre qu'il suffit d'en énoncer le principe, pour
« comprendre aussitôt la fécondité de ses applications.

Traduction libre : Il faudra que tout élève de nous !

« La réunion, dans de grands centres, de capitaux dispo-
« nibles dispersés et peut-être enfouis dans diverses contrées
« de l'Europe ; — L'application directe de ces capitaux aux
« emplois les plus utiles , et par conséquent les plus fruc-
« tueux ; — L'abaissement et la régularisation sur tous
« les marchés du taux de l'intérêt ; — L'établissement d'un
« papier de crédit et de circulation européen ; — La dispa-
« rition graduelle de la plupart des entraves qui rendent
« actuellement si difficiles, si lentes et si coûteuses les re-
« lations de crédit dans l'intérieur de l'Europe ; — Plu
« tard, l'unité de crédit et de monnaie, et probablement la
« solution des problèmes les plus ardus que se posent au-
« jourd'hui en tous pays les industriels et les économistes.

« Telles sont les conséquences éloignées sans doute, mais
« inévitables, des institutions de crédit dont nous verron
« probablement la fondation dans les principaux états.

« Ajoutons enfin, pour les esprits qui pourraient re-
« douter de voir les capitaux émigrer et se fixer à l'étran-
« ger, que l'union qui existerait entre les principaux cen-
« tres de crédit européen aurait nécessairement pour résul-
« tat d'augmenter partout la masse et surtout l'effet util
« des capitaux disponibles.

« En ce qui concerne la France, ne perdons jamais de
« vue que le pays qui prendra l'initiative est celui dan
« lequel les capitaux abonderont le plus. »

Rien de plus clair que le nouveau programme. Le
Crédit Mobilier n'avait qu'une idée fixe : L'accaparement des capitaux. Il voulait attirer dans les caisses
de la maison-mère, à Paris, ou à défaut dans ses
succursales des grands centres de l'Europe, tous les
fonds disponibles ! Seul , il en aurait eu la direction
et le maniement.

Chacun se récria contre ces tendances d'absorption excessive. Heureusement, on ne se laissa prendre,

Ni aux obligations mobilières;

Ni aux obligations, billet de Banque;

Ni aux obligations, Caisse d'Épargne portative;

Ni aux obligations de liquidation;

Ni aux titres du Crédit Européen, signe précurseur de l'unité monétaire; mais malheureusement, on ne se tint pas assez en garde contre des valeurs autrement nommées, à l'aide desquelles de belles et bonnes espèces sonnantes ont été changées en papier. Et on dit qu'il ne se fait plus de miracles!...

L'année 1854 fut une année de grandes affaires.

Malgré la cherté des grains et de toutes les subsistances, malgré la guerre de Crimée, des travaux de tout genre se poursuivaient sur tout le territoire, et chaque mois, chaque semaine, pour mieux dire, voyait éclore une entreprise nouvelle.

L'activité des transactions était considérable, le parquet de Paris et les parquets de province[1] brassaient des affaires par millions : ils étaient alors puissamment secondés par des courtiers libres, et des maisons de banque intermédiaires dont le nombre allait toujours croissant[1]. Les capitaux affluaient en

---

[1] La Bourse de Paris comptait 60 agents, et environ 200 maisons de coulisse. Lyon avait 30 agents, Marseille, Bordeaux 20, Toulouse 8, Lille 6. Le prix des charges augmentait sans cesse. (Nous en reparlons ci-après.)

foule, et le pouvoir devait favoriser encore ce mouvement par la pratique des souscriptions publiques pour les emprunts que la guerre d'Orient allait nécessiter.

Cette activité des affaires produisait des variations continuelles et quelque fois très-accusées dans les cours. Le marché était d'autant plus facile à impressionner qu'il comptait une clientèle et un public déjà nombreux. Tout le monde commençait à s'occuper des valeurs financières, inscriptions de rentes, emprunts, actions ou obligations, etc. Les épargnes longtemps inactives accouraient au-devant des placements et ne craignaient pas au besoin, d'y mêler un peu de spéculation. Dans une situation pareille, les craintes de guerre, les espérances de paix, les nouvelles favorables ou défavorables, tout était mis à contribution par les croyants de la hausse ou de la baisse. C'était la lutte des intérêts activée, et incessamment excitée par les émotions politiques, les actes des gouvernements et les manœuvres savantes des grandes institutions du crédit.

Veut-on avoir une idée à peu près exacte de ce que fut l'année 1854 au point de vue des oscillations des cours? prenons la cote officielle ou le Moniteur et lisons :

Le 31 décembre 1854, le 3 0/0 finissait l'année à **73.30**. En liquidation de *janvier* 1854, il n'était plus qu'à 70 fr., coupon détaché.

Le 3 *février*, il touchait à 67. 80. sur la rupture de nos rapports diplomatiques avec la Russie, et le 24, à 67 francs sur le refus du czar Nicolas d'accéder aux conditions proposées par l'Empereur Napoléon III.

Le 3 *mars*, il redescendait encore à 66. 70 sur l'Emprunt de 250 millions voté par les [pouvoirs publics, puis à 66. 20. le 17 mars, puis à 63. 95. le 24, puis à 62. 60. le 31.

Le 7 *avril*, il touchait à **61. 50** c'est-à-dire au plus bas cours de l'année et il se relevait successivement jusqu'au 23, à 63. 40.

Du 5 *mai* au 26 il parcourait ascentionnellement les cours de 65. 25 à 69. 85, et il était porté le 2 *juin* à 72. 60, le 5 à 74. 95 pour retomber le 16 à 71. 20 et remonter le 30 à 73. 30, suivant ainsi pas à pas toutes les péripéties de la guerre d'Orient et toutes les négociations diplomatiques qui avaient pour but d'obtenir la neutralité des puissances allemandes.

En *juillet*, une réaction de baisse fut la conséquence naturelle d'une hausse continue de 12 à 14 francs : de 73. 05, le 7, on descendait à 70 fr. 50, le 21, à 70 fr. même, pour revenir, le 30, à 73. 25.

Après quelques jours de variations peu importantes et d'indécisions de toute nature, on cota, le 18 *août* 73. 20, et l'on reprit à nouveau la hausse et l'on atteignait 74. — fin *août*.

Le 1er *septembre* on cotait 74. 60, le 21, 75. 20

Et le 3 *octobre* (1) on arrivait à **76. 70**, plus haut cours de l'année.

Puis on s'établissait au cours de 75 à 76 francs pendant tout le mois.

Le 3 *novembre* on cotait encore 75. 40; mais un nouvel emprunt nécessité par les besoins de la guerre semblait inévitable, on entra dans une nouvelle période de baisse :

le 10 novembre on ne cotait plus que 72. 70.
le 17   —   —   71. 40.
le 24   —   —   70. 05.
et le 1er décembre,   —   69. 55.
le 8 on revenait bien à   72. 35.
Mais le 15 on retombait à   70. 10.
le 22   —   à   68.
et le 29   —   à   67.

On venait d'annoncer pour le 3 mars suivant l'ouverture, par voie de souscription publique, d'un emprunt de 500 millions.

La rente avait eu ainsi, pendant l'année 1854, dabord un mouvement en hausse, puis ensuite un mouvement en baisse, tous deux très-accusés.

Dans sa période croissante, elle avait parcouru les

---

¹ La bataille de l'Alma avait eu lieu le 20 septembre, et pour la première fois, on répandait le bruit de la prise de Séba topol. On disait que le général de Saint-Arnaud y était entré après sa victoire.

cours de 61. 50 à 76. 70 soit un mouvement

de............................. 15. 20.

et, dans sa période décroissante, les
cours de 76. 70. à 67, soit un second
mouvement de..................... 9. 70.

Ensemble............ 24. 90.

Sans compter une foule d'oscillations en tous sens,
causées par les luttes d'intérêts, les impressions ou
les appréciations des événements.

Toutes les valeurs du marché financier avaient
suivi la rente dans ses variations, comme les satellites
d'une planète la suivent dans son orbite. Le Crédit
Mobilier avait été entraîné dans les mêmes mouvements. L'analogie est frappante.

Il finissait l'année 1853 à 730.

En *janvier* 1854, il était tombé successivement de
720 à 605, pendant que la rente tombait elle même
de 73. 30. à 70 francs;

En *février*, de 653. 75 à 565, pendant que la rente
baissait de 70 à 67 fr.;

En *mars,* il descendait de 600 fr. à 450, pendant
que la rente descendait de 66. 70 à 62. 60.

En *avril* il tombait à **423. 75.** c'est-à-dire à son
cours de baisse extrême, pendant que la rente touchait
aussi son cours extrême de dépréciation à **61. 50.** —
puis subissant toujours la même loi, il variait en *mai*
de 500 fr. à 687. 50. Se relevant avec la rente de

65. 25 à 69. 85, — en *juin*, de 690. à 792. 50, quand la rente revenait à 73 fr. et attaquait 74. 95. — puis il restait stationnaire ou à peu près. de 672. 50 à 770. en *juillet août* et *septembre*, pendant que la rente restait stationnaire elle-même de 73. à 75. 20 ; pour arriver en *octobre* à son apogée, c'est-à-dire au cours de **795.** pendant que la rente elle-même y touchait par le cours de **76. 70** dans le même mois ; enfin, comme la rente encore, pendant les mois de *novembre* et de *décembre*, il rétrogradait jusqu'à 647. 50. — Toutefois il finissait l'année à 735. (29 décembre) quand la rente n'était qu'à 67 francs.

Le 5 janvier 1865, la Rente devait descendre à 65.95 et le Crédit Mobilier ne la suivait plus : il restait à 732.50

Voici du reste le tableau synoptique des plus hauts cours et des plus bas cours du Crédit Mobilier en 1854 :

MOIS	PLUS BAS		PLUS HAUT	
Janvier.............	605	»	720	»
Février.............	565	»	653	75
Mars..............	450	»»	600	»
Avril..............	**423 75**		520	»
Mai...............	500	»	687	50
Juin..............	690	»	792	50
Juillet............	672	50	770	»
Août.............	678	75	741	25
Septembre.........	721	25	750	»
Octobre.	742	50	**795**	»
Novembre.........	647	50	785	»
Décembre.........	670	»	775	»

Nous avions donc raisons de dire précédemment que l'année 1854 fut une année de variations actives. Tout ce que nous venons d'écrire l'a prouvé.

Nous ajouterons que les mouvements étaient faciles à apprécier et à suivre : ces mouvements étaient logiques, dans le sens de l'opinion et d'accord avec les événements. En outre, la hausse et la baisse avaient ce qu'on appelle en termes financiers : *de la tenue* ! C'est-à-dire qu'elles pouvaient fournir tour à tour une longue carrière sur un marché large et grand ouvert. Il n'en fut pas toujours ainsi.

Que faisait, cependant, le Crédit Mobilier? A quelles opérations consacrait-il ses capitaux? Comment gérait-il les intérêts de ses actionnaires? C'est ce que nous allons examiner.

Dès la fin de 1853, le Crédit Mobilier avait ouvert des négociations avec le Ministre des finances, pour obtenir la concession de l'emprunt des 250 millions; mais le gouvernement ne crut pas devoir y donner suite : il jugeait convenable de ne plus s'assujétir aux anciens errements qui faisaient dépendre le succès des emprunts de l'influence ou du crédit des grandes maisons de banque. Il préféra recourir aux souscriptions publiques et demander à une nation exerçant le suffrage universel, le concours de tous les capitaux sans distinction. Cette mesure fut accueillie avec la plus grande faveur et fut couronnée du succès le plus complet[1]. Voici du reste comment elle était appréciée par le *Journal des Chemins de fer* :

« Un événement important a occupé presque exclusive-
« ment la spéculation depuis huit jours. Le gouvernement
« s'est décidé samedi dernier (4 mars) à réaliser l'emprunt
« de 250 millions au moyen d'une souscription publique et
« nationale, en offrant aux souscripteurs les avantages et
« les bénéfices qui sont ordinairement réservés aux ban-
« quiers soumissionnaires des emprunts. Ainsi la rente
« 3 0/0 était vendredi dernier à 66 40, et le 4 1/2 à 93 30.
« M. le ministre des finances (M. Bineau) a offert aux sous-
« cripteurs de la rente 3 0/0 à 65 25, et de la rente 4 1/2
« a 92 50, avec la faculté de ne verser qu'un dixième en
« souscrivant, et de payer le reste en quinze versements
« mensuels. En outre la jouissance de l'emprunt en 3 0/0
« étant fixée au 22 décembre dernier (1853), les souscrip-
« teurs toucheront le premier coupon d'intérêt dès le mois
« de juin prochain, quoiqu'ils n'auront encore versé que
« leur dixième de garantie et leur premier versement. I
« en résulte que l'emprunt en 3 0/0 ressort pour les sous-
« cripteurs à 62 75 et celui en 4 1/2 à 89 50.

[1] L'emprunt eut lieu du 14 au 25 mars. Les registres furent ouverts aux souscriptions dans tous les chefs-lieux des départements et des arrondissements.

98,000 souscripteurs se firent inscrire, et la souscription s'éleva à 467 millions.

La somme de 467 millions se partagea comme suit entre Paris et les départements.

Départements, 72,000 souscripteurs.............. 253 millions.
Paris,   26,000   —   214   —

Ils demandaient : 308 millions de rente 3 0/0.
       —   159   —   de rente 4 1/2,

(Voir pour plus de détail, le rapport à l'Empereur de M. BINEAU, ministre des finances, 28 mars 1854.) (*Moniteur Universel*).

« L'idée de cet emprunt a été accueillie partout avec
« enthousiasme ; les listes de souscription ont été couvertes
« dès les premiers jours, et l'on ne doute pas que l'on
« atteigne, avant le 25 courant, jour de clôture des sous-
« criptions, le chiffre de 1 milliard pour toute la France
« (Ad. Blaise, des Vosges.) [1]. »

Toute la presse tint le même langage et combla
d'éloges mérités le Ministre des finances, l'honorable
M. Bineau.

M. Bineau voulait démocratiser la Rente française.
Il y contribua puissamment ; mais l'honneur de cette
idée appartenait à la République de 1848, qui l'avait
mise en pratique lors du remboursement en rentes
des dépôts faits aux Caisses d'Épargnes.

Le système des souscriptions publiques ayant pré-
valu, le Crédit Mobilier n'eut pas la concession de
l'emprunt de 250 millions ; mais ses administrateurs
ou quelques-uns de ses administrateurs souscrivirent
soit en leur propre nom, soit au nom de la Société,
une somme de 30 millions [1].

Par le fait de la réduction de 48 0/0 qui eut lieu
sur la totalité des sommes souscrites, la souscription
de 30 millions se trouva réduite à 14,400,000 fr.

Le prix de l'émission ayant été 65 fr. 25 c., et le
prix de vente ayant pu être 75 francs, le bénéfice de

[1] Le *Journal des Chemins de fer*, 18 mars 1854.

[2] Nous trouvons cette assertion répétée dans plusieurs journaux
de l'année 1854. *Elle ne fut jamais démentie.*

l'opération s'élevait, en ce cas, à 16 0/0, en y comprenant la bonification d'intérêts résultant des versements échelonnés.

Ce bénéfice aurait été de 2,280,000 à 2,304,000 fr. et aurait pu produire pour chaque action du Crédit Mobilier une quote-part ou dividende de 19 francs.

Or, il est à remarquer que le rapport de l'exercice 1854 fut à cet égard d'un laconisme surprenant :

« .... Le Gouvernement, disait-il, n'ayant pas cru
« devoir suivre le mode adopté jusqu'alors dans la négo-
« ciation de ses emprunts, nous avons dû nous appliquer
« à seconder sa pensée, à lui donner la preuve de nos
« forces, en lui apportant, les premiers, la plus grosse
« souscription qu'il ait reçue, exemple utile et dont les
« bons effets n'ont pas tardé à se faire sentir. »

Voilà comment s'exprimait le rapport. Le montant de la souscription, la somme attribuée à cette souscription, après la réduction proportionnelle, les conditions et les prix de vente des titres, tout était passé sous silence.

Et de la répartition des bénéfices ? — Pas un mot. A l'assemblée d'avril 1885, les actionnaires ne s'en aperçurent-ils pas ?

Le Crédit Mobilier poursuivit l'émission de l'emprunt de 30 millions pour le compte de la Compagnie du chemin de fer Grand-Central. Cet emprunt se trouvait en partie placé au mois d'avril 1855, au moyen de souscriptions et de participations privées.

En même temps, la Société ouvrait de nouvelles négociations avec le Grand-Central, qui, par suite de la cession du chemin de Rhône-et-Loire à la Compagnie du chemin de fer de Nevers, demandait à échanger les titres en mains du Crédit Mobilier contre des obligations garanties par les Compagnies de Lyon, d'Orléans et du Grand-Central.

Le rapport de l'exercice 1854 n'entrait dans aucun détail de chiffres ou de bénéfices sur cette opération, pas plus que sur le traité passé l'année précédente (1853) avec la Compagnie de l'Est, et aux termes duquel le Crédit Mobilier s'était engagé à faire pour les porteurs d'actions de la ligne de Mulhouse, l'avance des premiers versements appelés, jusqu'à concurrence de 200 francs.

Le silence du rapport est d'autant plus étrange que la ligne du chemin de fer de Mulhouse traversait ou coupait en biais la forêt d'Armainvilliers, propriété particulière de MM. Émile et Isaac Pereire. LA LOYAUTÉ SÉVÈRE n'aurait-elle pas dû conseiller quelques éclaircissements ou tout au moins quelques détails sur cette affaire d'intérêt public, liée, fortuitement sans doute, à des affaires d'intérêts privés?

Outre leur propriété d'Armainvilliers, — sur la ligne de Mulhouse, — MM. Émile et Isaac Pereire possédaient et possèdent encore aujourd'hui de vastes domaines dans les départements de la Gironde et des Landes, — ligne du Midi. — Or, le rapport nous apprend qu'il n'est sortes de facilités que la Société

n'ait accordées à ces deux Compagnies. Voici les passages du rapport de l'exercice 1854, qui leur sont
relatifs :

« Nous vous avons fait connaître [1], l'année dernière,
« le traité que nous avions passé avec la compagnie de
« l'Est, et aux termes duquel nous nous étions engagés à
« faire pour les porteurs d'actions de la ligne de Mulhouse,
« l'avance, jusqu'à 200 francs des premiers versements
« appelés.

« Il nous a paru convenable, dans l'intérêt de cette com-
« pagnie, de donner une plus large extension à ce traité,
« et, à cet effet, nous avons fait, pour le compte de ceux
« de ses actionnaires qui ont eu recours à notre intermé-
« diaire, le versement intégral des 250 francs appelés sur
« leurs actions.

« La même faculté a été donnée aux actionnaires du
« Midi, pour le versement de 100 francs appelé au mois
« d'octobre dernier et récemment encore, nous avons
« annoncé que nous ferions également pour leur compte le
« versement de 150 francs que vient d'appeler cette com-
« pagnie.

« C'est ainsi que les actionnaires des compagnies qui
« sont en relation avec notre établissement trouvent tou-
« jours auprès de notre société des facilités pour répondre
« aux appels de fonds qui leur sont faits.

« Nous avons souscrit 25,000 obligations de l'emprunt de
« 62,500.000 francs émis par la compagnie de l'Est au mois
« de novembre dernier.

[1] On ne l'avait pas fait connaître. On en avait seulement indiqué
le but. Les *clauses et conditions particulières* du traité n'avaient pas
été données dans le rapport de l'exercice 1853.

« Cette souscription s'est trouvée réduite, par suite des
« demandes adressées à cette compagnie à 14,042 obliga-
« tions, formant, au prix d'émission un capital de
« 5,335,960 francs. »

Ces passages excessivement vagues, laissaient beaucoup à désirer en ce qui concernait les intérêts des
actionnaires du Crédit Mobilier. On ne leur donnait,
en réalité, aucun des renseignements sur lesquels
peuvent s'asseoir des comptes en participation et on
ne leur expliquait en aucune façon le rôle de leurs
capitaux. Qu'avaient rapporté à la société du Crédit
Mobilier les affaires faites avec le chemin de l'Est, le
Mulhouse et le Midi par les administrateurs et surtout
par MM. Emile et Isaac Pereire? — C'est ce qu'il reste
encore à savoir aujourd'hui.

Ce fut pendant l'année 1854, par actes des 4 et
5 décembre que fut aussi constituée la *Société des*
Immeubles de la rue de Rivoli [1], fondée au capital de

---

[1] Extrait des statuts, titre II, art. 5 et 6

Art. 5. Le fonds social est fixé à vingt-quatre millions de francs.

Art. 6. Il se divise en 240,000 actions de 100 francs chacune. Ces
actions sont réparties entre les souscripteurs ci-dessous dénommés,
dans les proportions suivantes, savoir :

	Actions.	Francs.
La Société générale de Crédit mobilier..	106.665	10.666.500
Emile Pereire......................	21.110	2.111.000
Isaac Pereire.	21.110	2.111.000
Charles Séguin...................	11.110	1.111.000
Ernest André....................	11.110	1.111.000
Ad. d'Eichtal.....................	11.110	1.111.000
Le duc de Galliera.................	11.110	1.111.000
A reporter............	193.325	19.332.300

24,000,000, et qui devint plus tard la fameuse *Compagnie Immobilière!* Nous aurons à en reparler longuement.

En même temps naissait la *Société Maritime*, au capital de 30,000,000, qui allait recevoir dans les premiers jours de 1855, la sanction officielle du gouvernement. — Nous aurons aussi à en parler ultérieurement.

Le Crédit Mobilier nous raconte aussi laconiquement que d'habitude qu'il prêta son aide à la compagnie des Mines de la Loire, pour la solution de

Report..........	193.325	19.332.500
Vincent Cibiel.....................	6.665	666.500
Mallet frères......................	6.665	666.500
Henri Place.......................	5.555	555.500
J.-P, Pescatore....................	5.555	555.500
J.-J. de Urribaren..:..............	5.555	555.500
H.-G. Biesta......................	4.440	444.000
A.-H. Wolodkowicz.................	3.335	333.500
Louis-Eugène André...............	2.110	211.000
J.-A. Loubat......................	1.665	166.50
Mathieu Dollfus...................	1.250	125.000
Casimir Salvador..................	1.110	111.000
Duc de Mouchy.....................	1.110	111.000
E.-L.-J. Lecomte..................	830	83.000
A.-S. Darblay.....................	830	83.000
	240.000	24.000.000

Au moyen des souscriptions ci-dessus, la Société est constituée, sauf l'approbation du Gouvernement.

Art. 7.....

(Acte passé devant Mᵉ Emile Fould, notaire à Paris.)

Le décret d'autorisation, en date du 9 décembre 1854, parut le 10 au *Moniteur universel,*

difficultés économiques et industrielles qui préoccupaient depuis plusieurs années le gouvernement [1].

> « Notre intervention, dit le rapport de 1854, a permis
> « d'opérer sans secousse la subdivision en quatre groupes
> « des exploitations dont la réunion aurait pu exciter des
> « ombrages. Malgré cette division, la dette de l'ancienne
> « Société, qui reste commune aux divers groupes, se trouve
> « aujourd'hui desservie par notre Société, devenue, à titre
> « de Banquier, le centre financier des compagnies nou-
> « velles. »

On remarquera, une fois de plus, que le rapport
ne disait mot des avantages financiers qui devaient
résulter de ces combinaisons pour les actionnaires du
Crédit Mobilier. Pas de renseignements, pas de détails,
pas de chiffres. Des mots, rien de plus, et cependant
les journaux financiers de cette époque prétendaient

---

[1] L'ancienne Société des Mines de la Loire, formée en 1837, par
a réunion successive de presque toutes les concessions et exploitations houillères du Bassin de la Loire, divisée en 80,000 parts ou
actions, fut mise en demeure, le 11 février 1854, par le Gouvernement Impérial, de se fractionner en quatre parts distinctes.

En conséquence, des actes de Société rédigés le 2 juin 1854 et approuvés par décrets impériaux du 17 octobre 1854 créèrent les quatre sociétés anonymes actuellement existantes, savoir :

La Société anonyme de la Loire,
La Société anonyme de Montrambert et la Bézaudière,
La Société aionyme des Houillères de Saint-Étienne,
La Société anonyme des houillères de Rive-de-Gier.

Chacune de ces quatre sociétés s'est créée avec un fonds social de
80,000 actions de telle sorte que chaque action de l'ancienne Société civile a été échangée contre une action de chacune des quatre
Sociétés nouvelles.

que le Crédit Mobilier avait reçu pour prix de ses
services dans cette affaire 2,000 actions au cours de
400 francs. Ces actions qui allaient être divisées en
quatre se négociaient au mois de juin à 650 francs.
Le bénéfice aurait dû être d'un demi-million...
Comment gardait-on le silence sur de pareilles opérations ?

« L'approche de la première Exposition universelle en
« France, en 1855, et le besoin, toujours croissant, de la
« circulation, avaient fait naître la pensée d'une organisa-
« sation nouvelle pour les voitures omnibus qui desser-
« vent Paris.

« Notre Société a pu, par une heureuse intervention,
« sauvegarder des droits justement acquis, concilier les
« prétentions et faciliter la constitution d'une société ano-
« nyme (1) dans laquelle sont venues se réunir et se fon-

¹ Composition du Conseil d'Administration, à l'origine.
M. Moreau-Chaslon, *président*,
M. Ernest André,   *vice-président*,
Administrateurs : MM. P. A. E. de Jarnac,
Louis Lasson,
L. A. Bucher,
Ch. P. Meuron,
J. L. Moreau,
Baron Michel de St-Albin,
J. Orsini.
Eugène Pereire, (fils d'Isaac Pereire.)
Et plus tard : Moreau Chaslon président, administrateurs : Dailly,
Meuron, Moreau, Lavallée, Eug. Pereire, Bérard, de Saint-Paul,
baron de Saint-Didier, baron Neveu, Berthier, Dollfus-Davillier, etc.
Rappelons ici que la fusion des omnibus autorisée et développée
par décrets successifs et par contrats avec la ville de Paris, en date
des 22 février 1855, 30 avril 1856, 16 octobre 1856, 18 dé-

« dre les diverses entreprises qui se partagent cette indus-
« trie. »

Tels étaient les termes dans lesquels le rapport lu
en 1855, racontait la fameuse fusion des Omnibus de
Paris, affaire qui, dit-on, fut si avantageuse à tous
ceux qui y prirent part. Qu'en résulta-t-il pour les
actionnaires du Crédit Mobilier? On voit que le rapport est muet à cet égard. Pour des financiers, les
administrateurs du Crédit Mobilier étaient terriblement avares de chiffres et de toute espèce de renseignements positifs !

Le Rapport de 1854 nous apprenait encore que le
Crédit Mobilier

« avait prêté son concours à l'industrie des sels, en pré-
« parant la transformation, en une société anonyme, de la
« *Compagnie des Anciennes Salines de l'Est.* »

cembre 1858, et 5 février, se trouve prorogée jusqu'au 31 mai 1910.
Elle a le privilége des voitures omnibus dans la ville de Paris depuis le 1er mars 1855.

Le 18 juin 1860, par suite de l'annexion des anciennes communes
de la banlieue de Paris, un nouveau traité intervint entre la ville et
la Compagnie. La Compagnie s'est engagée à payer une redevance
de 100,000 francs pour 500 voitures en circulation. Le nombre des
lignes qui étaii porté de 24 a été porté à 31 et peut-être étendu encore. Si les besoins du service réclament la création de nouvelles voitures audelà du chiffre de 500, la société devra payer pour chaque
voiture en excédant sur ce nombre, une redevance annuelle de 1,000 fr.
jusqu'en 1870 inclusivement; de 1,500 francs jusqu'à 1885 et de
2,000 francs jusqu'à 1910. De plus une des clauses du traité porte
que tout excédant de dividende au-dessus de 70 francs par action
sera partagé entre la société et la ville de Paris.

Mais il bornait ses renseignements à ces trois lignes et il ne rendait aucun compte des bénéfices que la société avait retirés de cette opération.

Par compensation, sans doute, le rapport entrait dans de longs détails sur l'importante industrie des sels : il prétendait que

> « que divers exploitants, dans d'autres contrées de la
> « France, demandaient au Crédit Mobilier de les PROTÉGER
> « CONTRE LA RUINE dont leurs établissements étaient mena-
> « cés par la concurrence effrénée à laquelle ils étaient
> « obligés de se livrer. »

Sur ce thème le rapport discourait longuement et faisait ressortir les avantages que trouveraient toutes les industries à se jeter dans les bras du Crédit Mobilier. Il est bon de rappeler ici ce plaidoyer élo-quent.

> « En général, disait le rapporteur, quand nous touchons
> « à une branche d'industrie, nous désirons surtout obtenir
> « son développement, non par la voie de concurrence, mais
> « par voie d'association et de fuston, par l'emploi le plus
> « économique des forces et non par leur opposition, leur
> « destruction réciproque. »

> « Mais, ce n'est pas à dire, que le principe de généralisa-
> « tion doive être appliqué partout et dans tous les cas; ce
> « n'est pas à dire qu'il faille renoncer au système opposé,
> « qui s'appuie sur la division et l'excitation des intérêts
> « privés. »

> « Le principe d'association, défusion, s'applique surtout
> « aux industries dans lesquelles l'utilité des efforts indivi-

« duels disparaît devant celle des moyens d'action qui ne
« peuvent s'obtenir qu'à *l'aide de grands capitaux.*

« Dans les deux systèmes qui doivent être appliqués sui-
« vant les cas, il y a *des ressorts précieux, des éléments très-*
« *puissants qu'il faut savoir mettre en jeu;* mais dans les
« deux on peut, *à l'aide du crédit sagement distribué, intro-*
« *duire des règles d'ordre* qui assurent le meilleur emploi
« de toutes les forces dans le double intérêt du produc-
« teur et du consommateur. »

On le voit, les administrateurs du Crédit Mobilier
avaient des programmes splendides pour toutes les
branches de commerce et d'industrie... Mais eux seuls
sans doute auraient su mettre en jeu les *ressorts pré-*
cieux et les *éléments très-puissants;* eux seuls auraient
su introduire *des règles d'ordre*, *à l'aide du crédit*
sagement distribué!...

Le patronage que le Crédit Mobilier avait donné à la
compagnie des Anciennes Salines de l'Est le conduisit
à constituer une autre compagnie pour l'achèvement
et l'exploitation du chemin de fer de Dôle à Salins.
Ce chemin, créé pour faciliter l'exploitation et le commerce des salines de l'Est, devait se rattacher bientôt
soit au réseau de l'Est, soit au réseau du Lyon
Méditerranée, mais le rapport ne dit pas le moins du
monde quels avantages les actionnaires du Crédit mobilier avaient retiré ou retireraient un jour de cette
opération. Elle resta toujours couverte de nuages.

Telles étaient les affaires diverses qui avaient
occupé le Crédit Mobilier en 1854.

Quels en furent les résultats financiers? Nous ne

pouvons les apprécier au juste. Nous n'avons pas les comptes et les livres de la Société sous les yeux. Nous sommes obligés de consulter le rapport. C'est sur ses données que nos déductions devront s'appuyer.

Dès la fin 1853, le capital social se trouvait entièrement réalisé, il représentait................ 60.000.000 ,

Au 31 décembre 1854, le solde des comptes courants était de [1]........... 64.924.379 09

Le chiffre de la RÉSERVE s'élevait à...... 420.936 69

Le solde des bénéfices, y compris la part des administrateurs s'élevait à............. 4.538.334 43

Les dividendes à payer et articles d'ordre à............................. 3.408.198 55

Et le PASSIF, donnerait un total de..... 133.291.848 76

L'ACTIF se divisait comme suit.

En rentes sur l'État, actions de chemins de fer et autres, à............. 25.246.467 04

En obligations, à..... 32.213.625 90

Ensemble.................. 57.460.092 94

Les placements remboursables à échéances fixes et les sommes employées en reports, étaient de......................... 67.353.376 06

L'hôtel du Crédit Mobilier représentait. 1.328.566 71

Enfin, le solde disponible en caisse et à la Banque de France, et le montant des semestres à encaisser, était de......... 7.149.813 05

Somme égale et balance.......... 133.291.848 76

---

[1] Le solde des comptes courants, au 31 décembre 1853 était de 65.839.059 fr. 74 c. — il n'y avait donc pas eu progrès. Toutefois la similitude des sommes en comptes courants à un an d'intervalle ne laisse pas que d'étonner.

Les placements sur actions diverses se répartissaient entre dix-huit compagnies différentes.

Les placements sur obligations, embrassaient vingt grandes entreprises de travaux publics.

Le rapport ne désignait aucune de ces Compagnies ni aucune de ces vingt grandes entreprises de travaux publics. Encore des nuages.

Le compte de PROFITS et PERTES se résumait au dire du rapport par une somme en bénéfices de 10.335.040 28 qui se décomposait ainsi :

Intérêts et bénéfices sur rentes..............	2.099.108 43
Intérêts sur actions et obligations de chemins de fer..........................	3.461.362 90
Intérêts sur actions diverses..............	646.653 51
Bénéfices sur émission d'actions et obligations de Compagnies diverses..........	1.496.299 97
Reports sur rentes....................	66.685 65
— sur actions de chemins de fer....	309.675 45
Intérêts divers......................	2.161.417 07
Produit de la caisse des dépôts de titres...	20.829 40
Solde de l'exercice 1853..............	73.007 90
Somme égale............	10.335.040 28

Il fallait en déduire :

1° Pour frais généraux, loyers, contributions, etc...	330.354 66
2° Pour frais de l'établissement................	27.788 49
3° Pour intétêts payés à divers................	2.128.000 25
4° Différence résultant de la dépréciation des placements au 31 décembre.....	24.323 89
	2.510.467 99

Le solde des bénéfices nets au 31 décembre 1854, était donc de................. 7.824.572 29

(Nous ferons remarquer ici   e dans ces bénéfices divers, celui des rentes paraîtra minime, surtout si on se rappelle la souscription de 30 millions à l'emprunt de 250 millions ; et que les bénéfices sur émissions diverses ne comprenaient peut être pas l'émission des actions de la Compagnie des immeubles de la rue de Rivoli. Cette Société fut constituée en date du 9 décembre 1854; il n'est pas probable que le Crédit Mobilier eut réalisé ses actions vingt jours après?...)

(Nous ferons remarquer enfin que les résultats de la fusion des Omnibus de la ville de Paris ne figure pas non plus dans ces bénéfices, pas plus que ceux de la Compagnie maritime. Ces affaires n'étaient pas officiellement et définitivement constituées au 31 décembre 1854, et c'est l'exercice de l'année 1854 que nous étudions.)

Cette double parenthèse fermée, poursuivons :

La somme des bénéfices nets, soit. .   7,824,572 fr. 29 c.
fut ainsi répartie :

Il avait déjà été distribué aux actionnaires 25 fr. par action, soit 5 0/0 d'intérêt.   3,000,000   »

_____

Restaient. . . .   4,824,572 fr. 29 c.

Il fallut en déduire :

5 0/0 pour la réserve.   241,228 64

10 0/0 pour les admi-
nistrateurs.. . . . . .   485,334 43

et le dividende de 1854
fut fixé à **34** fr. *par*
action, soit.. . . . . .   4,080,000 »

Ensemble.   4,779,563   07

Ce qui laissait disponible un solde
de..   45,009   22

qui fut porté au crédit du compte immeuble et mobilier,
à titre d'amortissement.

La part de chaque action du Crédit Mobilier rapporta
ainsi en 1854 :

1° Pour intérêts payés le 1er janvier 1855. . .   25 fr.

2° Pour dividende payable le 1er juillet 1855.   34

59 fr.

Soit près de 12 0/0 sur le capital social.

Il y avait dans le Conseil d'administration du Crédit Mobilier deux places vacantes : celle de M. B. FOULD,
qu'une maladie grave forçait de donner définitivement sa démission, et celle de M. le DUC DE MOUCHY,
emporté par une mort prématurée.

Le Conseil se compléta par l'adjonction de MM. ÉMILE
PEREIRE et CASIMIR SALVADOR.

En outre, le Conseil appela à la présidence M. ISAAC
PEREIRE, en remplacement de M. B. FOULD, et à la
vice-présidence M. ADOLPHE D'EICHTAL.

Nous avons fini de décrire la seconde année d'existence du Crédit Mobilier. Nous n'avons certainement
pas dit tout ce qu'il y avait à dire, nous ne le pou-

vons pas; mais nous avons suffisamment indiqué aux
actionnaires sur quels points doivent porter leur examen et leurs recherches. A eux de faire le reste s'ils
le jugent utile à leurs intérêts.

L'année 1854 finit comme elle avait commencé, par
un emprunt. Seulement, ce n'était plus 250 millions,
mais le double, 500 millions, que le Gouvernement
allait demander à la France pour continuer la guerre
contre la Russie...

Le pays était calme. La cherté des subsistances ne
pesait pas trop lourdement sur les classes laborieuses,
le travail étant abondant. Les revenus de l'État étaient
en progrès, mais le commerce extérieur se ressentait
de nos achats de céréales à l'étranger. Ces achats
nous coûtèrent 100 millions environ [1].

---

[1] En 1853, les IMPORTATIONS avaient été :

En marchandises, de..................	1.196.100.001
En numéraire......................	433.200.001
Ensemble..........	1.629.300.000

Les EXPORTATIONS avaient été :

En marchandises, de................	1.541.900.000
En numéraire, de..................	264.000.000
Ensemble..........	1.805.900.000

En 1854, les IMPORTATIONS furent :

En marchandises, de................	1.271.600.000
En numéraire, de..................	612.400.000
Ensemble..........	1.904.000.000

Les EXPORTATIONS furent :

En marchandises, de................	1.413.700.000
En numéraire, de..................	328.035.000
Ensemble..........	1.742.735.000

L'argent fut abondant et facile pendant toute l'année. La Banque de France avait élevé le 20 janvier à
0 p. 0/0 le taux de son escompte; mais elle le réduisit
à 4 p. 0/0 le 12 mai suivant, et le maintint ainsi jusqu'au 4 octobre 1855. Dans les banques privées, l'argent ne valut pas plus de 4 1/2 à 5 0/0.

Il y eut cependant des sinistres financiers et des
pertes commerciales importantes; mais quelle est la
bataille où il n'y a ni morts ni blessés?

A ce chapitre, comme aux précédents, il faut une
conclusion.

La voici :

Si nous nous plaçons au point de vue des actionnaires du Crédit Mobilier, nous trouvons les renseignements fournis par le rapport trop vagues et
trop défectueux à la fois, pour nous faire une idée
juste de la situation vraie du Crédit Mobilier au 31
décembre 1854.

Le rapport accusait, il est vrai, 10,335,040 fr. 28.
de bénéfices; mais aucune des sommes partielles qui
composaient cette somme totale n'était justifiée par
des explications satisfaisantes.

Ainsi, quels avaient été les bénéfices faits :

1° dans l'Emprunt des 250 millions ?

2° dans l'affaire du Grand Central ?

3° dans les opérations avec le chemin de fer de
l'Est.

4° dans les opérations avec le chemin de fer du Midi ?

5° dans la séparation des compagnies des Mines de la Loire?

6° dans l'affaire des salines de l'Est?

7° dans la construction du chemin de fer de Dôle à Salins?

Le rapport se taisait sur tous ces points. Ce silence n'était-il pas, en vérité surprenant?

Devant des intérêts aussi respectables que ceux des actionnaires, aucu prétexte, aucune excuse, aucune fin de recevoir n'est valable. Il faut des chiffres au bout de toute affaire. Où sont-ils?

Rien ne prouve en fait, que les bénéfices aient été de 10 millions en 1854! Rien ne prouve qu'ils n'ont pas été moindres; rien ne prouve qu'ils n'ont pas été plus considérables.

En affaires, il ne faut pas seulement des affirmations, il faut des preuves. Actionnaires, nous les demandons!

Notons cependant, pour nous en servir en temps utile, que le chiffre de la réserve s'accrut en 1854 de......................... 241,228. 64.

Et que les administrateurs prélevèrent, dans la même année pour leur part de bénéfices d'après le bilan . . 458,334. 43.

Et bornons ici la conclusion de ce chapitre jusqu'à ce que nous réunissions toutes nos conclusions à la fin de notre travail.

CHAPITRE IV

1855

L'année 1855 s'ouvrit en finances, par le second emprunt destiné à pourvoir aux frais de la guerre contre la Russie, l'emprunt de 500 millions.

Annoncé le 31 décembre 1854, cet emprunt devait, comme le précédent, (celui de 250 millions) se faire par voie de souscription publique. Les listes devaient rester ouvertes douze jours pleins, du 3 au 14 janvier.

Voici quelles étaient, en substance, les conditions de la souscription [1]

L'emprunt était émis en rente 4 1/2 et 3 0/0.

Le trésor donnait:

1o 4 1/2 0/0 de rente, au prix de 92 francs (le cours de la veille était 92. 50.)

2o 3 0/0 de rente au prix de 65. 25. (le cours de la veille était 66. 60.)

Les souscripteurs avaient le choix entre la rente 4 1/2 et le 3 0/0.

Les avantages des titres d'emprunt sur les titres de rente libérés, provenaient d'une différence de termes de paiement, et d'une bonification d'intérêts.

Les conditions de paiement de l'emprunt étaient:

Un dixième payable en souscrivant et le reste échelonné de mois en mois, du 7 mars 1855 au 7 août 1856, en dix-huit termes égaux, ce qui équivalait, pour le 4 1/2, dont la jouissance remontait au 22 septembre 1854, à une bonification de 2 fr. 93 c.,

---

[1] Voir, pour plus amples détails, le rapport du ministre des finances, *au Moniteur universel du* 31 *décembre* 1854.

et pour le 3 0/0 dont la jouissance ne remontait qu'au 22 septembre, à une bonification de 2. 08.

La jouissance anticipée constituait en outre, pour le titre d'emprunt 4 1/2 un boni de 1 fr. 25 c. et pour le titre 3 0/0 un boni de 0 fr. 09 c., ce qui réduisait, en fait, le prix réel d'émission,

à 87 fr. 82 c. pour le 4 1/2

et à 63 fr. 08 c. pour le 3 0/0

Le rapport du ministre [1] des finances, constatait que l'emprunt des 500 millions était assis sur les mêmes bases que celui des 250 millions.

Les différences du premier emprunt au second, consistaient :

1° dans la prolongation des termes de paiement : il y avait 18 mois de délai au lieu de 15 mois;

2° dans le montant de la somme de la souscription irréductible 500 francs au lieu de 50 francs de rente.

3° dans la faculté d'escompter les paiements jusqu'à 1,000 francs de rente. Lors du précédent emprunt, cette faculté n'avait pas été donnée au public par les conditions de la souscription : elle n'avait été accordée que postérieurement.

Enfin, il ne devait être admis, de souscriptions que pour 10 francs de rente et tous les multiples de 10 fr; et si le montant des souscriptions excédait la somme de 500 millions, elles devaient être soumises à une réduction proportionnelle.

[1] C'était alors M. Baroche (par intérim.)

La Bourse, après avoir accueilli par une baisse de
1.10 sur le 3 0/0, la nouvelle de l'emprunt et sa
publication au *Moniteur,* et avoir coté le cours de
65.50 à 65.40, du 3 au 6 janvier, reprit, dès le 7,
meilleure contenance, en voyant l'affluence considérable des souscripteurs qui se pressaient aux guichets
ouverts : le lundi, 8 janvier, le 3 0/0 remontait à
66.50 à terme, et 67, au comptant ; le 9, il s'élevait
à 67.40 et 67.75, puis, après quelques indécisions et
quelques faiblesses passagères, il atteignait, le 17, le
cours de 68.70. Il devait se maintenir ensuite aux
environs de 68 francs jusqu'aux premiers jours de
février.

Le 17 janvier, le *Moniteur* publiait un nouveau
rapport du Ministre des finances ; les résultats de la
souscription dépassaient tous les calculs et toutes les
prévisions :

Le montant des sommes souscrites s'était élevé à
2 milliards 175 millions !

Les souscriptions demandaient 83 millions de rente
3 0/0 et 18 millions de rente 4.1/2.

Les départements avaient fourni 126,000 souscripteurs, dont les souscriptions réunies s'élevaient en capital à 777 millions.

Paris avait compté 51,000 souscriptions, représentant un capital de 1,398 millions !

Dans les souscriptions reçues à Paris étaient comprises celles qui étaient venues de l'étranger et qui

s'élevaient ensemble à 300 millions, dont moitié pour l'Angleterre et moitié pour diverses contrées de l'Europe, Allemagne, Suisse, Belgique, Hollande, etc.

Les souscriptions de 500 francs de rente et au-dessous, représentaient à elles seules, en rente 3 0/0, 26 millions; et en rente 4 1/2, 13 millions, formant ensemble un capital de 836 millions, qui dépassait de 336 millions le montant de l'emprunt.

Conformément à l'arrêté du 31 décembre 1854, ces souscriptions devaient absorber la totalité de l'emprunt et subir même, entr'elles, pour les demandes au-dessus de 10 francs de rente, une réduction proportionnelle de 40 à 42 0/0.

Toutes les souscriptions qui se trouvaient demander plus de 500 francs de rente demeurèrent donc sans effet.

On le voit d'après ce qui précède, la France de 1855 regorgeait de richesses. Le rapport du ministre des finances n'exagérait donc rien quand il en traçait le tableau. Malheureusement ce tableau avait des ombres, et quelques-unes voilaient de teintes attristées les perspectives de l'avenir. Quels avantages le pays devait-il retirer d'une guerre qui durait déjà depuis près d'un an? Quels fruits devait-il recueillir du sang versé et de 750 millions employés en frais de guerre? N'allait-il pas falloir sacrifier encore nos soldats en hécatombes sur les champs de bataille? Dépenser 750 autres millions, et peut-être davantage encore....

On calculait que la guerre contre la Russie coûterait au moins un milliard et demi ! Ces sacrifices cruels et coûteux trouveraient-ils un jour leur récompense ou tout au moins de justes compensations? Voilà les questions qui s'agitaient dans l'opinion publique. Il ne faut pas oublier qu'à notre époque on tient peu aux prestiges : on préfère les réalités. On s'accommode difficilement de la gloire si la gloire ne se traduit pas par des avantages matériels. Tel est l'esprit du temps. Nous ne faisons que le constater.

Les affaires extérieures étaient ainsi pleines d'inquiétudes ou tout au moins d'incertitudes pour l'avenir ; pour le présent, elles se résumaient en mille angoisses causées par la guerre : il n'était pas une famille en France qui ne comptait un père, un parent ou un ami, dans la Baltique, dans la mer Noire ou sous les murs de Sébastopol.

Quant aux affaires intérieures, elles devaient souffrir un jour de l'augmentation des impôts qui serait la conséquence forcée de l'augmentation de la dette publique. Elles se ressentaient déjà de la cherté toujours croissante des substances alimentaires. Le prix du quintal de farine était le 3 janvier à 51 fr. 72 c., il s'élevait, le 25, à 55 fr. 12 c. D'après les tableaux d'administration arrêtés le 30 pour servir de régulateur aux droits d'importation et d'exportation des grains, le prix du froment était en moyenne de 27 fr. 24 c. l'hectolitre pour toute la France. Le pain était cher ; et quand le pain est cher, en France, tout est cher. Ajoutons enfin que les augmentations de loyers causées par des démolitions gigantesques venaient accroître toutes les dépenses et tous les frais. Il fallait des sommes doubles pour satisfaire les mêmes besoins que par le passé ! Ces malheurs semblaient être nés avec le second Empire. Telles étaient les ombres du tableau.

Mais l'or arrivait à grands flots de Californie et d'Australie. Il ruisselait dans la circulation journalière, son abondance extrême pouvait faire croire à une prospérité plus grande qu'elle ne l'était en réalité. Le numéraire, les métaux précieux ne sont pas la richesse; ils n'en sont que des formes ou la représentation. La richesse, c'est le travail. Tout vient de lui.

Or la France travailla beaucoup en 1855. A la fin de l'année 1854, on évaluait à 2 milliards 140 millions le capital nominal, actions et obligations de nos voies ferrées [1]. Dans les dix années suivantes, il s'accrut de 5 milliards 600 millions [2]. En 1855 (31 décembre), nous avions 5,539 kilomètres de chemins de fer; en 1865, nous en avions 13,570, — et il en restait 7,430

---

[1] Victor Bonnet, *Journal des chemins de fer*, année 1865, pages 66 et 67.

[2] Au 31 décembre 1865, les dépenses totales faites par les compagnies de chemins de fer s'élevaient à 5,840,000,000
Les dépenses de l'Etat à 1,900,000,000

Ensemble..... 7,740,000,000

(*Exposé de la situation de l'Empire, janvier* 1866).

à construire [1]. Pour fournir l'immense matériel que nécessitaient de pareils travaux, toutes les industries minières, métallurgiques, forestières, etc., etc., se développaient sur une échelle considérable, recrutant partout des machines, des outils, des bras... En même temps la guerre mettait en mouvement nos ports, nos arsenaux, nos flottes militaires et marchandes; enfin l'exposition universelle qui allait s'ouvrir, excitait l'émulation et les œuvres de nos usines, de nos fabriques, de nos manufactures et de nos ateliers. L'impulsion donnée en 1852 à toutes les forces du pays, loin de se ralentir, augmentait.

Le monde financier tenait compte de ces circonstances heureuses; il les eût escomptées en hausse, avec la paix. Mais la guerre, les préoccupations politiques formaient le contre-poids et produisaient la baisse; aussi la Bourse fut-elle très agitée pendant l'année 1855.

Après la souscription à l'emprunt des 500 millions, nous avons laissé la rente au cours de 68 francs environ. C'était aux premiers jours de février. Malheureusement rien de décisif ne se passait en Crimée, et l'on disait que l'Empereur allait partir pour Sébastopol... Il n'en fallait pas tant pour que la rente perdît le cours de 68 francs. Elle le perdit; puis par une baisse lente et continue, elle s'affaissa jusqu'à 66 fr. 25 c.

---

[1] Le réseau français avait à la fin de 1865, 21,000 kilomètres de lignes concédées.

(*Exposé de la situation de l'Empire*, janvier 1866.)

Elle fermait ainsi le vendredi 2 mars, au coup de cloche de la Bourse.

Dans la soirée, vers sept heures, le bruit de la mort subite de Nicolas se répandit à Paris. — La nouvelle était vraie, — foudroyante elle fut dans ses effets : la rente monta de 7 francs en trois quarts d'heure.

La rente se négociait alors, avec beaucoup d'autres valeurs, dans l'intervalle d'une Bourse à l'autre, sur le boulevard des Italiens, du côté du passage de l'Opéra! La coulisse y faisait tous les jours, matin et soir, d'énormes affaires, non-seulement pour sa nombreuse clientèle, mais encore pour les agents de change eux-mêmes. Les Parquets de province, de Lyon, Bordeaux, Marseille, Lille et Toulouse, toutes les places de l'étranger, celles d'Allemagne surtout, télégraphiaient des ordres d'achat ou de vente, déterminés par les cours de la Bourse officielle.

Dans cette fameuse soirée du 2 mars, à huit heures, le boulevard des Italiens présenta un aspect indescriptible. Les trottoirs étaient couverts d'une foule compacte; le passage de l'Opéra, les galeries de l'Horloge et du Baromètre, les sombres couloirs qui en forment les dépendances étaient envahis. Spéculateurs, courtiers, banquiers, intermédiaires, habitués de la Bourse, se pressaient en foule, soit pour vendre, soit pour acheter. Il y eut des variations de 1 fr., 1 fr. 50 c. et 2 fr., suivant les ordres donnés sur le marché. Mais le courant de hausse était irrésistible : on cota successivement 71 fr., 72 fr., 73 et 74 fr., 74 fr. 10 c. même ! — la mort de Nicolas, disait-on, c'est la paix, c'est la paix ! et certains enthousiastes de hausse prédisaient à nouveau les cours de 80 à 85 fr. sur le 3 0/0 ! Ils achetaient avec fureur ! C'est la paix, disaient-ils à grands cris, c'est la paix !

La paix ? non ! Elle ne devait pas être si proche ! Les murs de Sébastopol étaient encore debout !

Vers neuf heures, des ordres de vente, ordres considérables arrivèrent. On les disait sans limites de prix et de quantités ; on ajoutait qu'ils venaient des maisons de la haute banque et d'une grande institution de crédit. Les cours fléchirent : de 74 fr. le 3 0/0 descendit à 73, 72, 71, 70 francs même ! Mais à ce prix des ordres d'achat reparurent et vers minuit on se séparait à 71 20.

Le lendemain 3 mars, à la Bourse, le Parquet reprenait le dernier cours de la coulisse, 71 20, et le portait jusqu'à 71 75 et 71 85 ; mais le jour suivant (4 mars) on cotait avec difficulté 71 francs, et encore ce cours même ne devait pas se maintenir : des ventes nombreuses ramenèrent en quelques jours (5, 10 mars) le 3 0/0 à 68 75.... Arrivés, après tant de mouvements, à cette limite, les cours se trouvèrent arrêtés par une autre nouvelle (En ce temps-là, il y avait des nouvelles tous les jours....) : On disait que des conférences allaient s'ouvrir à Vienne et qu'on y négocierait la

paix. Tout aussitôt la rente revint à 70 francs
(23 mars).

Ces conférences eurent lieu en effet, et occupèrent
plusieurs séances. Tout le temps qu'elles durèrent,
c'est-à-dire près d'un mois (du 27 mars au 19 avril),
le 3 p. 0/0 resta ferme de 69 35 à 70 25; mais la
diplomatie fut encore une fois impuissante : le 20
avril les conférences étaient ajournées indéfiniment,
— le 3 p. 0/0 retombait à 68 80, etc. — Le bombar-
dement de Sébastopol reprenait avec plus de vigueur
que jamais. — Le 4 mai, le 3 p. 0/0 n'était plus qu'à
67 70. Les cours de la rente française suivaient ainsi
toutes les phases des événements.

Le remplacement de M. Drouyn de l'Huis par
M. Waleski au ministère des Affaires étrangères, l'envoi du maréchal Pelissier en Crimée, ramenèrent, en
mai, la rente à 69 fr., et l'approche du coupon de
semestre faisait coter 70 95 du 2 au 6 juin; mais on
ne devait pas y rester longtemps. On parlait d'un nouvel emprunt! et quel emprunt, 750 à 800 millions !

Les guerres coûtent cher aujourd'hui !

Le 29 juin, la rente n'était plus qu'à 66 fr.; le 30
juin, elle perdait même ce cours et tombait à 65 56.

Le 2 juillet, l'emprunt de 750 millions était décidé.
Il devait être, en fait, de 780 millions; 30 millions de
plus étaient nécessaires pour faciliter la liquidation
des souscriptions et couvrir les frais d'escompte
résultant des anticipations de paiement.

En même temps que le projet de loi ayant trait à l'emprunt, le *Moniteur* publiait deux autres projets : l'un était relatif à la perception d'un nouveau décime de guerre au principal des impôts indirects et produits de toute nature; l'autre, à l'élévation de l'impôt sur le prix des places des voyageurs transportés par les chemins de fer et à la perception du dixième sur le prix de transport des marchandises en grande vitesse.

La Bourse se préoccupa très-peu des impôts. Elle ne vit que l'emprunt. Du 2 juillet au 14, elle resta dans l'expectative, cotant la rente de 66 50 à 66 65, et cherchant à découvrir le voile qui couvrait encore le prix d'émission.

Le 15 juillet, le décret définitif paraissait au *Moniteur*. Le prix d'émission était fixé :

Pour le 4 1/2 0/0 à   92 fr. 25 c.
Pour le 3 0/0 à. . .   65 fr. 25 c.

Le premier versement était d'un dixième. Les coupures de 50 fr. de rente et au-dessous étaient seules irréductibles. Toute souscription supérieure devait subir, en cas d'excédant de demandes, une réduction proportionnelle. Les coupures de 1,000 fr. étaient de droit escomptables au gré du porteur. Les termes de paiement étaient échelonnés sur 18 mois, comme pour le précédent emprunt de 500 millions. Les souscripteurs pouvaient demander du 4 1/2 ou du 3 0/0 indifféremment. Le 4 1/2 était livré avec jouissance du 22 mars, le 3 0/0 avec jouissance du 22 juin.

Par les avantages offerts aux souscripteurs, le prix de l'emprunt représentait en réalité

du 4 1/2 0/0 à. . .   89 fr. 46 c.
du 3 0/0 à. . . . .   63 fr. 27 c.

Enfin, il fut décidé par le Ministre des Finances [1], afin de prévenir des manœuvres de spéculation, que les souscriptions de listes ne seraient pas admises pour les sommes de 50 fr. de rente et au-dessous.

Les souscriptions eurent leur cours, comme pour le précédent emprunt, pendant douze jours francs, du 18 au 29 juillet

Trois cent dix mille personnes y répondirent. La somme souscrite dépassa trois milliards 600 millions.

Les souscriptions de 50 fr. et au-dessous, déclarées irréductibles, figurèrent pour 235 millions; les souscriptions de 60 fr. et au-dessus, soumises à la réduction proportionnelle, absorbèrent 3 milliards 360 millions.

Les départements avaient fourni près de 230,000 souscripteurs et plus d'un milliard de capital souscrit; l'Angleterre, la Hollande, la Suisse, la Belgique, l'Allemagne avaient demandé 600 millions; Paris avait couvert le reste.

En résumé, 310,000 souscripteurs avaient offert cinq fois la somme demandée, et les dépôts faits pour

[1] M. Magne.

le dixième de garantie formaient à eux seuls, sans compter les sommes versées par anticipations de termes, un total de 380 millions.

On citait le Crédit Mobilier comme ayant souscrit, tant pour le compte de la Société que pour compte des membres du conseil d'administration, la somme fabuleuse de 250 millions. On disait que M. de Rothschild avait demandé 60 millions pour sa maison ou ses clients. On nommait enfin plusieurs maisons de banque dont les souscriptions montaient à 15, 18 et 20 millions.

L'emprunt fait, le monde financier se rassura; la Bourse se remit aux affaires. On vit les cours s'améliorer. Pendant tout le mois d'août, le 3 0/0 resta ferme aux environs de 67 francs, plutôt au-dessus qu'au dessous. La prise de Sweaborg par les flottes alliées, des expéditions heureuses dans la mer d'Azof, venaient d'ajouter de nouvelles pages à nos succès. Les travaux du siége de Sébastopol étaient assez avancés pour permettre bientôt un assaut suprême ; enfin la maison Rothschild souscrivait un emprunt turc 4 0/0 à 102 5/8. Ce signe seul devait faire pressentir une solution prochaine. Elle vint. Dans les premiers jours de septembre, Sébastopol était à nous.

Cette victoire, que huit mois avant la Bourse aurait salué par de grands cours, ou tout au moins par une vigoureuse reprise, resta sans influence et sans effet sur le marché ! Le prix de 67 francs maintenu sur la rente depuis la clôture de l'emprunt, avait contribué puissamment à amortir une hausse que nos succès auraient produite en d'autres temps. Ce prix permettait à la spéculation de réaliser 4 francs de bénéfices sur 240 millions de petites coupures (de 50 francs) dont elle s'était emparée.

La hausse, du reste, allait désormais devenir plus difficile que par le passé. Le succès éclatant de trois souscriptions successives ne constituait pas le classement définitif de 1,530 millions de capital en rentes que le gouvernement avait émis en vingt mois. La faculté d'escompte créait chaque jour des titres nouveaux, qui semblables aux inscriptions anciennes, venaient s'offrir, concurremment avec elles, sur le marché. Il y avait donc ainsi un stock considérable de rentes flottantes, et il fallait du temps, beaucoup de temps peut-être, à l'épargne pour l'absorber. Les capitaux des souscriptions d'emprunt étaient loin d'être des capitaux de placement : c'étaient surtout des capitaux de spéculation.

La place d'ailleurs regorgeait d'affaires de tout genre en cours d'émission. D'après les programmes répandus à profusion dans le public, d'après des calculs hypothétiques, d'après surtout les réclames ardentes d'une presse éblouie, les revenus de ces affaires nouvelles devaient être considérables, surprenants, inouïs ! Quant aux entreprises, en elles-mêmes, on affirmait leur solidité à toute épreuve; on vantait leurs garanties sérieuses, positives, excep-

tionnelles ; certaines feuilles allaient jusqu'à prétendre qu'il fallait être insensé pour employer ses fonds
à 4 1/2 et 5 0/0 en rentes françaises, quand d'autres
valeurs excellentes rapportaient, 8-10-12-15 et 20 0/0,
— que dis-je? bien davantage encore ! Qu'est-il resté
de ces programmes, de ces revenus passagers et trom-
peurs?... On le sait. Nous n'avons donc pas besoin de
le dire. Constatons seulement que la rente seule,
depuis quinze ans, n'a donné ni déboires, ni décon-
venues. Elle a pu causer, en certaines circonstances,
des inquiétudes ou des sacrifices passagers ; mais elle
a conservé toujours intacte son inébranlable supério-
rité. Mais nous le répétons, ses cours devaient être
affectés par les séductions de tout genre des émissions
à grand fracas et des valeurs à revenus fabuleux.

D'autres causes fâcheuses arrêtaient du reste l'essor
de la rente. La cherté des subsistances faisait chaque
jour de nouveaux progrès : il y avait de graves inquiétudes pour l'hiver 1855-65. La récolte des grains
avait été mauvaise ; les blés étaient rares et défectueux. Le *Moniteur* voulut rassurer : il avoua un déficit
maximum de 7 millions d'hectolitres. Or, les gens
bien informés, les hommes spéciaux, les négociants
en grains et farines prétendaient que les statistiques
administratives avaient induit en erreur le gouvernement ou le *Moniteur*, et ils évaluaient le déficit à 10
ou 12 millions d'hectolitres : les faits devaient donner
raison à ces derniers.

Enfin, l'argent était rare et cher sur toutes les places

d'Europe. L'escompte était à 7 et 8 0/0 à Vienne et à Berlin ; à 6 0/0 à la Banque d'Angleterre. La Banque de France élevait son taux de 4 0/0 à 5 0/0 le 4 octobre, et à 6 0/0 le 18, en réduisant à 75 jours au lieu de 90 les jours à courir. En même temps, elle restreignait le chiffre de ses avances sur rentes, effets publics, actions et obligations.

Sous l'influence de ces faits défavorables, les cours de la Rente se déprécièrent de plus en plus; le 21 septembre, on cotait encore 66 fr. 90 c., mais le 28 on n'était plus qu'aux environs de 65 fr. ; enfin, dans les premiers jours d'octobre, on descendait au plus bas cours de l'année, c'est-à-dire à 63 fr. 20 c.

Les Consolidés anglais 3 pour 100 étaient alors à 88 fr., il y avait donc entre la Rente française et la Rente anglaise un écart de 25 fr. 10 c.

Les cours reprirent toutefois : dans les premiers jours de novembre, nous retrouvons la Rente à 64 fr.; le 23, elle arrive à 65 fr. 95 c.; du 24 au 30, elle dépasse 66 fr.; mais là encore un nouveau fait malheureux se produit, la place manque presque d'argent pour les reports [1], leur prix s'élève par suite dans

---

[1] On lisait à cet égard dans le *Journal des Chemins de Fer* :

« Il y a trente-sept ans, c'était en 1818, la Bourse présenta un « spectacle qui ne s'est jamais reproduit; les opérations des agents « de change furent forcément suspendues, parce que l'argent man- « qua pour les reports; 30 millions firent défaut à la liquidation, et « pendant une semaine les agents de change demeurèrent dans l'im- « possibilité de liquider leurs opérations; il fallut l'intervention des « banquiers, qui se réunirent et offrirent leur garantie personnelle

des proportions considérables; on paie 20 à 30 fr.
pour les actions du Crédit Mobilier; on paie jusqu'à
40 fr. pour les actions du Lyon-Méditerranée; les
acheteurs sont forcés de liquider en grande partie.
Tout baisse et la Rente revient à 64 fr. 10 c. (8-15 décembre); elle se relève bien à 64 fr. 90 c., le 28, mais
elle finit l'année à 64 fr. 25 c,, dernier cours, 31 décembre.

Cependant on reparlait de paix avec la Russie,
mais cette fois avec plus de fondement que jamais.

Nous avons dû décrire assez longuement les diverses péripéties financières qui signalèrent l'année 1855 pour faire comprendre combien il fut facile
aux grands capitaux d'y employer leurs forces. A tous
les mouvements ils purent prendre part; de tous, ils
purent tirer parti et y puiser des bénéfices considérables. Le marché de Paris était illimité dans son
étendue; c'était, pour ainsi dire, le marché non de la
France, mais de toute l'Europe. Une affaire, quelque
gigantesque, quelqu'immense qu'elle fût, trouvait
toujours des contre-parties. On pouvait alors vendre
ou acheter un million de entes sans faire varier les

« à la Banque de France, afin d'obtenir les capitaux nécessaires
« pour sauver la place.

« Sans avoir offert un spectacle semblable, la Bourse de lundi
« (3 décembre) a pu faire craindre des embarras sérieux; et si la
« Banque de France n'avait pas prêté les sommes indispensables, il
« eut été difficile de prévoir comment eut fini cette laborieuse
« liquidation..... »

(J. Mirès, *Journal des Chemins de Fer*, 8 décembre 1855.)

cours de 25 centimes, ou écouler 10,000 actions sans affecter sensiblement les prix. On peut juger d'après ces faits combien les émissions de tout genre étaient promptes, faciles et fructueuses. Combien, depuis, tout a changé !

Pendant l'année 1855, le cours du Crédit Mobilier et ceux de toutes les valeurs en général, ne cessèrent de présenter des variations aussi actives que celles de la rente. Toutefois, quand le 3 0/0 tendait à descendre, les actions du Crédit Mobilier, au contraire, tendaient à s'élever progressivement. C'est ce que fera ressortir clairement le tableau des cours comparés de ces deux valeurs, du 1er janvier au 31 décembre 1855.

COURS COMPARATIFS DE LA RENTE ET DU CRÉDIT MOBILIER

DATES. — 1855.	RENTE.	CRÉDIT MOBILIER.
6-12 janvier..	65.70 67.75 66.70	727.50 745 Coupon détaché 25, 735

EMPRUNT DE 500 MILLIONS.

	RENTE.	CRÉDIT MOBILIER.
13-19 —	66.90 67.70 68.70	737.50 755
	69.30 68.70	748.75
20-26 —	68.70 67.80 67.70	
	68.05	747.50 777.50
27 janvier. 3 février	68.70 68.90	797.50
6- 9 —	67.70	790
10-16 —	67.40 65.90	782.50 747.50
17-23 —	66.80 65.70	745 731.25

DATES. — **1855.**		RENTE.	CRÉDIT MOBILIER.
4 février.	2 mars.	66.80 66.25	740 725
	3 — .	71.30 **71.85**	792.50 752.50
	10-16 — .	68.75 70.25 69.70	755 772.50 765
	17-23 — .	69.90 70.10 68.80	765 795
	24-30 — .	70.25 69.55	812.50 800
31 mars.	6 avril.	70.20 69.85	821.25 810
	7-10 —	70.10 69.35	808.75 791.25
	14-20 —	68.80 70.05	775 ‣ 807.50
	21-27 —	70.25 68.30	806.25 776.25
28 avril.	4 mai..	68.40 67.70 69	770 » 787.50
	5-12 — .	69. » 68.30	787.50 780
	13-18 — :	68.10 68.35	775 » 781.25
	19-25 — .	69.30	787.50 815
26 mai.	1er juin.	70.45	816.25 897.50
	2- 8 — .	70 95 69.10	880 » 912.50
	9-15 — .	70.10 68.80	932.50 967.50
	16-22 — .	68.55 66.40	972.50 947.50
	23-29 — .	66.75 66	957.50 940

EMPRUNT DE 780 MILLIONS.

30 juin.	6 juillet	65.95 65.65 66.50	932.50 905 Coupon détaché, 34
	7-14 —	66.20 65.95	902.50 923.75
	15-20 —	65.80 65.90	916.25 988.75
	21-27 —	66.80 65.95	1000 1040
28 juill.	3 août..	66.10 67.35	1025 1135
	4-10 — .	67.05 67.50	1150 1205
	11-17 — .	67.55 67	1185 1210
	18-25 — .	67.25 66.20	1222.50 1160
	26-31 — .	66 » 66.90 66.50	1185 1385

DATES. — **1855.**	RENTE.	CRÉDIT MOBILIER.
1er-6 septembre. . . .	66.35 67 » 66.55	1360 1500
8-14 —	67 80 67.20	1540 **1650** 1560
		1470
15-21 —	66.90 66.10	1490 1310
22-28 —	66.35 65.15	1330 1230
29 sept. 5 octob.	65.60 **63.20**	1340 1132.50
6-12 — .	63.85 65.40	1110 1190
13-19 — .	65.30 64	1170 1255
		1177.50
20-26 — .	64.40 64.75 64.10	1180 1207.50
		1190
27 octob. 2 nov. .	64.05 64.50	1183.75 1135
		1165
3- 9 — .	64,10 64.60	1155 1177.50
17-23 — .	64.70 65.95	1170 1240
24-30 — .	66.20	1235 1335
1- 7 décembre.. . . .	67 » 64.10	1222.50 1400
		1315
8-15 —	64.10 65.15	1325 1280 1285
15-21 —	65.10 65.25 64,80	1305 1320 1330
22-28 —	64.40 64.90	1337.50 1375
		1365
31 —	64.25	1362.50

Nous avons dit, avant de tracer ce tableau, que les cours du Crédit Mobilier avaient suivi, en 1855, une échelle ascendante, tandis que les cours de la Rente avaient suivi au contraire une échelle en sens inverse. Il est facile de s'en convaincre à la simple vue des cours que nous avons relevés.

Ce double effet était dû à plusieurs causes.

Le 3 p. 0/0 était chargé du pesant fardeau des
nouveaux titres de Rente émis sur le marché par
1,530 millions d'emprunts successifs, tandis que les
actions du Crédit Mobilier étaient limitées à leur
chiffre statutaire de 120,000 titres ou actions. Il était
impossible d'accaparer toutes les inscriptions de
rentes; il était possible au contraire d'accaparer
toutes les actions du Crédit Mobilier. Nous ne croyons
pas que cela se soit fait. Seulement, il faut songer
qu'avec 1,200,000 francs de primes dont 10 francs,
on pouvait être acheteur des 120,000 actions du
Crédit Mobilier, c'est-à-dire de la totalité des titres.
Rien 'n'eut pu empêcher un capitaliste puissant et
audacieux, risquant cette somme, de faire sauter la
Bourse, comme on fait sauter la Banque des jeux à
Hambourg ou à Bade, en doublant toujours sur une
suite de coups, si on dispose d'un capital suffisant.

Par ses Statuts, le Crédit Mobilier s'était interdit
tout achat de valeurs à prime; mais rien n'empêchait
les administrateurs, à l'affut d'un mouvement certain et considérable, d'opérer, en grand, pour leur
compte particulier.

Mais des raisons plus sérieuses et plus positives
militaient en faveur de la hausse des actions du
Crédit Mobilier.

On savait que les bénéfices faits pendant l'année
étaient considérables. En remontant à l'origine de
l'institution, on remarquait que toutes les valeurs

qu'elle avait patronées avaient été favorablement accueillies par le public et saluées par des hausses fécondes en profits de tout genre. Les opérations sur les actions des chemins de fer de l'Est, anciennes ou nouvelies, sur les actions du Midi, sur celles de l'Ouest, sur les Rivoli, les chemins Autrichiens, les Omnibus de Paris, la Fusion des Gaz, les chemins Suisses, la souscription à l'emprunt de 780 millions, tout devait concourir à former un riche dividende. On croyait rester au dessous de la vérité en l'évaluant à 200 francs par action en sus de l'intérêt à 5 0/0 sur le capital de 500 francs versés.

On parlait en outre d'un doublement du capital qui devait être porté à 120 millions en 240,000 actions à 500 francs au lieu de 120,000. Dans cette hypothèse, il aurait été attribué une action nouvelle, au pair, à chaque action ancienne; de sorte qu'avec le coupon de dividende à 200 francs et un débours de 300 francs on aurait possédé une action nouvelle. Cette combinaison avait été sérieusement répandue, on y avait même ajouté foi, d'après des détails précis et circonstanciés fournis par plusieurs feuilles financières et spéciales[1]. On comprend combien ils durent enflammer les imaginations! Aussi les actions montaient-elles en six jours de 225 francs : elles étaient à 1,160 francs le 24 août, et à 1,385 francs le 31. Du 31 août au 7 septembre, elles montaient encore

[1] Notamment le *Journal des Chemins de fer*; voir un article signé de M. J. Mirès, en date du 13 septembre 1855.

de 112,50 ; — 1,385 à 1,497 francs 50. Enfin, elles arrivaient à 1,650 le 10 ! 390 francs de hausse en dix-sept jours ! [1].

Ce ne fut pas toutefois au moyen d'une émission en actions nouvelles que le Crédit Mobilier jugea convenable de conserver dans ses caisses les bénéfices qu'il avait recueillis. Le dividende de 1855 créait un précédent difficile, dangereux même pour l'institution. Comment se maintenir au niveau de pareils revenus ? On ne gagne pas tous les ans 50.0/0 sur son capital; et plus ce capital est considérable, plus il est difficile à faire mouvoir et fructifier. Il semblait donc à peu près impossible de faire produire régulièrement 30 millions de bénéfices à un capital de 60 millions.

Les administrateurs du Crédit Mobilier le sentaient bien ; aussi préféraient-ils émettre des obligations dont l'intérêt, peu élevé, eût toujours été facile à servir. Ces obligations rentraient, du reste, dans les idées favorites des administrateurs, et elles allaient peut-être servir d'amorce à l'émission de 600 millions de francs en titres de ce genre, émission que les Statuts avaient préméditée à la création du Crédit Mobilier.

La création des actions nouvelles fut donc abandonnée, et il fut décidé qu'on émettrait des obligations.

V oyez le procès GOUPY, à la fin du volume.

Le conseil d'administration du Crédit Mobilier informa ses actionnaires que l'émission de ces obligations aurait lieu du 12 au 15 septembre.

Elles devaient être au nombre de 240,000, de 500 fr. chacune, productives d'un intérêt annuel de 15 fr. d'intérêt par an, payables par semestre, les 1er septembre et 1er mars de chaque année, et remboursables au pair en 90 ans, à partir du 1er septembre 1857.

Conformément à l'art. 7 des statuts, elles devaient constamment être représentées, pour leur montant total, par des effets publics, actions et obligations existant en portefeuille.

Ces obligations étaient émises au prix de 280 fr. et devaient être réservées, par préférence, aux porteurs d'actions de la Société, qui y avaient droit dans la proportion de deux obligations pour une action.

Les versements devaient avoir lieu :

    100 fr. en souscrivant,
    100 fr. le 1er mars 1856,
    80 fr. le 1er septembre 1856.

Les coupons des actions du Crédit Mobilier à échoir les 1er janvier et 1er juillet 1856 devaient être acceptés comme argent en payement du premier terme desdites obligations sur le pied de 200 fr.

Dans le cas où le dividende de l'exercice 1855 excéderait 200 fr., la différence serait payée sur présentation de l'action portant indication de la souscription des obligations. Enfin, les deux derniers versements pouvaient être payés d'avance, moyennant bonification de 4 0/0 d'intérêt.

En résumé, ces obligations correspondaient, comme revenu, à un intérêt de 5 1/3 0/0, indépendamment de la prime de remboursement de 220 fr.

Par cette combinaison, le Crédit Mobilier rentrait en possession ou en jouissance d'un capital de 67,200,000 fr. en sus de son capital social de 60 millions; il pouvait retirer de la circulation une quantité considérable de valeurs non classées et poursuivre à la fois des émissions d'affaires nouvelles.

Mais malgré le langage hyperbolique de certaines feuilles [1], malgré les discours chaleureux de tous les partisans du Crédit Mobilier, malgré enfin la hausse considérable des actions à la Bourse, l'opinion publique protesta énergiquement. Entendit-on sa voix? l'écouta-t-on? — Peut-être. Toujours est-il que des considérations d'un ordre supérieur prévalurent, car l'on put lire le 20 septembre dans tous les journaux l'avis suivant émanant du Crédit Mobilier :

« Pour entrer dans les vues du gouvernement, qui a
« résolu d'ajourner toute concession et autorisation pou-
« vant entraîner la création de nouvelles valeurs, la
« Société générale du Crédit Mobilier vient de décider
« qu'elle ajournerait l'émission de ses obligations. »

On abandonnait donc, dans les sphères du pou-

[1] Voir encore un article de M. J. Mirès, *Journal des Chemins de fer*, du 8 septembre 1855.

voir, l'idée de créer un vaste fonds commun pour
absorber tous les titres des Sociétés diverses en les
remplaçant sur le marché par un titre unique sous
le nom d'obligation? — On avait donc vu et mesuré
les dangers d'une pareille conversion? Tout porte à
le croire, et d'autant plus, que les faits justifient malheureusement aujourd'hui toutes les craintes que dès
lors on pouvait avoir.

Les obligations du Crédit Mobilier, peut-être déjà
imprimées, ne virent donc jamais le jour.

Dans leur rapport à l'assemblée générale des actionnaires du 30 avril 1856, les administrateurs du
Crédit Mobilier devaient revenir longuement sur cette
autre émission avortée. Ils le firent avec passion.

Après avoir rappelé sommairement le programme
de leur rapport de 1853, après avoir expliqué que les
obligations mobilières devaient avoir pour *gage* des
valeurs acquises sous le contrôle du Gouvernement [1]
et pour *garantie* le capital considérable de la Société,
le rapport de l'exercice 1855 ajoutait que le résultat
définitif des opérations du Crédit Mobilier, parvenu
au but de son système, devait se résumer dans une
différence d'intérêt entre la somme de ses emprunts
et la somme de ses placements.

S'appuyant ensuite sur 28 millions de bénéfices
irrévocablement acquis, les administrateurs avaient

---

[1] Nous avons déjà relevé cette assertion.

jugé à propos d'émettre 240,000 obligations : 1° pour
faire concourir les bénéfices de la Société à l'augmentation de son capital; 2° pour éviter de réaliser une
masse de valeurs correspondant à un dividende aussi
considérable; 3° pour absorber de nouveaux titres
flottants et donner ainsi plus de fermeté à toutes les
valeurs.

Telles étaient, suivant le rapport, les considérations
qui avaient décidé les administrateurs à émettre les
240,000 obligations qui ne virent jamais le jour.

Mais ici nous laissons parler le Rapporteur :

Économie de la mesure adoptée.

L'annonce qui indiquait cette mesure avait été précédée
d'une consultation sérieusement approfondie, et tous les
termes en avaient été mûrement pesés. Dans l'économie du
système adopté, le chiffre du dividende n'était point définitivement fixé; toute latitude à cet égard avait été, aux
termes des Statuts, réservée à l'assemblée générale. Dans
le cas improbable où le dividende voté par cette assemblée
générale n'eût pas atteint le chiffre prévu, toute réduction
de ce chiffre eût donc été tout simplement une réduction
dans le taux d'émission des obligations ; or, aux termes des
statuts, il est dans les attributions du Conseil de fixer
comme il l'entend, même aléatoirement, le taux auquel il
croit devoir émettre les obligations sociales; et comme,
d'un autre côté, la souscription était exclusivement réservée aux actionnaires, ce que ceux-ci n'eussent pas reçu
sous forme de dividende leur serait revenu sous forme de
réduction dans le taux d'émission, en sorte que la mesure
arrêtée par nous avait le double avantage d'être exacte-

ment conforme aux statuts et de ne pouvoir causer, en aucun cas, le moindre préjudice à nos actionnaires.

La suite, au reste, a bien prouvé la prudence et la solidité de nos prévisions. Ni le changement de face des affaires, ni la crise causée par la persistance des mauvaises récoltes, ni la continuité d'une guerre coûteuse, ni les mesures restrictives de la Banque de France qui, effrayée de l'exportation de notre réserve métallique, avait cru devoir réduire dans une forte proportion les facilités qu'elle accordait au commerce, ni l'élévation du taux de l'intérêt à un chiffre inconnu depuis 1815, ni la réaction en baisse que ces mesures devaient amener, et qu'elles ont en effet produite dans le cours de la rente et des autres valeurs, aucune de ces circonstances défavorables et imprévues n'a pu réduire le chiffre de nos bénéfices qui, malgré des déductions commandées par la prudence, demeure encore fixé au-dessus de la somme prévue par nous il y a plus de sept mois.

Aussi en faisant connaître au public la résolution que nous venions d'arrêter après une mûre et longue délibération, n'avions-nous pas plus d'inquiétude sur le succès que de doute sur la légalité de la mesure que nous prenions.

L'espoir fondé des bénéfices exceptionnels en vue desquels l'émission de nos obligations était résolue provoqua une hausse considérable sur le prix de nos actions, et bientôt la spéculation, s'emparant de ce mouvement, lui donnait des proportions exagérées.

Systématiquement étrangers à toute pensée de spéculation relative à une mesure dont la réalisation était notre vœu le plus cher, notre préoccupation la plus profonde, nous vîmes avec un vif regret le cours de nos valeurs s'élever brusquement, ne prévoyant que trop la réaction qui pouvait s'ensuivre.

Mais, ce que nous nepouvions prévoir, ce sont les calomnies dont ces mouvements dans le cours de nos actions ont été le signal et le prétexte. Qu'est-il besoin de le déclarer ! Aucune des personnes qui ont l'honneur de diriger vos affaires ne s'est livrée, dans ces circonstances, à des opérations de hausse ou de baisse sur nos valeurs, et nous pouvons, le front levé, rejeter hardiment sur ceux-là même qui n'ont pas rougi de s'abriter sous de lâches attaques la responsabilité des spéculations dont on a tenté de faire une arme contre nous.

Il nous tardait, nous l'avouons sincèrement, de nous trouver en face de vous, pour laisser librement échapper ce cri d'indignation dont l'expression est d'autant plus solennelle qu'il nous a fallu plus longtemps en retarder la manifestation publique.

Au surplus, la mesure que nous avions prise se justifie assez par elle-même, et sous tous les rapports. Aussi n'avons-nous provisoirement renoncé à son exécution que pour obéir au désir positif du gouvernement.

Vous comprendrez facilement que nous ne pouvions hésiter à donner ce témoignage de condescendance empressée, quand même la raison d'Etat, qu'il ne nous appartient pas de juger, ne nous eût fait de cette condescendance une impérieuse nécessité.

Considérations sur l'utilité générale d'une émission d'obligations.

Avant d'abandonner ce sujet, permettez-nous de donner encore quelques explications qui nous paraissent nécessaires pour l'intelligence complète du but que nous poursuivons d'accord avec vous.

Avec un capital devenu relativement faible par suite du

développement qu'ont pris les affaires dans ces dernières
années, les services que nous pourrions rendre seraient limités si le crédit ne nous venait en aide et s'il ne nous
fournissait, comme il l'a fait jusqu'ici, d'abondantes ressources.

Mais il serait imprudent de baser des opérations de longue haleine sur la permanence de ces facilités nécessairement variables.

Sous ce rapport notre position est analogue à celle de la
Banque de France.

Il est certain, en effet, que si la Banque de France ne devait pas au crédit la plus grande partie des ressources dont
elle dispose, et si, à l'apparition de certains phénomènes,
comme celui de la diminution de ses comptes courants ou
d'un échange plus fréquent et plus rapide de ses billets,
elle n'était forcée de réduire plus ou moins brusquement
ses avances, les embarras qui résultent des crises se trouveraient considérablement réduits et ne seraient pas aug-
mentés du trouble que doit nécessairement produire la suppression de crédits qui entretiennent le mouvement régulier de la Bourse, des fabriques et du commerce.

Ces inconvénients, en ce qui nous concerne, n'existent
pas au même degré.

Toutefois, il est des temps, comme ceux que nous venons
de traverser, où les besoins publics, ajoutés à ceux de notre
clientèle, peuvent nous commander des réalisations extraordinaires.

Ces inconvénients disparaîtraient par une émission d'o-
bligations à long terme.

A cette augmentation de capital correspondrait une absorption permanente de valeurs flottantes, de celles dont la
spéculation n'a pu réussir à opérer le placement définitif,

et qui, par suite, pèsent d'autant plus lourdement sur la place que leur masse se trouve exceptionnellement augmentée dans les moments difficiles.

D'autres considérations qui se rapportent plus spécialement à la nature des services que nous sommes appelés à rendre à l'industrie militent en faveur de l'utilité de l'émission de nos obligations à long terme.

Pour faciliter réellement, efficacement, le développement industriel de ce pays, il ne suffit pas de contribuer, comme nous l'avons fait avec succès, à l'organisation des grandes entreprises qui comportent l'emploi d'un capital de 50, de 100 et même de 300 millions, comme cela s'est produit pour les chemins autrichiens.

Ces grandes affaires, quand elles sont bien organisées et bien administrées, peuvent, au moment de leur émission, trouver dans les principales Bourses d'Europe un placement qui permet d'éviter une immobilisation de capitaux. Il n'en est pas de même pour les entreprises de forges, de mines, de grande fabrication, qui nécessitent un capital de 2, de 3 ou de 4 millions. Pour de semblables entreprises, les moyens de négociations manquent évidemment jusqu'au moment où les produits peuvent permettre une appréciation positive, incontestable de leurs avantages ; nous n'avons pu, jusqu'à ce jour, leur être d'aucun secours parce que nous ne pouvions immobiliser notre fonds social ni y consacrer les secours temporaires dont nous disposons. Il y a d'excellentes affaires en ce genre et en très-grand nombre ; celles qui nous ont été proposées, et que par prudence nous avons dû refuser, ne se sont pas faites ou se sont incomplétement développées.

C'est à des besoins, nous pourrions dire à des nécessités de cet ordre que répondraient plus particulièrement nos obligations à long terme.

Telles sont les vues qui nous ont guidés lorsque nous avons pris la résolution de faire l'émission dont nous venons de vous entretenir. Nous tenions à vous les exposer, avec quelque étendue, parce qu'il nous paraît que cette mesure importante ne touche pas seulement à l'intérêt particulier de notre Société, mais à l'intérêt public le plus général.

Tous les arguments des administrateurs du Crédit Mobilier venaient échouer contre l'indifférence ou l'antipathie du public qui ne voulait à aucun prix des obligations mobilières ; et contre toutes les objections que nous avons énumérées dans les chapitres précédents.

Puisqu'il ne pouvait pas émettre ses obligations, le Crédit Mobilier n'avait plus de moyen d'être... à l'état d'institution de crédit bien étendu ; il aurait dû liquider en 1854. Liquider, à plus forte raison en 1855 ou en 1856. Même avec 31 millions de bénéfices dira-t-on ? — Oui, surtout avec 31 millions de bénéfices. Il serait tombé dignement, et au milieu d'une victoire ! Au lieu de cette mort glorieuse, qu'a-t-il trouvé ? Que trouvera-t-il à sa fin ?...

Le Crédit Mobilier déclara 31.870.776 46 de bénéfices bruts à la fin de l'exercice 1855. C'était un résultat, sans précédents, il faut le reconnaître, dans l'histoire financière de notre pays, à moins qu'on ne remonte à la régence et au système de Law (1720).

Mais cette somme était-elle bien acquise ? N'était-elle pas plus forte ou beaucoup moindre? Voilà la question que les actionnaires doivent se poser.

Dans cette année 1855, le Crédit Mobilier avait pris part à de nombreuses opérations et avait lancé de nombreuses entreprises : nous allons les examiner en détail. Donnons-en d'abord la nomenclature : ces affaires c'étaient :

1° L'emprunt de 500 millions ;

2° La création de la Société Maritime ;

3° La Société autrichienne I. R. P. des Chemins de fer de l'État ;

4° L'emprunt de 780 millions ;

5° L'échange des obligations des anciennes Compagnies fusionnées dans les chemins de fer de l'Ouest ;

6° La souscription de 65,000 obligations dans l'emprunt du chemin de fer de l'Ouest ;

7° L'emprunt de la Compagnie des chemins de fer du Midi, en 100,000 obligations, ensemble 28 millions ;

8° Les avances faites aux actionnaires des chemins de fer de Paris à Caen, Paris à Cherbourg, Dieppe et Fécamp ;

9° Les avances faites aux actionnaires de la Compagnie de l'Est ;

10° Les avances faites aux actionnaires de la Compagnie du Midi ;

11° Les avances faites à la Compagnie du chemin de fer de Dôle à Salins ;

12° La fusion de cette Compagnie dans le chemin de fer de Paris à Lyon ;

13° L'emprunt de la Société I. R. P. des chemins de fer autrichiens, 300,000 obligations pour 82,500,000 fr. ;

14° La reconstitution de la Compagnie du chemin de fer de Saint-Rambert à Grenoble ;

15° Le traité passé avec la Compagnie du chemin de fer des Ardennes ;

16° Le traité passé entre la Compagnie du chemin de fer des Ardennes et la Compagnie des chemins de fer de l'Est ;

17° Le réseau pyrénéen ;

18° La participation dans les chemins de fer de l'Ouest et du Centre de la Suisse ;

19° La canalisation de l'Ebre ;

20° La constitution de la Compagnie des Omnibus de Paris ;

21° La fusion des Sociétés parisiennes d'éclairage par le gaz ;

22° L'industrie des sels ;

23° Le Crédit Mobilier autrichien ;

24° Le Crédit Mobilier espagnol ;

25° Les Immeubles de la rue de Rivoli ;

26° Les reports et autres emplois de fonds,

Emprunt des 500 millions. A cet emprunt les administrateurs du Crédit Mobilier avaient souscrit tant en leur propre nom qu'au nom de la Société, pour une somme de 120 millions; et s'étaient entendus avec la maison Baring frères et Cie de Londres, pour ouvrir en Angleterre une souscription dont les résultats ajoutés à celles du Crédit Mobilier et de ses administrateurs aurait suffit pour couvrir la moitié de l'emprunt émis.

Mais la décision prise par le gouvernement français de réserver la préférence aux souscripteurs de petites coupures, rendit les souscriptions du Crédit Mobilier sans effet. L'emprunt de 250 millions avait donné des *résultats fructueux* [1]; celui des 500 millions ne produisit rien.

2° *Création de la Société maritime.* Cette Société avait pour objet :

« 1° Toutes opérations de construction, d'arme-
« ment et d'affrètements de navires, de pêche, d'a-
« vances sur consignation, et en général toutes opé-
« rations de commerce maritime faites, soit directe-
« ment, soit en participation avec des tiers ;

« 2° Toute fabrication, achat, vente et transport de
« conserves alimentaires et d'engrais.

3° Elle devait former le complément de notre système général de transports, en unissant par un trait-d'union nos voies ferrées aux grandes lignes maritimes.

Le fonds social était fixé à 30 millions, divisé en

----

[1] Textuel.

60,000 actions de 500 francs chacune[1], sur lesquelles il n'était provisoirement appelé que 100 francs de versement.

[1] Ces 60,000 actions furent ainsi réparties d'après l'acte de fondation et les statuts :

		Actions.	Représentant fr.
1	La Soc. génér. du Crédit Mobilier, pr	27.655	13.827.500
2	Lecampion, Théroulde et Cᵉ........	8.000	4.000.000
3	Théroulde......................	500	250.000
4	Lecampion	500	250.000
5	D'Eichthal	2.200	1.100.000
6	Emile Pereire....................	2.000	1.000.000
7	Isaac Pereire	2.000	1.000.000
8	Place.........................	1.900	950.000
9	Benoît Fould	1.500	750.000
10	Charles Mallet..................	100	50.000
11	Mallet frères...................	1.000	500.000
12	Thurneyssen....................	1.000	500.000
13	Mathieu Dolfus.................	825	412.500
14	Salvador ...·..................	700	350.000
15	Sieber........................	600	300.000
16	B. Delessert...................	525	262.500
17	Joseph Périer..................	500	250.000
18	Vincent Cibiel.................	500	250.000
19	Lopès Dubec...................	500	250.000
20	Grieninger	500	250.000
21	J.-P. Pescatore	400	200.000
22	Des Arts Mussard et Cᵉ..........	500	250.000
23	Biesta........................	400	200.000
24	Darblay.......................	400	200.000
25	De Abaroa.....................	100	50.000
26	J.-J. de Uribarren et Cᵉ..........	300	150.000
27	Le duc de Noailles	300	150.000
28	Greene et Cᵉ...................	800	150.000
29	Eugène Raibaud................	100	50.000
30	Raibaud et fils.................	250	125.000
31	Wolodkowicz...................	300	150.000
32	Nelson Montès.................	200	100.000
33	Arlès Dufour...................	200	100.000
	A reporter.........	56.755	28.377.500

Le conseil d'administration était ainsi composé :

De Abaroa ; | Ch. Mallet ;
Arlès Dufour ; | Duc de Noailles ;
Biesta ; | Émile Pereire ;
Vincent Cibiel ; | Isaac Pereire ;
Nicolas Cézard ; | Henri Place ;
Mathieu Dolfus ; | Joseph Périer ;
B. Delessert ; | Eugène Raibaud ;
D'Eichthal ; | Sieber ;
Grienenger ; | Alphonse Mallet, de la
Lecampion ; | maison Mallet frères
Lopès Dubec ; | et Cᵉ.

Report............	56.755	28.377.500
34 Charles Rhoné....................	200	100.000
35 Eugène Pereire..................	200	100.000
36 Clerckayser et Cᵉ...............	200	100.000
37 Benjamin Dupaquier et Cᵉ.........	200	100.000
38 Rey jeune......................	200	100.000
39 Les héritiers de Salomon Halphen...	200	100.000
40 Excelmans.....................	100	50.000
41 Auguste Blanc..................	200	100.000
42 Gentil........................	200	100.000
43 La vicomtesse Excelmans.........	150	75.000
44 Léon aîné et frères..............	200	100.000
45 Bourcart......................	100	50.000
46 Auguste Chevalier	300	150.000
47 Duhamel......................	100	50.000
48 Morpurgo......................	100	50.000
49 Collin........................	75	37.500
50 Courpon	50	25.000
51 Lanyer	50	25.000
52 D. Pereira frères...............	150	75.000
53 Nicolas Cezard.................	200	100.000
54 De Saint-Pair..................	70	35.000
Totaux.........	60.000	30.000.000

Les cours des actions de la Compagnie Maritime furent ainsi cotés pendant leur émission :

20 juin 1865 595
30 juin 6 juillet........ 585
 7 — 13 — ,........,. 580
14 — 20 — .,......:. 622 50
21 — 27 — ...,.,... 607 50
28 juill. 3 août ....,.. 607 50
 4 — 10 — 610
11 — 17 — ,........ 605
17 — 24 — 610
25 — 31 — 602 50
 1 — 7 sept. 605
 8 — 14 — 610
15 — 21 — .,....,.. 615
22 — 28 — ...,....,. 590
29 sept. 5 oct. ..,.;..., 575   572 50
 6 — 12 — ,......,. 565
13 — 19 — 560
20 — 26 — .,....... 548 75

C'est-à-dire que les 27,655 actions qui avaient été souscrites par la société générale du Crédit Mobilier avaient pu donner, sur une moyenne de 80 francs par action, 80 0/0 de bénéfices, soit une somme totale de ....:......... 2,212,400 [1].

[1] La *Compagnie générale Maritime,* émise en 1855 à 625 fr. l'action de 500 francs, ce qui représentait 4 *millions* 650 *mille francs de bénéfices,* liquidée plus tard à 80 francs, et refondue en 1860 dans la *Compagnie générale transatlantique,* émise elle-même à 600 et 690 fr., a donné au minimum un bénéfice de 10 millions à ses fondateurs.

Le rapport de l'exercice 1854 et celui de l'exercice 1855 s'étendaient outre mesure sur les avantages et les perspectives d'avenir de la Compagnie Maritime, mais ne donnaient aucune notion sur les résultats obtenus; pas de comptes faits, pas de chiffres pour la part afférente au Crédit Mobilier.

Ayant déjà recueilli les épaves de la société *la Terre-neuvienne*, société d'opérations de pêche et d'armement, la Compagnie Maritime devait devenir plus tard, après de graves échecs, la compagnie des Paquebots Transatlantiques. Mais ces circonstances ne durent pas empêcher les bénéfices d'émission que nous avons évalués.

3° *Société Autrichienne I. R. P. des chemins de fer de l'Etat* [1]. Cette opération considérable dut donner des bénéfices immenses. Fondée au capital de 200 millions de francs ou 80 millions de florins de convention,

---

[1] Total général du réseau : 1.355 kilomètres.

En outre, la Compagnie est propriétaire de mines, d'usines et de domaines, cédés par l'État aux fondateurs de la Compagnie, en même temps que les chemins de fer du Nord et du Sud-Est de l'Etat, le tout moyennant 77,000,000 fl. de convention, savoir : 65,450,000 fl. pour les chemins de fer, et 15,550,000 fl. pour les mines, usines et domaines.

Sur ces 77,000,000 fl. convention, le gouvernement autrichien garantit une annuité de 5,20 0/0, soit 4,004,000 fl. convention payables en monnaie du pays au cours du jour. Les avances de l'Etat lui seront remboursées avec intérêt à 4 0/0; jusqu'à présent il n'en a fait aucune.

Siége social à Vienne, Minoriten-Platz, n° 42.

Comité à Paris, place Vendôme, n° 15.

Conseil d'administration : MM. Antoine baron de Doblhoff-Dier,

à 25 fr. 50 c. le florin, divisé en 400,000 actions de 500 francs, le cours des actions s'éleva

en 1855, de 542 50 à 817 50

en 1856, de 691 25 à 957 50

On estime que l'émission se fit aux cours de 750 à 800 fr., ce qui constituait un bénéfice de cent millions de francs au premier cours, et cent vingt millions au second cours.

Les rapports du Crédit Mobilier ne firent jamais connaître dans quelles proportions la société avait souscrit dans cette affaire et quelle part de bénéfices elle en recueillit.

13° *L'Emprunt de la société I. R. P. des chemins de fer autrichiens* : 300,000 obligations pour 82,500,000 francs. Les rapports du Crédit Mobilier ne firent jamais connaître la somme des bénéfices que cette opération rapporta à la société. Les chemins

président; Gaspard baron de Seiller, vice-président; Ernest André, vice-président; Francis Baring, Louis comte de Bréda, Adolphe d'Eichthal, Raphaël duc de Galliera, baron de Heeckeren, B. Homberg, Charles Klein, Charles Mallet, J. Maniel Cajetan, chevalier de Mayrau, duc de Morny, Emile Pereire, Isaac Pereire, Antoine comte de Pergen, Jean baron de Sina, Henri baron Trenck de Tonder, Maurice chevalier de Wodianer.

Secrétaire du Conseil : M. Alfred Lecointe.

Comité de Paris : MM. Isaac Pereire, président; Francis Baring, vice-président; Ernest André, Adolphe d'Eichthal, duc de Galliera, baron de Heeckeren, Charles Mallet, duc de Morny, Émile Pereire, Casimir Salvador.

Directeur général : M. Léopold Bresson, à Vienne.

Directeur général adjoint : M. le conseiller chevalier de Engerth.

Autrichiens avaient émis jusqu'en 1857, 753,636 obligations 3 0/0 à 500 francs, en sept séries à divers taux :

Les cours de ces obligations furent :

en 1855........	278	75	à 260	
en 1856.........	305		à 263	75
en 1857........	295		à 260	
en 1858........	285		à 266	25

4° *Emprunt de* 780 *millions*. La souscription du Crédit Mobilier ou des administrateurs en leur nom personnel, avait été d'abord de 250 millions : elle fut augmentée d'une souscription nouvelle de 375 millions tant pour le compte de la société que pour celui de l'Angleterre et de l'Allemagne.

Réduite dans la proportion établie par le gouvernement, cette souscription énorme 625 millions !... ne produisit en définitive que 1,280,920 francs de rente 3 0/0 pour le *compte de la société, indépendamment de la part des administrateurs et de celle de l'étranger.*

Et les profits réalisés par la rente pendant l'exercice de 1855 ne figurent dans le chiffre des bénéfices que pour 51,000 francs [1] ! Ici, on le voit, le rapport daignait parler chiffres. Mais quelle étrange figure font ces 51,000 francs de bénéfices, après une souscription de 625 millions et un produit de 1,280,020 francs de rente !

[1] Et quelle fut la part de bénéfice des administrateurs ?...

5° *Echange des obligations des Anciennes compagnies
fusionnées dans les chemins de fer de l'Ouest.* Nous laissons ici pour mémoire les résultats que dut produire
cette importante opération. Comment pourrions-nous
les évaluer? par la combinaison à laquelle présidait
le Crédit Mobilier, la compagnie des chemins de fer
de l'Ouest absorbait dans une fusion générale les
compagnies de chemins de fer de Paris à Rouen ; de
Rouen au Havre ; de l'ancien chemin de l'Ouest ; du
chemin de Dieppe à Fécamp ; des chemins de Ver-
sailles, rive droite et rive gauche, et du chemin de fer
de Saint-Germain.

Les 300,000 actions de la compagnie des chemins
de fer de l'Ouest furent réparties comme suit [1] :

Pour			actions nouvelles
72.000 act.	de Paris à Rouen (de 500 fr.)...		114.000
54.000	— Saint-Germain (de 250 fr.)...		27.000
40.000	— Rouen au Havre (de 500 fr.)..		34.286
70.000	— l'ancien Ouest (de 500 fr.)....		70.000
60.000	— Caen et Cherbourg (de 500 fr.).		51.428
296.000			296.714
	Le surplus, soit..........		3.286
	Total égal.......		300,000

fut vendu à la Bourse par ministère d'agent de change.

Outre les 27,000 actions nouvelles attribuées aux 34,000 actions de Paris à Saint-Germain, celles-ci reçurent 27,000 obli-

[1] Nous empruntons ce relevé au *Guide financier,* de M. Aug.
Vitu. Paris, Hachette, 1864.

gations remboursables à 1,250 fr. productives d'un intérêt annuel de 50 fr., jouissance du 1er juin 1855.

Il fut attribué aux fondateurs de la Compagnie de Rouen 7,200 obligations pareilles, pour tenir lieu de la jouissance affectée à leurs parts; et à ceux de la Compagnie du Havre 1,800 obligations.

En tout 36,000 obligations 4 0/0 de la Compagnie de l'Ouest. Mais les ayants-droit ne reçurent que 334 titres de cette nature et consentirent à échanger le surplus contre des obligations 3 0/0.

La compagnie de Dieppe et Fécamp, qui ne fut point portée à l'acte de fusion parce qu'elle avait traité distinctement avec la Compagnie de Rouen, échangea ses 36,000 actions de 500 fr. contre 36,000 obligations remboursables à ce taux et rapportant 20 fr. d'intérêt annuel. Mais les actionnaires de Fécamp ne reçurent réellement que 5,417 titres de cette nature; le surplus fut échangé contre des obligations 3 0/0. Le nombre des obligations de 500 fr. 4 0/0 créées ayant été de 6,000, le solde, soit 583 obligations qui n'ont pas été négociées, continue de figurer au compte capital de la Compagnie.

Les effets de la fusion se résument ainsi :

	Capital primitif.	Capital dans la fusion.	Bénéfice par action.	Perte par action.
	fr.	fr.	fr.	fr.
Rouen (500 f.)....	36.000.000	57.000.000	291.66	»
Havre (500 f.)....	20.000.000	17.143.000	»	71.42.5
Cherbourg (500 f.).	30.000.000	25.714.000	»	71.43.8
Ouest (500 f.)....	35.000.000	35.000.000	»	»
St.-Germain (250 f.)	13.500.000	47.250.000	625	»

Il est à croire que le Crédit Mobilier dut retirer de cette opération des bénéfices assez importants pour

mériter une mention de quelques chiffres au rapport...
Le rapport fut absolument muet sur cette question.

6° Le rapport fut muet sur la part de bénéfices qui
dut provenir de la vente des 65,000 obligations de
l'Ouest acquises par 18 millions de francs.

7° Le rapport fut muet sur la part de bénéfices qui
résultait du placement total de 100,000 obligations
du chemin de fer du Midi, représentant 28 millions
de francs ;

8° Le rapport fut muet sur la part des bénéfices
qui résultait des avances faites au taux de 4 0/0 aux
actionnaires des chemins de fer de Paris à Caen,
Paris à Cherbourg, et Dieppe à Fécamp.

9° Le rapport fut muet sur la part des bénéfices
résultant des avances faites aux actionnaires de la
Compagnie du chemin de fer de l'Est.

10° Le rapport fut muet sur la part de bénéfices résultant des avances faites des actionnaires de la Compagnie du chemin de fer du Midi.

11° et 12° Le rapport fut muet sur la part des bénéfices résultant des avances faites à la compagnie du
chemin de fer de Dôle à Salins comme sur les conditions d'achat, de vente, ou de fusion des 16,000 obligations achetées. Il disait seulement que les 16,000
obligations seraient échangées contre un nombre
égal d'obligations du chemin de fer de Paris à Lyon. —
Ce qui devait constituer, soit dit en passant, un très-
joli profit.

14° Le rapport fut muet sur les bénéfices qu'avait procurés ou que devait procurer la reconstitution et et l'extension des concessions des lignes du chemin de fer de Saint-Rambert à Grenoble.

15° Le rapport fut muet sur les bénéfices résultant du traité passé avec la Compagnie du chemin de fer des Ardennes, et cependant il affirmait que non-seulement la compagnie avait pu régulariser le placement de toutes ses actions, mais que leur cours s'était subitement et sensiblement amélioré.

16° Le rapport fut muet sur les bénéfices à recueillir de la concession du chemin de fer de Paris à Soissons et en Belgique et du traité passé entre la compagnie du chemin de fer des Ardennes et la compagnie du chemin de fer de l'Est, et cependant ces bénéfices durent être évalués et précisés.

17° Le rapport fut muet sur les bénéfices que donnerait la construction du réseau et des routes agricoles des Landes.

La construction de ce réseau et de ces routes était incontestablement un bienfait pour les contrées du midi; mais quel était le profit qu'en retiraient les actionnaires du Crédit Mobilier?

18° Le rapport fut muet sur la partie des bénéfices qui revint aux actionnaires pour la participation prise aux chemins de fer de l'Ouest Suisse et du central Suisse.

Or, les actions de l'Ouest Suisse s'élevèrent du cours de **460** à **665** fr. en 1855 à **630** fr. en 1856.

Et les actions du central Suisse attaquèrent aussi le cours de **630** en 1856, après avoir fait 405 francs et 527. 50 en 1855.

19° Le rapport fut muet sur les conditions auxquelles avait été fait l'emprunt de la compagnie de canalisation de l'Èbre. Cette affaire avait été conclue en prévision de la création à Madrid d'un Crédit Mobilier Espagnol analogue au Crédit Mobilier français. Cet emprunt était une mauvaise affaire, mais on le faisait afin d'en obtenir une bonne! Suivant un proverbe populaire, on donnait un œuf pour avoir u bœuf. Le rapport de l'exercice 1855 prétendait cependant qu'à la Compagnie de la canalisation de l'Èbre un bel avenir était réservé.[1]

[1] La Compagnie de la canalisation de l'Ebre avait son siège à MADRID et ses bureaux étaient à Paris, au Crédit Mobilier, place Vendôme, 15.

Administrateurs à MADRID : MM. Messina, duc de San-Carlos, Hoarez, E. Duclerc, A Laffite, P. Miranda, E. O. S'héa, F. M. Paz, à Barcelone, MM, Maz y Marti, Rivas.

Administrateurs à PARIS : MM. Emile Pereire, d'Abaroa, Bixio, d'Eichthal, Grimaldi, Lainel, E. Lecomte, prince de Montléart, Salvador.

Capital social : 126 000 000 r. v. divisé en 63 000 actions de 2000 r. v. émises à 1500 r. v., donnant droit à un intérêt de 4 pour 100 garanti par l'Etat, et à un dividende proportionnel ; intérêt payable en octobre et dividende en avril.

Emprunt 1855 : 63 000 000 r. v. en obligations 6 pour 100 remboursables en 30 ans. (C'est l'emprunt dont il est question ci-dessus.)

Aucune répartition n'a eu lieu depuis le 1er mai 1858 : on attend le règlement des intérêts dus par le gouvernement espagnol.

20° Le rapport était muet sur la part de bénéfices qui avaient été recueillis par le Crédit Mobilier dans la fusion des Compagnies des Omnibus de Paris, et cependant les actions s'élevaient, en 1855, de 600 fr. à 1,100 fr. !

21° Le rapport était muet sur la part de bénéfices affectés au Crédit Mobilier dans la fusion des Sociétés d'éclairage par le gaz pour la ville de Paris [1].

22°, 23°, 24°, 25°, 26°. Pour toutes les autres opérations, le rapport se renfermait dans des généralités banales ou gardait un prudent silence; le Crédit Mobilier français n'avait pu accepter de

---

[1] La ville de Paris était éclairée au gaz, en 1855, par six Compagnies, savoir : la Compagnie Margueritte, la Compagnie française, la Compagnie parisienne, la Compagnie de l'Ouest, la Compagnie Lacarrière et la Compagnie Payn. Les concessions de ces différentes Compagnies devaient expirer en 1863, lorsque intervint, le 23 juillet 1855, un traité conclu entre la ville de Paris d'une part, MM. Isaac et Émile Pereire, et les directeurs des six Compagnies précitées, d'autre part, leur concédant pour 50 ans, à partir du 1er janvier 1856, l'éclairage et le chauffage par le gaz dans la ville de Paris.

Par suite de l'annexion de la banlieue de Paris, la Compagnie parisienne s'est rendue propriétaire des droits de la Compagnie du Nord qui éclairait les communes de Batignolles, Montmartre, La Chapelle, Clichy et Saint-Denis, et de la Compagnie de l'Est qui éclairait Charonne, Saint-Mandé, Vincennes, Bercy, Charenton, Maisons-Alfort et Saint-Maurice. De plus, la Compagnie éclaire les communes de Charenton, Nogent-sur-Marne, Aubervilliers, Choisy-le-Roy et Asnières. Un nouveau traité est intervenu entre la ville et la Compagnie, par lequel la ville garantit un revenu minimum de 10 0/0 au capital engagé dans la zone annexée. Par contre, à partir de 1872, la ville partage avec la Compagnie l'excédant des produits au-delà de 10 0/0 sur les deux réseaux. AUG. VITU.

(Guide financier) déjà cité.

prendre part à l'affaire du Crédit Mobilier autrichien, parce que son gouvernement l'avait créé sur des bases trop exclusives; le Crédit œobilier espagnol était en voie de formation; il devait être doté des pouvoirs les plus larges et les plus libéraux; quant aux immeubles de la rue de Rivoli, le rapport de 1854 en avait parlé à peine, et le rapport de 1855 n'en soufflait mot, et cependant les cours de cette dernière valeur s'étaient élevés de 116 25 à 170 fr. pendant l'exercice même de 1855.

Les emplois de fonds ressortaient naturellement de toutes les opérations que nous venons d'énumérer.

Quant aux reports, ils étaient à peine l'objet d'un passage vague et insignifiant. Les administrateurs du Crédit Mobilier ne pouvaient plus se vanter, comme ils le firent dans l'assemblée des actionnaires d'avril 1854, d'en avoir régularisé les cours. La liquidation de novembre 1855 leur avait infligé un cruel démenti.

Le rapport de l'exercice 1855, tel qu'il fut présenté à l'assemblée générale du mois d'avril 1856, n'était pas le rapport d'une institution de crédit rendant ses comptes avec la sévérité, la méthode et la clarté que toute gestion des intérêts d'autrui commande. C'était une dissertation financière riche en phrases sonores, mais vides, et pleine d'affirmations que nous voulons croire sincères, mais qui n'étaient appuyées d'aucune preuve. Toute affaire exige des explications complètes, des chiffres et des pièces à l'appui. En aucun cas, les termes du rapport ne pouvaient éclairer à fond les actionnaires; mais ils s'inquiétaient peu de la lumière; ils trouvaient les résultats si satisfaisants[1]!...

Le compte de profits et pertes se soldait par 31,870,776 francs 46 cent. de bénéfices bruts, soit 28,082,001 francs 39 cent. de bénéfices nets.

D'après le Rapport, la situation financière du Crédit Mobilier, au 31 décembre 1855, se résumait de la manière suivante :

PASSIF.

Capital social . . . . Fr.	60.000.000 »
Le solde des comptes courants s'était élevé, depuis le 31 décembre 1854, du chiffre de 64.924.379 fr. 09 c., à celui de.	103.179.308 64
Le montant des effets à payer, des créanciers et des articles d'ordre, s'élevait à.	864.414 81
Le chiffre de la réserve était de. . . .	1.696.083 56
Enfin, le montant total des bénéfices réalisés dans le cours de l'exercice 1855, déduction faite de la somme à porter à la réserve, était de.	26.827.901 32
TOTAL DU PASSIF. . . . Fr.	192.567,708 36

[1] L'assemblée des actionnaires du Crédit Mobilier, ne se composait que des 200 plus forts actionnaires, et la première assemblée, qui eut lieu en avril 1854, ne compta peut être que 80 actionnaires d'après l'article 43 des statuts.

Nous engageons le lecteur à revoir dans les statuts toutes les dispositions qui concernent les assemblées du Crédit Mobilier.

ACTIF.

Portefeuille :

Rentes. . . . . Fr.	40.069.264 40	
Obligations. . . .	32.844.600 20	
Actions de chemins de fer et autres. . . .	59.431.593 66	
	132.345.458 26	

D'où il fallait déduire :

Pour versements non appelés.. . . . . 31.166.718 62

101.178.739 64

Les placements à échéance en bons du Trésor, reports, avances sur actions, obligations, etc., étaient de. 84.325.390 09

La valeur de l'immeuble, place Vendôme, 15, était de. 1.082.219 37

Enfin, le solde disponible à la Banque de France ou en caisse et le montant des dividendes à recevoir au 31 décembre, était de. 5.981.359 26

Total du PASSIF et balance. . Fr.   192.567.708 36

Le compte de PROFITS ET PERTES se comportait comme suit :

Le chiffre total des rentes, actions et obligations qui était, au 31 décembre 1854, de. . . . . Fr.   57.460.092 94

s'est augmenté des souscriptions et acquisitions faites pendant l'exercice 1855, de. 265.820.907 03

Total. 323.280.999 97

Le montant des réa-
lisations ayant été de.   217.002.431 34
A quoi il faut ajou-
ter le montant des va-
leurs restant en porte-
feuille. 132.345.458 26

                                     349.347.889 60

Il résultait de ces deux chiffres un bénéfice de. . . . . Fr.   26.066.889 63
Les bénéfices provenant de commis-
sions et intérêts d'avances, s'étaient élevés à. 1.427.478 57
Les reports sur rentes et actions avaient
produit. . . . , ...   1.336.794 74
Les intérêts provenant de diverses sour-
ces de placement s'étaient élevés à. . . .   3.020.412 77
Le produit de la caisse des dépôts à. .   19.200 75

       Total des bénéfices bruts. . .   31.870.776 46

D'où il fallait déduire :
Pour frais généraux,
frais d'administration et
de premier établisse-
ment. . . . . . . Fr.   595.941 91
Pour intérêts payés sur
comptes courants. . . .   1.042.576 82
Pour gratifications, se-
cours, œuvres de bien-
faisance, etc., etc. . . .   139.005 22
Pour amortissement
extraordinaire sur le
compte Immeuble, afin

       A reporter. 1.777.523 95

Report.........	1.777.523 95

d'en ramener le montant
à son prix d'acquisition.   590.283 15

Pour réductions sur les
prix d'achat des valeurs
non cotées à la Bourse. ,   920.967 97

Enfin, pour perte pré-
sumée sur les achats de
céréales. . . . .   500.000 »

Ensemble. . . . Fr.   2.011.251 12

Solde des bénéfices nets au 31 décem-
bre 1855. . . . . Fr.   28.082.001 39

Ces bénéfices se répartissaient ainsi :

Sur le montant des bénéfices nets ar-
rêtés à. . . . . Fr.   28.082.001 39

Il fallait déduire :

5 0/0 pour le compte
de RÉSERVE. , ...   1.254.100 07

10 0/0 du surplus pour
les ADMINISTRATEURS. . . .   2.382.790 13

    3.636.890 20

Restait. . . Fr.   21.445.111 19

Sur lesquels il y avait à répartir, pour
solde du dividende en 1855, à raison de
178 fr. 70 c. par action, sur 120,000 actions. . . . .   21.444.000 »

Ce qui laissait un solde de. 1.111 19
à reporter à l'exercice suivant.

D'après ces écritures et cette comptabilité, la part de chaque action du Crédit Mobilier, pour l'exercice 1855, se trouvait être de 203 fr. 70 c.

Il avait été distribué, le 1er janvier 1856, un premier à-compte d'intérêt de. . . . .   25 fr.   » c.

Il devait être payé pour dividende, à partir du 1er juillet suivant. 178   70 c.

Somme égale. . . . .   203 fr. 70 c.

Ç'était un revenu de 40.74 0/0 sur le chiffre ou sur le capital des actions au pair.

Quand le Conseil d'Administration du Crédit Mobilier rédigeait ce Rapport, l'avenir semblait promettre une nouvelle ère de paix : le traité de Paris venait d'être signé par les ministres plénipotentiaires des puissances européennes.

C'était une magnifique occasion pour présenter un nouveau programme; on ne la laissa pas échapper.

Laissons encore parler le Rapport.

« L'événement mémorable qui vient de s'accomplir « sous nos yeux, (le Traité de Paris) qui lie entre elles les « nations les plus puissantes de l'Europe, ouvre aux peu- « ples une ère entièrement nouvelle.

« Dégagés des soucis et des dépenses improductives de la « guerre, c'est désormais vers le développement et l'applica- « tion utile des forces immenses dont disposent les sociétés

« modernes, que les gouvernements et les peuples vont
« tourner leur activité.....

« A l'extérieur, l'Orient à rattacher plus étroitement à
« notre civilisation et à rendre à son antique pros-
« périté ; [1]

« Des voies plus rapides et moins coûteuses à ouvrir aux
« populations et aux produits des deux hémisphères ; [2]

« La mise en valeur, sur une vaste échelle, des posses-
« sions que la bravoure et la persévérance de nos armées
« ont conquises sur le sol Africain ; [3]

« De nouveaux continents à approprier à nos besoins
« par le développement de notre marine ;

« A l'intérieur, l'agriculture fécondée par une alliance
« plus étroite avec le commerce et l'industrie ;

« Les capitaux multipliés par l'association ;

« Les Bienfaits du Crédit étendus par une heureuse et
« sage application du principe fécond de la mutualité à
« toutes les professions, aux classes d'entrepreneurs d'in-
« dustries les moins favorisées par la fortune.

« Tels sont les grands objets que peut désormais envisa-
« ger avec sécurité la génération actuelle ; tel est le but
« vers lequel elle doit tendre, sans acception de nationa-
« lité ; telle est l'œuvre dont nous avons été au moins les
« précurseurs ! »

Il n'est pas d'administrateur de compagnie qui ne

[1] Allusion à la Banque Ottomane et à l'Emprunt Turc.

[2] Allusion à la Compagnie Maritime et aux Paquebots Transatlantiques.

[3] Allusion à la Société Algérienne.

puisse tenir un semblable langage. Aucun d'eux n'est avare de programmes, de promesses, de formules en matière de bien public, de bien-être social, de vulgarisation de crédit, d'encouragement à l'industrie, au travail, et surtout à l'épargne ! Mais, en ce temps-ci, on ne s'attache guère aux paroles : on tient aux faits. Le chiffre élevé du dividende du Crédit Mobilier exerçait donc sur les esprits plus de séductions que ses programmes.

On se demandait seulement comment le Crédit Mobilier pourrait se maintenir à la hauteur de vol qu'il avait prise. Aurait-il des ailes assez vigoureuses, une envergure assez large, assez puissante pour planer au-dessus de la Banque de France elle-même [1] ?

Ah ! répondaient avec une assurance inouïe les partisans du Crédit Mobilier, ah ! certainement le

---

[1] En 1855, la Banque de France donna en dividende. 200 fr. »
Pendant que le Crédit Mobilier donnait............. 203   70

En 1856, la Banque donnait....................... 272   »
Et le Crédit Mobilier ne donnait que.............. 115   »

En 1857, la Banque donnait....................... 334   »
Et le Crédit Mobilier ne donnait plus que.........   25   »

Dix ans après, en 1867, la Banque donnait 156 fr. par action dédoublée, soit. 312   »

Le Crédit Mobilier avait aussi doublé ses actions, mais il ne donnait. .... Rien !

Crédit Mobilier est appelé à de plus hautes destinées que la Banque de France! — Le Crédit Mobilier est une fournaise ardente d'affaires, la Banque n'est qu'une cave froide pleine d'or; — le Crédit Mobilier imprime à tout l'activité, le travail, la vie, la Banque arrête toute initiative, tout élan, tout essor; — le Crédit Mobilier est à l'affut de toutes les industries nouvelles, la Banque ne connaît que les anciennes; — le Crédit mobilier aide et protége, la Banque se défie et prélève; — le Crédit Mobilier marche avec tout progrès, la Banque ne s'attache qu'à des traditions surannées; — le Crédit Mobilier avance, la banque recule; — le Crédit Mobilier enfin a pour lui l'avenir, la Banque n'a que le passé!.... Et vous verrez, ajoutaient-ils, en prenant des attitudes prophétiques, vous verrez où le Crédit Mobilier nous aura conduits dans dix ans!

— Attendons, répondaient alors les sages, attendons......

Il y a dix ans que vous prêchiez ainsi, prophètes financiers! Eh bien! où en sommes-nous?...

Les Administrateurs du Crédit Mobilier se plaignaient dans leur rapport [1] d'avoir été en butte à de lâches attaques: ils repoussaient avec indignation l'accusation de s'être livrés à des opérations de hausse et de baisse sur leurs propres valeurs. Ils auraient

---

[1] Voir page 151 de ce chapitre.

peut-être mieux fait de garder le silence : les statuts du Crédit Mobilier ne leur imposaient pas l'obligation de négliger leurs affaires personnelles.

Les démentis officiels d'ailleurs ont-ils jamais persuadé qui que ce soit au monde! Ils se sont trop souvent trouvés contredits par des faits. En faut-il une preuve entre mille? — La voici.

A la fin du mois de novembre 1855, tout le Havre était en émoi : on disait que le Crédit Mobilier avait fait de grands achats de farines en Amérique et qu'il les cédait au-dessous de son prix de revient, afin de produire la baisse. Ce bruit avait acquis la consistance d'une vérité; si bien que tous les négociants en grains voulaient donner contr'ordre à l'étranger. Les choses devenaient si graves qu'on put craindre un instant que l'importation de blés et de farines ne s'arrêtât au bout d'un mois; et l'on était à peine aux premiers jours d'un hiver rigoureux.

L'Administration supérieure s'émut et jugea convenable de rassurer les esprits. En conséquence, le Préfet de la Seine-Inférieure fut autorisé à démentir les achats de grains ou farines du Crédit Mobilier à l'étranger. Le préfet démentit verbalement le fait; mais le démenti verbal ne suffisant pas, sans doute, la chambre de Commerce du Havre recevait, le 1er décembre, une lettre dont voici la copie exacte et textuelle[1]:

[1] *Journal du Havre,* 2 décembre 1855. Cette lettre fut aussi reproduite par presque tous les journaux de Paris.

PRÉFECTURE   *Rouen, 30 novembre* 1855.

DU DÉPARTEMENT

de la

SEINE-INFÉRIEURE

—◦❀◦—

A Messieurs les Membres de la Chambre
de commerce du Havre.

« Messieurs,

« Il paraîtrait que le bruit aurait couru au
Havre que le gouvernement avait, par l'entremise du Crédit Mobilier, fait acheter des quantités considérables de blé et de farine sur la
place de New-York, et que le commerce se serait
ému de cette prétendue concurrence.

« Je suis autorisé à déclarer de nouveau de la
manière la plus formelle que ces bruits sont
sans aucune espèce de fondement. Les intentions
du gouvernement, plusieurs fois exprimées, et
dans lesquelles il persiste, sont de s'abstenir,
pendant cette campagne, de toute participation
aux opérations commerciales sur les grains e
farines.

« Agréez, etc.

« Le PRÉFET de la Seine-Inférieure

« E. LE ROY. »

Que dire, que penser, si on rapproche cette lettre
et ses déclarations précises de cette ligne du bilan du
Crédit Mobilier pour l'exercice 1855[1] :

PERTE *présumée* sur les ACHATS de CÉRÉALES, **509,090 fr.?**

[1] Voyez page 177, chap. IV.

Avec cette somme de 500,000 francs, le Crédit Mobilier pouvait vendre

500,000 quintaux de blé à 1 fr. de perte,
ou 250,000   —   à 2   —
ou 125,000   —   à 4   —
ou 62,500   —   à 8   —

En présence d'un pareil concurrent, les négociants peu fortunés étaient perdus !

Au lieu de s'indigner des attaques dont ils étaient l'objet, les administrateurs du Crédit Mobilier auraient mieux fait de s'indigner des louanges maladroites et compromettantes dont les accablaient certaines gens. Ils auraient dû, surtout, se garer de serviles flatteries. Mais c'eût été leur demander l'impossible. Qui sait aujourd'hui écouter une voix indépendante et libre?... Les hommes les plus forts de notre époque ont eux-mêmes peur d'une vérité.

Le nombre statutaire des administrateurs[1] du Crédit Mobilier n'avait pas été atteint jusqu'à l'assemblée du 30 avril 1856. Deux places étaient restées vacantes :

MM. Auguste Thurnesseyn,
Henri Place,

furent nommés administrateurs.

Malgré cette adjonction de deux membres nouveaux le Conseil d'administration ne fut pas encore au com-

---

[1] Ils devaient être au nombre de quinze (art. 27 des statuts).

plet : M. le duc de Galliera « avait dû donner sa dé-
« mission à la suite d'un conflit qui s'était élevé entre
« ses propres intérêts et ceux de la Société, dans l'ac-
« complissement d'une mission qui lui avait été
« offerte par ses collègues et dont il s'était chargé. »

Il n'entre pas dans le cadre de cet ouvrage de re-
tracer les causes et les phases de ce conflit.

Tels furent les faits et gestes du Crédit Mobilier
dans cette fameuse année 1855, où il était dans toute
sa gloire, dans toute sa force?

On a vu combien ses affaires avaient été nombreuses et importantes. On a vu qu'elles laissèrent
un beau résultat, si toutefois un dividende de 40 0/0
est tout ce qu'il faut peser et estimer dans une entreprise financière.

Si l'art. 59 des statuts n'avait pas limité à deux
millions de francs seulement le chiffre maximum du
fonds de réserve, s'il avait permis au contraire de
l'élever à la parité ou à la moitié du fonds social, le
Crédit Mobilier aurait pu constituer une épargne im-
posante et y trouver des ressources pour les mauvais
jours. L'art. 59 des statuts était coupable d'impré-
voyance.

Le dividende excessif de l'exercice 1855, fut à la
fois un grand succès et une grande faute. Le Crédit
Mobilier ne pouvait pas espérer d'être toujours aussi
heureux : il ne risquait plus que d'être au-dessous de
lui-même.

A un autre point de vue, ces bénéfices gigantesques avaient des conséquences fâcheuses ; ils ouvraient carrière à l'envie, aux convoitises, aux ambitions sordides, à l'audace effrénée et à la passion du jeu, et malheur plus grand, ils pouvaient peut-être faire prendre en pitié les rudes labeurs si peu rétribués.

Nous manquerions le but que nous voulons atteindre, si nous ne posions pas, comme dans les chapitres précédents, nos conclusions sur les opérations de l'exercice 1855.

Les administrateurs du Crédit Mobilier n'ont plus aujourd'hui les raisons de conserver un silence qu'ils étaient tenus de garder autrefois sur les opérations de leur Société [1].

La loyauté sévère, leur intérêt même, leur fait un devoir de parler. Qu'ils nous disent :

1° Quels ont été les bénéfices faits sur l'émission des actions de la Société maritime, sur lesquelles le Crédit Mobilier put réaliser 80 fr. de prime pour 27,655 actions ?

---

[1] Nous n'avons jamais pu admettre, quant à nous, la discrétion ou le silence en matière de comptabilité et l'absence de pièces probantes devant des actionnaires intéressés.

2° Quels ont été les bénéfices faits sur l'émission des 400,000 actions de la Société autrichienne I. R. P. des chemins de fer de l'État, qui firent successivement 250, 300 et même 400 fr. de prime?

3° Quels ont été les bénéfices faits sur l'émission des 300,000 obligations des chemins de fer autrichiens?

4° Quels ont été les bénéfices faits sur la réalisation de 1,280,920 fr. de rente 3 0/0 de l'emprunt de 780 millions?

5° Quels ont été les bénéfices faits sur l'échange considérable des anciennes compagnies fusionnées dans les chemins de fer de l'Ouest?

6° Quels ont été les bénéfices faits sur les 65,000 obligations de l'Ouest émises pour compte du Crédit Mobilier, qu'ils avaient acquises pour 18 millions de francs?

7° Quels ont été les bénéfices faits sur les 100,000 obligations du chemin de fer du Midi, représentant une valeur de 28 millions de francs?

8° Quels ont été les bénéfices faits sur les avances du Crédit Mobilier aux actionnaires des chemins de fer suivants : Midi, — Paris à Caen, — Paris à Cherbourg, — Dieppe à Fécamp, — et chemin de fer de l'Est.

9° Quels ont été les bénéfices faits dans l'échange de 16,000 obligations du chemin de fer de Dôle à

Salins, contre 16,000 actions, nombre égal, d'obligations de la fusion du chemin de fer de Paris à Lyon?

10° Quels ont été les bénéfices faits sur la reconstitution du chemin de fer de Saint-Rambert à Grenoble?

11° Quels ont été les bénéfices faits par suite du traité passé avec la Compagnie du chemin de fer des Ardennes?

12° Quels ont été les bénéfices faits par suite du traité passé entre le chemin de fer des Ardennes et la Compagnie des chemins de fer de l'Est?

13° Quels ont été les bénéfices faits sur l'opération du réseau Pyrénéen?

14° Quels ont été les bénéfices faits sur les émissions des chemins de fer Ouest-Suisse et Central-Suisse?

15° Quel a été le résultat de l'affaire faite pour la Canalisation de l'Èbre?

16° Quels ont été les bénéfices faits dans la fusion des Omnibus de Paris?

17° Quels ont été les bénéfices faits dans la fusion des Compagnies de Gaz de Paris?

18° Quels ont été les bénéfices faits dans l'émission des actions de la Compagnie des Immeubles de Rivoli, dont les actions de 100 francs firent pendant neuf mois 30 à 40 pour 100 de prime, s'élevèrent ensuite à 170 francs et dont le Crédit Mobilier possédait 106,665 actions?

19° Quels ont été enfin les bénéfices faits dans les affaires portant les n°° 22, 23, 24, 25 et 26 à la page 159 de cet ouvrage?

A chacune de ces questions les Actionnaires ont le droit de demander une réponse. Pourquoi n'useraient-ils pas de ce droit? Pourquoi ne reviendraient-ils pas sur des erreurs qui ont peut-être été commises?

Il faut les agiter, les secouer ces questions, jusqu'à ce que la vérité et toutes les vérités en tombent!

CHAPITRE V

1856

L'ANNÉE 1856 ne devait pas être moins ardente aux affaires que ses devancières 1854 et 1855 ; le mouvement déjà si accéléré des entreprises, des spéculations et des transactions de tout genre, allait atteindre son maximum d'intensité. En moins de trois ans, le marché de Paris était devenu le premier des marchés financiers de l'Europe. Tous se guidaient sur lui, ou tout au moins subissaient ses influences.

Mais il faut le dire, le marché de Paris était libre alors, ou tout au moins à peu près libre. A côté du parquet des soixante agents de change composant le personnel officiel et privilégié, ayant seul qualité légale, 240 à 250 maisons de banque, jouant le rôle d'intermédiaires, s'étaient créées et organisées successivement. Ces 250 maisons formaient la coulisse. C'était le marché libre des valeurs et des capitaux, comme le parquet en était le marché réglementé.

En 1856, la coulisse occupait 2,500 à 3,000 employés, commis, salariés ou intéressés. Elle disposait dans son ensemble, de capitaux de fondation qui s'élevaient à 125 millions environ et de sommes beaucoup plus considérables, si on tient compte des fonds particulier, qui venaient concourir à ses opérations, et se prêter à ses maniements. Sa clientèle était nombreuse : elle se recrutait, non-seulement à Paris, mais encore dans les départements et dans les pays étrangers.

Plusieurs de ces maisons jouissaient d'une influence justement méritée et d'un crédit acquis à bon droit. Les unes étaient en possession de l'estime qui s'attache à une longue carrière de prudence et de probité ; les autres disposaient de capitaux considérables ; Celles-ci se recommandaient par leurs relations étendues ; celles-là par leur intelligence et leur activité ; toutes étaient dirigées par des chefs rompus aux affaires de bourse, de banque, de finances, et servies par des employés capables, prompts à concevoir, à exécuter.

Dans le grand atelier financier de cette époque, la coulisse formait avec le parquet des agents de change, un système aussi simple que parfait. Parti du pouvoir, comme d'un générateur à grande force, des institutions de crédit ou de la haute banque, le mouvement se transmettait à tout le mécanisme. La coulisse était l'arbre de couche qui faisait marcher les rouages; le parquet remplissait le rôle de balancier-régulateur. Coulisse et parquet étaient intimement liés l'une à l'autre par les conditions mêmes du mouvement et du travail. Tous deux prenaient les titres de création, comme une matière première, les entraînaient dans les engrenages de la spéculation, et les conduisaient par un classement régulier, jusqu'aux capitaux de l'épargne. A ceux qui disposaient de ces capitaux, appartenait le droit et incombait le soin de choisir les titres qui pouvaient offrir la double garantie de revenus certains et de conservation du principal.

Ce n'est pas tout : la coulisse était encore l'élément actif, à côté du rôle plutôt passif des agents de change. Pendant que ces derniers, forts et fiers d'un privilége acheté successivement cent mille francs, cinq cent mille francs, un million, deux millions même [1], attendaient leurs clients et les affaires dans leurs bureaux, les chefs, les intéressés, les employés des mai-

---

[1] Les charges d'agent de change se sont vendues jusqu'à 2 millions 200 mille francs. Aujourd'hui (1867), elles sont tombées de 1 million et demi à 1,200,000 francs, et elles se déprécient de jour en jour.

sons de la coulisse allaient incessamment à la recherche, à la découverte des affaires et des clients.
Nuit et jour, on était sûr de les trouver sur la brèche, c'est-à-dire sur le marché. A toute heure, en
tout temps, la coulisse savait vendre ou acheter.

Objet de la jalousie du parquet auquel elle portait
ombrage, la coulisse était souvent traquée par la police,
qui la força de quitter successivement le divan de l'O-
péra, le Casino Paganini et le boulevard des Italiens,
où, dans les jours de grands mouvements de hausse
ou de baisse, elle vient encore poursuivre son ombre.

Il faut constater cependant, que la coulisse rendit
des services méritoires aux institutions de crédit, aux
maisons de banque, aux agents de change même, et
au public. Ce sont là des faits acquis. La coulisse contribua puissamment au succès des émissions de toutes
les entreprises créées de 1852 à 1859, et elle concou-
rut avec une activité extrême et pour des sommes importantes aux emprunts de 1855-56, lors de la guerre
de Crimée ; mais, elle conserva toujours une préférence marquée pour la Rente française, la première
de nos valeurs. C'était sur le 3 0/0 que se portait la
grande majorité de ses affaires et, jusqu'à sa disparition, elle en fut, pour ainsi dire, le marché de fait,
sinon de droit.

Pendant toute l'année 1855, la coulisse avait tenu
les prix du 3 0/0 de 5 à 10 c. plus haut que le parquet. Il en fut de même en 1856. Elle dut aider ainsi

beaucoup au classement des rentes qui provenaient des titres d'emprunt escomptés ou libérés. — Elle conserva aussi un écart équivalant dans les prix de ses Reports. Ces deux conditions lui attirèrent des affaires considérables, et le parquet y trouva matière à des arbitrages permanents.

En 1856, les cours de la Rente n'eurent pas de variations moindres qu'en l'année 1855 : les cours des valeurs, en général, suivirent la même marche.

Le 31 décembre 1855, le 3 0/0 avait été coté 64.25 en clôture de Bourse; le 2 janvier 1856, il fermait à 63.10 en baisse de 1.15 c., et le 12 janvier il tombait à 61.20 : c'est-à-dire au plus bas cours de l'année; sur des craintes graves de continuation de la guerre avec la Russie. Un rapport du Ministre des finances, qui avait paru le 9 et qui avait été jugé favorable, n'avait pu arrêter la baisse.

Dans ce rapport il était dit, en substance, qu'au 1er janvier 1856 :

Le premier emprunt de 250 millions était entièrement versé;

Que le Trésor avait encaissé 476 millions sur le second emprunt de 500 millions, qu'il ne restait donc plus à recevoir que 24 millions;

Et que pour le troisième emprunt de 780 millions, les termes échus, 234 millions avaient été régulièrement acquittés. Il avait été en outre payé 160 millions par anticipation.

Le Trésor avait reçu sur les trois
Emprunts .... 1120 millions
   Ses dépenses de guerre s'élevant à 1000   »

Pour les exercices 1854 et 1855, il
restait disponible une somme de ... 120   »
   Et à recouvrer 430   »

         Ensemble.......... 550   »

Pour les besoins de la guerre en 1856.

Par suite des ressources fournies par les emprunts,
le chiffre des émissions de bons du Trésor était
descendu à 168 millions et celui de la dette flottante
à 652 millions, c'est-à-dire à 121 millions au-dessous
de son chiffre en 1854.

Les nouveaux droits avaient produit 33 millions,

Les anciens, un excédant de 70 millions. Et les revenus de l'Etat augmentaient dans une proportion notable. [1]

---

[1] Les budgets, pour les années 1855 - 56 - 57 - 58 - 59, furent
soldés en excédants de recettes comme suit, savoir :
En 1855, excédant de RECETTES 394.056.125
  — 1856,   — 112.217.487
  — 1857,   — 18.917.108
  — 1858,   — 31.805.121
  — 1859,   — 2.883.853
Mais les budgets de 1860 à 1865 furent tous en déficit :
En 1860, excédant de DÉPENSES 119.008.884
  — 1861,   — 164.903.164
    1862,   — 100.000.000
  — 1863,   — 100.000.000
  — 1864,   — 100.000.000
  — 1865,   — 100.000.000

Du cours extrême de 61. 20, la rente remontait toutefois à 62. 70 du 14 au 16 janvier, quand le 17, une dépêche télégraphique affichée à la Bourse changea brusquement le cours des choses.

Cette dépêche annonçait d'une manière officielle que le czar s'était décidé à accepter les propositions qui lui avaient été présentées par l'Autriche, propositions qui devaient servir de base aux préliminaires de paix.

Tout aussitôt la rente remonta d'un bond à 67 fr. et ferma le même jour à 67. 30. — le 23 elle atteignait 68 fr. 65; le 24 elle dépassait 69 francs; le 31, elle arrivait à 70. 80, franchissait 71 le 1er février et fermait à 73. 10. le 2 février sur une note du *Moniteur*, annonçant l'adhésion définitive de la Russie aux cinq propositions devant servir de base aux préliminaires de paix, et la réunion à Paris pour le 20 février au plus tard des plénipotentiaires de la Russie, de la Turquie, de l'Autriche, de l'Angleterre et de la France.

Deux jours après la publication de cette note, le 5 février, le *Moniteur* faisait connaître les noms des plénipotentiaires désignés par les gouvernements intéressés pour prendre part aux négociations.

La rente se tenait au-dessus de 72 francs.

Le lundi 3 mars, une dépêche publiée par le journal l'*Indépendance Belge* annonçait la conclusion de la paix et allait jusqu'à dire que l'Empereur

annoncerait ce grand événement dans son discours d'ouverture. Sur cette dépêche le 3 0/0 montait à 73 30.

Le discours de l'Empereur ne donna pas raison
entière à ces nouvelles prématurées ; seulement il
était empreint d'un esprit, d'un sentiment, de désirs
même de conciliation que tout le monde remarqua.
La Rente conserva donc sa fermeté au-dessus du
cours de 72 francs, avec tendance à une amélioration nouvelle, dès que les circonstances la provoque-
raient.

La situation politique, les espérances de paix, la
réunion des Conférences ou du Congrès de Paris, tout
avait été à peu près escompté à la Bourse : il fallait
un fait ou des faits d'un autre ordre pour déterminer
l'amélioration que nous venons de faire pressentir.
Un fait se produisit : le 9 mars, le *Moniteur* publiait
une note ainsi conçue :

> « La prévision de la paix fait naître de nombreux pro-
> « jets d'entreprises. Des Compagnies nouvelles sont en
> « voie de formation et adressent chaque jour des demandes
> « à l'administration. Il est du devoir du gouvernement de
> « résister à des entraînements exagérés qui pourraient
> « compromettre les affaires déjà engagées et porter atteinte
> « au crédit. L'Empereur a décidé que quelle que puisse
> « être l'issue des négociations pendantes, le gouvernement
> « se maintiendra dans la réserve qu'il s'est imposée et
> « qu'aucune entreprise, donnant lieu à une émission de
> « valeurs nouvelles, ne sera autorisée pendant le cours de
> « cette année. »

La note du *Moniteur* du 9 mars fut suivie d'une décision prise par la chambre syndicale des agents de change, qui fermait, jusqu'à la fin de l'année, la cote authentique à toute affaire nouvelle quelle qu'elle fut; et d'une mesure de police de Bourse qui interdisait aux maisons de la coulisse la négociation de toute valeur qui ne serait pas cotée au parquet. La coulisse se soumit respectueusement et fidèlement à cette injonction et ne la transgressa jamais. Elle n'y avait du reste aucun intérêt. Ses affaires portaient presque exclusivement sur la Rente française. Loin de nuire au 3 0/0, les mesures nouvelles allaient au contraire beaucoup le favoriser. Aussi jamais le marché de la Rente ne fut si étendu, si large, si considérable que dans l'année 1856.

Les affaires qui étaient alors en projet et auxquelles le gouvernement faisait allusion dans la note du 9 mars étaient de diverses natures; mais elles pouvaient se diviser en trois catégories distinctes : Il y avait,

Les affaires du Crédit Mobilier,

Les affaires du syndicat des banquiers,

Et les affaires qui ne relevaient ni du Crédit Mobilier, ni du syndicat des banquiers.

Ces dernières avaient naturellement toutes les portes closes pendant neuf mois.

Quant au Crédit Mobilier, il se trouvait moins atteint que favorisé par la mesure prise : il venait d'obtenir des concessions nouvelles dont les titres avaient été émis AVEC PRIME depuis peu de jours; il en avait obtenu d'autres qui ne nécessitaient pas d'émissions, mais seulement des compléments de capital à verser; enfin, il avait en portefeuille des quantités importantes de valeurs déjà cotées, dont l'émission, ralentie par la guerre et les embarras politiques, allait pouvoir se poursuivre avec la paix. Loin de lui être défavorable, la restriction allait le servir.

La mesure du 9 mars ne portait préjudice qu'aux affaires projetées par le syndicat des banquiers.

Fondé récemment sous le patronage de MM. J. de Rothschild, Auguste Dassier, Bartholony, comte Pillet-Will, Marcuard, Mathieu Hentsch, Paccard Dufour, Ed. Blount, Paulin Talabot, etc., etc.; le syndicat des banquiers résumait toutes les relations financières de la France à l'extérieur. On prétendait qu'il avait été créé en haine ou en défiance du Crédit Mobilier. C'était une erreur. Les hommes honorables qui composaient le syndicat des banquiers n'avaient qu'un but, celui de conserver leur juste considération et leur prépondérance sur les marchés étrangers. Le Crédit Mobilier voulait l'absorber, à son profit, par la création d'institutions analogues à la sienne, réliées dans une vaste association, sous la direction du Conseil de Paris. Les banquiers s'unirent pour se protéger et se défendre. Quoi de plus simple? Quoi de plus juste? En se protégeant elles-mêmes, d'ailleurs, ils devaient protéger tout le monde, car on se demandait déjà où s'arrêterait le Crédit Mobilier ?..... Ses tendances de monopole, d'absorption, effrayaient à bon droit tous les esprits sensés.

Toujours est-il que les affaires projetées par le syndicat des banquiers, c'est-à-dire l'Établissement des paquebots transatlantiques; — une nouvelle Société de crédit international; — le chemin de fer de Lintz à Salzbourg; — et les chemins Lombards-Véniliens leur échappèrent ou furent ajournés jusqu'à décision nouvelle du Gouvernement.

Ces mesures de restriction furent, en tous cas, jugées favorables pour la Rente française. Elles allaient faciliter le classement des titres d'emprunts. Aussi atteignait-on 73 francs le 12 mars, et les dépassait-on bientôt après.

Le 16 mars, un dimanche, le dimanche des Rameaux, la nouvelle se répandit que le Prince impérial venait de naître. Les spéculateurs et les maisons de la Coulisse prenaient de la rente à 73.65, sur le Boulevard, avec des dispositions très-prononcées à de plus hauts prix; mais le prix exhorbitant des reports paralysa, dès le lendemain, le mouvement favorable, et le Parquet perdit le cours de 78 francs.

Au 2 février, à la liquidation de fin janvier, le prix moyen des reports était de :

			par an
0 92 1/2	sur le 3 0/0	au cours de 71 80	soit 16 0/0
9 50	sur l'Orléans	— 1270 «	— 21 0/0
8 50	sur l'Ouest	— 845 «	— 27 0/0

					par an.
19	sur l'Est Ancien au cours de	970	« soit	27 3/4 0/0	
10	sur le Nord	—	955	« —	28 0/0
8	sur le Midi	—	732 50	—	28 1/4 0/0
18	sur le Créd. Mob.	—	1510	« —	30 0/0
7 50	sur l'Est nouveau	—	830	« —	31 0/0
15	sur la Méditer.	—	1390	« —	31 0/0
15	sur le Lyon	—	1250	« —	31 80 0/0
7	sur les Autrichiens	—	865	« —	32 50 0/0
6 50	sur le Grand-Central	—	650	« —	35 0/0

Depuis la liquidation de janvier, les prix des reports n'avaient cessé de s'accroître : si bien que, pour les deux liquidations de mars, leur taux fut, en moyenne, de 29 à 30 0/0 l'an.

Que faisait donc le Crédit Mobilier ? Qu'était donc devenue son influence ? Ne s'était-il pas targué, dès sa création, de régulariser à tout jamais la situation du marché, et de faire disparaître les anomalies résultant de l'exagération du taux des reports !...

« L'élévation du taux des reports, disait à cet égard le
« *Journal des Chemins de Fer*, c'est-à-dire le gros intérêt
« que paient les acheteurs qui ne peuvent pas lever les
« titres, quand elle est le résultat de la défiance qu'éprou-
« vent les capitaux, est évidemment un signe de baisse.
« Mais lorsque cette élévation a pour cause la confiance
« publique dans la conclusion de la paix, et qu'il y a
« encore entre le prix actuel des fonds publics et les pré-
« visions légitimes une grande marge de hausse, la cherté

1. 16 février 1856, N° 806.

« des reports qui accuse une grande quantité de titres flot
« tants, est une entrave à la rapidité de la hausse, mais
« n'est pas une cause de baisse. »

La Bourse donna raison aux appréciations du *Journal des Chemins de fer*. Malgré le taux excessif des reports, la rente et toutes les valeurs montèrent par une hausse lente, mais solide jusqu'au mois de mai 1856.

Le 19 mai la rente atteignit le prix de **75 65**, c'est-à-dire le plus haut cours de toute l'année 1856.

Quant au Crédit Mobilier, il arrivait le 20 mai à 1982. 50. C'est le plus haut prix qui ait été coté à la Bourse de Paris. [1] A Lyon le 21 mai, il dépassait 2000 fr. et était, nous assure-t-on, coté 2005 fr. [1]

Mais tout le monde alors était ivre de hausse.

Cette ivresse passa. La hausse des actions du Crédit Mobilier devait cacher ou masquer des réalisations et des livraisons sur la plus vaste échelle. De 75. 25 (le 29 mai), la rente tombait à 73. (le 6 juin), avec un coupon de 1. 50 qui devait être détaché le lendemain. Du 14 au 20 juin, le cours n'était plus coté que de 70. 50 à 70 francs.

Il est vrai que des pertes considérables avaient frappé le marché financier, que des sinistres graves avaient été déterminés par la baisse, par les prix énormes des reports et par une rareté d'argent ex-

---

[1] Nous avons cependant entre les mains le double d'un bordereau de cette époque, délivré par M. G***, agent de change, à M. de S***, pour cinquante actions du Crédit Mobilier, à 1.995 fr. !

cessive ; et que les inondations, fléau redoutable, ravageaient 55 départements , 4,110 communes, sur le parcours du Rhône, de la Saône, de la Garonne et de la Loire, et faisaient perdre au pays des sommes incalculables. Pour comble de malheur, ces inondations avaient lieu quand toutes les récoltes étaient encore sur pied [1].

La Rente revint bien au prix de 71 francs en juillet et en août, avec des oscillations nombreuses de faiblesses et de reprises, entraînant toujours avec elle dans ses améliorations passagères les cours du Crédit Mobilier et des valeurs en général ; mais toutes ses tendances accusaient la baisse : des difficultés d'argent surtout dominaient le marché.

La Banque de France qui avait conservé à 6 0/0 le taux de son escompte pendant les sept premiers mois de l'année, l'abaissait bien à 5 0/0 le 1er août ; mais elle était contrainte de le reporter à 6 0/0 le 25 septembre. Bien plus, le 13 octobre, elle devait restreindre à 60 jours le délai ou le terme des jours à courir pour effets de commerce escomptables. Au lieu d'atténuer la crise, la Banque contribuait à la rendre ainsi plus intense.

La Rente perdit donc le cours de 71 francs et le

---

[1] Les pertes totales des inondations de 1856 furent évaluées dans le *Moniteur* à 180.196.449 fr., et, dans ce chiffre, la perte des récoltes figure pour 122.839.013 fr. Mais le *Moniteur* était bien au-dessous de la vérité.   pertes furent bien autrement considérables.

cours de 70 francs dès les premiers jours de septembre. Le 25, elle perdait aussi le cours de 69 francs, et par une chute rapide elle tombait le 6 octobre à 66.15.

Nous la trouvons cotée de 66 à 67 francs jusqu'au 18 novembre, où elle remonte à 67.75, pour atteindre 68.85, le 27, sur le bruit prématurément répandu que (la Banque de France prolongeait jusqu'à 75 jours les échéances des effets escomptables[1]). Les cours des valeurs, les cours du Crédit Mobilier surtout, profitèrent largement de cette reprise.

Après trois jours d'hésitation, le courant de hausse reprit une extrême rapidité : le 29 novembre, en clôture, on cotait 68.60 à peine ; mais le lendemain, 1er décembre, on franchissait 69 fr., le jour après, 2 décembre, on dépassait 70 fr. ; mais cette amélioration ne put persister. La place avait été surprise par un coup de main audacieux : le mouvement ne répondait ni à l'opinion, ni aux circonstances. Il devait donc avorter, il avorta.

Perdant le terrain aussi vite qu'elle l'avait gagné, la Rente n'était plus qu'à 69.80 le 6 décembre ; qu'à 68.10 le 8 ; qu'à 67.15 le 12. Enfin, elle tombait à 66.55 le 22, et terminait ainsi l'année.

La marche suivie à la Bourse par la Rente, le Crédit Mobilier et les valeurs en général pendant l'année

---

Cette mesure ne devait avoir lieu que le 25 décembre suivant.

1856, pourrait se figurer par une ligne courbe dont le point de départ le plus bas (61.20), se relevait jusqu'à 75.65 pour retomber à mi-hauteur à peu près des deux points de baisse et de hausse extrême, à 66.55.

De même pour le Crédit Mobilier : la ligne courbe partie de 1,140, se dirigeait en ascension jusqu'à 1,982 50, et retombait, avec des ondulations diverses et nombreuses sur la parallèle à peu près moyenne de 1,410 francs, dernier cours au 31 décembre 1856.

Voici, du reste, le tableau des variations de cours du Crédit Mobilier pendant l'année 1856 :

Janvier. . . . 1 au 4   1362 50, 1335, 1325, 1320.

        5 — 11   1245, 1255, 1235, 1230, 1220, 1170.

       12 — 18   1460, **1140**, 1162 50, 1235, 1215, 1250, 1390, 1410, 1467 50.

       19 — 25   1460, 1432 50, 1450, 1460, 1470, 1437 50.

       26 — 31   1445, 1450, 1462 50, 1500, 1515, 1540.

Février. . . . 1 — 7   1590, 1570, 1550, 1565, 1562 50.

        9 — 15   1550, 1560, 1570, 1585, 1582 50, 1555.

      16 — 22   1600, 1590, 1585, 1570, 1560, 1570.

      23 — 29   1570, 1582 50, 1562 50, 1580·

Mars. . . . . 1 — 7 1580 , 1560 , 1590 , 1597 50 ,
                      1587 50.
               8 — 14 1587 50, 1550 , 1570 , 1585 ,
                      1582 50, 1575.
              15 — 21 1580, 1562 50, 1577 50, 1582 50,
                      1565, 1575.
              22 — 31 1567 50, 1582 50, 1655, 1625,
                      1665, 1630.

Avril. . . . . 1 — 4 1660, 1680, 1690, 1680.
               5 — 11 1670, 1680, 1692 50, 1715, 1725,
                      1730, 1742 50.
              12 — 18 1745, 1725, 1740, 1785, 1770.
              19 — 25 1780, 1762 50, 1725, 1740, 1755,
                      1742 50.
              26 — 30 1740, 1720, 1715, 1735.

Mai. . . . . 2 — 9 1755, 1772 50, 1782 50, 1795,
                      1830, 1847 50, 1832 50.
              10 — 16 1847 50, 1867 50, 1887 50,
                      1920. 1935.
              17 — 23 1960, **1982 50**, 1977 50, 1945,
                      1925.
              24 — 31 1930, 1920, 1935, 1940, 1951 25,
                      1900, 1905.

Juin. . . . . . 1 — 6 1915, 1885, 1855, 1720, 1710,
                      1730, 1805.
               7 — 13 1840, 1835, 1820, 1845, 1720,
                      1785, 1775.
              14 — 20 1785, 1750, 1765, 1720, 1530,
                      1535.
              21 — 27 1562 50, 1555, 1565, 1545, 1550,
                      1567 50.
              28 — 30 1577 50, 1580, 1560, 1582 50.

Juillet. . . .   1 — 4   1567 50, 1580, 1595, 1587 50.
               5 — 11   1600, 1605, 1570, 1580.
            12 — 18   1575, 1550, 1542 50 1530.
            19 — 25   1515, 1470, 1505, 1480, 1497 50.
            26 — 31   1532 50, 1555, 1562 50, 1585.

Août. . . . .   2 — 8   1610, 1637 50, 1600, 1625,
                               1635, 1632 50.
            9 — 14   1630, 1632 50, 1612 50, 1620.
            16 — 22   1637 50, 1620, 1625.
            23 — 30   1620, 1602 50, 1625, 1628 75.

Septembre. .   1 — 5   1647 50, 1625, 1645.
            6 — 12   1640, 1660, 1685, 1670, 1680.
            13 — 19   1677 50, 1685, 1695, 1732 50,
                               1715, 1720.
            20 — 26   1682 50, 1650, 1630, 1645.
            27 — 30   1625, 1535, 1565.

Octobre. . . .   1 — 3   1550, 1570, 1565.
            4 — 10   1532 50, 1467 50, 1487 50, 1500,
                               1510.
            11 — 17   1530, 1480, 1460, 1495, 1475.
            18 — 24   1480, 1470, 1462 50, 1445,
                               1462 50, 1385.
            25 — 31   1337 50, 1375, 1395, 1400, 1365,
                               1350, 1375.

Novembre. . .   1 — 7   1375, 1380, 1407 50, 1342 50,
                               1347 50.
            8 — 14   1315, 1235, 1255, 1280, 1255,
            15 — 21   1267 50, 1320, 1370, 1340, 1380.
            22 — 29   1410, 1382 50, 1480, 1472 50.

Décembre. . .   1 — 5   1550, 1575, 1580, 1550, 1552 50.
           6 — 12   1547 50, 1515, 1540, 1515.
        13 — 19   1518 75, 1480, 1445, 1475, 1455,
                  1462 50.
       20 — 26   1460, 1387 50, 1420, 1455, 1440.
       27 — 31   1420, 1425, 1392 50, 1410, 1405.

On comprend combien des variations aussi nombreuses, aussi excessives, aussi désordonnées, aussi
foudroyantes, durent servir les intérêts des gens initiés aux secrets du Crédit Mobilier. Ils trouvaient
dans tous ces mouvements divers des bénéfices sans
risques, sans périls et toujours certains. Tous ceux
qui se trouvaient contre eux étaient perdus : on les
exécutait sans trève, sans merci, aussi regardait-on
alors à la Bourse, tout spéculateur qui opérait sur
les actions du Crédit Mobilier comme voué d'a-
vance au suicide, à la misère, ou bien à une de
ces fortunes scandaleuses qui puisent leur origine
dans le jeu sans frein. Il n'y avait pas d'autre alter-
native, car ni la raison, ni les calculs, ni les saines
appréciations ne pouvaient servir de guide. Les actions du Crédit Mobilier haussaient ou baissaient de
100, 200, 300 francs, plus encore, sans qu'on sût
pourquoi. Les ordres émanant de la place Vendôme,
ordres donnés aux agents de change, aux banquiers,
aux intermédiaires, étaient toujours voilés par des
initiales, des chiffres, ou des attributions mysté-
rieuses. Le secret le plus profond régnait sur toutes
les opérations de la Société. C'était l'organisation du

14

silence. C'était aussi l'obscurité savamment ménagée et entretenue pour pouvoir agir à coup sûr.

Mais en quoi donc le silence, le mystère, l'obscurité, peuvent-ils servir une cause ou des affaires ? Quand des institutions de Crédit, comme certaines plantes, vivent dans l'ombre, soyez certain qu'elles portent des fruits empoisonnés !

Si le Crédit Mobilier était muet comme le sphynx antique envers le public, il ne l'était pas moins envers ses actionnaires. Les rapports du Conseil d'administration étaient d'autant plus vagues, d'autant plus insignifiants, d'autant moins précis, que les affaires étaient plus importantes et plus sérieuses. Il n'y avait pas moyen d'examen, de vérification ou de contrôle; nous l'avons fait surabondamment ressortir pour le compte-rendu des opérations de l'exercice 1855.

Mais le rapport de l'exercice 1856 trouva moyen d'être encore plus nuageux et plus nul que les précédents. Il n'était pas du reste rédigé par la même main : le style dévoile l'homme.

Ce rapport fut un chef-d'œuvre de réticences calculées, de généralités banales servant à cacher les détails sérieux, et de verbiage boursoufflé masquant les côtés positifs de la gestion. En le lisant de sang-froid, on se demande ce qu'il faut admirer le plus : ou d'un conseil d'administration qui ose rendre si cavalièrement et si drôlatiquement ses comptes, ou d'une assemblée d'actionnaires assez complaisante pour se déclarer satisfaite d'explications qui n'expliquent rien [1].

Le rapport de l'exercice 1856 touchait à toutes les questions générales qui avaient marqué l'année : La paix, le congrès, la disette, les spéculations, etc., etc. Il ne disait mot des inondations; mais il commentait fort et approuvait la note du 9 mars, ce qui ne laissait pas de surprendre, car on avait toujours

---

[1] Nous engageons le lecteur à se procurer ce rapport surprenant et à le relire. Il est fâcheux que nous ne puissions le reproduire ici dans son entier; mais, si nos lecteurs en veulent avoir une idée, ils la puiseront dans le dialogue que voici :

Personnages { MONSIEUR;
             { SOPHIE, cuisinière de *Monsieur*,

Monsieur. — Sophie, venez me rendre vos comptes. C'est le jour.

Sophie. — Oui, Monsieur.

Monsieur. — Je vous ai donné 500 fr. le 1er du mois. Qu'en avez-vous fait ?

Sophie. — Monsieur, la guerre est finie. Nous avons la paix. Monsieur sait que mon cousin le zouave est de retour de Sébastopol. Malgré cela, les vivres sont hors de prix. Les perdreaux sont mauvais. Le temps est chaud et humide, mauvaise condition pour que le gibier soit bien en chair. Les faisans de Bohême manquent... Les outardes que Monsieur aime sont introuvables; les jeunes surtout... Les légumes sont mauvais et cher. Le céleri est filandreux; le salsifis ligneux et dur; il n'est pas jusqu'à la carotte... la carotte...

Monsieur. — Allons, bon! Sophie, comptons, comptons.

Sophie (avec dignité et une pose de cordon-bleu). — Oui, Monsieur! Mon économie, ma loyauté, mon dévoûment sont garants du passé, du présent et de l'avenir........, Les intérêts de Monsieur ont été aussi bien gérés que les diners de Monsieur ont été bien digérés......... Le mois dernier, j'ai remis à Monsieur 203 fr. 70 c.; ce mois-ci il va toucher 115 fr.! Monsieur doit être satisfait...... Monsieur est satisfait......

(On sonne, Sophie plante là Monsieur, qui ramasse 115 fr.)

Monsieur. — C'est toujours cela de sauvé!...

cru les administrateurs du Crédit Mobilier partisans
déclarés de la liberté des transactions... On s'était
sans doute trompé.

Après quelques lignes d'allusions transparentes
contre une Société en commandite qui venait de se
fonder [1], allusions dans lesquelles perçait un sentiment de funeste jalousie, le rapport consacrait quelques passages aux opérations faites avec la Compagnie du chemin de fer de Saint-Rambert à Grenoble;
aux négociations avec le Crédit Mobilier espagnol et
avec le chemin de fer du Nord de l'Espagne; il cri-
tiquait l'organisation, le privilége et les tendances
de la Banque de France, et en revenait comme toujours à ses fameuses obligations mobilières...

> « *On nous a souvent pressés,* disait-il, d'user de la faculté,
> « inscrite dans nos statuts, d'émettre sur une large échelle
> « des obligations à courte échéance ou *billets à rente,*
> « divisés en petites coupures et produisant un intérêt qui
> « s'ajoute au capital chaque jour, chaque semaine.
>
> « Nous croyons que la mise en circulation de ces titres
> « rendrait de véritables services; mais une mesure aussi
> « importante ne s'improvise pas; nous voulons laisser à
> « notre institution le temps de s'asseoir et de faire ses
> « preuves, autant ses preuves de prudence que de ca-
> « pacité. »

Ces preuves ! on sait aujourd'hui comment elles
ont été données [1].

---

[1] La *Caisse générale des chemins de fer.* J. Mirès et Cᵉ. Capital:
50 millions.

Voilà, en résumé, ce qu'était le rapport de l'exercice 1856. Il ne renfermait, nous le répétons, aucun renseignement, aucun détail précis.

Quant aux questions de comptabilité, elles se bornaient à dire :

1º Que le mouvement de caisse du Crédit Mobilier s'était élevé, en 1856, à 3,085,195,176 fr. 39 c.

2º Que le mouvement du compte-courant avec la Banque de France avait été de 1,216,686,271 fr. 33 c.;

3º Que le mouvement des comptes-courants avait atteint le chiffre de 2,739,111,029 fr. 98 c.;

4º Que la Société avait reçu, sur 1,455,264 actions ou obligations, une somme totale de 160,976,590 fr. 98 c.;

5º Qu'elle avait payé, tant pour son propre compte que pour celui des Compagnies dont elle faisait le service de Banque, 3,754,921 coupons, s'élevant à 64,259,723 fr. 68 c.;

6º Que le mouvement de la Caisse de titres avait porté sur 4,986,305 actions ou obligations;

Et, enfin, à dresser le bilan des écritures au 31 décembre 1856.

Ce bilan se décomposait ainsi :

PASSIF

Capital social. . . . . fr.	60.000.000	»
Comptes-courants et obligations.	101.008.217	44
Effets à payer, créanciers divers, etc. . .	326.164	87
Dividendes arriérés	951 475	35
Réserve	2.000.000	»
Solde des bénéfices, déduction faite de l'intérêt à 5 0/0 du capital et de la somme portée à la réserve.	12.030.869	56
Ensemble. . . . . . fr.	176.316.727	22

ACTIF

Rentes . . . . fr.	9.100.498 60	
Actions.	53.080.780 89	
Obligation	29.883.585 50	

	92.064.864 99
Reports et avances sur obligations, actions, etc.	75.780.028 82
L'immeuble de la Compagnie avait été agrandi et représentait	1.336.401 34
Le solde disponible en caisse ou à la Banque, et le montant des dividendes à toucher au 31 décembre, était de . .	7.135.432 07
Somme égale.	176.316.727 22

Le compte de profits et pertes présentait des résultats dont les administrateurs se déclaraient satisfaits. En voici les détails, d'après le rapport :

Le compte des placements en rentes, actions et obligations, malgré la crise des derniers mois de 1856, avait donné un bénéfice de. . . . . fr.	11.436.572 61
Les commissions et intérêts, déduction faite des intérêts payés sur comptes-courants, s'étaient élevés à	1.480.778 66
Le produit des reports, à.	4.267.736 35
Le produit de la Caisse des dépôts avait été de.	30.225 40
Enfin, le solde de l'exercice 1855 était de	1.111 19
Le montant total des bénéfices était donc de.	17.216.424 21

De cette somme. 17.216.424 21

il fallait déduire :

Pour frais généraux, ad-
ministration, contribu-
tions, assurances, etc. .   540.829 78

Frais d'études, d'impres-
sions, publicité et ap-
provisionnements . . .   222.809 24

OEuvres de bienfaisance
et gratifications 162.519 35

Différence résultant de la
dépréciation des place-
ments, évalués au cours
du 31 décembre 1856. .   1.040.284 02
                                    _____

                                        1.966.442 39

Il restait en bénéfices une somme de 15.249.981 82

Sur le montant de ce bénéfice, il avait
été prélevé les intérêts à 5 0/0 du capi-
tal social, soit 25 fr. par action. 3.000.000

Il restait un solde de. 12.249.981 82

Cette somme se répartissait ainsi :

Somme à porter à la réserve pour complé-
ment du maximum statutaire. . . . . fr.   219.112 26

Prélèvement de 10 0/0 pour les administrateurs. . . . .   1.200.000 »

Dividende à distribuer aux actions à raison de 90 fr. par action, payables le
1ᵉʳ juillet 1857. . . . . 10.800.000 »

Solde à reporter sur l'exercice 1857. . .   30.869 56

Somme égale. 12.249.981 82

Les actions auraient ainsi touché :

25 fr. à titre d'intérêt,
90 » à titre de dividende,

Ensemble.. 115 fr., soit 23 0/0 du capital versé.

Ce dividende suffit sans doute à la satisfaction des actionnaires et remplaça tout détail, toute explication, car il ne se produisit, dans l'assemblée du 28 avril 1857, aucune observation au sujet du rapport.

Pendant l'année 1856, le Crédit Mobilier avait employé des sommes considérables en reports à la Bourse de Paris. Ces reports s'étaient élevés :

Sur la Rente, à.........fr.   421.500.000   »
Sur actions diverses, à.....   281.000.000   »

Ensemble.......   702.500.000   »

Soit une moyenne de 55 millions par mois.

On a vu dans le bilan que ce chiffre énorme avait produit 4,267,736 fr. 35 c. de bénéfices, c'est-à-dire 6 0/0 sur le capital employé. N'est-on pas enclin à croire que ces reports avaient été faits dans des conditions relativement défavorables, quand on se rappelle leur taux excessif à chaque liquidation pendant toute l'année 1856 ?

Cette somme de 702 millions et demi, quelque considérable qu'elle parut, ne pouvait éblouir que des gens naïfs, peu familiarisés avec les affaires de

Bourse; elle ne prouvait pas des emplois de capitaux. Tout homme de finance sait parfaitement qu'on peut reporter sans argent. Il ne s'agit pour cela que d'être vendeur. Or, rien ne prouve que le Crédit Mobilier n'ait pas été très-souvent vendeur pendant l'année 1856, quand il jugeait l'occasion et les prix favorables ; quand, par exemple, le 3 0/0 était au-dessus de 75 francs ; quand les actions du Crédit Mobilier étaient au-dessus de 1,900 fr. ; quand les Chemins autrichiens avaient franchi 900 fr. ; et ainsi de suite pour bien d'autres valeurs ! Dans cette hypothèse, le Crédit Mobilier aurait été vendeur à découvert. Chose grave [1]. Pour éclaircir ce point, il faudrait savoir si la comptabilité du Crédit Mobilier attribuait les sommes de ces reports, par spéculation, au compte des reports par capitaux. C'eût été une étrange anomalie. Si elle avait existé, nous nous chargerions de la constater [2].

La plus grande partie des bénéfices du Crédit Mobilier, en 1856, provenait, d'après le bilan, du *compte de placements en rentes, actions et obligations :* Ce compte avait produit.......fr.   11.436.572 61

Ici, le mot de placements était évidemment im-

---

[1] Les statuts s'y opposaient formellement (art. 6), en ce qui concernait les opérations du Crédit Mobilier; mais il ne faut pas oublier que les administrateurs étaient toujours libres de leurs actes personnels.

Il est avec le Ciel des accommodements; à plus forte raison avec les statuts !

[2] Il nous faudrait pour cela examiner les livres de la Société.

propre ou tout au moins inexact. C'est « spéculation » qu'il aurait fallu dire. Nous allons le démontrer, par déduction, avec les données cependant très-restreintes que nous fournit le rapport lui-même.

Le capital social du Crédit Mobilier était de 60 millions. N'est-ce pas ce capital qui, employé en reports à 55 millions par mois environ, avait produit la somme de 702 millions et demi qu'étalait pompeusement le rapport?

Le chiffre des sommes en comptes-courants s'élevait à 101 millions environ. Ce chapitre avait laissé, déduction faite des intérêts payés,
une somme nette de.............fr.   1.480.778 66

Si on suppose que ces intérêts se soient élevés à 5 ou 6 0/0, soit 5 1/2 0/0 en moyenne, il a dû être payé par eux, aux créditeurs, une somme de...................   5.500.000   »

Les comptes-courants auraient donc produit, en 1856, une somme totale de.......................   6.980.778 66

C'est ainsi que le Crédit Mobilier aurait employé :

1° Son capital social .... 60 millions.

2° Les sommes en comptes-courants 101   —

Ensemble............ 161 millions.

Comment alors et avec quoi aurait-on fait les 11,436,572 fr. 61 c. de bénéfices, qui figurent au bilan du 31 décembre 1856? La réponse logique serait : On a fait ces bénéfices par des spéculations diverses.

Or, si la réponse est logique, n'est-elle pas vraie?

C'est ce que les actionnaires ont encore à examiner.

A vrai dire, il n'est guère possible d'attribuer ces 11,436,572 fr. 61 c. de bénéfices à d'autres affaires qu'à des opérations de bourse. Le Crédit Mobilier n'ayant pu émettre ses obligations mobilières, ses billets de caisse d'épargne portative, obligations de liquidation, billets à rente, etc., etc., ou tout autre papier empirique à l'aide duquel il aurait toujours accaparé les capitaux et l'or du public, le Crédit Mobilier, dis-je, ne pouvait plus prétendre au rôle de banque de crédit ou de banque intermédiaire : il était réduit à n'être, de fait, qu'une banque d'émissions et de spéculations.

Des unes et des autres il usait largement. Mais ne pouvait-il en parler? Ne pouvait-il en dire au moins quelques mots, bien sentis, à ses assemblées d'actionnaires? Les actionnaires ne sont pas assez forts pour tout deviner.

La nullité du rapport de l'exercice 1856 était d'autant plus choquante, son silence était d'autant plus irritant, que des faits importants et un événement grave s'étaient produits pendant cet exercice.

Ainsi on aurait dû décemment expliquer à quelles causes il fallait attribuer les prix exagérés des actions du Crédit Mobilier à la Bourse de Paris, ou justifier le cours extrême en hausse de 1,982 fr. 50 c. coté au mois de mai, après le cours extrême en baisse de 1,140 fr. coté au mois de janvier; on aurait dû expliquer aussi ou tout au moins rechercher à quelles influences était due l'opération qui eut lieu, au milieu de l'année, sur les actions de la Société, opération considérable qui mit en émoi la Bourse, la presse, le monde financier tout entier, tant elle révélait d'audace et de cynisme.

Du cours de 1,982 fr. 50 c. qui, avec le coupon détaché de 178 fr. 70 c., représentait le prix de 1,800 fr. environ, les actions du Crédit Mobilier étaient tombées à 1,500 fr. dans les derniers jours de juillet. Des achats eurent lieu alors sur une échelle immense, et ils se dévoilèrent à la liquidation du 15 août par une levée de titres tellement importante que la place put craindre de ne pouvoir y suffire. Aux liquidations du 31 août et du 15 septembre, les reports du Crédit Mobilier faiblirent à 7 fr. 50 c. et à 5 fr., ce qui laissa croire à un découvert considérable [1]. Les actions atteignirent le cours de 1,700 fr.,

A la liquidation suivante, le 30 septembre, les reports sur les actions du Crédit Mobilier montèrent à 17 fr.!......

on cota même 1,732 fr. 50 c. C'est ce moment qu'on choisit pour réaliser : pour y aider ou pour y parvenir, on offrait le report sur la rente, pour le mois suivant, à 37 c. 1/2, à 35 c. même, voulant ainsi faire croire à la hausse par l'abondance factice de l'argent ! Le 20, l'opération était liquidée à 1715, à 1720 ou 1700 fr. ! car chacun s'empressait d'acheter ou de racheter... Le coup fait, du 27 au 30 septembre, on retombait à 1,535 francs !

Sur des faits pareils, le rapport gardait le silence !

Eh bien ! de tous ces faits on aurait dû parler, surtout si on y était resté étranger, comme on affectait de le dire à tout propos et à tout venant.

On gardait aussi le silence sur les diverses affaires entreprises par la Société, notamment sur la Société maritime, les Rivoli, les Omnibus, les Gaz, et pourtant, depuis l'époque de leur émission jusqu'au mois de juillet, par exemple, ces quatre entreprises étaient en perte considérable.

Le tableau que voici en donnera une idée :

NOMS	COURS d'émission	COURS en juillet 1856	PERTE par action
Omnibus.	1050	860	190
Crédit maritime. .	580	520	60
Gaz.	1050	800	250
Rivoli.	140	105	35

Ainsi les Omnibus présentaient 18 0/0 de perte.

La Compagnie maritime. . 20 —

Les Gaz. . . . . 25 —

Les Rivoli. . . . . 35 —

et le rapport n'en disait mot. Il y avait pourtant là une question de responsabilité morale, à défau tde responsabilité matérielle, et il faut faire observer de plus que le capital de la Société de l'hôtel et des immeubles de la rue de Rivoli allait être porté de 24 à 72 millions.

A un autre point de vue, n'aurait-on pas dû édifier complétement les actionnaires sur les concessions obtenues ou sollicitées soit en France, soit à l'étranger? A peine parlait-on vaguement du Crédit Mobilier espagnol, et cependant le Crédit Mobilier espagnol, créé au capital de 228 millions de réaux, soit à 5 fr. pour 19 réaux, au capital de 60 millions de francs, divisé en 120,000 actions de 500 francs, ou 1,900 réaux l'une, venait d'être concédé à MM. Émile Pereire, Isaac Pereire, Eugène Pereire, A. Bixio, etc., en considération, sans doute, de ce qu'ils se trouvaient à la tête du Crédit Mobilier français.

Quant aux chemins Russes, le rapport n'en soufflait mot, et MM. Isaac Pereire et Thurnesseyn avaient cependant fait un voyage à Saint-Pétersbourg, pour en obtenir la concession... et cette concession leur avait été promise ou donnée, eu égard encore à leur qualité d'administrateurs du Crédit Mobilier.

Enfin le rapport gardait le silence sur la capitalisation des droits des fondateurs dans l'exploitation des chemins de fer Autrichiens.

Aux termes des statuts [1] de la société Autrichienne I. R. P. des chemins de fer de l'Etat, il était attribué aux fondateurs 10 0/0 sur les bénéfices nets, c'est-à-dire après prélèvement de l'intérêt des obligations et de l'intérêt à 5 0/0 sur le capital social. Il était en outre alloué aux administrateurs des jetons de présence et une quote part dans les bénéfices. [2]

Il n'avait été appelé pendant l'année 1855 qu'une partie du capital social — 125 francs par action. Le montant des intérêts à servir était donc insignifiant et la majeure partie des produits des recettes fut attribuée au dividende, dans la proportion de 24 francs par action soit 9,600,000 francs à 10 millions. Les fondateurs avaient donc dû prélever, cette année, 960,000 francs ou un million de bénéfices pour leur quote part de 10 0/0. Eh bien! c'est sur cette base exceptionnelle que les fondateurs créèrent à leur profit 44,444 actions dont la prime à 400 ou 450 francs par action, leur assurait un bénéfice de 18 à 20 millions de francs!....

Cette mesure fut adoptée à la première assemblée

[1] Art. 45 des statuts de la Société autrichienne I. R. P. des chemins de fer de l'Etat.

[2] Art. 19 des mêmes statuts.

générale des actionnaires des chemins de fer Autrichiens, tenue à Vienne le 31 mai 1856. [1]

On nous objectera peut-être ici que les affaires des
chemins de fer Autrichiens ne regardaient pas les
actionnaires du Crédit Mobilier, et que le rapport
n'avait pas à entrer dans cet ordre de faits et de considérations. A cela nous répondrons que les administrateurs du Crédit Mobilier s'étaient servis peut-
être du capital de leurs actionnaires pour lancer,
soutenir et faire réussir l'affaire des chemins de fer
Autrichiens; et qu'en tout cas, les intérêts de deux
sociétés avaient trop de points de contact pour qu'on
ignorât, en qualité d'actionnaire de l'une ou de l'autre,
et peut-être de l'une et de l'autre à la fois, la pensée
des administrateurs du Crédit Mobilier sur un fait
de cette nature. En tout cas, il y avait là un grand enseignement, c'est que les fondateurs des grandes
entreprises sont toujours pressés de jouir. Ils
escomptent les affaires qu'ils sont chargés de sur-
veiller et de gérer. Ils en tirent tout ce qu'ils peuvent....
et ils laissent ensuite les malheureux actionnaires aux
prises avec toutes les difficultés des situations.

Nous répondrons enfin que le silence du rapport
était d'autant plus étrange que les administrateurs du

---

[1] Le procédé de capitalisation des parts des fondateurs avait été
déjà pratiqué dans le chemin de fer de Paris à Saint-Germain; mais
ce n'était pas à l'origine de la Société, avant l'achèvement de la
ligne, ni avant que le capital social eut été entièrement réalisé.
(*Journal des Chemins de fer.*)

Crédit Mobilier ne pouvaient pas ignorer des bruits publics arrivés à une consistance extrême, d'après lesquels on prétendait que ls Société ou les administrateurs avaient gagné, en 1856,, des sommes presqu'aussi considérables qu'en 1855, en spéculation sur les chemins de fer Autrichiens.

Si le Crédit Mobilier démentait les spéculations qui lui étaient attribuées sur les soies; comme il avait laissé démentir ses opératisns sur les grains en 1855[1]. pourqusi ne démentait-il pas les spéculations sur les chemins de fer Autrichiens, spéculations gigantesques dont les places de Paris, de Lyon, de Bordeaux, de Toulouse, de Francfort, de Vienne, de toute l'Allemagne enfin, étaient alors le théâtre et dont elles sont aujourd'hui les victimes. Mais non1 cès bruits publics ne furent jamais démentis, et le rapport sembla reconnaître leur exactitude par son silence. Il se tut à cet égard comme se tut sur l'affaire des 30.000 actions dn chemin de fer de François Joseph, proposée par M. J. Mirès le 5 novembre, et conclue quelques jours après... par la caisse générale des chemins de fer.

Voïlà les faits importants (et nous en oublions sans doute) anxquels nous faisions allusion il y a quelques instants. Il nous reste à faire connaître l'événement grave.

[1] Ces opérations, démenties le 30 novembre 1855, se soldaient dans le bilan du 31 décembre de la même année par 500,000 fr. de pertes. (Voir le chapitre précédent.)

C'est la faillite de M. Henri Place qu'il s'agit.

La faillite de M. Henri Place fut déclarée par jugement du tribunal de commerce du 31 mai 1056.

M. Henri Place était administrateur du Crédit Mobilier. On assure de plus qu'il était membre du Comité de Direction.

Voici en quels termes les collègues de M. Henri Place avaient annoncé sa nomination en qualité d'administrateur[1].

> « Deux places étaient restées vacantes. Votre conseil les
> « a offertes à deux hommes qui lui ont paru réunir les
> « qualités nécessaires pour remplir les fonctions dont
> « l'exercice réclame à la fois de l'expérience, de l'initia-
> « tive, une grande prudence et une haute honorabilité.
> « MM. Auguste Thurnesseyn et Henri Place ont bien voulu
> « accepter nos offres et devenir nos collègues. Nous ne
> « pouvons que nous féliciter de l'adjonction de ces deux
> « nouveaux membres, qui, déjà, nous ont rendu de pré-
> « cieux services. »

Avant de faire partie du conseil d'administration du Crédit Mobilier, M. Henri Place était associé de la maison de banque Noël Place et Cᵉ. Quelques mois auparavant il avait quitté cette situation pour des causes qui sont toujours restées inconnues.

Dans sa nouvelle position, M. Henri Place jouissait d'un crédit considérable, sans limite peut-être, et plusieurs banquiers lui avaient remis des sommes très-

[1] Extrait du rapport de l'exercice 1855.

importantes à faire valoir : on parlait de 25 à 30 millions. Ces capitaux ont-ils été employés en affaires faites au nom du Crédit Mobilier? au nom de M. Henri Place? au nom de diverses personnes? ont-ils servi à opérer pour ou contre le Mobilier? sur des effets publics, rentes ou valeurs? sur des grains ou sur des farines? sur des terrains ou sur des maisons? ont-ils servi à des spéculations de Bourse sur une grande échelle?... ont-ils été dévorés par le jeu? — On ne sait.

Ce qu'il y a de certain, c'est que M. Henri Place, arrêté à Marseille au moment où il allait partir pour Constantinople, solliciter dit-on, la concession de la Banque Ottomane, fut ramené à Paris et incarcéré à Mazas.

Le passif de sa faillite s'élevait à 19 millions.

Quelques jours après son arrestation, M. Henri Place sortait de Mazas; sa faillite était rapportée; et on n'entendit plus jamais parler de lui.

Rien n'a transpiré depuis sur cette mystérieuse affaire. Le Crédit Mobilier lui-même n'en parla jamais.

On prétendit depuis, ironiquement sans doute, que les secrets auxquels M. Henri Place avait été initié, avaient ouvert les portes de sa prison, et qu'ils lui procuraient désormais une honnête aisance à l'étranger.....

De cet événement grave, le rapport de l'exercice 1856 ne souffla mot.

Le rapport commit une faute, une faute de plus.

Nous avons signalé les autres, en faisant remarquer à bon droit le peu de révérence dont usait le conseil d'administration du Crédit Mobilier envers ses actionnaires assemblés.

Franchement, la main sur la conscience, peut-on dire que le rapport de l'exercice 1856 ait été un rapport ? peut-on dire que l'assemblée du 28 avril 1857 ait pu délibérer en connaissance de cause ! — Non ! on ne peut pas le dire et on ne le dira pas.

Dans le rapport de l'exercice 1856, dans les comptes de 1856, comme dans les rapports et dans les comptes de 1853, 54 et 55, la lumière n'a pas été faite. Il faut qu'elle se fasse.

C'est une question de morale publique, autant qu'une question d'intérêt public.

CHAPITRE VI

1857

Poursuivons l'histoire du Crédit Mobilier.

En 1855, il avait atteint le faîte de ses grandeurs, si toutefois on peut appeler grandeurs les profits à outrance de certaines exploitations financières; disons

mieux, le Crédit Mobilier avait atteint le sommet de
sa prospérité.

Il ne put s'y maintenir.

Pendant toute l'année 1856, il lutta vainement pour
conserver sa position. La pente le forçait à descendre.
A partir des premiers mois de 1857, il perdit pied et
jusqu'à la fin de 1866, c'est-à-dire pendant dix
longues années, il ne trouva pas un point d'appui.
C'était à chaque pas, une chute nouvelle. La pente
était trop rapide. Elle l'entraînait malgré lui.

Toutes les perspectives heureuses qui s'étaient
offertes ou déroulées à ses yeux pendant sa marche
ascendante, le vaste horizon qu'il put contempler un
instant des hauteurs de son crédit, vont s'évanouir
et disparaître l'une après l'autre. Il ne trouvera plus
désormais, à ses pieds que dangers et précipices, et
quand il portera ses regards vers le lointain, il n'a-
percevra que des points dévastés, semés de ruines,
traces lugubres du ravage des grands capitaux.

De ces capitaux, instruments de travail et de paix,
on avait fait des armes de spéculation et de guerre.

On prétendait alors, dans certains cercles financiers,
que le Crédit Mobilier avait pris un essor trop élevé
pour ses forces. A certaines hauteurs, disait-on, on a
le vertige; on n'est plus maître de soi; on est le
jouet des vents et des orages. Le Mobilier sera emporté par eux.

Non! le Crédit Mobilier ne devait pas finir ainsi. Il ne devait pas disparaître dans une tempête : il devait mourir en plein calme politique, en pleine paix, en plein ordre public. Il devait mourir des excès qui avaient marqué sa précoce jeunesse, des vices secrets de sa constitution, du virus agioteur.

Quant à ses fondateurs et à ses administrateurs, ils étaient bien loin d'être aussi forts qu'on affectait de le dire et qu'on voulait le faire croire. Ils n'étaient peut-être pas, suivant une définition célèbre. « capables de tout et capables de rien » mais après les avoir vus à l'œuvre, on est réduit à se demander si, de toutes les idées ou de toutes les initiatives qu'ils se sont attribuées, une seule est venue d'eux ! En tout cas, ils ne furent jamais de taille à atteindre les grandes conceptions financières que nécessite notre époque. Ils crurent que la Bourse, c'était la France ! Ils ne surent pas non plus mettre en pratique les théories ou les plans qu'ils empruntèrent à autrui, et qu'ils mutilèrent, soit parce qu'ils ne les comprirent pas, soit parce que leur esprit de monopole et d'égoïsme à outrance, les empêchait de s'entourer des hommes qui avaient conçu et qui auraient pu exécuter.

Ils excluaient impitoyablement tout conseil, toute opposition, toute indépendance. Tout pour eux, tout par eux, telle était leur devise. Ils ont vécu, ils vivent, ils vivront, ils mourront en pensant ainsi.

Quoi qu'il en soit, le Crédit Mobilier ne put

pas être la Banque-Monopole des valeurs mobilières;

Le Crédit Mobilier ne put pas être la Banque de Crédit Européen;

Le Crédit Mobilier ne put pas être la Banque de concentration et de distribution des capitaux, en matière de travaux publics et de grandes entreprises industrielles.

Il échoua dans toutes ses tentatives successives, et il allait échouer à l'avenir dans presque toutes ses affaires : il s'était aliéné l'opinion.

Il vit donc s'évanouir tour à tour ses rêves : Il avait rêvé le monopole financier, par la création de ses succursales à Vienne, à Madrid, à Turin ou à Florence, à Constantinople même, succursales qui n'auraient relevé, comme vassales, que de la maison de Paris; il avait rêvé le monopole ou tout au moins la prépondérance des affaires maritimes, par la Compagnie maritime et la Compagnie des paquebots transatlantiques; il avait rêvé de régenter la propriété foncière par la société de l'Hôtel et des Immeubles de la rue de Rivoli qui devait devenir la Compagnie Immobilière; il avait rêvé l'accaparement de toutes les grandes entreprises à l'étranger, accaparement dont les chemins Autrichiens, les chemins de François Joseph ou chemins Hongrois, les chemins Russes, et les chemins du Nord de l'Espagne étaient l'engrenage;

il avait rêvé enfin d'être la Banque des Emprunts d'Etat pour la France, l'Italie, l'Espagne, la Turquie, etc., voire même, au besoin, le Mexique!.... Tous ces rêves s'évanouirent, nous le répétons, parce que l'opinion publique eut le flair de ces tendances d'absorption excessive. Quant à la spéculation elle resta réfractaire à toute idée de monopole. Désormais, elle allait même leur être hostile ouvertement. Quand on lui parlerait du Crédit Mobilier et de ses affaires, elle devait répondre par des protestations et par des clameurs.

L'hostilité gagnait du terrain de plus en plus et menaçait d'envahir tout le monde financier; on ne peut prévoir où elle se serait arrêtée, si le droit d'entrée à la Bourse, établi à partir du 1er janvier, n'était venu changer le cours des récriminations, et le transporter de la place Vendôme au palais de l'Hôtel-de-Ville. M. Haussmann détourna, sans le savoir sans doute, le flot qui menaçait le Crédit Mobilier.

Le droit d'entrée ferma la Bourse au public et n'y laissa pénétrer que des gens d'affaires, c'est-à-dire les agents de change, les maisons de la coulisse, une partie de leur personnel et quelques banquiers. Quant aux clients, ils disparurent comme une troupe d'oiseaux effrayés.

Par le fait seul du droit d'entrée, l'aspect de la Bourse changea comme un décor de théâtre.

Avant le droit, la foule était compacte, à l'intérieur; elle regorgeait sous les péristyles, s'échelonnait sur les escaliers de la façade et du chevet, débordait en grappes serrées sur les trottoirs latéraux, et aux jours de grande émotion couvrait toute la place de la Bourse. — C'était comme une ruche immense, tumultueuse, affairée, bruyante et bourdonnante d'où s'élançaient, en tous sens, mille émissaires allant porter les cours ou les réponses aux ordres donnés. Tout Paris était de fait à la Bourse, de midi à trois heures du soir.

Dès le premier jour où l'on perçut le droit d'entrée, la Bourse vit disparaître la foule, le public, les clients. Les tourniquets étaient un obstacle infranchissable, l'intérieur du palais devint morne, vide, désert! Depuis, quoique les barrières soient tombées, ni le public, ni les affaires n'ont reparu.

Triste et déplorable mesure! Elle eut pour effet de détruire l'esprit d'initiative et d'entreprises, de tarir les sources du crédit, de compromettre les opérations en cours, de rendre impossibles les affaires futures. Pour quelques mille francs que la ville de Paris reçut dans ses coffres, la cote des valeurs subit une dépréciation de plus d'un milliard.

Mais le système des restrictions et les mesures fiscales étaient à l'ordre du jour. La note du 9 mars de l'année précédente en avait été le prélude; le droit d'entrée à la Bourse en fut le premier pas; l'impôt

sur les valeurs mobilières fut le second[1] ; le procès
contre la coulisse devait plus tard couronner l'œuvre
(1859). On allait condamner à tourner dans le vide
le mécanisme financier.

Funeste système ! Quels fruits a-t-il portés ? Qu'on
nous dise, si on le peut, depuis qu'il a été inauguré,
quelle est l'affaire qui a pu se poursuivre jusqu'à une
solution heureuse?... Qu'on en cite une seule ?... Il
n'en est pas.

C'est en vain que nous cherchons une raison plau-
sible à ces mesures malheureuses.

Voulait-on moraliser la bourse, comme certaines

---

[1] On se rappelle les principales dispositions de cette loi : toute
cession de titre est assujettie à un droit de transmission de 20 centimes par 100 francs de la valeur négociée, et comme la valeur ne
peut être constatée que pour les titres nominatifs, cette taxe ne
porte directement que sur eux. Quant aux titres au porteur, qui ne
sauraient être atteints directement, ils sont soumis à une taxe annuelle d'abonnement de 12 centimes par 100 francs du capital,
évalué d'après le cours moyen de l'année précédente. Les droits sont
avancés trimestriellement par les Compagnies, sauf recours contre
les porteurs de titres.

Les titres au porteur transformés en titres nominatifs étaient passibles du droit de 20 centimes pour 100 francs, et les titres nominatifs transformés en titres au porteur étaient passibles du même
droit.

Telles étaient en substance les dispositions de la loi du 23 juin
1857, cela sans préjudice de l'impôt de timbre et de circulation
établi par la loi du 5 juin 1850.

On sait que les Compagnies de chemins de fer, et autres, recou-
vrent l'impôt de la loi du 23 juin 1857, au moyen d'une retenue sur
les coupons de dividende ou d'intérêt.

gens le prétendaient alors? Voulait-on empêcher la ruine des gens naïfs et crédules ? Voulait-on protéger contre les loups-cerviers de la finance l'épargne des familles et le pécule des petits rentiers? Certainement le but était louable; mais a-t-on pu l'atteindre? non. Il y a plus : on a, sans le vouloir, facilité d'autres malheurs.

Quand on voudra sérieusement moraliser la Bourse, ou le monde financier, ce qui est la même chose, il n'y aura qu'à lui donner le contrôle d'une presse libre, libre en matière financière, à défaut d'autre liberté. Voilà quel sera le remède efficace. Tous les autres accroîtront le mal, au lieu de le guérir.

Depuis 1852, la presse a été au pouvoir de l'aristocratie d'argent. Depuis 1852, la presse a été livrée à sa merci. Non-seulement cette aristocratie est la seule qui puisse et qui ose payer un journal quotidien, un million et demi, une feuille hebdomadaire trois ou quatre cent mille francs ; mais encore, elle dispose de toute la publicité qui se traduit par les annonces, les réclames, les faits Paris, etc., etc., publicité qui fait vivre la plus grande partie des journaux. Comment pourrait-elle être discutée ou contrôlée? Il faut penser comme elle, parler comme elle, ou mourir [1].

---

[1] L'aristocratie d'argent est admirablement organisée. Elle centralise entre ses mains toutes les administrations importantes des institutions de crédit, des chemins de fer, etc., etc. Si on ouvre le

Quant au public, il ne comprend pas encore assez ses intérêts pour se rallier autour des feuilles loyales qui ne trouvent leurs profits que dans le nombre des abonnés.

Entre l'établissement du droit d'entrée à la Bourse (1er janvier) et la mise en pratique de l'impôt sur les valeurs (1er juillet), un autre fait se produisit : un livre parut. L'apparition d'un livre est quelquefois un événement. *Les Manieurs d'Argent*, tel était son titre.

premier ouvrage venu, qui traite de la matière, et si on se donne la peine de lire, on verra que l'on retrouve partout et toujours dans les Conseils d'administrations les noms des mêmes personnes. Ainsi, d'après un examen rapide auquel nous venons de nous livrer, à l'instant même, nous constatons que onze individus se trouvent diriger les intérêts de presque toutes les Compagnies.

L'un d'eux est administrateur dans   22 Compagnies !
Le second est administrateur dans   19   »
Deux autres sont administrateurs dans 14   »
Un cinquième en a..............   13   »
Un sixième en a...............   12   »
Un septième en a...............   11   »
Un huitième en a...............   10   »
Les trois autres en ont..........   9 et 8   »

Dans la même famille, trois personnes occupent à elles seules 40 places d'administrateurs !...

Voilà où nous en sommes ! qu'en conclure ? N'y a-t-il pas là plus d'un danger ? —

Evidemment, les hommes d'affaires, les hommes à intentions loyales, les hommes animés de l'amour du bien public, doivent se préoccuper d'une pareille situation financière.

Ce n'est pas tout : les fonctions d'administrateur rapportent des honoraires ou des parts considérables. Il ne serait pas impossible de prouver que chaque parole de tel administrateur, à peu près muet, revient à plus de 5,000 francs aux actionnaires....

Ecrit par un magistrat éminent[1], resté fidèle aux traditions austères, ce livre était le cri d'une conscience honnête, indignée à bon droit des excès et des impudences des parvenus, des parvenus de l'agiotage. L'auteur était alarmé de l'avilissement des mœurs, de la bassesse sordide qu'engendrait l'amour de l'or et la soif des richesses; il démontrait qu'un mal sérieux menaçait de gagner la société tout entière; il concluait à la nécessité de répressions sévères, et déclarait que les lois devaient poursuivre ce mal jusqu'à l'anéantissement.

Comme les mots bibliques du festin de Balthazar, ce livre frappa de terreur les convives gorgés des ripailles financières; ils tremblèrent tous que la justice ne vint leur demander compte de leurs forfaits..... Mais les actes ne suivirent pas les paroles. On se contenta de menacer, faute grave. On ne menace jamais; on frappe ou on se tait.

Ce livre eut un tort toutefois : il ne vint pas à son heure. Il devrait paraître aujourd'hui.

En outre, il était incomplet. Rédigé au point de vue supérieur de la morale et de la discipline publique, il ne tenait pas assez compte des besoins et des nécessités de notre époque. Il frappait à faux sur bien des points.

---

[1] M. OSCAR DE VALLÉE, avocat général à la Cour impériale de Paris.

Enfin, les conclusions de l'éminent écrivain étaient en arrière d'un siècle : personne en 1857 ne songeait au cours de justice de 1720, personne n'invoquait des rigueurs extrêmes. On pensait qu'il valait mieux prévenir le mal que d'avoir à le punir. Dans cet ordre d'idées, on souhaitait que le pouvoir des Sociétés de crédit fut assez limité, pour qu'on ne se trouvât pas exposé à subir, un jour, par leur chute, des dommages irréparables.

On comprend que l'année 1857 du être fort triste à la Bourse. Le droit d'entrée établi depuis le 1er janvier, l'impôt sur les valeurs mobilières en exercice à partir du 1er juillet, arrêtèrent par deux fois les affaires. Ajoutons qu'une crise financière terrible vint compliquer encore la situation.

Cette crise fut générale. Comme une épidémie, elle s'étendit à la fois en Amérique, en Europe et aux Indes, aux Indes surtout alors en proie à la révolte et à la guerre des Cipayes. Londres, Liverpool, Manchester, Glasgow, Birmingham, toutes les villes de commerce du Royaume-Uni furent frappées par contre-coup. Le crédit de la vieille Angleterre sembla, un moment, près de sombrer.

Nous en fûmes quittes, chez nous, pour payer fort cher le loyer de l'argent et des capitaux. Nous vîmes la Banque de France porter le taux de l'escompte à un prix que nos lois auraient qualifié d'usure, si les lois elles-

mêmes ne s'effaçaient pas devant certaines nécessités.

Le 27 février, l'escompte fut porté à	6 0/0	pour	90 jours,
Le 27 juin, il fût réduit à	5 1/2	—	90 —
Mais le 13 octobre, il était élevé à	6 1/2	—	60 —
Et le 21 octobre à	7 1/2	—	90 —
Le 11 novembre, il montait à . . .	10 0/0	—	90 —
— — à . . .	9 0/0	—	60 —
— — à . . .	8 0/0	—	30 —
Le 26 nov., il s'abaissait à . . .	9 0/0	—	90 —
— — à . . .	8 0/0	—	60 —
— — à . . .	7 0/0	—	30 —
Le 7 décembre — à . . .	8 0/0	—	90 —
— — à . . .	7 0/0	—	60 —
— — à . . .	6 0/0	—	30 —
Le 21 — — à . . .	6 0/0	—	90 —
Et le 29 déc. il revenait enfin à . . .	5 0/0	—	90 —

Ce tableau des cours de l'escompte à la Banque de
France résume, en quelques lignes, l'année financière
en 1867.

Ce fut au milieu des tourmentes de la crise et de la
cherté des escomptes que la Banque de France doubla
son capital-actions et le porta de 91,250,000 francs à
182,500,000 francs. Les circonstances fâcheuses qui
pesaient sur le commerce, l'industrie, les finances,
concoururent à donner à ses actionnaires le plus beau
dividende qu'ils eussent encore reçu : 334 francs par
action! Par une étrange anomalie, fort explicable du
reste, la situation de la Banque de France était d'au-

tant plus prospère que le commerce, l'industrie, les finances étaient plus malheureux et plus obérés.

Les cours de la Rente et des valeurs à la Bourse suivirent les phases diverses que les événements comportaient.

Le 2 janvier, la Rente débutait à 66 15; le Crédit Mobilier à 1405. Pendant l'année, la Rente devait faire au plus haut 71 40, au plus bas 65 85 ; le Crédit Mobilier au plus haut 1487 50, au plus bas 670.

Leurs cours parallèles se cotèrent ainsi :

DATES		RENTE	CRÉDIT MOBILIER
Janvier	9	67 60	1415.
	16	68 35	1420.
	22	68 10	1410.
	30	67 30	1352 50.
Février	6	68 10	1322 50.
	13	68 65	1365.
	20	70 »	1372 50.
	27	69 95	1415.
Mars	6	70 65	1390.
	13	70 90	1420.
	20 **71 40**	71 05	1450—1475.
	27	70 55	1467 50—**1487 50**
Avril	3	70 25	1450.
	10	69 65	1410.
	17	69 85	1327 50.
	24	69 55	1365.

16

DATES		RENTE	CRÉDIT MOBILIER
Mai	1	69 95	1285.
	8	69 30	1307 50.
	15	69 55	1298 75.
	22	68 85	1255.
	29	69 25	1272 50.
Juin	5 coup.	69 35	1207 50.
	12 ex-coup.	68 65	1175.
	19	68 20	1162 50.
	26	67 20	1160.
Juillet	3	67 20	1095.
	10	66 80	896 25.
	17	67 20	927 50.
	24	66 90	940.
	31	66 80	957 50.
Août	7	67 15	955.
	14	67 20	976 25.
	21	67 05	965.
	28	66 95	955.
Septembre	4	67 05	865.
	11	66 95	858 75.
	18	67 15	820.
	25	67 75	895.
Octobre	2	68 35	890.
	10	67 60	810.
	16	67 »	777 50.
	23	66 70	785.
	20 65 80,	66 95	785.
Novembre	6	67 05	785.
	13	66 60	740.
	20	66 80	743 75.
	27	67 10	746 25.

DATES.	RENTE.	CRÉDIT MOBILIER
Décembre 4 coup.	67 50	690—**670**.
11 ex-coup.	66 50	725.
18	67 20	732 50.
24	67 75	800.
31	68 35	850.

Sans revenir encore une fois sur tout ce que nous avons dit à l'égard de ces variations continuelles et excessives, nous ferons remarquer combien elles durent fournir de marge à des réalisations de bénéfices aux financiers assez puissants pour les exploiter.

Dans tous ces mouvements, le public ne gagnait jamais que par hasard.

Le taux moyen des reports sur la rente avait été, pendant l'année 1857 :

En janvier,	de	5 29 0/0.
— février,	—	6 81 —
— mars,	— . . , .	10 » —
— avril,	—	9 40 —
— mai,	—	6 28 —
— juin,	—	8 06 —
— juillet	—	6 50 —
— août,	—	5 16 —
— septembre,	—	6 16 —
— octobre.	—	7 62 —
— novembre,	—	8 94 —
— décembre,	—	6 12 —

Soit en moyenne, pour l'année, 7,20. 0/0.

Il atteignit en moyenne, sur les valeurs diverses, le taux de 11 41 0/0, et exceptionnellement, en certaines liquidations, le taux extrême de 18 à 19 0/0.

On le voit une fois de plus, l'intervention du Crédit Mobilier était nulle ou du moins de nul effet. Nous pourrons constater, du reste, tout-à-l'heure, que la situation de ses affaires et de son portefeuille paralysait à peu près complétement ses moyens d'action.

C'est dans le rapport de l'exercice 1857, présenté à l'assemblée des actionnaires du 30 avril 1858, que nous allons trouver les preuves du fait que nous avançons; pour ne pas faire languir le lecteur, mettons de suite les chiffres du Bilan sous ses yeux.

La situation financière du Crédit Mobilier au 31 décembre 1857 se résumait comme suit :

PASSIF

Capital social . . . . fr.	60.000.000	»
Comptes courants	68.546.431	62
Effets à payer, créanciers divers, etc. .	3.711.264	65
Intérêts et dividendes à payer	3.025.373	75
Réserve	2.000.000	»
Solde du compte de profits et pertes en 1857	4.133.733	29
Total	141.616.803	31

ACTIF

Rentes . . . . fr.   10.205.415 70
Actions 71.175.603 31
Obligations 2.183.072 40

Ensemble portefeuille 83.564.091 41

Placements en effets divers, en reports
et en avances sur actions et obligations   49.341.450 12

L'immeuble de la Société, accru de
nouvelles dépenses d'agrandissement
soldées pendant l'exercice, s'élevait à   1.449.436 50

Solde disponible en caisse ou à la Banque
et montant des dividendes à toucher
au 31 décembre. 7.261.925 28

Total et balance 141.616.803 31

En comparant ces divers chapitres à ceux du bilan
de 1856, on pouvait constater que

Le portefeuille s'était réduit de . . . fr.   8.500.873 58
Le chiffre des avances aux compagnies de   4.231.660 95

Et le chiffre des reports ou avances sur
actions et fonds publics, de 26.814.240 55

Par contre, le chapitre des effets en portefeuille s'était accru de . . . .   4.607.322 »

Les affaires du Crédit Mobilier avaient donc diminué dans une proportion sensible.

Le rapport chercha à pallier cette situation; il prétendit que la diminution du chiffre des reports n'était

pas un fait particulier à la Société; qu'il résultait d'une situation générale, indiquée par une modification profonde dans la direction de la spéculation. C'est un signe de découragement et de méfiance dans l'avenir, ajoutait-il, et là-dessus il prétendait encore que cet état de méfiance et de doute s'était traduit par un phénomène contraire à celui du *report*, c'est-à-dire par le *déport*[1].

Mais en tenant ce langage, le rapporteur du Crédit Mobilier perdait complétement de vue le prix énorme de l'argent, de l'escompte et des reports pendant l'année 1857. Il subissait, à son insu sans doute, l'influence de l'attentat du 14 janvier 1858 et de tous les faits financiers qui en furent la conséquence. Il rédigeait son rapport au mois d'avril 1858, et il avait déjà oublié l'état du marché pendant l'année 1857? Comment se faisaient donc les rapports du Crédit Mobilier?...

Poursuivons, et passons au compte de PROFITS ET PERTES pour l'exercice 1857.

---

[1] Tous nos lecteurs savent sans doute ce qu'il faut entendre par ces deux mots : *Report* et *Déport*. Cependant on nous permettra de les définir.

Le *Report* est le prix qu'on paie pour rester acheteur.

Le *Déport* est le prix qu'on paie pour rester vendeur.

Dans le Report, le vendeur garde son titre jusqu'à ce que l'acheteur lève, c'est-à-dire prenne livraison.

Dans le déport, au contraire, l'acheteur loue et prête son titre au vendeur, jusqu'à ce que celui-ci rachète et livre à son tour.

Le compte des placements en rentes, actions et obligations avait produit un bénéfice de . . . fr. 4.484.629 72

Et le compte des intérets et des commissions 2.700.356 80

Le produit des reports avait été de . . . 698.649 75

Et le produit des divers autres articles de 90.269 56

Ensemble 7.982.905 83

De cette somme, il fallait déduire les articles suivants :

1° Frais généraux, frais d'administration, contributions, assurances, frais divers, etc. 671.592 23

2° Différence résultant de la dépréciation de l'inventaire du 31 décembre 1856. . . . . 177.580 31

Ensemble 849.172 54

Ce qui laissait un bénéfice de 7.133.733 20

Là-dessus, il avait été prélevé l'intérêt des actions, à raison de 5 0/0, soit 25 fr. par action, sur 120,000 actions 3.000.000 »

Il restait par conséquent un excédent net de 4.133.733 20

Tel était le bénéfice net qui existait d'après le rapport et d'après le bilan, dans les comptes du Crédit Mobilier, à l'inventaire du 31 décembre 1857.

Mais de cette date à l'époque de l'assemblée des actionnaires au mois d'avril 1858, cette situation éprouva
des modifications sensibles. La baisse générale des
valeurs, conséquence funeste de l'attentat du 14 janvier, prit des proportions imprévues, alarmantes,
surtout par leur caractère persistant. Le portefeuille
du Crédit Mobilier subit par suite une dépréciation
grave, et le Conseil d'administration ne jugea pas à
propos de distribuer, à titre de dividende, la somme
de 4,133,733 fr. 20 c., des bénéfices acquis au 31 septembre 1857. Il la conserva, comme provision, en
promettant de la répartir ultérieurement si l'état des
choses s'améliorait.

« Si le cours des valeurs ne se relève pas, disait
« à cet égard le rapporteur, la somme que nous
« n'aurons pas distribuée servira à couvrir la dépré-
« ciation que nous aurons subie; si la situation des
« affaires s'améliore, le dividende de 1857 grossira
« les ressources, les bénéfices des exercices sui-
« vants. »

Et le rapport ajoutait une phrase significative et
solennelle :

« Il sera désormais officiellement établi qu'aux
« yeux de votre Conseil d'administration il n'y a de
« dividende acquis que lorsqu'il a été loyalement
« constaté la veille du jour de votre réunion. »

A quoi servait alors l'inventaire dressé au 31 décembre précédent, soit quatre mois avant l'assem-

blée? Ce n'était donc qu'une vaine formalité. Le véritable inventaire se dressait la veille de l'assemblée.

Mais le lendemain de l'assemblée, ou le lendemain de la distribution du dividende, le portefeuille du Crédit Mobilier pouvait subir des dépréciations bien autrement imprévues, bien autrement considérables. Dans une situation pareille, on ne pouvait jamais dire, avec raison, qu'on avait perdu ou gagné.

Telle est malheureusement la condition des spéculateurs et des joueurs : ils peuvent avoir toujours de l'argent, beaucoup d'argent, éblouir la foule par leur luxe, leurs dépenses, ou les richesses qu'on leur attribue, mais en définitive ils ne savent jamais la veille s'ils auront même de quoi jouer le lendemain !

Dans cet ordre d'idées, on se demande si le Crédit Mobilier pouvait être une institution de crédit?... On va plus loin, on cherche si c'était une entreprise ayant chance de vie. — La froide raison répond : non.

Le Crédit Mobilier était un vaste échafaudage, ayant l'apparence et les dehors imposants d'un grand et solide édifice; mais il était construit de matériaux sans consistance, il était bâti sur un sable mouvant. Tôt ou tard il devait crouler. Combien de choses sont ainsi !

Nous venons de dire que le Crédit Mobilier avait conservé à titre de provision, le bénéfice de

4,133,733 fr. 20 cent., accusé par l'inventaire du 31 décembre 1857.

Pour 120,000 actions, ce chiffre représentait un dividende de 34 fr. 44 c. par action, que les action- naires ne touchèrent pas : il disparut peu à peu dans le gouffre des dépréciations successives, comme nous aurons occasion de le démontrer par l'analyse des rapports de 1858-59-60 et 61.

En 1858, le Crédit Mobilier ne paya en effet que l'intérêt des actions, soit 5 0/0 sur 500 francs = 25 francs.

En 1859, il ne donna que 12 fr. 50 c. de dividende, qui avec l'intérêt des actions à 5 0/0 sur 500 francs, soit 25 francs, éleva le revenu de l'année à 37 francs 50 centimes.

Enfin, en 1860 et 1861, il distribua 25 francs d'intérêt et 25 fr. de dividende, ensemble 50 fr.

C'est-à-dire qu'en cinq années d'exercice, le Crédit Mobilier ne distribua que 62 fr. 50 de divi- dende en sus de l'intérêt de 5 0/0 du capital social.

Nous ne pouvons pas nous livrer à l'examen ou à l'évaluation même probable du portefeuille du Crédit Mobilier au 31 décembre 1857. Les documents et les matériaux nécessaires nous manquent complétement et le rapport ne nous fournit aucune donnée. La com- position du portefeuille restait toujours inconnue aux actionnaires et au public !

Seulement nous constaterons d'après le rapport et d'après le bilan que pour former un portefeuille de 83,563,991 fr. 41 c., soit :

1° En rentes	10.205.415	70
2° En actions	71.175.603	31
3° En obligations	2.183.072	40
Ensemble	83.564.091	41

Il avait fallu employer :

1° Tout le capital social	60,000,000	» »
Moins le prix de l'immeuble , siége de la société, évalué.	1,449,436	50
	58,550,563	50
2° Toute la réserve.	2,000,000	» »
Et emprunter aux comptes courants 3° Une somme de.	23,013,527	91
Balance et preuve. . . .	83,564,091	41

C'était là une situation dangereuse.

Il est vrai que les sommes disponibles à la même date, en caisse ou à la Banque de France, représentaient une somme de 7,261,925 fr. 28 c., et que les sommes à rembourser aux comptes courants se seraient, en réalité, trouvées réduites d'autant ; mais il n'aurait pas moins fallu, en cas de demandes subites de remboursements, pouvoir payer, à caisse ouverte, une somme de seize millions.

On aurait pu se la procurer sans doute en vendant des valeurs de portefeuille ; mais au prix de quels sacrifices ?.....

La baisse seule empêchait la distribution d'un dividende de 4 millions. Que serait-il donc arrivé si on avait été dans l'obligation de trouver en quelques jours quatre fois plus, soit 16 millions ?

Il y avait bien 10 millions de valeurs en rentes ; mais de quels titres se composaient les 71 millions d'actions ? étaient-ils réalisables ? et les 2 millions d'obligations, qu'était-ce ? peut-être des obligations de la canalisation de l'Ebre ! Le mobilier avait-il déjà vendu le dessus et la fleur de ses paniers ?

Le portefeuille du Crédit Mobilier, un abîme !

Mais tous les chapitres de la comptabilité du Crédit Mobilier éprouvaient à l'envi des variations continuelles. Il n'est pas jusqu'au compte de l'immeuble qui ne fut affecté de hausse ou de baisse ; à chaque inventaire, son prix ou sa valeur se trouvait modifié.

Porté au premier bilan, (celui de l'exercice 1853, pour une somme de.............. 1.233.163 33

Au deuxième bilan (celui de 1854), pour une somme de............... 1.328.566 71

Et diminué à ce deuxième bilan d'un solde en amortissement de.. 45.009 22

Réduit par conséquent au chiffre de 1.283.957 49

Il fut ramené dans le bilan de 1855
par un amortissement extraordi-
naire de......................   590.283 15

à son prix d'acquisition, soit.....   693.674 34?
   Mais, dans le bilan de 1856, nous
le trouvons porté à............   1.336.401 34
   Et dans celui de 1857, à......   1.449.436 50
   On avait donc dépensé en cinq ans, sur l'im-
meuble, par amortissement......   634.892 37
   Par agrandissement.........   755.762 16
   _____
               Ensemble.....   5.390.654 53

en sus du prix o'acquisition sur l'hôtel de la Société
(Place Vendôme, n° 1).

   Nous voulons croire à la nécessité de ces dépenses;
mais nous sommes surpris que les actionnaires du
Crédit Mobilier ne les aient pas trouvées exagérées.

   Peut-être leur excès cache-t-il des erreurs?....

   Nous ne nous étendrons pas davantage sur les
comptes présentés aux actionnaires du Crédit Mobilier
dans l'assemblée du 30 avril 1858. Plus nous les
fouillerions, moins nous y trouverions de clartés,
plus nous les étudierions, moins nous y trouverions
de points d'appui au raisonnement et à la logique.

   Sous l'apparence d'un bilan régulier, avec balance
juste, les comptes du Crédit Mobilier restent un logo-
griphe indéchiffrable. Au bout de chaque ligne, de
chaque somme, il y a un inconnu qui ne se dégage
jamais.

Quant au rapport en lui-même, il était aussi nuageux, aussi vague, aussi riche du reste en banalités
générales que tous les rapports précédents. Toutefois,
la rédaction de 1857 offrait de grandes analogies
avec celle de 1853, 1854 et 1855. Le Rapporteur
de 1856 avait été écarté, ou avait peut-être disparu.

Le rapport nous apprit toutefois que pendant
l'exercice 1857 le Crédit Mobilier avait vendu
378.000 obligations diverses ayant produit ensemble
100.000.000 de francs.

Ces obligations avaient été ainsi vendues au prix
de 264.55 en moyenne.

Mais le rapport ne dit pas à quel prix elles avaient
été achetées ou souscrites par la société.

Et là-dessus, le rapporteur, ajoutant l'ironie au
mystère, servait à ses actionnaires étonnés cette phrase
ambiguë :

« Les affaires de la Société de Crédit Mobilier ont *ce*
» *cachet particulier* que, pour en embrasser l'ensemble, il
» faut se rendre un compte au moins sommaire de la situa-
» tion des entreprises auxquelles elle a participé. »

Quel moyen avait donc le public de se rendre
compte, même sommairement de la situation de ces
entreprises, quand jamais le Crédit Mobilier lui-même
ne fournissait une explication?

Le rapport entretenait les actionnaires du développement que prenait la Compagnie parisienne
d'éclairage et de chauffage par le gaz; de l'accroisse-

ment de la circulation dans Paris par les omnibus ;
de l'avenir réservé à la Compagnie de l'hôtel et des
immeubles de la rue de Rivoli ; du concours que le
Crédit Mobilier avait prêté à la Compagnie maritime ;
il prétendait que les pertes de cette compagnie avaient
été singulièrement exagérées par la malveillance ou
par la peur, et étaient bien loin d'atteindre le chiffre
qu'indiquait le cours de ses actions ; [1] il s'étendait
avec complaisance sur le concours prêté à la Compagnie des chemins de fer de l'Ouest pour le placement de ses obligations ; à la Compagnie des chemins
de fer du Dauphiné pour l'aider à la transformation
qu'elle avait sollicitée ; il disait avoir rendu des services d'argent à la Compagnie des chemins de fer du
Midi et avoir facilité ainsi le placement des obligations
que cette compagnie avait à émettre ; il cherchait
à justifier par le cas de légitime défense la concurrence des tarifs entre le chemin de fer du Midi et le
canal du Languedoc ; enfin, dans une longue dissertation, il exaltait les débuts brillants de la société dans
la voie des affaires étrangères, par la création des
chemins de fer Autrichiens, [2] des chemins de fer

---

[1] Les actions de la Compagnie Maritime étaient tombées, en 1857,
de **530** à **310** fr., en 1858, elles tombèrent à **200** fr., et, en 1859,
elles firent **80** fr. !

[2] Les actions des chemins de fer autrichiens se cotèrent :

En 1857, au plus haut, 800	au plus bas,	625
En 1858, — 770	—	615
En 1859, — 635	—	327 50

Suisses, [1] et l'établissement des premières lignes de fer en Russie et en Espagne.

Mais de tout ce verbiage ampoulé, il ne se dégageait aucun fait, aucune donnée qui pût permettre de se *rendre un compte au moins sommaire* de la situation de ces diverses entreprises... Les actionnaires sortirent de leur assemblée aussi peu renseignés qu'ils y étaient entrés. Ils apprirent seulement qu'ils devaient se contenter de 25 francs d'intérêt et qu'on promettait de leur distribuer quatre millions de dividende, si rien ne venait contrarier Messieurs les administrateurs..... et si le peuple français, le gouvernement, les journaux, la Bourse, si le monde entier enfin était bien sage.....

Voilà comment on parlait aux actionnaires, en l'an de grâce 1857-58, la sixième année après la fondation du Crédit Mobilier.

Les rangs des administrateurs du Crédit Mobilier s'éclaircissaient de plus en plus. La mort venait d'enlever M. Des Arts; M. Ernest André avait donné sa démission. On appela M. le duc de Galliera.

M. le duc de Galliera, qui, à la suite d'un regret-

---

[1] L'Ouest suisse se cota :
    En 1857, au plus haut, 551 25 au plus bas, 430
    En 1858,   —   470   —   395
Le Central suisse :
    En 1857, au plus haut, 540   au plus bas, 430
    En 1858,   —   500   —   440

RÉSULTATS D'EXPLOITATION DU CRÉDIT MOBILIER

ANNÉES	PART des ADMINISTRATEURS	INTÉRÊTS par ACTION	DIVIDENDES par ACTION	TOTAL des Intérêts et Dividendes par ACTION	INTÉRÊTS	DIVIDENDES	TOTAUX
1853.......	341.445 32	15 25	25 »	40 25	1.830.000 »	3.000.000 »	4.830.000 «
1854.......	485.634 43	25 »	34 »	59 »	3.600.000 »	4.080.000 »	7.080.000 »
1855.......	2.382.790 13	25 »	178 70	203 70	3.000.000 »	21.444.000 »	24.444.000 »
1856.......	1.200.000 »	25 »	90 »	115 »	3.000.000 »	10.800.000 »	13.800.000 »
1857.......	»	25 »	»	25 »	3.000.000 »	»	3.000.000 »
1858.......	»	25 »	»	25 »	3.000.000 »	»	3.000.000 »
1859.......	170.396 17	25 »	12 50	37 50	3.000.000 »	1.500.000 »	4.500.000 »
1860.......	334.243 55	25 »	25 »	50 »	3.000.000 »	3.000.000 »	6.000.000 »
1861.......	324.235 40	25 »	25 »	50 »	3.000.000 »	3.000.000 »	6.000.000 »
1862.......	1.333.333 35	25 »	100 »	125 »	3.000.000 »	12.000.000 »	15.000.000 »
1863.......	1.333.333 35	25 »	100 »	125 »	3.000.000 »	12.000.000 »	15.000.000 »
1864.......	333.333 33	25 »	25 »	50 »	3.000.000 »	3.000.000 »	6.000.000 »
1865.......	»	25 »	»	25 »	3.000.000 »	»	3.000.000 »
1866.......	»	»	»	»	»	»	»
1867.......	»	»	»	»	»	»	»
TOTAUX...	8.248.445 43	315 25	615 20	930 45	37.830.000 »	73.824.000 »	111.654.000 »

Paris. — Imp. Wiesener et Cie, rue Delabordo. 12.

table mal entendu[1], s'était démis en 1856 de ses fonctions d'administrateur, voulut bien rentrer dans le Conseil, à l'entière satisfaction de ses collègues, qui proposèrent, à l'unanimité, à l'assemblée, de voter sa réélection.

M. le duc de Galliera fut réélu administrateur à l'assemblée de 1859, et nous le trouverons encore dans le Conseil en 1867.

A tous les précédents chapitres, nous avons terminé par une conclusion ou par un résumé l'examen des actes du Crédit Mobilier pendant l'année correspondante.

Nous réserverons désormais nos conclusions pour la fin de cet ouvrage, car nous sommes entrés dans la période de crise et de maladie au terme desquelles le Crédit Mobilier trouvera une existence nouvelle ou la mort.

L'année 1857, après avoir souffert d'un hiver rigoureux, aggravé de la cherté du pain et de toutes les subsistances, après avoir traversé une crise financière terrible, se termina par une amélioration générale, avec des symptômes favorables pour l'avenir.

---

[1] Ce regrettable malentendu était tout simplement un conflit entre les intérêts de M. le duc de Galliera et les intérêts de la Société. — (Voir les termes du rapport de 1856, page 184, chap. V).

Quelle était la cause de ce conflit ou de ce malentendu ? C'est ce qu'on n'a jamais pu savoir au juste!

Le commerce extérieur n'avait cessé de progresser depuis trois ans sur les trois années précédentes [1].

Des récoltes abondantes en vins, en blé, en céréales, en produits du sol de toute nature, allaient rendre la vie plus facile et plus économique. Il ap-

[1] En 1855, les IMPORTATIONS furent :

En marchandises de..........	1.594.100.000
— numéraire, de...........	507.070.000
	2.101.170.000

Les EXPORTATIONS furent :

En marchandises, de........	1.557.900.000
— numéraire, de...........	484.323.000
	2.042.223.000

En 1856, les IMPORTATIONS furent :

En marchandises, de........	1.989.800.000
— numéraire, de...........	575.900.000
	2.565.700.000

Les Exportations furent :

En marchandises, de........	1.893.000.000
— numéraire, de...........	483.400.000
	2.376.400.000

En 1857, les IMPORTATIONS furent :

En marchandises, de.........	1.872.900.000
— numéraire, de...........	671.990.000
	2.544.890.000

Les EXPORTATIONS furent :

En marchandises, de........	1.865.800.000
— numéraire, de...........	582.101.000
	2.447.901.000

partenait aux classes laborieuses de profiter de ces conditions favorables pour accroître la richesse de la nation, et combler ainsi les pertes que nous allions éprouver dans nos exploitations financières mal dirigées.

CHAPITRE VII

1858

La crise financière qui avait tourmenté l'année 1857, était complétement apaisée au mois de janvier 1858.

La Banque de France venait de réduire le taux de son escompte de 6 0/0 à 5 0/0. Un fait identique se passait à la Banque d'Angleterre, et toutes les Banques d'État d'Europe se disposaient à suivre l'exemple des deux grands établissements financiers, régulateurs du prix de l'argent. La situation allait donc s'améliorer.

Par un phénomène semblable à celui des marées, les capitaux qui s'étaient retirés au point de laisser presqu'à sec le fond des caisses des Banques, de l'industrie et du commerce, allaient revenir à grands flots. Leur flux allait être d'autant plus élevé, que leur reflux avait été plus profond. Telle est la loi du mouvement. Tout paraît y être soumis.

Après avoir successivement élevé le taux de son escompte de 5 1/2 à 6 1/2, à 7 1/2 et à 10 0/0 en 1857, la Banque de France l'avait réduit, successivement aussi, de 10 0/0 à 9, 8, 7, 6 et 5 0/0, revenant ainsi, après la crise, à son point de départ avant la crise. En outre, en 1858, elle devait l'abaisser :

à 4 1/2 0/0 le 8 février,
4 — le 19 —
3 1/2 — le 11 juin,
et à 3 — le 24 septembre,

comme pour compenser, par un prix de baisse extrême, le prix de hausse extrême qu'elle avait atteint.

Le 29 décembre, voir le chapitre précédent.

Ne dirait-on pas les balancements du pendule dans leur mouvement d'action et de réaction?

La Banque de France allait donc servir puissamment les idées de hausse par l'abaissement du loyer des capitaux.

Ce n'est pas tout. Elle allait prêter au marché financier et à la négociation des valeurs un concours exceptionnel, tout-à-fait en dehors de ses habitudes, en procédant à l'émission des obligations de huit Compagnies de chemins de fer. Ces huit Compagnies étaient celles de l'Orléans, du Lyon-Méditerranée, de l'Ouest, du Dauphiné, des Ardennes, de l'Est, du Midi et du Lyon à Genève.

A la fin de 1857, ces huit Compagnies ayant à émettre un nombre suffisant d'obligations pour se procurer un capital de 246 millions et demi, avaient demandé à la Banque de France l'ouverture d'un crédit qui permît, dans leur intérêt, comme dans l'intérêt du public déjà porteur de leurs titres, de ne pas précipiter la négociation d'un si grand nombre de valeurs. La Banque de France ayant assuré, dès le commencement de 1858, des ressources provisoires aux huit Compagnies, commença, par voie de souscription publique et de ventes directes à la fois, à Paris, le 13 janvier et plus tard, dans ses succursales, le placement des 890,535 obligations à émettre.

Elle procura ainsi le placement de 617,776 titres, au prix moyen de 276 fr. 60 c. pour une somme de 170,885,168 fr. 69 c.

A la date du 5 juillet 1858, il restait à négocier 271,000 obligations, c'est-à-dire un peu plus du tiers de l'émission autorisée par le gouvernement pour l'année 1858.

Une souscription ouverte du 5 au 10 juillet à Paris, à la Banque centrale, et, dans les départements, chez les receveurs généraux, atteignit le chiffre considérable de 986,887 obligations.

Savoir :

562,298 obligations pour Paris,

Et 424,589 — pour les départements.

C'était trois fois et demie la quantité qu'il restait à émettre; et la Banque de France, pour cette réalisation énorme de capitaux, n'eut à exercer son recours que contre vingt-trois souscripteurs, absents ou morts, représentant ensemble 233 obligations.

Le 1er décembre 1857, le cours moyen des obligations des huit Compagnies dont il vient d'être question était de 265 fr. 18 c. La moyenne du prix de vente tant par la Banque directement que par les souscriptions publiques, s'éleva à 274 fr. 50 c., ce qui constituait une différence de 9 fr. 32 c. en amélioration. C'était pour les 890,535 obligations un bénéfice de 8,299,786 fr. 20 c. réalisé par les huit Compagnies.

Si, en se reportant à une époque plus éloignée, on comparait le cours moyen des obligations du 1er décembre 1857, 265 fr. 18 c., au prix moyen de ces mêmes obligations au 1er décembre 1858, 302 fr. 97 c., on trouvait que chaque obligation s'était, en réalité, améliorée de 28 fr. 47 c., ce qui donnait, pour 890,535 titres, une plus-value de 25,353,000 fr.

L'intermédiaire de la Banque de France avait donc été utile et profitable à tous.

Comment le Crédit Mobilier n'avait-il pas su ou n'avait-il pas pu s'emparer de cette opération importante? Elle rentrait pourtant dans ses attributions, dans sa mission et dans son rôle. Peut-être ne possédait-il plus un crédit suffisant pour en assurer le succès. Le public qui devait accourir à la Banque se serait détourné de lui. Telles étaient les conséquences de sa *manière* d'opérer!...

Dès les premiers jours de janvier, la Bourse encouragée par la diminution du taux de l'escompte, pressentait les réductions successives que nous avons indiquées. Elle savait en outre que la Banque de France allait émettre les obligations des Compagnies de chemins de fer pour l'année 1858. Elle comptait à bon droit sur un succès. La situation financière était donc dégagée de toute grave préoccupation. D'autre part, les récoltes avaient été abondantes; la tranquillité régnait à l'intérieur et le travail ne manquait pas; à l'extérieur, rien ne laissait croire à la possibilité de complications politiques; tout enfin était favorable à une reprise vigoureuse.

La Bourse la désirait vivement. Aussi se préparat-elle à une campagne de hausse.

Dès le 2 janvier, elle attaquait vivement toutes les positions de la baisse, et portait :

Le 3 0/0 de.	68 80	à	70 »
Le Crédit Mobilier de.	800 »	à	870 »
L'Orléans de.	1.347 50	à	1.377 50
Le Nord de. . , . . .	945 »	à	970 »
L'Est de.	675 »	à	695 »
L'Ouest de.	675 »	à	690 »
Le Lyon-Fusion de. .	855 »	à	876 25
Le Midi de.	547 50	à	570 »
Les Autrichiens de. .	716 25	à	746 25 [1]

Le 11 janvier, la rente était à 70 30, le Crédit Mobilier à 1050, après avoir fait 1057 50, et toutes les valeurs montaient en proportion.

Du 12 au 14, les cours s'étaient raffermis par une réaction légère qui permettait à la hausse de reprendre de nouvelles forces et de se porter plus avant. On reparlait déjà des grands cours et d'une longue série de hauts prix. C'est dans ces dispositions qu'on quittait la Bourse à trois heures. La rente fermait à 70 fr., le Crédit Mobilier à 945, à la clôture du parquet, et l'on se promettait de faire de meil-

---

[1] La liquidation, favorisée par cette hausse générale, supporta facilement les prix assez élevés des reports, qui étaient de 50 c. sur le 3 0/0 ; 2 fr. 50 sur l'Orléans ; 3 fr. sur le Lyon-Fusion ; 2 fr. 50 sur le Midi et 3 fr. sur les Autrichiens.

Les actions du Crédit Mobilier seul avaient été reportées à bas prix : 1 fr. 50 de report et au pair!... C'était presque toujours ainsi après un mouvement de hausse sur la valeur.

leurs cours encore le lendemain, 15 janvier, pour la réponse des primes... Mais il n'est donné à personne de compter sur le lendemain.

Le 14 janvier, au soir, vers neuf heures, eut lieu l'attentat Orsini. Nous nous trouvions par hasard au passage de l'Opéra. On demandait la rente à 70 20 à la coulisse. Tout à coup nous entendîmes deux ou trois explosions retentir du côté de la rue Lepelletier. Nous nous élançâmes dans cette direction. Une foule nombreuse nous avait précédé. L'obscurité la plus profonde régnait dans la rue. Les réverbères avaient été brisés et éteints par la force de l'explosion ou par les projectiles. Nous vîmes à la lueur de quelques lumières apportées des maisons voisines, des sergents de villes se courber vers la terre et relever çà et là des blessés. Nous entendîmes les plaintes de ces malheureux ; nous entendîmes aussi une grande clameur partie de l'intérieur du théâtre, puis des applaudissements frénétiques semblables au bruit d'une pluie d'orage... L'Empereur et l'Impératrice entraient dans leur loge et saluaient la foule. Ils n'avaient pas été atteints.

La force armée fit immédiatement évacuer la rue Lepelletier et le passage de l'Opéra. Nous revînmes sur le boulevard. Une foule compacte y était accourue. On se pressait avide de renseignements et de détails... La consternation était peinte sur tous les visages. Toutes les affaires furent suspendues et on ne parla plus que du sinistre événement.

La Bourse devait en conserver longtemps la mémoire et ne se remettre de ses frayeurs qu'après plus de sept longs mois.

Le lendemain 15 janvier, on s'attendait à voir le parquet ouvrir en forte baisse sur les cours de la veille : Il n'en fut rien. Les agents de change entrèrent ensemble à la Corbeille aux cris répétés de : vive l'Empereur ! vive l'Impératrice ! cherchant à rassurer les esprits par leur attitude. Quant à la coulisse, elle proclama bien haut qu'il fallait tenir compte plutôt du péril évité que des dangers courus. Malgré des ordres de ventes considérables, elle maintint les cours par des rachats continuels et elle parvint à conjurer la baisse. La rente ferma à 69 65 au parquet et à 69 75 à la coulisse. Depuis la veille, les cours n'avaient donc perdu que 35 c. et 25 c. L'effet moral était produit. La baisse était arrêtée.

Mais les affaires devinrent d'une rareté et d'une difficulté extrême. Personne n'osait plus s'engager dans des opérations de longue haleine : Il y a plus, les vendeurs furent en si grand nombre que le report sur la rente allait s'effacer peu à peu et faire place au déport.

Une fois encore, en février, la rente revint au cours de 70 fr. et le dépassa de 10 à 20 centimes ; mais elle retomba à 69 85 le 26 février ; — resta flottante entre 69 15 et 69 85 pendant les quatre-vingt douze jours des mois de mars, avril et mai ; — baissa encore de niveau en juin où elle atteignit 67 50, cours extrême de baisse dans l'année ; — et conserva avec peine le cours moyen de 68 30 en juillet.

A partir du 15 août toutefois le niveau se relève. On cote 69 02 comme cours moyen dans le mois. Jusqu'alors, les affaires avaient été nulles ou presque nulles, et comme paralysées par la peur depuis l'attentat de janvier.

Rassuré toutefois sur l'avenir et sur la paix de l'Europe par le voyage de la reine d'Angleterre à Cherbourg, le marché retrouva des affaires. Les cours se relevèrent progressivement, et les prix moyens de la rente donnèrent les résultats suivants pour les quatre derniers mois de 1858 :

Septembre............	72 69
Octobre.............	73 38
Novembre............	74 15
Décembre............	73 37

L'année se termina par le cours de 72 90 en clôture de Bourse au 31 décembre.

Les cours du Crédit Mobilier avaient suivi les mêmes phases, avec des oscillations plus brusques et moins raisonnées. Ses prix extrêmes furent :

en hausse.... 1,057 50 en janvier,
en baisse.... 557 50 au mois de juin.

Ce qui constitue exactement 500 francs de différence par action, soit le mouvement du capital social tout entier de la société : 60 millions.

Du cours de 557 fr. 50 c., coté au mois de juin, les

actions du Crédit Mobilier se relevèrent jusqu'à 1,050 fr. au mois de novembre. C'était un nouveau mouvement de 500 fr., à peu de chose près par action, soit une seconde fois une différence de 60 millions.

Total des deux mouvements, 120 millions !

Si l'on tenait compte des oscillations en tous sens du Crédit Mobilier pendant le cours de toute une année, on arriverait facilement au chiffre de 4 à 500 millions. Tel était donc le budget que la France devait lui voter chaque année en différences de pertes ou de gains.

Voici du reste le tableau[1] par divisions hebdomadaires des cours de la Rente 3 0/0 et des actions du Crédit Mobilier pendant l'année 1858.

DATES		RENTE 3 0/0.	CRÉDIT MOBILIER.
Janvier	2	69 25	870
	7-8	70 45, 70 10	960, 970
	9-14	69 85, 70	1040, 1057 50, 915
	15	69 65	905
	22	69 35	945
	29	68 80	940

[1] Les prix que nous avons cotés dans ce tableau sont les prix de clôture de chaque semaine. Or, il ne faut pas perdre de vue que, pendant les six Bourses qui se trouvent comprises d'un dimanche à l'autre, il y avait des variations continuelles que nous ne pouvons mentionner. Il n'était pas rare de voir les actions du Crédit Mobilier varier de 25, 30, 40 à 50 fr. par Bourse; il pouvait faire quatre-vingts cours différents en six jours et rester cependant d'un samedi à l'autre à un écart insignifiant de 15 à 20 francs. Notre tableau, tout exact qu'il est, ne donne donc qu'une idée des mouvements de l'année et ne permet pas de se rendre compte des mouvements de chaque semaine et de chaque jour. Il faudrait un volume de cinq cents pages pour les mentionner tous !

DATES		RENTE 3 0/0	CRÉDIT MOBILIER
Février	5	69 65	972 50
	12	69 95	965
	19	70 10	882 50
	26	69 35	875
Mars	5	69 15	850
	12	69 40	822 50
	19	69 50	770
	26	69 85	807 50
Avril	2	69 70	777 50
	9	69 65	755
	16	69 40	716 25
	23	69 30	780
	30	69 30	680
Mai	7	69 85	750
	14	69 60	692 50
	21	69 65	672 50
	28	69 60	636 25
Juin	4	69 50	590
	7-15	**67 50** ex-coup. 68	**557 50**, 610
	18	68 40	645
	25	68 05	617 50
Juillet	2	68 15	625
	9	68 50	637 50
	16	68 20	602 50
	23	68 30	615
	30	68 20	615
Août	6	68 50	630
	13	68 95	670
	20	69 45	720
	27	70 05	751 25

DATES		RENTE 3 0/0	CRÉDIT MOBILIER
Septembre	3	71 45	832 50
	10	72 85	930
	17	72 95	950
	24	72 75	932 50
Octobre	1	73 55	977 50
	8	73 80	982 50
	15	73 35	940
	22	72 95	895
	29	73	910
Novembre	5	73 05	928 75
	12	74 45	993 75
	17	75 15	1050
	19	74 80	1032 50
	26	74 25	1025
Décembre	3	74	980
	10	73 25	987 50
	17	73 35	990
	24	73 35	985
	31	72 90	983 75

La spéculation ne se bornait pas à opérer sur les actions du Crédit Mobilier, soit ferme, soit à prime ; elle se livrait aussi à des ventes et à des achats de divivendes de ces mêmes actions.

Des opérations de ce genre avaient déjà eu lieu les années précédentes ; mais dans des limites trop étroites pour éveiller l'attention. Elles semblaient alors être le corollaire d'achats de titres dont les propriétaires voulaient s'assurer le revenu plus ou moins hypothétique, en le cédant d'avance pour un prix certain.

Aux mois de février et de mars 1858, ces opérations sur les dividendes du Crédit Mobilier prirent des proportions considérables. La mesure que le Conseil d'administration avait prise de ne faire connaître le chiffre de ses bénéfices, qu'à l'assemblée générale de ses actionnaires, tenue d'ordinaire à la fin d'avril, fournissait carrière à toutes les conjectures, à toutes les appréciations, à tous les calculs possibles et impossibles. Personne ne savait au juste la situation exacte des comptes, de la caisse, du portefeuille, — du portefeuille surtout, qui restait toujours un mystère ! — personne ne pouvait avoir une idée exacte du passif et de l'actif, et tout le monde se prétendait parfaitement renseigné. Question d'amour-propre et d'argent à la fois. Moyen aussi de peser sur les cours et de les décider soit en hausse, soit en baisse.

Il est clair, en effet, que si on demandait à grand prix les coupons de dividende, le cours des actions devait s'élever; si on les offrait à vil prix, au contraire, le cours des actions devait baisser proportionnellement.

Les coupons du Crédit Mobilier pour l'exercice 1857 [1], furent offerts en février par des spéculateurs à la baisse sans doute, à 10, 11 et 12 francs. Demandés et pris ainsi par des spéculateurs à la hausse, ils montèrent à 15-17.50 c. et 20 fr., puis à 22 fr. 50 c.;

----

[1] Nous savons déjà que le Crédit Mobilier ne distribua pas de dividende pour l'exercice 1857, et qu'il ne paya que 25 francs d'intérêt. (Voir le chapitre précédent.)

puis enfin, ils se négocièrent sur une grande échelle à 25 francs. De ce fait, les actions du Crédit Mobilier montèrent de 765 francs (19 mars), à 830 et 835 fr. (22 mars), et on commençait à dire que le dividende serait d'au moins 35 francs, ce qui faisait entrevoir déjà la possibilité du cours de 900 francs.

Les choses en étaient là, quand le Crédit Mobilier crut devoir intervenir. Il sollicita du commissaire de la Bourse la répression et la suppression de ce genre d'affaires. Elles furent interdites désormais [1].

C'est ainsi que l'on entendait au Crédit Mobilier la liberté des transactions.

Le Crédit Mobilier aurait pu s'y prendre autrement, pour empêcher des spéculations qui le contrariaient : il n'avait qu'à suivre l'exemple de quelques Compagnies de chemins de fer, et à publier le chiffre de son dividende dès qu'il était fixé par le bilan. Mais encore? c'était chose impossible : Nous avons vu en effet, dans le précédent chapitre, que le Crédit Mobilier faisait un inventaire conditionnel, et pour la forme, au 31 décembre de chaque année, et que cet inventaire ne devenait définitif que la veille même de l'assemblée des actionnaires; et encore, à ce moment-là, le Conseil d'administration pouvait réserver le

---

[1] Une note insérée au *Moniteur* interdit quelque temps après (11 avril) aux journaux financiers de publier par avance le dividende probable des compagnies de chemins de fer. Cette publication anticipée pouvait être considérée comme une manœuvre et poursuivie devant les tribunaux en qualité de fausse nouvelle.

dividende à titre de provision et ne le distribuer qu'ul-térieurement.

Jamais pareils procédés n'avaient été mis en œuvre dans une affaire quelconque en France, et les actionnaires du Crédit Mobilier étaient décidément **trop** faciles à contenter !

Cependant, les affaires diminuaient de plus en plus à la Bourse, le public devenait de plus en plus rare, et toute entreprise nouvelle était d'avance condamnée à un échec certain. Quelques journaux avaient énuméré une série de mesures qui auraient été proposées à l'administration supérieure pour ranimer le marché des fonds publics et des valeurs, et pour rendre aux Compagnies le crédit nécessaire à l'exécution des grands travaux qu'elles avaient à poursuivre. Ces mesures se résumaient ainsi :

1° Retrait du droit d'entrée à la Bourse;

2° Retrait de l'impôt sur les valeurs;

3° Suppression des liquidations de quinzaine;

4° Révision des cahiers des charges des Compagnies;

5° Remaniement des concessions de chemins de fer;

6° Création d'une caisse spéciale pour l'émission des obligations de chemins de fer,

7° Marché à terme ouvert à toutes les obligations, etc., etc.

Ces diverses propositions furent dit-on l'objet **de**

discussions sérieuses entre les membres du gouvernement et les délégués de quelques grandes Compagnies; malheureusement, elles n'eurent pas de solution. Elles furent ajournées : on ne se souciait pas de revenir si vite sur le système de restriction inauguré depuis trois ans à peine. Nous ne reconnaissons en France, une Vérité, qu'après avoir épuisé toutes les combinaisons possibles et impossibles de l'Erreur.

En attendant, le niveau du Crédit public baissait dans des proportions imprévues. Les grands prix de la Rente, au lieu d'être la règle, allaient devenir l'exception. Le cours du 3 0/0 se dépréciait sans cesse. Une quantité considérable de valeurs présentait des pertes énormes. Le mal ne devait plus s'arrêter. En outre, des restrictions nouvelles allaient encore frapper le marché. Il était déjà question de dissoudre la coulisse et de rendre aux agents de change le monopole de la Bourse, le monopole de la négociation des Effets publics et de toutes les valeurs! Cela semblait impossible et pourtant cela se fit.

Le Crédit Mobilier qui avait rédigé de splendides programmes en faveur de la liberté des transactions, n'employa pas son influence à essayer d'empêcher les mesures restrictives. S'il avait parlé, on l'aurait écouté peut-être. Il garda le silence. La Centralisation extrême du Crédit servait peut-être ses secrètes pensées : il espérait sans doute pouvoir dominer plus facilement un marché monopolisé! Le public ne pouvait déjà plus contrarier ses mouvements et les

paralyser par la puissance du nombre : les tourniquets du droit d'entrée ne le laissaient pas arriver.
D'un autre côté, le bon temps des émissions à grosses
primes était passé. Il fallait se rabattre sur la spéculation… De quelles forces ne disposait-on pas pour la
diriger?… par l'entremise du parquet qu'on pouvait
faire manœuvrer passivement, par des ordres qu'il
était chargé d'exécuter sans examen, sans discussion,
sans contrôle, on rêvait de conduire la Bourse, et par
la Bourse, les capitaux du pays tout entier ! Rêve
creux ! Rêve impossible ! Il n'est, il ne sera jamais au
pouvoir de personne d'ouvrir ou de fermer à son gré
les écluses de la confiance, du crédit et des affaires.
Pour le Crédit Mobilier lui-même, les restrictions
allaient devenir plus funestes encore que la liberté !

Toutefois le mouvement de hausse éclatante qui
avait signalé les quatre derniers mois de l'année 1858
devait avoir permis au Crédit Mobilier de réaliser des
bénéfices importants sur son portefeuille. On s'attendait donc à en trouver les résultats effectifs dans le
bilan de l'exercice 1858.

Mais le rapport trompa une fois de plus l'attente
générale.

Plus laconique, plus sobre de détails encore que
tous ceux qui l'avaient précédé, le rapport passait
rapidement en revue les affaires diverses de la
Société.

La Compagnie Parisienne du gaz dépassait déjà les
termes qu'on avait assignés à ses développements : De-

puis sa fondation, les dividendes qu'elle avait distribués s'étaient régulièrement accrus chaque année de 1 0/0. La consommation du gaz s'était élevée de 38 millions de mètres cubes en 1855, à 58 millions de mètres cubes en 1858 et les actionnaires avaient touché successivement 8. 9 et 10 0/0 de leur capital.

La Compagnie des Immeubles et de l'hôtel Rivoli avait été autorisée par ses nouveaux statuts approuvés, à prendre le nom de *Compagnie Immobilière de Paris.* Elle n'était pas, ajoutait le rapport, *dans une moins bonne situation que la Compagnie du gaz! Tous ses placements avaient été faits dans les conditions les plus favorables!*

Le grand hôtel du Louvre donnait un revenu de 8.35 0/0 sur le capital employé à sa construction et à son ameublement. Les autres constructions élevées dans la rue de Rivoli produisaient un revenu moyen de plus de 8 0/0.

La Compagnie avait fait d'autres acquisitions très-avantageuses, en remplacement de plusieurs immeubles réalisés.

Les nouveaux statuts de la Compagnie lui permettaient d'ajouter aux ressources de son capital celles d'emprunts qu'elle pouvait réaliser, soit par hypothèques, soit par émission d'obligations. Elle avait ainsi emprunté, par le premier mode, 11 millions au Crédit Foncier, remboursables en 46 annuités, à un intérêt d'environ 5 0/0, ce qui laissait un bénéfice de 3 0/0 par rapport au taux de ses propres placements.

Enfin, la Compagnie avait réalisé des bénéfices successifs de 6.90 0/0 en 1856, 8.23 0/0 en 1857, et 9 0/0 en 1858 !

Ces bénéfices n'avaient pas été entièrement distribués, ajoutait encore le Rapport, *la Compagnie ayant eu le bon esprit d'en porter une partie notable au compte de réserve*.

La Compagnie Maritime était l'objet d'une justification de la part du rapporteur : ses pertes ne s'élevaient qu'à la somme de 6,221,183 fr. 91 c. !

Ses bénéfices avaient atteint par contre 1,848,807 fr. 73 c., et elle avait pu amortir, en 1858, 1,188,006 fr. 47 c. sur un matériel de 14,500,000 francs !

La Compagnie du chemin de fer du Dauphiné devait dans une époque rapprochée faire partie du réseau de Paris à Lyon et à la Méditerranée.

Dans cette affaire, le Crédit Mobilier devait recevoir 60,000 obligations au prix de 250 francs remboursables à 500 francs, portant 3 0/0 d'intérêt, pour tenir lieu des 30,000 actions libérées de 500 francs souscrites en 1855 et qui ne purent être livrées ou émises sous l'empire de la note du 9 mars 1856.

La lutte qui s'était établie entre le *Canal du Languedoc* et la *Compagnie des chemins de fer du Midi* avait enfin pris terme. L'exploitation du Canal avait été soumise à l'administration du chemin de fer. « La « Compagnie du Midi, ajoutait le Rapport, est désor- « mais entrée dans une phase qui promet à ses ac-

« tionnaires le juste dédommagement de la longue
« attente qu'ils ont subie. »

Cette prophétie ne se réalisa pas de sitôt[1]!

Les chemins de fer Russes, fondés depuis deux ans.
n'avaient encore fait qu'un appel de 150 fr. par action
sur les 600,000 actions qu'ils avaient émises. Grâce
à un emprunt de 140 millions contracté à 4 1/2 0/0
au pair à Saint-Pétersbourg, ils disposaient de 200 millions; 120 millions avaient été déjà consacrés aux
premiers travaux; plus de 260,000 actions sur
600,000 étaient déjà libérées. En présence de cette situation, les actionnaires n'avaient pas à craindre, de
longtemps, de nouveaux appels de fonds.

Quant aux *chemins de fer de François-Joseph*, ils
avaient été fusionnés ou cédés à la Compagnie des
chemins de fer Lombards et du sud de l'Autriche en
échange d'obligations entièrement libérées de cette
dernière Compagnie. Au moment où cette convention
avait lieu, le cours des obligations assurait aux actionnaires du François-Joseph une prime en sus du
remboursement de leurs avances.

La *Société générale de Crédit Mobilier Espagnol*
n'avait encore que deux ans à peine d'existence. Elle
n'avait appelé que 18 millions de francs sur un capital de 60 millions; elle avait réalisé des bénéfices de

---

[1] Les actions du chemin de fer du midi furent cotées en
1858, au plus haut à 615 francs, au plus bas à 465 francs.

| 1859, | — | 580 | — | — | 395 | — |
| 1860, | — | 530 | — | — | 490 | — |

plus de 40 0/0 du capital versé; *mais elle avait eu la sagesse de ne point les distribuer!* (*Textuel!*)

Le *chemin de fer de Cordoue à Séville* était achevé, il donnait déjà des résultats très-satisfaisants, que devait accroître une subvention annuelle des provinces de plus de 600,000 francs par an!

Quant au *chemin de fer du Nord de l'Espagne*, constitué depuis le mois de décembre 1857, sous le protectorat de quatre grandes sociétés de crédit,

La Société générale de Bruxelles,

La Banque de Belgique,

Le Crédit Mobilier Espagnol,

Le Crédit Mobilier Français,

il promettait une recette régulière de plus de 20,000 francs par kilomètre.

Les travaux commencés *sans précipitation, après des études très-complètes, étaient menés partout avec économie, sans qu'aucune garantie de solidité fut sacrifiée!* Avec la faculté accordée par le gouvernement Espagnol d'introduire en franchise tout le matériel, et la subvention de 54 millions, *ce chemin ne devait pas revenir à plus de 200,000 francs par kilomètre!* Telle était la situation de ce chemin de fer de *premier ordre,* suivant les expressions du rapport[1].

Les actions du chemin de fer du Nord de l'Espagne furent cotées,

En 1859............... 505   et 480.
— 1860.............. . 502 50 et 415.
— 1861............... 480   et 415.
— 1862............... 567 50 et 407 50.
— 1867............... elles tombent à 55 francs !

On le voit, d'après le rapport de l'exercice 1858, les affaires en Espagne avaient le plus bel avenir! Elles étaient toutes dans la situation la plus favorable. Toutes promettaient... plus qu'elles ne devaient tenir.

Quand, après dix ans, on relit de pareils passages, on se demande comment il s'est trouvé des gens pour les écrire, les laisser imprimer dans un rapport officiel, et comment il s'est trouvé un public assez naïf pour les écouter, pour y ajouter foi et qui pis est pour donner son argent!

Quant à nous, si nous étions actionnaire du chemin de fer du Nord de l'Espagne, nous voudrions avoir le cœur net de la situation. Nous demanderions au Crédit Mobilier français, aux fondateurs et aux administrateurs du chemin comment il s'est fait qu'une ligne qui ne devait coûter que 200,000 francs par kilomètre, c'est-à-dire 145 millions, a coûté plus de 225 millions[1]! Différence, 80 millions!

Nous voudrions voir les comptes et les pièces justificatives! Nous voudrions savoir au juste quel est l'emploi qu'on a pu faire des fonds versés! 80 millions d'excédant de dépenses sur un chemin de fer qui devait coûter 145 millions! Est-ce possible?

Où sont les pièces justificatives? demanderons-nous encore. Où sont les pièces de comptabilité établissant

---

[1] D'après le compte de premier établissement, le coût du chemin de fer du Nord de l'Espagne a été de 225,396,502 fr. 65 c. pour 730 kilomètres; soit 308,762 fr. 33 c. par kilomètre, au lieu de 200,000 francs, avec 54 millions de francs de subvention!

que le chemin de fer du nord de l'Espagne a coûté plus de 225 millions ?

Est-ce que de pareilles affaires ne seront pas quelque jour tirées au clair?

C'est au compte de construction, au compte de frais de premier établissement, au compte d'émissions, négociations, etc. que se trouveront les défauts des armures des compagnies.

« Donnez-moi deux mots de l'écriture d'un individu, et je me charge de le faire pendre, » disait le père Joseph au cardinal de Richelieu. Nous dirions, nous, volontiers, donnez-nous le compte de premier établissement de telle Compagnie, et nous allons retrouver des millions !... Mais nous ne sommes pas le père Joseph, et nous ne parlons pas au cardinal de Richelieu.

Conclusion : Il y a beaucoup de points douteux à éclaircir dans les affaires faites en Espagne.

Autre conclusion : Il n'y a pas moins de points douteux à éclaircir dans les affaires faites en France, surtout dans les affaires faites par le Crédit Mobilier, puisque c'est du Crédit Mobilier que nous nous occupons spécialement.

Nous venons d'analyser le texte du rapport du Crédit Mobilier pour l'exercice 1858. Nous allons tout à l'heure arriver aux chiffres du bilan et du compte de profits et pertes. En attendant, nous adjurerons tout homme sensé de relire où de lire froidement aujourd'hui les textes originaux des quinze rapports qui résumèrent, d'après les dires du Conseil d'administration, les quinze années d'existence du Crédit Mobilier. Ils verront quel était le langage plein de promesses, pour ne pas dire d'engagements solennels, avec lequel on amorçait les capitaux ; ils verront quels étaient les programmes avec lesquels on séduisait le public ; ils verront avec quels arguments on captait sa confiance, sans qu'une presse libre put les combattre, les discuter, les démentir ou les réduire à leur juste valeur.

Ils jugeront enfin si des actionnaires sérieux, faisant partie d'une assemblée sérieuse, loyalement et sérieusement constituée, auraient jamais pu se contenter de détails toujours vagues, de renseignements toujours incomplets, de comptes rendus d'opérations de finances, sans chiffres, sans résultats connus en pertes ou en bénéfices, à chaque affaire liquidée et réalisée définitivement.

Cela dit pour le texte, abordons les chiffres du rapport.

Au bilan d'abord.

Le bilan de l'exercice 1858 était ainsi dressé :

PASSIF

Capital social.	60.000.000	»
Comptes courants.	63.194.605	03
Effets à payer, créanciers divers, etc.	3.997.645	27
Intérêts et dividendes à payer.	3.018.212	49
Réserve.	2.000.000	»
Solde du compte de profits et pertes. .	9.423.697	52
Total du Passif.	141.634.160	31

ACTIF

Rentes et actions.	80.384.810 04?
Obligations.	1.596.921 »?
Effets en portefeuille..	4.625.119 39?
Reports.	10.173.884 95?
Avances à divers.	29.663.542 93?
Hôtel et mobilier de la société. . . .	1.450.030 89?
Espèces en caisse et dividendes à rece-voir.	13.759.571 11?
Total de l'Actif.	141.634.160 31

On remarquera que ce bilan ne forme point balance. L'addition de l'ACTIF, que nous faisons figurer telle qu'elle devrait être, sans doute, pour concorder avec celle du PASSIF, n'est pas le résultat exact et vrai des sommes de détail.

Nous avons toutes les peines du monde à rechercher la vérité. Quand nous croyons l'avoir trouvée, mille questions de détail viennent la voiler et la dérober à nos yeux. Les chiffres et les sommes résultant de la situation ou des situations du Crédit Mobilier ne concordent presque jamais dans les divers journaux qui ont reproduit les rapports. Le *Moniteur* lui-même auquel nous faisons appel comme à un arbitre suprême, juge en dernier ressort de ces causes douteuses, ne lève pas nos doutes et ne détruit pas nos incertitudes.

Ainsi, nous avions relevé le bilan de l'exercice 1858 dans le *Journal des Chemins de Fer* et nous avions remarqué qu'on avait oublié d'y faire figurer le compte de l'hôtel et du mobilier de la Société. C'était une erreur, un oubli d'impression sans doute ! Nous consultons d'autres feuilles spéciales ; dans toutes, nous trouvons des sommes en désaccord. Nous recourons au *Moniteur*, la balance ne résulte pas des chiffres ! Mais, dira-t-on, pourquoi n'alliez-vous pas au Crédit Mobilier demander les rapports ou communication des rapports ? Nous y sommes allés. On nous a répondu que les exemplaires des anciens rapports étaient épuisés depuis longtemps. De sorte qu'il est matériellement impossible de retrouver ou d'établir les comptes justes, les comptes tels qu'ils devraient être. On dirait qu'un mauvais génie a voulu rendre le passé indéchiffrable et l'enfermer à jamais dans l'oubli !

Mais l'oubli n'est pas la justification ; et tous les actes du Crédit Mobilier, tous les comptes du Crédit Mobilier, tous les inventaires du Crédit Mobilier, toutes les évaluations de portefeuille du Crédit Mobilier, à diverses époques, tous les bilans du Crédit Mobilier, ont besoin d'être justifiés. C'est une question d'honneur pour les hommes qui ont fait partie du conseil d'administration ; c'est une satisfaction qu'on doit aux actionnaires, et surtout à l'opinion publique. On ne peut plus invoquer aujourd'hui les motifs qu'on invoquait autrefois pour garder le silence. De trop grands intérêts, de trop graves intérêts sont en question, sont en suspens : ils demandent, ils exigent une solution.

Cela dit, abordons le compte de PROFITS et PERTES pour l'exercice 1858.

Voyons ce qu'en dit le Rapport :

COMPTE DE PROFITS ET PERTES.

Le solde non distribué du compte de profits et pertes pour l'exercice 1857, était de..................	4.133.733 29
En 1858, les placements en rentes, actions et obligations avaient donné un bénéfice de................	3.033.476 04
Celui des intérêts et commissions s'était élevé à..................	3.460.231 32
Les valeurs acquises présentaient au 31 décembre une plus value de......	2.331.440 10
La caisse des dépôts et les locations avaient produit..............	47.400 »
Total......	13.006.280 75

Tel était le chiffre de l'ensemble des bénéfices.

De cette somme de.............	13.006.280 75
Il fallait déduire, pour frais généraux, frais d'administration, contributions, assurances, etc., etc.	582.583 23
Ce qui laissait un solde de.......	12.423.697 52
Là dessus, il avait été prélevé, au 31 décembre 1858, l'intérêt des actions, à raison de 5 p. 100 sur 60 millions, soit......	3.000.000 »
L'excédant net était donc, au 31 décembre 1858, de.	9.423.697 52

C'était un dividende acquis de 78.53 pour les deux exercices de 1857 et 1858.

Nous avons vu que le précédent exercice, celui de 1857, avait produit par action............ 34 44

L'Exercice de 1858 avait donc dû produire 44 09

Somme égale..... 78 53

Avec moins d'affaires, on avait plus gagné en 1858 qu'en 1857.

Nous avons vu aussi que le dividende de 1857, 34.44 par action n'avait pas été payé aux actionnaires à cause de l'attentat du 14 janvier...... et de la baisse qui en fut la conséquence.

Le même fait devait se produire pour le dividende de 1858, — 44.09, à cause de la guerre d'Italie... et de la baisse qui en fut aussi la conséquence.

Le Crédit Mobilier ne distribua donc pas plus de dividende en 1859, pour l'exercice 1858, qu'il n'en avait distribué en 1858 pour l'exercice 1857 : il ne servit que l'intérêt du capital versé, soit 25 fr. par action......

Les actionnaires, ou quelques actionnaires du moins, auraient pu demander de toucher en 1859, sinon ces deux dividendes, au moins celui de 34 fr. 44 c. acquis depuis l'inventaire du 31 décembre 1857, ils auraient pu s'appuyer dans leur demande, sur le rapport lui-même qui disait textuellement :

« L'an passé (1858)[1], la rencontre mémorable des
« souverains de deux grandes nations à Cherbourg,
« avait mis fin aux inquiétudes publiques et com-
« mencé à rendre aux affaires l'activité qu'elles
« avaient depuis longtemps perdue. NOUS FUMES DES
« PREMIERS A PROFITER DE CETTE REPRISE . . . .
. . . .

« Le surplus de quatre millions provenait du solde
« des bénéfices acquis en 1857, que la dépréciation
« générale avait fait *disparaître* au moment de la
« dernière assemblée générale, et que le retour des
« affaires avait PROMPTEMENT RECONSTITUÉS ! »

Mais chose surprenante encore, personne ne souffla
mot. Les assemblées d'actionnaires du Crédit Mobilier étaient en vérité par trop dociles !

Elles consentaient à regarder, sans y toucher, un
bénéfice de 9.423.697 52

Bénéfice qui, en y comprenant la
réserve, à . . . .   2.000.000   »
                                          _____
S'élevait à 11.423.697 52

Soit au CINQUIÈME du capital social de 60 millions !
et elles n'élevaient pas la moindre réclamation !

Mais ces assemblées ne tenaient donc pas aux

[1] Il ne faut pas perdre de vue que les Assemblées des actionnaires
du Crédit Mobilier avaient lieu quatre mois après l'époque de l'inventaire et la date du bilan, et que les dividendes se distribuaient
après l'assemblée, en juillet.

revenus de leurs actions ; pour elles ce revenu était chose secondaire et hors de cause !

Décidément les assemblées d'actionnaires du Crédit Mobilier n'étaient composées que de millionnaires !

Les listes des actionnaires qui ont assisté aux assemblées du Crédit Mobilier seraient en vérite, bien intéressantes à consulter et à connaître !

Mais ces listes ont peut-être disparu le jour où les archives du Crédit Mobilier furent dévorées par un incendie....

Arrêtons-nous ! Nous serions presque tenté de crier ici à l'auteur des *Manieurs d'argent* : *Lazare ! Surge !*

Lazare, lève-toi [1] !

---

[1] Hæc cum dixisset, voce magna clamavit : *Lazare veni foras.* — Mot à mot : *Lazare, viens dehors.*

(Évangile selon saint Jean, chap. XI.)

CHAPITRE VIII

1859

LE 31 décembre 1858, en clôture de Bourse, nous avions laissé la rente 3 0/0 à 72 90 ; le Crédit Mobilier à 983 75 et toutes les valeurs bien tenues dans la parité de ces cours ; les dispositions de la place étaient favorables à une hausse que tout le monde désirait ardemment et que toutes les hypothèses connues permettaient d'espérer. Le bas prix de l'escompte à la Banque de France [1], l'abondance des capitaux, la tranquillité à l'intérieur, l'activité croissante du commerce, de l'industrie et du travail national, tout conviait à l'amélioration progressive des cours de la rente et des valeurs en général. On se souhaitait donc joyeusement, entre financiers, une heureuse année, et on était persuadé que ces souhaits ne seraient pas faits en vain. Ils devaient cependant donner lieu à des déceptions amères.

Pendant que le monde financier échangeait ses félicitations privées, le monde diplomatique portait aux Tuileries ses félicitations officielles ; mais la réception du 1er janvier 1859 fut marquée par un incident aussi grave qu'imprévu : l'Empereur adressa à l'ambassadeur d'Autriche quelques paroles où l'on vit le présage ou la menace d'une rupture.

L'Empereur, en répondant au nonce du pape, doyen du corps diplomatique, avait dit [2] :

---

[1] L'escompte, à la Banque de France, fut conservé à 3 0/0 du 23 septembre 1856 au 3 mai 1859, où il fut élevé à 4 0/0, mais il fut ramené à 3 0/0 le 15 août, et maintenu ainsi jusqu'au 12 novembre 1860.

À la Banque d'Angleterre, l'escompte fut coté en 1859 : à 3 0/0 le 1er janvier ; 3 1/2 0/0 le 28 avril; 4 1/2 le 5 mai; 3 1/2 le 2 juin; 3 0/0 le 9 juin; 2 1/2 le 14 juillet ; 3 0/0 le 19 janvier 1860.

[2] Nous citons ces paroles telles que nous les trouvons rapportées dans plusieurs journaux du 2 au 8 janvier 1859.

« J'espère que l'année qui commence sera aussi
« bonne que celle qui vient de finir, et qu'en resser-
« rant les liens entre les puissances, elle consolidera
« la paix générale. »

Mais immédiatement après, il avait ajouté, en s'a-
dressant à l'ambassadeur d'Autriche, M. le baron
de Hübner, ces paroles significatives :

« Je regrette que nos relations avec votre Gouver-
« nement ne soient pas aussi bonnes que par le passé,
« mais je vous prie de dire à l'Empereur que mes sen-
« timents personnels pour lui ne sont pas changés. »

Le rapprochement de ces deux allocutions aurait
pu laisser croire que la pensée de l'Empereur était
plutôt portée vers le désir de la paix générale « qu'on
« parviendrait à consolider en resserrant les liens
« entre les puissances ; » mais les paroles impériales
avaient un sens tout autre, si on tenait compte des
nouvelles récemment venues d'Italie : Ces nouvelles
annonçaient qu'une grande fermentation régnait dans
tout le Milanais ; que le gouvernement piémontais
armait ses places fortes, notamment Alexandrie, et se
livrait à de grands préparatifs de guerre. On ajoutait
d'autre part que le gouvernement piémontais avait
contracté une alliance offensive et défensive avec la
France contre l'Autriche, et que le mariage du prince
Jérôme Napoléon avec la princesse Clotilde, fille aînée
du roi de Sardaigne, était le gage indissoluble de cette
alliance politique.

Il n'en fallait pas tant à la Bourse pour se sentir alarmée à bon droit et voir la guerre en perspective pour les premiers jours du printemps.

La baisse fut assez contenue néanmoins pendant les premiers jours de janvier. La rente, qui avait ouvert à 72 30 le 2 janvier, était encore à 71 le 8 janvier et à 70 95 le 9, un samedi, en clôture de Bourse; mais du samedi 9 au lundi 11, elle tomba à 67 80 sous les coups répétés de ventes précipitées qui prirent un instant le caractère d'une panique.

C'était en définitive 5 50 de baisse en dix jours. On revint cependant au-dessus de 69 à la faveur de quelques rachats importants (26 janvier), mais le 4 février on tombait à 66 80.

Le discours de la reine d'Angleterre à l'ouverture du parlement, les déclarations de lord Derby, de lord Palmerston, de M. d'Israëli, soit a la Chambre des lords, soit à la Chambre des communes, étaient de nature à laisser croire que la paix ne serait pas troublée; mais l'apparition d'une brochure : *Napoléon III et l'Italie*, brochure à laquelle on attachait dans le public d'autant plus d'importance, que le *Moniteur* lui-même l'avait recommandée, et la nouvelle d'un emprunt de 150 millions de francs contracté à Londres par le gouvernement autrichien, vinrent jeter de nouveau la perplexité dans les esprits.

Le discours de l'Empereur à l'ouverture des Chambres, le 7 février, loin de calmer les craintes de guerre, leur donna plus de consistance [1].

La Bourse resta do· ballotée entre les cours de 69 20 au plus haut et 67 25 au plus bas pendant tout le mois de mars, suivant qu'on interprétait favorablement ou défavorablement le voyage de lord Cowley à Vienne, ou suivant qu'on croyait plus ou moins à la réunion d'un congrès. Un moment le *Moniteur* fit connaître que ce congrès composé des représentants des cinq grandes puissances, serait convoqué sur la proposition de la Russie, pour régler tous les points qui se rattachaient à la question italienne. La France avait la première adhéré à cette proposition, puis l'Angleterre, puis la Prusse. Enfin l'Autriche avait fini par donner son adhésion ; mais elle élevait des difficultés insurmontables et elle demandait le désarmement du Piémont. Le *Moniteur* du 19 avril avait fait connaître les bases adoptées par les cinq grandes puissances. — La rente n'était pas encore descendue au-dessous de 67 fr. Le 23 le *Moniteur* parla encore ; mais cette fois dans un langage décisif. L'Autriche refusait d'adhérer aux propositions de la Grande-Bretagne ; bien plus, elle entreprenait d'obtenir par la force le désarmement du Piémont. Dans ce but elle adressait au gouvernement sarde, par l'entremise du général Giulay, la sommation de désarmer ses troupes et de licencier ses volontaires dans le délai de trois jours.

[1] Voir ce discours aux pièces et documents justificatifs à la fin du volume.

Aussitôt le bruit se répandit que les troupes autrichiennes avaient fait un mouvement en avant sur le Tessin et qu'elles avaient, en même temps envahi la Toscane.

Le Gouvernement français avait de son côté ordonné la concentration de plusieurs divisions de son armée dans les départements du Sud-Est.

Tout faisait craindre l'ouverture prochaine des hostilités.

La Rente qui, le 13 avril avait atteint le cours de 68 fr. 25 c., tomba en moins de huit jours à 65 fr., et finit le mois à 61 fr. 40 c.

Le mardi 3 mai, elle perdit même le cours de 61 fr., on cota 60 fr. 50 c., ce fut le plus bas cours de l'année. Le lendemain 4 mai, un emprunt de 500 millions voté par le Corps législatif était officiellement annoncé par le *Moniteur*. Il devait avoir lieu par souscription publique, du 7 au 15 mai.

Les souscriptions de 10 francs étaient seules nonréductibles. Les souscriptions de 500 francs et au-dessus, devaient seules jouir de la faculté d'escompte.

Le prix de l'emprunt était fixé comme suit :

à 90   »   en 4 1/2 0/0.
à 60 50   en 3 0/0.

Si l'on considérait le bénéfice résultant des intérêts par suite des délais accordés par les payements et les coupons à payer le 22 septembre et 22 juin suivant, l'emprunt ressortait seulement :

à 86 fr. 55 c. 3/4 pour le 4 1/2.

et à 57 fr. 44 c. 1/2 pour le 3 0/0.

L'emprunt de la guerre d'Italie eut un succès encore plus éclatant que les emprunts de la guerre de Crimée.

Le capital demandé par les souscriptions s'éleva à plus de deux milliards trois cents millions, dont :

    1.547.000.000 pour Paris.

    760.000.000 pour les départements.

Les coupures de 10 francs s'élevaient à 80 millions.

Les coupures au-dessus de 10 francs s'élevaient à 2,227 millions.

Le nombre des souscripteurs dépassa 525,000, dont :

    244.000 pour Paris.

    et 281.000 pour les départements.

Cependant l'Empereur partait pour la campagne d'Italie, au milieu des ovations populaires. Tout faisait espérer que la guerre serait poussée avec vigueur et terminée avec rapidité.

Aux premiers engagements de nos troupes avec les forces autrichiennes, la Rente remontait de 60 50 à 61-62 francs, et atteignait 62 fr. 75 c. le 31 mai; le 3 juin, veille de la bataille de Magenta, la Bourse cotait 63 francs.

La victoire de Magenta, samedi, 4 juin, coûta aux Autrichiens 30,000 hommes, tués, blessés ou prison-

niers, et nous ouvrit la Lombardie. L'Empereur entrait
à Milan le 8 juin. Le même jour, le général Baraguay-
d'Hilliers battait, à Marignan, les Autrichiens, qui éva-
cuaient en toute hâte la ligne de l'Adda, Pavie, Plai-
sance, Ancône, Bologne, Ferrare, Modène, Lodi et
Brescia pour se renfermer dans leur fameux quadrilatère.

Cependant la chute du ministère Derby, et l'avéne-
ment de lord Palmerston aux affaires, — la circulaire du prince Gortschakoff, posant nettement la
question de la neutralité allemande, balançaient
l'impression défavorable causée par l'attitude de la
Prusse qui mobilisait six corps d'armée, mais la
Rente ne se relevait pas. Elle restait entre les prix de
61 fr. 25 c. à 62 fr. 50 c. La Bourse tout entière attendait une bataille décisive.

Elle eut lieu, la victoire de Solférino (24 juin) per-
mit de pressentir une solution prochaine.

L'entrée du quadrilatère avait été forcée entre Man-
toue et Peschiera, et le passage du Mincio qui devait
être le signal d'une déclaration de guerre de l'Allemagne, s'effectua sans donner lieu à de nouvelles
complications. De plus, on s'attendait à apprendre
d'un jour à l'autre que Venise était tombée au pouvoir
de notre flotte dans l'Adriatique.

On arriva ainsi au 2 juillet. La liquidation de la
Rente consacra le cours de 63 francs. Le cours de
compensation fut fixé à 63 fr. 30 c. Aussitôt après,

les prix s'élevèrent à 64 francs. Le marché se montrait plein de confiance et de résolution : les conséquences de la victoire de Solférino étaient de plus en plus favorablement appréciées.

Un événement inattendu vint confirmer et développer les tendances de hausse : une dépêche datée de Valleggio, 7 juillet, et publiée le 8 juillet au soir, à neuf heures, dans une édition spéciale du *Moniteur*, annonçait que l'Empereur Napoléon et l'Empereur François-Joseph étaient convenus d'un armistice. Presqu'aussitôt on apprenait que cet armistice, c'était la paix. Les préliminaires en furent signés par les deux souverains à Villafranca.

La nouvelle de l'armistice avait porté la Rente de 64 à 68 francs, 9 juillet. La nouvelle de la paix fit coter le cours de 70 francs, mais on ne put s'y maintenir. Le 3 0/0 revint à 68 fr. 25 c. le 14 juillet. La guerre d'Italie était terminée. La Bourse n'avait plus de préoccupations politiques. Elle allait sans doute reprendre les grands cours ? Non !

Pendant tout le mois d'août, la Rente resta lourde et sans affaires de 68 45 à 70 25 ; — en septembre, elle ne put pas même atteindre le cours de 70 francs ; elle se cota de 68 25 à 69 70 ; — octobre revit le cours de 70 francs en hausse et celui de 69 05 en baisse ; — novembre, 70 60 et 69 60 ; — décembre, 71 35 et 68 90 ; mais le parquet finit l'année au plus bas cours : le dernier prix du 3 0/0 fut en effet, au 31 décembre, 68 90.

La Bourse de 1859 n'était plus la Bourse des premières années de l'Empire. Toutes ses franchises, toutes ses libertés lui avaient été ravies successivement. Enfin, d'un dernier coup, on allait la frapper.

Pendant que nos armées battaient les Autrichiens en Italie, le parquet des agents de change battait la coulisse au tribunal correctionnel de Paris, dans les audiences des 22, 23, 24 juin 1859[1]. Funeste victoire! elle devait coûter cher aux vaincus! Mais plus cher encore aux vainqueurs, beaucoup plus cher au public surtout, car c'est toujours le public qui paie les frais de toutes les guerres.

La coulisse avait existé de tout temps. De tout temps, à côté du parquet, qui s'intitulait le marché légal, il y avait eu un marché libre, où chacun pouvait acheter ou vendre, suivant toutes les combinaisons possibles des affaires, à condition toutefois de s'abstenir de certaines opérations que les lois ou des priviléges légaux, réservaient aux intermédiaires officiels.

Ce marché libre était né de la force même des choses. Un marché ne s'établit pas en effet parce qu'il plaît à quelques individus de le constituer : il est la conséquence du temps, la conséquence surtout des besoins, des nécessités de l'existence, du travail, de la propriété.

Si nous ne nous occupons que des faits, nous trou-

---

[1] Le 24 juin! c'était le jour de la bataille de Solférino !...

vons que les prétentions des agents de change contre
la coulisse, c'est-à-dire contre le marché libre, re-
montaient à l'époque où la transmissibilité des charges
fut octroyée par un gouvernement qui n'avait pas af-
fiché le culte des principes de 1789. Le parquet bri-
guait dès lors le monopole de la négociation des effets
publics et des valeurs fiduciaires. Question d'intérêts
privés, jamais d'intérêt public, comme on affectait de
le dire. Un corps, c'est l'égoïsme immortel, a dit La-
martine : les agents de change étaient un corps, une
corporation, doublement stimulée par les intérêts généraux de la Compagnie et les intérêts privés de chacun de ses membres. En 1810, les charges valaient
200,000 francs; en 1859, elles valaient deux millions.
Toute la question était là.

Dès 1810, les agents de change avaient voulu étendre leurs attributions et accroître leurs prérogatives;
ils avaient voulu empiéter sur le marché libre et
étouffer la coulisse. Le Conseil d'Etat, saisi de leurs
réclamations, déclara qu'il n'y avait pas lieu d'y
donner suite.

En 1835, ils revinrent à la charge auprès du préfet
de police. Refus nouveau. Ils fatiguèrent alors le ministre des finances de leurs obsessions intéressées et
lui remirent une pétition. Après un examen sérieux,
le ministre renvoya cette pétition au préfet de police,
M. Delessert. M. Delessert étudia la question avec
soin, se pénétra de la situation, et après de longues et
patientes enquêtes, adressa au ministre deux rap-

ports, desquels il résultait qu'il n'y avait pas lieu de prendre en considération la demande du parquet, par ce motif que la coulisse ne faisait que des opérations interdites aux agents de change. Ceux-ci, on le comprend, ne furent pas satisfaits. En 1843, ils adressèrent au ministre des finances un long mémoire dans lequel ils cherchaient à réfuter le rapport du préfet de police; mais ils en furent pour leurs frais. Cette démarche échoua comme les précédentes.

Dès l'origine des Sociétés en commandite, par actions, parts, etc., ou dès la création des Sociétés anonymes il avait été indispensable de négocier les promesses de titres et les éventualités diverses des parts de propriétés qui n'étaient pas encore légalement constituées, qui n'étaient qu'en préparation, dans l'attente de la consécration officielle. C'était le cas de 1835 à 1845. Aussi les affaires de la coulisse avaient-elles pris alors une extension considérable. Définitivement constituées, les Sociétés s'étaient adressées au parquet et la coulisse vit s'affaiblir son importance, à dater de 1846 ou 1847.

Elle la retrouva dans le grand mouvement des créations de tout genre qui signalèrent la période de 1852 à 1856, mais cette importance devait s'amoindrir avec le système des restrictions dans lequel on entrait à toutes voiles. La note du 9 mars 1856, l'établissement du droit d'entrée à la Bourse, le décret du 22 mai sur la négociation des valeurs étrangères, portaient des coups funestes aux opéra ion   marché financier. Les affaires devaient se restreindre dans une proportion alarmante. C'est ce qui eut lieu, en effet. Un moment les agents de change tremblèrent de voir diminuer le prix de leurs offices. Sur un marché étroit, comprimé, ils crurent que la coulisse allait leur ravir une partie de leurs profits, tandis qu'au contraire elle avait toujours contribué à les accroître.

Ce qu'on n'avait pu obtenir depuis 1810 d'aucun ministre des finances, ni sous le premier empire, ni sous la restauration, ni sous le gouvernement de Louis-Philippe, on le demanda, en 1859, au tribunal correctionnel.

Le tribunal répondit par une condamnation contre 26 prévenus qui lui avaient été désignés dans les poursuites[1]. Ils étaient loin de composer à eux seuls

---

[1] Les poursuites avaient été dirigées contre MM.

Emile Julien MICHEL	M. J. GARZON
Vincent Sulpice JARRY	Eug. Alf. HUTTIN
Morel FATIO	J. Alex. PIET
E. GUASTALLA	J. P. Denis PRADEAU
W. WERTHEIMBER	Thalès de TERMES
Lévy CRÉMIEUX	Gustave N. CAPERON
Ch. LABROUSSE	Jean GOUBIE
Aug. DAUGA	Henri HALIMBOURG
Charles ARON	Th. Aug. LACOMBLEZ
Eug. GELLINARD	Th. Henri POISSONNIER
L. M. A. CAYARD	G. Fr. Théod. SUREAU
A. E. PERAIRE	P. Ernest VILLETARD et
P. E. PERAIRE	Isid. Paulin SAVALETTE

A la requête de la chambre syndicale, M. Coin, étant syndic. MM. POLLET, GANNERON, ROBLOT, MOREAU, et autres membres du syndicat déclarèrent au tribunal persister, comme le syndic, dans la plainte.

La condamnation prononcée fut 10.500 fr. d'amende applicables aux enfants abandonnés, contre chaque prévenu isolément.

la coulisse; ils n'en représentaient seulement pas la dixième partie; mais qu'importait le nombre des comdamnés? le fait essentiel, c'est que la coulisse était proscrite de la Bourse, c'est que le marché libre n'existait plus.

Condamnée le 24 juin, la coulisse liquida toutes ses opérations le 30 juin et le 1er juillet, et nous ferons remarquer ici qu'elle ne fut pas étrangère à la hausse qui porta la rente du cours de 61.75 au cours de 63.20........., puis elle disparut.

Dès ce jour le parquet régna, mais il régna dans le vide. Quoique l'on puisse dire, quoiqu'on puisse prétendre, il y a en France l'aversion innée du privilége et de la réglementation.

C'est en vain qu'on voulut faire sonner bien haut les faveurs récemment accordées aux compagnies des chemins de fer et qu'on chercha à ranimer les affaires; c'est en vain que les agents de change, dressèrent le simulacre de la coulisse en intronisant à la place même qu'elle avait occupée, des commis principaux, des assesseurs dans une corbeille semblable à celle du parquet; faute d'affaires, on révoqua les assesseurs peu de temps après les avoir nommés; on supprima et l'on rétablit tour à tour les liquidations de quinzaine; on les modifia; on eut des remisiers, on les congédia, on les reprit,.... peines perdues. Les affaires ne revinrent pas. La prospérité ne peut revenir à la bourse qu'avec les garanties de la liberté.

Et encore peut-être faudra-t-il de longues années pour reconstituer une bourse aussi solide, aussi large, que la bourse de 1853 à 1856. Paris pouvait alors devenir facilement le premier marché financier de l'Europe et du monde. Cette restauration si elle peut avoir lieu toutefois, ne sera pas l'œuvre d'un jour.

Ce qu'il y a de certain, c'est que depuis les mesures restrictives, les hauts cours de la rente ne reparurent plus.

Sous le régime du marché libre, dans les mois de grande hausse, on cotait le 3 0/0

85 13	cours moyen de novembre	1852
81 09	cours moyen de mai	1853
76 03	cours moyen d'octobre	1854
69 45	cours moyen de mars	1855
75 29	cours moyen de mai	1856
70 98	cours moyen de mars	1857
74 15	cours moyen de novembre	1858

et cela malgré le poids de 1.530 millions d'emprunts contractés pour la guerre de Crimée.

Sous le régime du marché privilégié on ne cota plus que

70 03	cours moyen de novembre	1859
70 06	cours moyen de novembre	1860
69 38	cours moyen de mai	1861
71 45	cours moyen d'octobre	1862
70 12	cours moyen de février	1863
66 71	cours moyen de mai	1864

20

Il faut avouer que si le cours du 3 0/0 est l'expression chiffrée de la confiance et du crédit public, confiance et crédit public avaient terriblement baissé.

Les autres valeurs françaises, en général, ne furent pas mieux traitées. Quant aux valeurs étrangères, elles devaient de 1859 à 1866, subir une dépréciation de plus de deux milliards.

Telles furent les premières conséquences du système de restriction. Nous disons : les premières, parce que nous ne les avons pas encore toutes épuisées. Il y en aura d'autres, vraisemblablement.

Quand la science économique, quand les vérités financières auront pénétré dans les masses, dans vingt ou trente ans d'ici, on ne voudra jamais croire qu'il a existé une époque ou 40 milliards de valeurs fiduciaires furent rendues tributaires de quelques privilégiés; on voudra d'autant moins le croire que cette époque était celle du suffrage universel et des souscriptions publiques par coupures de 50 francs et de 10 francs de rente à des emprunts d'Etat s'élevant ensemble à plus de deux milliards.

D'une part, on créait la diffusion extrême des titres, on les démocratisait, pour ainsi dire, à l'infini ; d'autre part, on concentrait à l'excès leurs moyens de négociation et leur marché.

Il ne serait pas plus sage de creuser le lit d'une rivière immense, d'y conduire en masse les eaux, et de vouloir en certains endroits, les faire passer à travers un tuyau de paille.

Le crédit et la circulation sont semblables à certains fleuves : resserrez leur cours, ils débordent en furie et ravagent; laissez-les libres, ils coulent en paix et fécondent.

Mais en 1859 on ne prêtait guère l'oreille à ces vérités économiques. Tout du moins semblait le prouver. Aussi l'année fut-elle difficile et mauvaise.

Nous avons vu quels avaient été les principaux mouvements de la rente : ils se résumaient ainsi :

Nom des mois.	Plus hauts cours.	Plus bas cours.
Janvier.	72 50	67 80
Février.	68 90	66 80
Mars	69 20	67 25
Avril.	68 50	60 90
Mai.	62 75	60 50
Juin.	64 35	61 75
Juillet.	69 80	63 10
Août.	70 25	68 45
Septembre. . . .	69 70	68 25
Octobre.	70 »	69 05
Novembre.	70 60	69 60
Décembre. . . .	71 35	68 90

Quant au Crédit Mobilier, il eut, en 1859, des mouvements moins exagérés que les années précédentes. Il suivit, comme presque toutes les valeurs de la cote, une marche semblable à celle de la rente, s'élevant ou s'abaissant avec elle, en subissant, comme elle, les influences des événements.

Dans cette année 1859, les cours du Crédit Mobilier se résumèrent comme suit :

Nom des mois.	Plus hauts cours.	Plus bas cours.
Janvier.	955 »	710 »
Février.	800 »	725 »
Mars.	827 50	745 »
Avril.	780 »	525 »
Mai.	620 »	505 »
Juin.	660 »	607 50
Juillet.	850 »	652 50
Août.	867 50	810 »
Septembre. . . .	827 50	765 »
Octobre.	825 »	760 »
Novembre. . . .	797 50	768 75
Décembre. . . .	865 »	783 75

Le tableau de ces cours présente deux mouvements bien distincts : l'un, en baisse, de 955 à 505 de janvier à mai, donne 450 fr. de différence; l'autre, en hausse, de mai à août, donne 362 50 de différence aussi. Ensemble 812 50, soit 97,500,000 fr. de mouvement sur le capital social de 60 millions. Nous laissons, pour mémoire, les autres variations de l'année, les variations mensuelles, hebdomadaires, quotidiennes, etc.

Pendant l'année 1859, le cours des actions du Crédit Mobilier n'atteignit pas une seule fois le prix de 1,000 fr. Il ne devait pas l'atteindre non plus en 1860 ni en 1861.

Le Crédit Mobilier ne fit point d'émissions en 1859, d'émissions officielles du moins ; mais peut-être écoula-t-il des titres nouveaux quand l'occasion et le marché lui semblaient favorables.

Il souscrivit pour 50 millions à l'emprunt de 500 millions contracté au mois de mai pour couvrir les frais de la guerre d'Italie.

Ostensiblement, ses autres affaires se bornèrent à la protection des entreprises déjà en cours, savoir :

Le chemin de fer du nord de l'Espagne,

Le chemin de fer de Cordoue à Séville,

Le Crédit Mobilier Espagnol,

Les chemins Russes,

Les chemins de fer Autrichiens,

Le chemin de fer du Dauphiné,

Le chemin de fer du Midi,

La Compagnie des Omnibus,

La Compagnie du Gaz,

La Compagnie immobilière de Paris,

La Compagnie Maritime.

Le Crédit Mobilier affecta toujours de croire beaucoup à l'avenir industriel de l'Espagne. « Ce pays, qui « s'ignore lui-même, disait le rapport de 1859, et qui « ne soupçonne pas encore les richesses que fera sur- « gir de son sein l'achèvement de son réseau de che-

« mins de fer, etc. » Cependant l'indifférence du peuple espagnol était si grande, que le Crédit Mobilier ne put ouvrir de souscription publique ni pour le chemin de fer de Cordoue à Séville, ni pour le Crédit Mobilier Espagnol. Ces deux affaires furent réalisées à l'aide des ressources du Crédit Mobilier, de ses administrateurs, de leurs amis et de la clientèle particulière.

Quant au *chemin de fer du nord de l'Espagne*, dont les statuts n'avaient été approuvés qu'à la fin de 1858, une souscription publique fut tentée au commencement de 1859; mais, disait le rapport de cet exercice :

> « Cette souscription ayant eu lieu au moment où se ma-
> « nifestaient les premiers symptômes de la mésintelligence
> « qui éclata entre la France et l'Autriche, elle ne put avoir
> « naturellement le succès qui l'aurait accueillie en d'au-
> « tres circonstances. »

Ce passage signifie tout uniment que la souscription aux actions du chemin de fer du nord de l'Espagne avorta. On dut donc écouler les actions peu à peu sur le marché et agir de même pour les obligations : le cours des actions en 1859 fut coté de 505 à 480 francs; le cours des obligations de 255 à 246 25.

La somme nécessaire à la construction du chemin du nord de l'Espagne était évaluée, en 1859, par le Crédit Mobilier à 204 millions de francs.

Il avait été constitué un capital de   100,000,000   »
en 200,000 actions de 500 fr. l'une.

Un capital de...............   50,000,000   »
en obligations 3 0/0 remboursables
à 500 fr.

La subvention du gouvernement
espagnol....................   54,000,000   »
formait le solde.

      Somme égale..........   204,000,000   »

Or, d'après les termes mêmes du rapport de l'exercice 1859, sur les 200,000 actions, il avait été appelé la moitié du capital, soit 50 millions de francs, à raison de 250 fr. par action. 40 millions étaient déjà versés et 10 millions devaient l'être sous peu. Les actions avaient donc fourni, en 1859..   50,000,000   »

Il avait été créé 200,000 obligations ; 134,060 se trouvaient déjà placées, vendues ou attribuées en payement de commandes et de matériel, au prix moyen de 260 86. Elles avaient produit un capital de   34,000,000   »

En outre, il devait être touché du gouvernement espagnol la somme de   13,000,000   «
à valoir sur la subvention de 54 millions promise.

Le chemin de fer du Nord de l'Espagne avait ainsi à sa disposition en 1859.................   97,000,000   » au moyen desquels 310 kilomètres sur 730 étaient déjà complétement terminés et prêts à la circulation.

Il est bon de remarquer toutes ces circonstances. Elles prouvent en effet que la Compagnie du chemin de fer du nord de l'Espagne avait trouvé des ressources très-étendues sur le marché de Paris ou ailleurs ; et qu'elle les avait trouvées pendant que les actions et les obligations se cotaient encore à de bons prix.

De nouvelles sections d'une étendue de 150 kilomètres, de Madrid à l'Escurial ou se rattachant aux sections en activité devaient être achevées l'année suivante ; enfin tous les grands travaux étaient attaqués dans les provinces basques et dans l'Alava.

> « On peut donc prévoir, sauf quelques ouvrages impor-
> « tants, disait le rapport, le terme peu éloigné de l'achè-
> « vement de cette artère du nord de l'Espagne, *dont les*
> « *calculs les plus récents et les plus modérés*, PORTENT LE
> « REVENU MINIMUM A 10 0/0, dès que la jonction de toutes les
> « sections sera opérée. »

Ainsi le revenu minimum du chemin de fer du nord de l'Espagne devait être de 10 0/0 au dire des administrateurs du Crédit Mobilier.

Le chemin de fer de Cordoue à Séville n'était pas dans une situation inférieure à celle du nord de l'Espagne, au contraire !

Les résultats de l'exploitation répondaient aux espérances et à l'attente des administrateurs du Crédit

Mobilier ! Ils avaient produit pendant les premiers mois, avec la subvention un intérêt de plus de 5 0/0 pour les actions, indépendamment du service des emprunts, et ces résultats devaient être de beaucoup dépassé !

Le cours des actions fut coté en 1859 . . de 505 » à 410 »
Le cours des obligations   - - -   de 257 50 à 247 50

Ces deux cours sont encore bons à noter.

La Société de Crédit Mobilier espagnol n'avait encore appelé que 24 millions de francs sur son capital de 60 millions, soit 2/5, à raison de 200 fr. par action de 500 fr. sur 120,000 actions : et encore sur les 200 fr. appelés y avait-il eu 25 fr. de payés ou de déduits pour répartition de bénéfices antérieurement réservés.

Le cours des actions en 1859 était coté de 512 50 à 472 50.

Nous le verrons atteindre 900 fr. en 1862 !

Les chemins de fer Russes, étaient dans la meilleure situation, toujours au dire du rapport. 353 millions avaient été versés, 246 avaient été employés en travaux, il restait 147 millions disponibles. Ces résultats étaient parfaitement appréciés en Russie, la Compagnie y avait trouvé le concours des capitalistes intelligents.

Le cours des actions était coté en 1859, de 520 fr. à 467 fr. 50 c.

351,535 actions avaient été volontairement libérées.

248,465 actions étaient libérées de 150 fr. seulement.

70,000 obligations de 2,000 fr. avaient été versées au pair.

Les chemins de fer Autrichiens n'avaient 'éprouvé aucun dommage de la guerre d'Italie, les résultats eussent été meilleurs dans l'exploitation si l'état du change en Autriche n'eut imposé des sacrifices, pour le payement de l'intérêt des emprunts et du dividende des actions.

Le cours des chemins de fer Autrichiens avait varié en 1859 de 635 fr. en janvier, à 327 fr. 50 c. en mai, et s'était relevé ensuite jusqu'à 580 fr. au mois de décembre.

Il y avait eu dans ces variations, des bénéfices à recueillir, surtout pour ceux qui avaient été les *premiers* à vendre dans le courant du mois de janvier.

Le sort du *chemin de fer du Dauphiné* était définitivement réglé au 31 décembre 1859. *Nul n'a eu à regretter la participation qu'il a prise à cette affaire,* disait le rapport de l'exercice 1859 ; très-bien ! Mais quels en furent les résultats pour le Crédit Mobilier? — Le rapport resta complétement muet à cet égard.

La Compagnie générale des omnibus et la Compagnie parisienne d'éclairage et de chauffage par le gaz étaient au dire du rapport dans la meilleure situation.

Le rapport ajoutait que l'intérêt du Crédit Mobilier dans cette dernière affaire était plus considérable que celui qu'il avait pris à l'origine de la fusion; mais il ne donnait pas d'autres détails. Comment juger, dès lors, la situation?

La Compagnie immobilière de Paris: dans cette Compagnie aussi le Crédit Mobilier était en voie de prendre un intérêt de plus en plus considérable.

En s'étendant élogieusement sur l'avenir de cette Compagnie, le rapport du Crédit Mobilier revenait encore à son idée première à la création de ses *obligations mobilières!* Mais cette fois elles prenaient un corps solide : elles devaient s'appuyer d'un côté sur la Compagnie du gaz, de l'autre côté sur les immeubles de la Compagnie immobilière! — Le rapporteur entrevoyait, dans cette combinaison, le moment désiré où l'on pourrait enfin arriver à la réalisation de l'*omnium!*

« De cet *omnium* rêvé par tous les financiers, par tous
« les hommes pratiques, disait le rapport de 1859, de cet
« *omnium* formé de valeurs diverses, se garantissant l'une
« par l'autre, et qui, avec la garantie supplémentaire de
« votre fonds social, deviendrait la contre-partie de l'émis-
« sion de nos obligations. »

La création de l'*omnium!* Mais c'était tout bonnement l'*union financière* de M. Jules Mirès! Idée aussi simple que pratique : *la coalition des loups contre les moutons*[1]!

1 Comment donc MM. Émile et Isaac Pereire et M. Jules Mirès ne parviennent-ils pas à s'entendre? n'ont-ils pas le même objectif... les capitaux du bon public?...

Le dividende de la Compagnie immobilière avait été de 7 0/0 pour l'exercice 1859, indépendamment de fortes réserves, sans tenir compte, soit de la plus value des immeubles, tous acquis dans d'excellentes conditions, soit des intérêts perdus sur les sommes employées en terrains et en constructions non encore terminées, etc., etc.! Ce revenu devait s'accroître dans des proportions considérables, etc., etc. Enfin la situation était aussi favorable qu'on pouvait le désirer.

La *Compagnie maritime* était encore dans une situation difficile; mais cette situation était en voie de s'améliorer. Nous faisons grâce à nos lecteurs des détails que nous aurons occasion de donner plus tard à ce sujet. Bornons-nous à dire que le Crédit Mobilier acceptait en échange de ses actions de la Compagnie maritime, un nombre égal d'obligations — le prix des actions et des obligations étant ramené au prix de 300 francs; — et s'engageait en outre à verser une somme de trois millions en plus pour compléter le fonds de roulement et hâter sa libération en convertissant en obligations remboursables à longs termes, par annuités, une dette en compte courant immédiatement exigible.

Ces propositions étaient en voie de solution par devant le Conseil d'État, après approbation unanime des actionnaires de la Compagnie maritime.

Telle était la situation des diverses affaires du

Crédit Mobilier, d'après le rapport de l'exercice 1859.

Suivant la coutume, les chiffres et les résultats positifs faisaient défaut au bou de tous ces renseignements aussi vagues que peu instructifs.

Arrivons maintenant au bilan et au compte de profits et pertes de l'exercice 1859.

Au 31 décembre 1859, la situation financière du Crédit Mobilier se résumait ainsi :

PASSIF.

Capital social.	60.000.000	»
Comptes courants.	57.415.940	»
Effets à payer, créanciers divers, etc.	5.946.918	65
Réserve.	2.000.000	»
Solde du compte de profits et pertes.	4.703.961	71
	130.066.820	36

ACTIF.

Rentes et actions.	75.281.568	56
Obligations.	1.636.599	30
Effets à recevoir.	8.046.564	36
Reports.	15.600.789	85
Avances aux Compagnies.	16.839.385	66
Hôtel de la Société et mobilier. . .	1.450.030	89
Espèces en caisse et dividendes à recevoir	11.211.881	74
	130.066.820	36

Cette situation continuait à être aussi dangereuse que celle de l'année précédente : avec 60 millions de capital et 2 millions de réserve, ensemble 62 millions, le Crédit Mobilier possédait près de 77 millions de valeurs en portefeuille : il devait donc encore 15 millions à ses comptes courants, et pour les payer immédiatement il aurait été forcé de vendre ses valeurs sur le marché.

Etait-ce prudent? était-ce sage? personne n'oserait se prononcer affirmativement à cet égard, surtout en présence de 16 à 17 millions avancés à diverses Compagnies. Parmi ces Compagnies se trouvait la Compagnie Maritime notamment et d'autres peut-être qui étaient loin de se trouver dans la position favorable décrite si bénévolement par les rapports du Crédit Mobilier.

Quant au compte de PROFITS ET PERTES, le Rapport du Crédit Mobilier le produisait ainsi :

COMPTE DE PROFITS ET PERTES.

Nous aborderons maintenant le *compte de profits et pertes,* sur lequel se concentre l'intérêt de la situation.

Les comptes de rentes ont donné des résultats divers qui se soldent par un bénéfice de............ 810.858 71

Le bénéfice provenant des intérêts et commissions a été de..................... 2.783.963 62

La caisse des dépôts de titres et les locations ont produit...................... 45.006 16

---

[1] Nous citons ce passage textuellement d'après le rapport de 'exercice 1859.

Le solde des bénéfices cumulés des exercices 1857 et 1858 présentait, en sus des intérêts, un chiffre de...... 9.423.697 52

Mais nous n'avions rien distribué sur cette somme, à titre de dividende, parceque les événements qui avaient éclaté dans les premiers mois de 1858 et 1859 avaient amené une forte dépréciation sur tous les fonds publics, et, par suite, dans les valeurs de notre portefeuille.

L'incertitude de la situation pendant l'année 1859, a maintenu, jusqu'au 31 décembre dernier, la plus grande partie de cette dépréciation qui, en y comprenant des réductions que, par prudence, nous avons dû faire subir à divers comptes, était encore, à l'époque de la clôture de votre inventaire, de...... 7.883.524 69

Il n'y a donc pour le moment à prendre sur ce chapitre que............... 1.540.172 83 ci 1.540.172 83

Ensemble.......... 5.180.001 32

D'où il faut déduire pour frais généraux, frais d'administration, réparations de l'hôtel, contributions, assurances, etc........ 476.033 61

Ce qui laisse pour bénéfice total un solde
de. 4.703.961 71
sur lequel il a été prélevé 5 0/0 sur le capital, soit 25 fr. par action, qui ont été distribués au 1er janvier 1860............. 3.000.000 »

Il reste donc un solde de............. 1.703.961 71
Dont il faut déduire :
10 0/0 pour les administrateurs, aux ter-
mes de l'article 57 des statuts, ci........ 170.396 17

Le montant disponible pour la distribution d'un dividende en sus des 25 fr. d'intérêt est donc de. 1.533.565 54
Sur lequel nous vous proposons de pré-
lever à raison de 12 fr. 50 c. par action... 1.500.000 »

et de reporter au crédit de 1860 l'excédant,
soit................................. 33.565 54

Examinons ce compte et rétablissons-le tel qu'il
aurait dû être dressé logiquement.

Pendant l'exercice 1859, les bénéfices avaient été :
Pour le compte de rentes, de. .   810.858 71

Pour le compte de commissions et
intérêts, de. 2.783.963 62

Pour la caisse des dépôts et loca-
tions, de. 45.006 16

Ensemble. 3.639.828 49

Voilà donc, d'après le rapport lui-même, quelle avait été la somme des bénéfices en 1859.

A cela, il faut ajouter :

Les *bénéfices* RÉSERVÉS de 1857 et 1858, qui s'étaient élevés, ainsi que nous l'avons constaté dans les deux chapitres précédents, à. 9.423.697 52

Soit ensemble. . . . 13.063.526 01

pour les trois exercices cumulés de 1857-1858 et 1859.

Ces points sont incontestables et les chiffres sont plus incontestables encore : ils ressortent des rapports eux-mêmes.

Sur cette somme de. 13.063.526 01

Le Crédit Mobilier préleva, en 1859 :

Frais généraux.	476.039 61	
10 0/0 aux administrateurs. . .	170.396 17	
Intérêts des actions, 120,000 à 25 fr.	3.000.000	»
Dividende à 12 50 par action .	1.500.000	»

Ensemble. . . 5.146.435 78

Il restait donc à rendre compte de 7.917.090 23 acquis au 31 décembre 1859.

Nous voyons bien qu'on avait la prétention de faire

disparaître [1] ces sept millions neuf cent dix-sept mille quatre-vingt-dix francs vingt·trois centimes, **sous** le **vague** prétexte de *dépréciations de portefeuille!*

Mais nous ne serons pas aussi faciles que les actionnaires des assemblées du Crédit Mobilier.

Nous demandons que ces dépréciations soient justifiées, établies, prouvées.

Il le faut.

Et sans plus tarder, quitte à revenir tout à l'heure au narre des événements et des faits financiers, **voyons** ce que sont devenus ces huit millions réservés; **courons** au rapport lu dans l'assemblée des actionnaires **du** Crédit Mobilier en avril 1861.

Courons au bilan de 1860. Courons-y.

[1]. C'est le mot consacré par un rapport du Crédit Mobilier !

CHAPITRE IX

1860

Nous ouvrons le bilan du Crédit Mobilier au 31 décembre 1860. Nous y cherchons la mention des

7,917,090 fr. 23 c.

de bénéfices réservés aux inventaires de 1857-1858 et 1859; mais nous les cherchons en vain,

ces 7,917,090 fr. 23 c. de bénéfices.

Ils ont disparu.

Nous trouvons, toutefois, une trace de leur existence. Au compte de profits et pertes de l'exercice 1860, ils figurent, comme solde de l'exercice 1859, pour une somme de............... 33.565 54

Nous ne pouvons en croire nos yeux. Est-il bien possible qu'on fasse disparaître ainsi une somme de 7,917,090 fr. 23 c., c'est-à-dire près de 8 millions.

Examinons encore.

Mais oui, le rapport et le bilan de 1857, constatent bien qu'il existait au 31 décembre 1857, un excédant de bénéfices de................ 4.133.733 20

Mais oui, le rapport et le bilan de 1858 constatent bien que cet excédant de 4,133,733 fr. 20 c., grossi des bénéfices de l'exercice 1858, s'élevait, au 31 décembre 1858, à................ 9.423.697 52

Mais oui, le rapport et le bilan de 1859 constatent à nouveau, que le solde des bénéfices cumulés des deux exercices de 1857 et 1858, présentait, en sus des intérêts servis aux actionnaires, une somme de.................... 9.423.697 52

Il n'y a donc pas le moindre doute; la certitude est complète, absolue.

Dans le rapport et dans le bilan de 1859, le Crédit Mobilier accuse, en sus de cette somme de...................... 9.423.697 52
un bénéfice, au 31 décembre 1859, de............................ 3.639.828 49

Cela produit bien un total de...... 13.063.526 01

Là-dessus, on distribue ou on al-
loue :

Aux actionnaires	4.500.000	»
Aux frais génér.	476.039	61
Aux administrat.	170.396	17

Ensemble................ 5.146.435 78

Il reste donc bien un solde de...... 7.917.090 23

Que nous retrouvons toujours.

Il est vrai que si de cette somme de 7.917.090 23
nous déduisons une somme de.... 33.565 54

reportée au crédit de l'exercice 1860, nous sommes ramenés au chiffre de 7.883.524 69

Mais cela ne change rien au fond des choses. C'est en définitive une somme de
7.883.524 69 qui a disparu.

Le Crédit Mobilier prétendit que cette disparition

était la conséquence des dépréciations subies par les valeurs de portefeuille.

C'est possible! mais il faut justifier le fait, il faut justifier les dépréciations, il faut dire de quelles valeurs se composait le portefeuille en 1857, 1858 et 1859, il faut fournir des documents et des preuves. Nous le répétons encore une fois : on ne peut pas invoquer, en 1867, les motifs qu'on avait en 1860 pour se taire.

Il faut parler.

On peut se croire protégé contre la responsabilité matérielle, par la forme des entreprises qu'on a dirigées ou exploitées; mais on ne saurait, en aucun cas, se dérober à la responsabilité morale.

Il faut parler.

Pendant l'année 1860, les affaires du Crédit Mobilier durent être excessivement restreintes. L'état critique de la Bourse paralysait les opérations. Tout s'en ressentit.

La rente resta emprisonnée entre les cours de

71 40 en hausse
et 67 10 en baisse,

et présenta mensuellement les variations suivantes :

Mois.	Plus haut cours.	Plus bas cours.
Janvier............	69 15	67 35
Février.......	68 40	**67 10**
Mars..........	70 60	67 65
Avril..........	70 90	69 25
Mai............	**71 40**	68 40
Juin..........	70 15	67 85
Juillet........	69 15	67 80
Août.........	68 50	67 80
Septembre. ...	68 70	67 75
Octobre.......	69 50	68 55
Novembre.....	70 60	69 25
Décembre.....	70 60	67 40

En résumant ces cours par une moyenne, on trouve les résultats suivants :

Mois.	Cours moyen.
Janvier......	68 57
Février......	67 81
Mars........	68 20
Avril.........	70 05
Mai.........	69 96
Juin.........	68 78
Juillet........	68 58
Août........	68 10
Septembre...	68 14
Octobre.	68 94
Novembre. ..	70 06
Décembre....	68 94

Les alternatives de hausse et de baisse naquirent de diverses causes, causes économiques, politiques ou financières.

Aux premiers jours de *janvier*, la suppression des liquidations de quinzaine fut présentée comme une compensation du droit d'entrée à la Bourse et de la dissolution de la coulisse, c'est-à-dire du marché libre. Le parquet affecta de dire que cette mesure rendait les affaires plus actives. Personne ne s'y trompa. La liquidation de janvier fut mauvaise. Elle se fit au plus bas cours du mois, et cependant la *Patrie* et le *Pays*, journal de l'empire, annonçaient ou à peu près que le droit d'entrée à la Bourse allait être supprimé.

En *février*, le traité de commerce qui allait être conclu avec l'Angleterre fut considéré, par nos grands manufacturiers protectionnistes, comme défavorable à l'industrie française. Beaucoup d'entre eux appuyèrent leur opinion par des ventes de 3 0/0, escomptant ainsi d'avance les diminutions qu'ils croyaient prévoir dans les revenus publics. De là les bas prix de février et le plus bas cours de l'année, **67 10**. Dès la fin de janvier, trois semaines avant la signature et la publication du traité [1], on savait que, dans des conférences intimes, l'Empereur et Richard Cobden, le célèbre libre échangiste anglais, s'étaient mis d'accord sur ses conditions.

[1] Ce traité portait la date du 15 février 1860.

Le programme économique rédigé par l'Empereur dans sa lettre au ministre d'État, en date du 5 janvier 1860, était déjà oublié [1], et cependant on avait espéré un instant que la « suppression des prohibitions » ne s'appliquerait pas seulement aux droits des douanes extérieures, mais qu'il s'étendrait aussi aux douanes intérieures et notamment à la douane installée à la porte de la Bourse sous la forme des tourniquets.

Le discours de l'Empereur à l'ouverture des cham-

[1] Voir cette lettre au *Moniteur* du 6 janvier 1860.

En voici la fin :

Ainsi, en résumé :

Suppression des droits sur la laine et les cotons;

Réduction successive sur les sucres et les cafés;

Amélioration énergiquement poursuivie des voies de communication;

Réduction des droits sur les canaux et, par suite, abaissement général des frais de transport;

Prêts à l'agriculture et à l'industrie;

Travaux considérables d'utilité publique;

Suppression des prohibitions;

Traités de commerce avec les puissances étrangères.

Telles sont les bases générales du programme sur lequel je vous prie d'attirer l'attention de vos collègues, qui devront préparer sans retard les projets de lois destinés à le réaliser. — Il obtiendra, j'en ai la ferme conviction, l'appui patriotique du Sénat et du Corps législatif, jaloux d'inaugurer avec moi une nouvelle ère de paix et d'en assurer les bienfaits à la France.

Sur ce, je prie Dieu qu'il vous ait en sa sainte garde.

NAPOLÉON.

bres, 1er *mars*, fut très-remarqué[1], mais il n'eut pas d'influence sur les cours. Le 2 mars la rente se cotait 67 95. Le 9 mars elle fermait à 67 75. L'annexion de la Savoie et du comté de Nice préoccupaient trop les esprits pour qu'on songeât franchement à la hausse. L'attitude de la Prusse, les protestations de la Suisse ne laissaient pas d'inquiéter. Toutefois les inquiétudes s'apaisèrent, et l'abondance extrême de l'argent aidant, on atteignit le cours de 70 60 le 29 mars.

Avril fut un mois d'oscillations fréquentes, mais circonscrites dans un cercle restreint, 69 25 à 70 90

Le vote presque unanime des populations de la Savoie et du comté de Nice pour leur annexion à la France, ne resta pas sans effet sur les cours. La hausse prit une allure décidée. Le 6 avril on était à 69 95, le 13 à 70 20, le 20 à 70 05, le 27 à 70 35, le 30, on finissait au plus haut cours du mois, 70 90. La liquidation se fit en pleine hausse.

On cotait **71 40** le 4 *mai*. Ce fut le plus haut cours de l'année; on n'était plus qu'à 70 35 le 11 mai.

Tout à coup se répand la nouvelle que Garibaldi

Ce discours se terminait ainsi :

« La France ne menace personne; elle désire développer en paix,
« dans la plénitude de son indépendance, les ressources immenses
« que le Ciel lui a données, et elle ne saurait éveiller d'ombrageuses
« susceptibilités, puisque, de l'état de civilisation où nous sommes,
« ressort, de jour en jour plus éclatante, cette vérité qui console et
« rassure l'humanité, c'est que *plus un pays est riche et prospère*,
« *plus il contribue à la richesse et à la prospérité des autres*. »

(*Moniteur* du 2 mars 1860.)

a débarqué en Sicile [1], que les populations l'accueillent avec enthousiasme, que le roi de Naples est menacé. Baisse de 1 55 sur le 3 0/0. De 70 35 on tombe à 68 80, 18 mai, et cela à la veille d'un coupon de 1 50. On remonte toutefois à 69 55 le 1er juin.

En *juin* nous trouvons la rente à 69 75 le 2, à 70 15 le 4, à 69 85 le 5, à 70 le 6 et à 68 30 le 7, coupon détaché; l'entrevue à Bade de l'Empereur avec le prince régent de Prusse, le roi de Bavière et le roi de Wurtemberg, produit la meilleure impression et dissipe les inquiétudes causées par l'attitude de l'Allemagne; mais les cours ne se relèvent pas. On cote 68 20 le 8, 68 50 le 15, 68 60 le 27, 68 30 le 30. La rente est lourde et semble condamnée au cours de 68 fr. pour longtemps. La Banque de France prépare l'émission de 1,023,000 obligations de chemins de fer avec garantie de l'État.

Six compagnies : l'Orléans, le Paris à Lyon Méditerranée, l'Est, l'Ouest, le Midi, les Ardennes, le Dauphiné, offrent des obligations rapportant 15 francs d'intérêt annuel, remboursables à 500 francs, jouissance du 1er juillet 1860, au prix de 291 25, 292 50 et 293 75 payables en trois termes, juillet, octobre 1860 et janvier 1861. 300 millions de francs! Ces 300 millions allaient faire défaut sur le marché; les obligations allaient faire concurrence à

[1] A Marsala.

la rente jusqu'à la fin des versements et peut-être au-delà.

Cette souscription réussit complétement : il y avait 1,023,000 obligations à émettre ; les demandes s'élevèrent à 1,625,155. Les souscripteurs furent au nombre de 38,600, dont 13,480 à Paris, 25,120 dans les départements.

Après la clôture de cette souscription publique, les cours de la rente touchèrent 69 15 le 13 *juillet ;* mais toujours offert sur un marché restreint et difficile, le 3 0/0 devait, aux premiers prétextes défavorables, se rapprocher du cours éternel de 68 francs ! Or les prétextes défavorables ne manquent jamais : le 20 juillet, on n'était déjà plus qu'à 68 25 sur la nouvelle des massacres de Syrie et des troubles du Liban. Le 24, on tombait à 67 80 ; mais les affaires étaient trop rares pour qu'il y eut à redouter des cours exagérés de hausse et de baisse ; il n'y avait plus à la Bourse un public capable de conduire ou de supporter de longs mouvements. On revint donc au cours de 68 et on terminait le mois à 68 30 sans que la lettre de l'Empereur à M. le comte de Persigny, alors ambassadeur à Londres, produisit la moindre impression sur le marché. Cette lettre relative à la politique extérieure de la France et à l'expédition de Syrie aurait produit une bien autre sensation si le marché eut été libre comme en 1855 et 1856.

Pendant tout le mois d'*août*, les cours varièrent à

peine. La Bourse était à peu près déserte. La rente se cota de 67 80 à 68 50. Le départ de l'Empereur et de l'Impératrice, pour un voyage dans le midi de la France et les pays annexés, produisit à peine 25 cent. de hausse. Qu'aurait-il produit autrefois ?

Cependant, une émission de 287,618 obligations de la ville de Paris, ouverte le 13 août, n'était pas encore couverte le 25 et menaçait d'un échec le crédit de la ville. Combien les temps était changés ! la souscription de 1855, 60 millions, avait été couverte en un seul jour ! Mais comment voulait-on que le public allât souscrire à de nouvelles affaires, quand on lui fermait le marché où il aurait pu négocier ses valeurs ?

En *septembre*, même calme. 68 70 à 67 75. Les cours varient à peine d'un franc. Garibaldi continue sa campagne contre le roi de Naples, pour l'unité italienne. Il a conquis la Sicile, qui appelle Victor-Emmanuel son roi ; il a traversé le détroit de Messine, débarqué à Reggio, envahi et soulevé les Calabres, il marche sur Naples, que François II abandonne pour se retirer à Gaëte. C'est en vain que le *Moniteur* annonce que le ministre de France a reçu l'ordre de quitter Turin : les troupes piémontaises envahissent les Romagnes. Elles vont rejoindre, à Gaëte, Garibaldi. Le discours de l'Empereur à Marseille[1] ne parvient pas à secouer la torpeur du marché. Cependant on a la conviction que la paix

[1] Voir le *Moniteur* de septembre.

ne sera pas troublée à cause des événements d'Italie. On finit le mois à 68 70.

En *octobre*, les cours s'améliorent encore : on cote 68 55 et 69 70, malgré des demandes considérables d'argent au public. Le Crédit Foncier émet 75 millions d'obligations, le Comptoir d'Escompte émet 40,000 actions nouvelles ; mais ces deux émissions sont laborieuses, difficiles, et demandent plusieurs mois pour s'effectuer.

En *novembre* et en *décembre*, le cours de 70 60, deux fois coté, ne peut être franchi : Avec le marché restreint, le cours de 71 fr. semblait être une barrière infranchissable. La nomination de M. de Forcade la Roquette comme ministre des finances, en remplacement de M. Magne, nommé ministre sans portefeuille, fut vue avec faveur par le monde financier ; mais cette nomination ne parvint pas à relever les cours. La hausse du 3 0/0 n'était que le signe de l'approche du coupon de décembre. Jamais le marché n'avait offert un aspect aussi triste, aussi monotone. Rien ne pouvait plus le tirer de la léthargie profonde où la disparition des groupes libres l'avait plongé. L'année se termina sans affaires, sans mouvements et dans un état de découragement indescriptible. On revint aux bas cours : 67 40 à 67 55.

La rente, qui était cotée 69 30 au 31 décembre 1859, et qu'on trouvait alors bien au-dessous de sa valeur, s'était dépréciée de 2 francs à la fin de 1860. Telle était la conséquence du système des restrictions.

L'argent avait été facile et abondant pendant toute
l'année. La Banque de France avait maintenu le taux
de son escompte à 3 1/2 0/0 pendant dix mois et
demi, du 1er janvier au 12 novembre; elle l'avait ensuite élevé à 4 1/2 du 12 novembre au 31 décembre.
C'était un taux moyen de 3 66 0/0 seulement.

Les cours du Crédit Mobilier présentèrent des
variations aussi peu accusées que ceux de la rente
et des diverses autres valeurs en général. On jugera
de ces variations par le tableau suivant qui relève les
cours extrêmes de chaque mois de l'année.

CRÉDIT MOBILIER.

Noms des mois.	Plus haut cours.		Plus bas cours.	
Janvier.	795	»	730	»
Février.	760	»	722	50
Mars.	815	»	737	50
Avril.	800	»	732	50
Mai.	740	»	637	50
Juin.	683	75	653	75
Juillet.	715	»	665	»
Août.	695	»	672	50
Septembre. . .	695	»	672	50
Octobre.	735	»	688	75
Novembre. . . .	787	50	718	75
Décembre. . . .	786	25	715	»

Si le Crédit Mobilier avait toujours eu des allures
aussi tranquilles, combien de malheurs auraient été
évités!

Pendant l'année 1860 quelles avaient été les opérations ostensibles du Crédit Mobilier?

Il avait semblé porter son attention presque exclusive sur les opérations de la *Compagnie parisienne de chauffage et d'éclairage par le gaz*, Le capital ancien, qui était de 55 millions, avait été porté à 84 millions, tant pour l'acquisition de diverses usines situées dans la banlieue de Paris, que pour les nouveaux besoins de canalisation et d'éclairage.

Sur les actions nouvellement émises, 3,000 avaient été données en paiement de l'acquisition de l'usine du Nord-Batignolles, et 55,000 avaient été attribuées aux actionnaires dans la proportion de une action nouvelle pour deux anciennes. Le paiement de ces dernières avait été réparti sur un espace de cinq années. La prime que gagnaient les actions nouvelles dépassait 400 francs sur un capital versé de 100 fr. seulement !

On a remarqué, dans le précédent chapitre, que le Crédit Mobilier avait, dès 1859, largement opéré en prévision de cette éventualité. Il est probable qu'il y trouva des bénéfices considérables, et que ses divers administrateurs ne manquèrent pas cette occasion d'arrondir légèrement leur fortune. Les actions du Gaz étaient une si bonne valeur !

Et puis la Compagnie du Gaz ouvrait les mines fécondes d'un compte de premier établissement de 74 millions ! « Cette augmentation annuelle de notre

« capital de premier établissement est une consé-
« quence de la prospérité de notre entreprise, disait naïvement le rapporteur de la Compagnie à
l'assemblée des actionnaires du Gaz, au 30 mars
1860. N'eut-il pas mieux valu démontrer et
prouver avec quelle économie on avait fait les dépenses?

En somme, le rapport du Crédit Mobilier faisait
sonner bien haut le dividende de 70 fr., par action,
payé pour le dernier exercice, et il constatait que la
Compagnie du Gaz était dans une situation très-bril-
lante. Le rapporteur du Crédit Mobilier avait de l'esprit !

La *Compagnie immobilière de Paris* n'était pas moins
heureuse que la Compagnie du Gaz. Elle avait distribué 10 0/0 de dividende ou d'intérêt à ses actionnaires, en 1860, tout en faisant de larges réserves
pour l'avenir.

La situation était d'autant meilleure que, d'après
le rapport lu à l'assemblée du 21 avril 1860, la Compagnie immobilière, avec un capital de 24 millions
réalisés, avait déjà contracté 15 millions d'emprunts.

Plus on emprunte, plus on est riche, disait la nouvelle école financière au rebours de l'ancienne école,
qui prétendait que lorsqu'on devait on n'était jamais
riche.

Les emprunts ayant été faits au-dessous de 6 0/0
et les revenus des immeubles devant être de 9, 10?

23

12 0/0, toute la question se réduisait à savoir si on parviendrait à louer, à ces derniers taux, des immeubles revenant à des prix impossibles de folie ou d'exagération. Le temps devait se charger d'y répondre. Il n'y a pas encore répondu, car la crise actuelle (1867) n'est que la préface de la vraie crise à laquelle nous assisterons probablement un jour.

La Compagnie maritime était toujours l'objet des prédilections du Crédit Mobilier. Cela ne doit pas nous surprendre : les actions de cette Compagnie étaient tombées en 1859 jusqu'à 80 francs, et il aurait été facile d'en acheter beaucoup de 90 à 100 fr. Quels bénéfices n'aurait-on pas réalisés, si on avait su d'avance que le Crédit Mobilier était tout disposé à faire des sacrifices pour cette affaire? On aurait opéré à coup sûr : les cours se relevaient en avril 1860, à 295 francs, et en novembre et décembre de la même année, à 420 et 425 francs. Quelqu'un de bien avisé qui aurait acheté seulement 10,000 actions entre 80 et 100 francs, en 1859, aurait pu gagner facilement trois millions, net de tous frais, en 1860.

Il est vrai que la Compagnie maritime s'était tout-à-fait transformée : elle allait entrer dans la combinaison de la Compagnie transatlantique, et son capital primitif de 30 millions était admis pour 24 millions dans la Société nouvelle. Les actions anciennes allaient être évaluées au taux de 400 francs et échangées, à raison de cinq anciennes pour quatre nouvelles, ce qui réduisait leur nombre de 60,000 à 48,000 seulement. Pour les besoins nouveaux de l'affaire, on devait ajouter 32,000 actions nouvelles de 500 francs chacune, et 32,000 obligations portant 25 francs d'intérêt et remboursables à 500 francs.

Le Crédit Mobilier avait souscrit ce capital supplémentaire d'actions, et s'était chargé des obligations au prix de 425 francs.

Le rapport lu à l'assemblée des actionnaires du 30 avril 1861, fit connaître ces combinaisons au public; mais il est probable qu'elles avaient été depuis longtemps préméditées. Peu de personnes purent en profiter.

Le rapport sortit de sa réserve habituelle en annonçant à ses actionnaires que la souscription des actions et des obligations de la Société transatlantique n'avait pas été faite à titre gratuit : le Crédit Mobilier devait avoir droit à un tiers dans les bénéfices de la Compagnie générale transatlantique, après que ces bénéfices auraient atteint 7 0/0.

Le Crédit Mobilier avait pris un intérêt dans deux Compagnies d'assurances, *la Confiance*, au capital nominal de 4,000,000 de francs, sur lequel il avait été versé 800,000 francs seulement; et *la Paternelle*, au capital de 6,000,000, sur lesquels il n'avait été appelé que 2,400,000 francs. Ces deux Sociétés d'assurances contre l'incendie, étaient au dire du rapport dans la meilleure situation :

La première avait distribué un dividende de 50 fr. par action et avait fait des bénéfices qui s'élevaient à 34 fr. 70 c. 0/0 du capital versé; la seconde avait distribué, en dividende, 7 0/0 du capital effectif et laissait espérer des bénéfices de 25 à 30 0/0, toujours au dire du rapport, qui n'était dans les différents passages relatifs à ces deux Compagnies, qu'une longue réclame digne de figurer dans les journaux d'annonces. Cela signifiait tout simplement que le Crédit Mobilier demandait des souscripteurs pour le capital de *la Confiance* et de *la Paternelle*, ou des acheteurs pour leurs actions. — Le Crédit Mobilier ne cachait pas du reste qu'il avait pris dans ces deux affaires un intérêt important! Peut-être avait-il là aussi, souscrit le capital en entier.

Le Crédit Mobilier avait dû abandonner ses projets sur les *Salines de l'Est*, à cause des prétentions exagérées des directeurs ou des propriétaires de ces établissements; il s'était rejeté sur la *Compagnie des Salins du Midi*, qui constituée en 1856, sollicitait la transformation en Société anonyme, et il lui prêtait son concours. — Les actionnaires du Crédit Mobilier ont-ils jamais su quels profits ils ont retiré de cette opération?

Les chemins de fer du Midi avaient éteint toute concurrence possible de la part du canal du Languedoc. Ils donnaient en 1860, un dividende de 35 francs, après une augmentation de trois millions de recettes sur l'année 1859. Nous n'avons pas besoin de dire que le rapport promettait des succès bien autrement éclatants; mais nous aurons plus tard à revenir sur cette question.

Les chemins de fer du nord de l'Espagne étaient près de toucher à leur exploitation totale : 308 kilomètres avaient été livrés au public à la fin de 1860, et l'ensemble des sections exploitées devaient s'élever à 631 kilomètres en l'année 1861. En attendant les cours se soutenaient à la bourse de 502.50 à 415 pour les actions et de 261.25 à 250 pour les obligations. A ces prix l'émission se faisait à huis clos et donnait encore des bénéfices aux fondateurs. N'en eussent-ils pas eu, ils avaient encore un grand intérêt à vendre, car ils ne pouvaient pas se faire illusion sur la valeur réelle du chemin.

Le Crédit Mobilier Espagnol continuait à être dans la plus heureuse situation. En dehors du Nord de l'Espagne, et du Cordoue à Séville, il n'était encore engagé que dans deux entreprises, mais qui donnaient beaucoup à espérer, (nous parlons d'après le Rapport) ces deux entreprises étaient les gaz de Madrid et les mines de la Castille.

Quant à la malheureuse affaire de *la canalisation de l'Èbre*, le gouvernement Espagnol devait présenter aux cortès un projet de loi tendant à faire reconnaître les justes droits de la Compagnie. La question est encore pendante aujourd'hui.

Telle était en résumé, d'après le rapport, la situation

des affaires en Espagne. Tous ces renseignements ne fournissent en réalité aucun point précis sur la part de bénéfices qu'a pu en retirer le Crédit Mobilier dans le courant de l'année 1860.

Les *chemins de fer Autrichiens, les chemins de fer Russes* étaient aussi l'objet de longs commentaires; mais la part du Crédit Mobilier dans les opérations relatives à ces deux affaires était passée sous silence. Il en était de même pour les *chemins Suisses.*

Dans le courant de l'année 1860 le Crédit Mobilier avait pris la haute main dans la réorganisation des anciens Docks Napoléon, reconstitués en société anonyme sous le titre de *Compagnie des Entrepôts et Magasins Généraux de Paris.* La nouvelle combinaison paralysa des intérêts respectables dont il fut à peine tenu compte; et les titres donnèrent lieu, soit sous leur forme primitive, soit sous leur forme nouvelle, à des spéculations de bourse considérables. A vrai dire, cette affaire se réduisait à des ventes de terrains que possédaient les anciens Docks. — Le Crédit Mobilier absorba tous les titres, et l'on put s'apercevoir dès lors que les ventes de terrains, au lieu d'être facilitées, étaient au contraire soigneusement différées. Plus d'une fois les actionnaires des Magasins Généraux se sont plaints; ils ont prétendu que des intérêts personnels contrariaient trop ouvertement les intérêts de leur Compagnie. En tout état de cause, si la Compagnie des Magasins Généraux est prospère, ce n'est pas au concours du Crédit Mobilier

qu'elle doit sa prospérité : Elle est prospère malgré
ce concours.

Quel bénéfice, d'ailleurs, en ont retiré les actionnaires des Magasins Généraux? Quels bénéfices en
ont retiré les actionnaires du Crédit Mobilier? Nous
ne le voyons pas et nous ne saurions le voir. Tandis
que tout le monde sait au contraire à qui ce concours
a profité.

Quand on étudie froidement les entreprises
financières de notre époque, il est bien rare d'y
trouver des conceptions grandes et loyales; quand
on en sonde le fond, il est plus rare encore d'y
trouver le désir sincère du bien public. On dirait
que toutes n'ont eu qu'un mobile: le lucre. Rien de
plus.

Nous avons maintenant à rendre compte de la
situation financière du Crédit Mobilier au 31 décembre de l'année 1860.

D'après le rapport lu à l'assemblée du 30 avril le
bilan est ainsi composé :

PASSIF.

Capital.......................Fr.	60.000.000	»
Comptes-courants et divers.........	105.132.513	28
Réserve.......................	2.000.000	»
Solde du compte de profits et pertes..	6.342.435	50
Total............	173.474.948	78

ACTIF.

Rentes françaises................Fr.	25.399.250	»
Actions et obligations.............	97.905.691	60
Effets à recevoir..................	16.342.868	17
Reports.........................	7.697.730	95
Avances aux Compagnies	12.727.921	02
Hôtel de la Société et Mobilier.......	1.449.880	89
Espèces en caisse ou à la Banque de France.............................	11.951.606	15
Total..............	173.474.948	78

Le mal va toujours en empirant : avec 60 millions de capital, le Crédit Mobilier possède en portefeuille pour 123 millions de valeurs. Il est donc à découvert cette année, au 31 décembre, de 63 millions avec ses comptes-courants ! — et si nous déduisons de ces 63 millions les 25 millions en rentes françaises, nous le trouvons encore à découvert de 38 millions, soit près des deux tiers de son capital. Que penser d'une pareille imprudence? Et comment pourrait-on dormir au Crédit Mobilier?

Pour apprécier ce bilan et le résultat du compte de profits et pertes, il faudrait connaître la composition des 97 millions d'actions et d'obligations que renfermait le portefeuille. Nous le saurons peut-être quelque jour. Jusque-là, nous resterons muet devant le sphynx.

Le compte de PROFITS ET PERTES se résumait comme suit :

Intérêts et bénéfices de placements, déduction faite des intérêts bonifiés sur comptes-courants......................	3.312.245 62
Plus-value du portefeuille............	1.911.161 60
Bénéfices de placements d'obligations et commissions.........................	1.544.220 69
Produits de la caisse des dépôts de titres et locations..........................	77.583 33
Solde de l'exercice 1859..............	33.565 54
Total..............	6.878.776 78

De ce chiffre il fallait déduire, pour frais généraux, frais d'administration, réparations de l'hôtel, contributions, assurances, etc......................	536.341 28
Intérêts payés aux actions à 25 fr......	3.000.000 »
10 0/0 aux administrateurs...........	334.243 55
Ensemble.........	3.870.584 83
Il restait disponible une somme de.....	3.008.191 95
Total..............	6.878.776 78

Sur la somme restant disponible de...	3.008.191 95
les administrateurs proposèrent de distribuer 25 francs de dividende par actions, soit................................	3.000.000 »
Et de reporter à l'exercice suivant l'excédant de..........................Fr.	8.191 95

L'assemblée des actionnaires accepta le dividende.

Nous ne l'accepterons, nous, que sous bénéfice d'inventaire, et l'inventaire, nous le demandons.

Qu'on nous permette, en attendant, une observation.

Quelques lignes avant de relever le compte de profits et pertes, le rapport disait textuellement :

« Par suite des réductions opérées dans nos évaluations « du 31 décembre 1860, le compte de profits et pertes ne « présente qu'un bénéfice de 6,342,435 fr. 50 c. »

Et quelques lignes plus bas, dans le compte même de profits et pertes, nous trouvons ce passage, que nous citons aussi textuellement :

« Plus-value de notre portefeuille : 1,911,161 fr. 60 c. »

Qu'est-ce que cela signifie?

On dit qu'on a opéré des réductions dans les évaluations, et on constate une plus-value dans le portefeuille. Veut-on dire que, malgré les réductions dans les évaluations, le portefeuille donnait encore 1,911,161 60 de plus-value? Rien de tout cela n'est clair. Rien n'est certain.

Les actionnaires du Crédit Mobilier ne remarquèrent pas sans doute que, dans le même compte de profits et pertes, on portait des frais de réparations à l'hôtel de la Société, pendant qu'on augmentait toujours le prix de l'immeuble au bilan. Mais si les frais de réparations étaient portés au compte de frais généraux, comment se faisait-il que l'immeuble put accroître de prix chaque année ?

Ce détail ne cacherait-il pas une erreur de comptabilité ou d'évaluation? En tout cas, jamais institution de banque n'a procédé, en pareille matière, comme procédait le Crédit Mobilier.

Mais ce sont là de petites questions et de petits faits. Ne perdons pas de vue les questions majeures et les faits importants.

Le rapport du Crédit Mobilier ne porte que 3,312,245 fr. 62 c. de bénéfices sur les placements faits en 1860, après déduction des intérêts (sont-ce bien des intérêts?) payés à ses comptes courants.

Comment! l'année où les actions du Gaz donnèrent 400 fr. de bénéfice ou de prime pour 100 fr. seulement versés ; — l'année où la Compagnie maritime fut cotée 425 fr. après avoir été cotée 80 fr. l'année précédente ; — l'année où on *réorganisa* les Docks Napoléon, — l'année où on fit bien d'autres affaires qu'on disait être *dans la meilleure situation*, les placements ne donnèrent que 3,312,245 fr. 62 c. de bénéfice ? C'est fort surprenant.

N'aurait-on pas gagné ou pu gagner de quoi rendre aux actionnaires les 7,883,524 fr. 69 c. de bénéfices disparus entre les deux bilans de 1859 et 1860 ?

Quelques jours avant l'assemblée des actionnaires du Crédit Mobilier, où fut lu le rapport de l'exercice 1860, des gens qui se prétendaient bien informés et qui croyaient avoir puisé leurs renseignements aux meilleures sources, affirmaient que le Crédit Mobilier avait opéré de la manière la plus large sur les actions de la Compagnie maritime, du Gaz et des Docks Napoléon, et ils faisaient ce calcul, hypothétique sans doute, d'après lequel ils estimaient que le bilan devait donner 20 millions de bénéfices au minimum.

25,000 actions de la *Compagnie maritime* achetées de 80 à 100 francs et revendues de 300 à 400 fr., soit en moyenne 350 fr., 250 fr. de bénéfice par action.	6.250.000 »
20,000 actions de la *Compagnie du Gaz*, prime réalisée sur 20,000 actions nouvelles, 400 fr. par action.	8.000.000 »
Bénéfices présumés sur l'affaire des *Docks Napoléon* ou de la Compagnie des Magasins Généraux et Entrepôts de Paris.	2.500.000 »
Bénéfices sur les autres affaires.	3.250.000 »
Total. . . .	20.000.000 »

Combien ces gens-là étaient mal renseignés.

Si le Crédit Mobilier avait gagné en 1860, 20 millions dans ses opérations sur la Compagnie maritime, les Gaz, les Docks, etc., etc., il n'aurait eu rien de plus pressé que de distribuer un magnifique dividende à ses actionnaires? Or, il ne leur donna que 25 fr., soit 3 millions de francs.

Ce n'était donc pas lui qui avait gagné les 20 millions.

Mais en revanche, c'était bien lui qui avait fait disparaître les 7,883,524 fr. 69 c. qui constituaient les bénéfices portés aux inventaires et aux bilans de 1858 et de 1859.

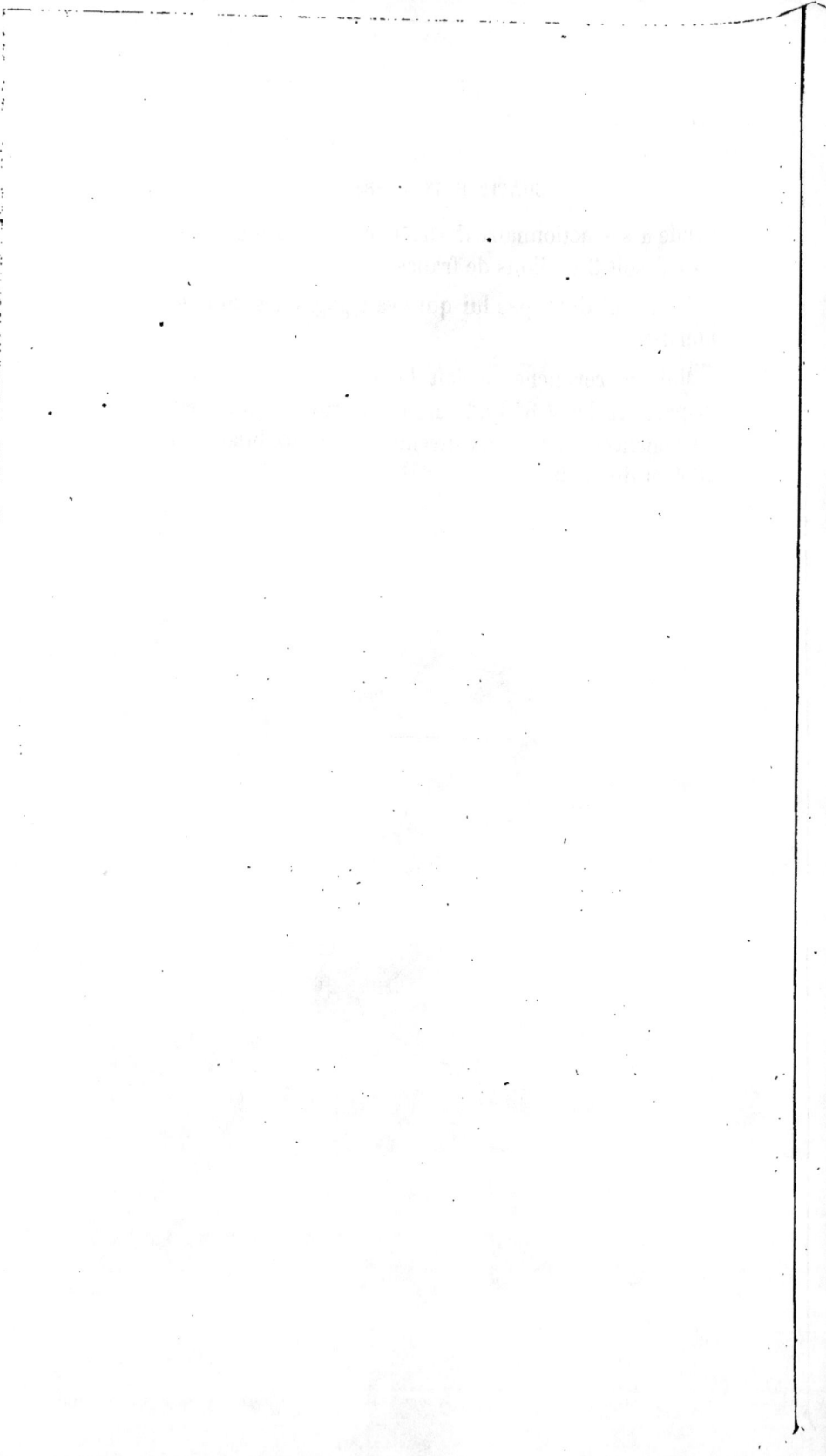

CHAPITRE X

1861

PENDANT l'année 1861, le Crédit Mobilier n'eut qu'une préoccupation, la Constitution ou la création de l'OMNIUM.

L'OMNIUM, c'était sous un mot nouveau, l'émission des obligations mobilières. On se rappelle que depuis 1854, le Crédit Mobilier avait insisté dans ses rapports sur la création de ces titres qui lui auraient permis d'étendre ses affaires dans des proportions illimitées.

On se rappelle encore que les statuts du Crédit Mobilier l'autorisaient à émettre en obligations de ce genre, une somme décuple du capital de ses actions; le capital du Crédit Mobilier étant de 60 millions, il aurait pu créer une valeur de 600 millions en obligations; si son capital eut été doublé et porté à 120 millions, il aurait pu créer une valeur de 1,200 millions de ces mêmes titres; et enfin, il ne s'agissait, par un coup d'audace ou dans une année de succès exceptionnel, que de porter le capital actions à 200 ou 250 millions, pour pouvoir créer un capital de deux milliards ou deux milliards et demi en obligations.

On comprend à quel degré de force absorbante on serait ainsi arrivé: deux milliards et demi! c'était la moitié du numéraire existant en France.

Nous ne pensons pas que le Crédit Mobilier eut alors de si hautes visées. Cependant l'insistance avec laquelle il voulait lancer dans la circulation ses obligations mobilières, qu'il appela tour à tour

Obligations de liquidation,
Obligations Billets de Banque,
Caisse d'Epargne portative,
Titres de Crédit Européen,
Billets à Rente, etc., etc.

ne permet d'admettre que trois hypothèses:

Ou le Crédit Mobilier voulait concentrer entre ses mains un monopole gigantesque;

Ou le Crédit Mobilier n'avait qu'un capital insuffisant pour diriger et maintenir suivant ses vues les affaires qu'il dirigeait.

Ou le Crédit Mobilier avait compromis son capital dans des affaires véreuses et il avait besoin de le reconstituer à nouveau.

Nous ne chercherons pas à examiner laquelle de ces trois hypothèses pouvait être la vraie. Nous nous bornerons à constater que le public n'avait pas vu avec faveur l'émission des premières obligations mobilières en 1853 et nous rappellerons que le Crédit Mobilier avait été forcé de les retirer avec perte, de la circulation.

Depuis cette époque, le public resta indifférent à tous les programmes qui sollicitaient sa confiance et ses capitaux.

Quant au gouvernement, il refusait son adhésion aux combinaisons du Crédit Mobilier. On a vu en effet qu'il avait arrêté en 1855 une émission de 240.000 obligations, qui auraient été données en paiement d'un dividende de 178.70 avec une soulte versée en espèces par les souscripteurs.

Malgré cet échec qui dut renverser de fond en comble ses combinaisons financières, le Crédit Mobilier paya son dividende de 178.70 à caisse ouverte, en 1856. Il devait plus tard s'en repentir et en faire

23

amende honorable en reconnaissant dans plusieurs de ses rapports que dans les premières années de son existence il avait distribué des dividendes beaucoup trop élevés.

Avec une tenacité acharnée, le Rapport de l'exercice 1860, paru au mois de mai 1861, n'en continuait pas moins à proclamer la nécessité de l'OMNIUM.

> « A aucune époque, disait-il, l'application d'une sem-
> » blable mesure n'a été plus opportune, nous dirons même
> » plus *indispensable !* pour le Crédit de l'État, et pour celui
> » des grandes entreprises de travaux publics et d'in-
> » dustrie. »

Le Rapport indiquait en même temps que les bas prix de la Rente demandaient à être relevés, et il voulait établir une sorte de corrélation entre le crédit de l'État et le crédit du Crédit Mobilier.

Cette solidarité ne pouvait être admise en aucun cas.

Les intérêts positifs du pays n'avaient aucune analogie avec les intérêts factices du Crédit Mobilier. Les premiers étaient loyalement dirigés dans le sens du bien public; les seconds n'avaient pour objectif que la constitution de grandes fortunes particulières; les actes, la gestion du gouvernement sont soumis à toute espèce de contrôle; les actes, la gestion du Crédit Mobilier n'en eurent jamais.

En créant l'OMNIUM, le Crédit Mobilier prétendait absorber tous les titres flottants sur le marché; il voulait maintenir les cours, disait-il, et arriver peu à peu à un classement proportionnel aux Épargnes de chaque année. Par cette combinaison, il aurait gagné une différence entre un intérêt fixe payé à ses obligations et un intérêt éventuel retiré des actions des Compagnies.

Ce système aurait pu avoir des chances de succès si toutes les entreprises avaient été constituées et exploitées dans les conditions d'une loyauté sévère et d'une économie plus sévère encore. Il aurait été peut-être accepté avec estime, si on avait laissé à la tête des Compagnies des administrateurs modestes dans leurs prétentions et dans leurs habitudes, et s'il avait été admis en principe et en fait que lorsqu'on était appelé à la direction d'une affaire, on devait se vouer à elle seule, exclusivement. On aurait vu alors, chaque entreprise indépendante, ne chercher à surpasser ses rivales ou ses émules, que par une gestion économique, loyale, intelligente, qui aurait pu livrer tous ses actes à la publicité et en accepter franchement le contrôle : Il y aurait eu ainsi l'émulation du bien public et non l'émulation de la fortune. Les gérances n'auraient pas présenté le spectacle d'une course aux écus. La considération aurait été donnée en raison des services rendus, et non en raison des richesses acquises. On aurait ainsi sagement entretenu la concurrence, source féconde de progrès, au lieu de créer des monopoles, sources intarissables de routines, d'abus et de préjugés.

Mais l'argyrocratie [1] nouvelle qui avait germé et grandi à l'ombre du Saint-Simonisme était déjà trop puissante pour permettre à des rivalités de se produire. Ses membres avaient d'abord accaparé certaines entreprises; puis ils avaient étendu peu à peu leur action, en écartant impitoyablement des affaires toute individualité opposée à leurs idées, à leurs intérêts, à leurs tendances. Ils parvinrent ainsi à concentrer entre leurs mains, la direction sans opposition et sans contrôle, de la fortune mobilière. Encore un pas, ils allaient peut-être dicter des lois à l'Etat même. Si le gouvernement n'avait jugé à propos de faire appel aux souscriptions publiques, son crédit aurait dépendu d'eux. Néanmoins, le gouvernement eut toujours à se défendre contre leurs obsessions intéressées; il eut toujours à protéger le public contre leurs tendances d'accaparement. Aussi arrêta-t-il, dès 1855, l'émission des obligations immobilières (240,000); aussi fut-il défavorable en 1861 à la création de l'omnium; aussi était-il plutôt disposé à autoriser des sociétés nouvelles dont le crédit put neutraliser leur influence ou tout au moins lui servir de contre poids.

Nous verrons toutefois le Crédit Mobilier revenir encore à son idée fixe, c'est-à-dire à la création de ses obligations. Nous aurons à en reparler avec lui, en 1864. Mais il devait échouer une fois de plus dans ses tentatives à cet égard.

[1] Argyrocratie, de αργυρον, argent, et κρατειν, vaincre.

Le 31 décembre 1860, la rente 3 0/0 fermait à 67.55; elle n'ouvrait qu'à 67.25 le 2 janvier 1861, malgré une phrase significative du discours de l'Empereur au corps diplomatique, à l'occasion des réceptions du nouvel an. L'Empereur manifestait la conviction que l'entente des grandes puissances conserverait la paix en Europe.

La question de l'unité italienne se trouvait arrêtée devant Gaëte par la résistance du roi de Naples; mais la politique de M. de Cavour devait triompher.

En Allemagne, l'Autriche luttait contre des difficultés intérieures, difficultés d'argent, difficultés de nationalités; la Prusse semblait songer à la possession des duchés de Shleswig-Holstein.

Quant à la Turquie, sa situation financière était sa plus grave préoccupation, elle n'y avait pas trouvé de remède dans le récent emprunt qu'elle avait contracté à Paris, à la fin de 1860, par l'intermédiaire de la Caisse générale des chemins de fer.

Les autres États de l'Europe étaient dans une situation qui n'inspirait aucune inquiétude.

Les préoccupations allaient venir du côté des États-Unis d'Amérique.

La grande crise que Washington, Jefferson et Franklin, avaient prévue était sur le point d'éclater. La question de l'esclavage se dressait menaçante; la confédération allait se scinder en deux camps, l'un contiendrait les États à esclaves, les États du Sud;

l'autre les États libres, les États du Nord. La Caroline du Sud fut la première à se prononcer pour la sé-cession. La lutte allait devenir une guerre acharnée qui devait durer plus de trois ans : les conséquences de cette guerre, fâcheuses pour notre compagnie et notre industrie, ne devaient pas atteindre directement notre marché financier.

Pendant le mois de *janvier*, les cours de la rente tombèrent à 67 25, le 2, à 66 80, le 8 ; se relevèrent jusqu'à 68 10, le 29, et fermèrent le 31, à 68 00.

Pendant le mois de *février*, la rente, après avoir atteint le cours de 68 75, dans la première quinzaine, et s'être maintenue au-dessus de 68 jusqu'au 20, tombait, le 21, à 67 75 sur des craintes de complications, en Italie, à propos de l'Autriche ; en Allemagne, à propos du Shleswig-Holstein ; cette dernière question où le Danemark se trouvait aux prises avec la Confé-dération germanique, entrait dans une période d'a-paisement passager qui semblait promettre de meil-leurs cours, quand un fait inattendu fort grave vint troubler le monde financier : nous voulons parler de l'arrestation de M. J. Mirès.

M. J. Mirès s'était activement mêlé aux affaires de finances ; mais la Caisse générale des Chemins de fer, dont il était le gérant, était depuis quelque temps absorbée par l'émission laborieuse de l'Emprunt otto-man. Elle n'avait fort heureusement que très-peu d'affaires engagées au mois de février à la Bourse de Paris. Le fait n'eut donc pas l'importance que les premières émotions auraient pu faire craindre. Les conséquences furent déplorables, mais elles ne devaient se produire que plus tard. Un administrateur provisoire de la Caisse avait été délégué, c'était M. le comte de Germiny; son nom, son caractère honorable suffisaient pour rassurer, momentanément du moins, les intérêts alarmés.

Il n'entre pas dans le cadre de ce travail de nous occuper davantage de la chute de M. J. Mirès et des péripéties de sa vie financière; nous n'aurons à reparler de lui que quand les intérêts qu'il avait gérés se trouveront mêlés à ceux du Crédit Mobilier.

La rente revint rapidement le 22, au cours de 68 15; elle finissait ainsi en clôture le 28 février.

Dans le mois de *mars*, les variations de la rente se trouvèrent limitées de 68 40 à 67 75, dernier cours du mois : les questions politiques restaient dans la même situation en Europe, les plus récentes nouvelles arrivées d'Amérique n'annonçaient aucune aggravation dans la crise des États-Unis; le marché était plutôt préoccupé de la cherté du taux des escomptes et des difficultés financières qui pouvaient en être la conséquence.

Pendant l'année 1861, le taux de l'escompte eut des variations tourmentées à la Banque de France et à la Banque d'Angleterre.

A la Banque de France, il fut successivement fixé à :

5 1/2	90 jours,	le 2 janvier.
7 0/0	90 —	le 8 —
6 0/0	90 —	le 14 mars.
5 0/0	90 —	le 21 —
5 1/2	90 —	le 26 septembre.
5 0/0	90 —	le 22 novembre.

Dans le même intervalle il était ainsi coté à la Banque d'Angleterre :

5 0/0	le 1er août.
4 1/2	le 15 —
4 0/0	le 29 —
3 1/2	le 9 septembre.
3 0/0	le 7 novembre.

Les premiers effets du traité de commerce avec l'Angleterre n'étaient pas étrangers à cette situation. Le chiffre de nos importations en marchandises devait dépasser 2 milliards 440 millions tandis que nos exportations ne devaient s'élever qu'à 1,926 millions; en outre nos exportations de numéraire devaient dépasser 502 millions tandis que nos importations ne devaient s'élever qu'à 491 millions[1].

Ce fait explique comment le taux de l'argent fut à meilleur compte, à la Banque d'Angleterre, qu'à la Banque de France pendant l'année que nous décrivons; à cette cause venait s'en ajouter une autre : les difficultés aux États-Unis paralysaient le commerce

[1] Nous avons jusqu'ici relevé tous les trois ans l'état des importations et des exportations du commerce de la France à l'extérieur;

anglais, annulaient les commandes pour l'Amérique et laissaient d'énormes capitaux sans emploi. Telles furent les causes pour lesquelles l'argent se trouva plus cher en France qu'en Angleterre, en 1861 ; dans les années qui vont suivre, nous aurons le fait inverse à constater.

En *Avril*, les cours de la Rente varièrent de 68 80

dans le chapitre VI, page 257, nous avons fait figurer les années 1855, 1856, 1857.

Voici les mouvements des années 1858, 1859, 1860 :

En 1858, les IMPORTATIONS furent :

En marchandises, de.................	1.562.770.000
En numéraire.......................	717.870.000
	2.280.640.000

Les EXPORTATIONS furent :

En marchandises, de.................	1.887.300.000
En numéraire, de....................	242.405.000
	2.129.705.000

En 1859, les IMPORTATIONS furent :

En marchandises, de.................	1.640.700.000
En numéraire, de....................	942.090.000
	2.582.790.000

Les EXPORTATIONS furent :

En marchandises, de.................	2.266.400.000
En numéraire, de....................	571.561.000
	2.837.961.000

En 1860, les IMPORTATIONS furent :

En marchandises, de.................	1.897.330.000
En numéraire, de....................	604.340.000
	2.501.670,000

Les EXPORTATIONS furent :

En marchandises, de.................	2.277.100.000
En numéraire, de....................	447.503.000
	2.724.603.000

à 67 40 ; la dépréciation la plus forte eut lieu vers le milieu du mois. On restait à 68 75, le 30 avril en cloture de Bourse. Les affaires étaient presque nulles. Les nouvelles d'Amérique devenaient de plus en plus graves, la guerre civile avait éclaté entre les États à esclaves et les États libres. En Europe la situation politique restait la même; des inquiétudes passagères surgissaient et s'appaisaient tour à tour : un mot de Lord Palmerston à la Chambre des Communes, dépeignait ainsi l'état des choses : « les mois commencent comme des lions, et finissent comme des moutons. »

Le mois de *Mai* s'annonçait sous des auspices favorables; tout semblait faire croire à une reprise d'affaires : Les cours s'établissaient au-dessus de 69 fr., le 1er, s'élevaient successivement jusqu'à 69 65, le 14, après avoir fait 68 80 dans un moment de réaction aussi rapide que l'éclair et finissaient le 31, à 69 40. La hausse du 3 0/0 se trouvait arrêtée par une souscription à 186,000 obligations de chemins de fer offertes par la Banque de France, savoir :

		Obligations.
Pr compte de la Compie des Ardennes......		86.000
—	— de l'Est...........	80.000
—	— de Paris Lyon-Méd..	268.000
—	— du Midi...........	75.000
—	— d'Orléans.........	140.000
—	— de l'Ouest........	137.000
	Ensemble......	786.000

53.369 souscripteurs demandèrent 2.972.204 obligations. Le succès de cette souscription laissa la rente au cours de 69.40, le 31 mai.

Juin ouvrit à 69.30. La mort imprévue et subite du comte de Cavour nous ramena inopinément à 68.80, le 6; à 67.60, le 7; à 67.50, le 8; la Bourse de Paris s'associait au deuil de l'Italie. Qu'allait devenir la grande idée de l'Unité Italienne? N'allait-elle pas avoir à traverser des luttes nouvelles que le génie d'un grand homme d'État disparu n'allait plus dominer. Aux yeux du monde financier, depuis plusieurs années, M. de Cavour menait l'Europe; en le perdant, l'Europe perdait un de ces hommes qui peuvent à bon droit être considérés comme nécessaires au succès d'une idée, d'une politique ou d'une dynastie. Le 3 0/0 clôtura le mois de juin à 67.55.

Tout le mois de *Juillet*, la rente fut retenue captive entre les cours de 67.90 à 67.45; l'émission des obligations trentenaires absorba l'attention du monde financier : elle fit oublier la politique. Le succès de ces obligations dépassa toutes les espérances : il était proposé au public 300.000 obligations représentant un capital de 132 millions; au lieu de 132 millions, le public souscrivit deux milliards.

La création de ces obligations avait été autorisée par une loi de finances du 23 juin 1857. Un décret impérial du 22 décembre 1858 régla les conditions de leur émission. Elles étaient productives d'un intérêt de 20 francs par an, payable par semestre les 20 janvier et 20 juillet de chaque année et remboursables à 500 francs par voie de tirage au sort dans un délai de trente ans, (d'où leur nom de trentenaires), commençant en janvier 1860 et devant finir en janvier 1889. Une première création de 200.000 obligations trentenaires avait eu lieu en décembre 1858. Délivrées aux compagnies de chemin de fer, en exécution de conventions passées avec l'État, elles avaient été attribuées à la caisse des dépôts et consignations à 444.49. Pour achever le paiement des subventions dues aux compagnies, une seconde série d'obligations avait été créée, mais émise seulement en partie. Sur les 200.000 titres composant cette seconde série, 42.000 avaient encore été rachetés par la caisse des dépôts et consignations; 158.000 devaient rester déposés au Trésor et ne devaient en sortir que pour être remis aux compagnies dans un délai de sept ans, selon le degré d'avancement des travaux qu'elles s'étaient obligées à exécuter.

Pour maintenir entre les obligations précédemment délivrées aux compagnies, et les obligations qui allaient être émises par voie de souscription publique, des avantages égaux et les placer dans des conditions analogues, les obligations nouvelles devaient être remboursées dans un délai de 28 ans.

Les obligations trentenaires étaient une superfétation dans la dette publique, elles avaient l'inconvénient de créer un nouveau titre d'État qui venait prendre place à côté du 4 1/2, du 4 et du

3 0/0. C'était par conséquent une complication inutilement créée, au moment où il fallait songer à la conversion de la dette publique et à son unification en 3 0/0.

Jusqu'à la fin du mois de juillet aucun fait qui nous touchât directement ne vint modifier la situation financière ou politique du pays. Ce fut le même repos que le mois précédent; la stagnation financière, sur laquelle se détachaient quelques symptômes de malaise commercial, régnait toujours.

En *août*, la rente présenta les variations suivantes : 67 80, le 1er ; 68 20, le 2 ; hausse progressive jusqu'au 31, où l'on cote 69. On semblait vouloir mettre la politique de côté.

Septembre se passa en plein calme entre les cours de 69 40 à 68 60 ; le *statu quo* continuait de plus en plus dans la politique générale.

En *octobre*, même attitude ; seulement l'agitation sourde qui travaille la Russie, les protestations douloureuses de la Pologne, la revendication de l'autonomie hongroise contre l'Autriche, pèsent sur les prix : du cours de 68 50 coté dans les premiers jours du mois, on tombe à 67 70, le 29 ; le mois se termine cependant à 68.

Novembre fut un mois de hausse ; le cours de 70, qu'on n'avait pas encore fait dans l'année, fut dépassé : on cotait 70 15, le 25 ; la Bourse voyait avec faveur la rentrée de M. Achille Fould au ministère des finances. Cette hausse ne devait pas être de longue durée : le 30, on ne cotait que 69 40.

Dans les premiers jours de *décembre*, la rente conservait avec assez de fermeté le cours de 69, et semblait disposée à revenir encore à 70 en vue du coupon, quand un événement imprévu (il y a toujours des événements imprévus à la Bourse) vint renverser l'échaffaudage de hausse si péniblement construit depuis trois mois : l'affaire du *Trent*, la crainte des complications qui pouvaient en être la conséquence, firent tomber la rente de 69 05 (6 décembre) à 67 50 (7 décembre). Le sentiment d'anxiété que causait le conflit anglo-américain empêcha la rente de se relever. Le 31 décembre, en clôture de Bourse, le parquet cotait la rente 67 05; c'était à 20 cent. près le plus bas cours de l'année.

Pendant toute cette malheureuse année de 1861, les affaires avaient été d'un calme désespérant, les transactions nulles, la vie s'était retirée de la Bourse. Par trois fois, depuis la disparition du marché libre, on avait dû faire appel au Crédit, à l'influence toute puissante de la Banque de France, pour pouvoir écouler les obligations des compagnies de chemins de fer et continuer les grands travaux d'utilité publique. Autrefois, on n'aurait pas eu besoin de ce concours, on en aurait trouvé un non moins puissant, non moins efficace et plus actif, sur le marché même.

Si par malheur, une seule de ces souscriptions eut avorté, de quelle défaveur le prestige de la Banque de

France n'aurait-il pas été atteint? Le succès justifia tout.

Dans les derniers jours de Novembre la nouvelle s'était répandue qu'à partir du 1er janvier 1862 le droit d'entrée à la Bourse serait aboli : cette mesure longtemps désirée, impatiemment attendue, venait trop tard. Depuis trois ans, le marché s'était complétement désorganisé; le public avait perdu l'habitude des transactions financières : combien allait-il falloir de temps, d'efforts, de mesures heureuses, pour reconstituer l'ancien ordre de choses, c'est-à dire, le régime de la liberté ? C'était là ce que chacun se demandait avec inquiétude : l'œuvre d'une longue suite d'années ne peut se refaire en un jour.

Pour résumer les mouvements de la Rente de manière à ce que le lecteur s'en rende compte rapidement, nous dresserons le tableau suivant :

COURS DE LA RENTE. — 1861.

NOMS des mois	Plus haut COURS	Plus bas COURS
Janvier........	68 10	**66 80**
Février........	68 75	67 75
Mars..........	68 40	67 75
Avril..........	68 80	67 40
Mai...........	69 65	68 80
Juin..........	69 40	67 50
Juillet........	67 90	67 45
Août.........	69 00	67 80
Septembre.....	69 40	68 60
Octobre.......	68 50	67 70
Novembre.....	**70 15**	68 00
Décembre.....	69 45	67 00

Toutes les valeurs du marché suivirent à peu de chose près les variations de la Rente dans le courant de l'année 1861.

Les actions du Crédit Mobilier firent :

au plus haut................ 792 50

au plus bas............... 637 50

Elles touchèrent par deux fois ce dernier cours, en janvier et en avril; ce fut en septembre qu'elles atteignirent leur maximum : elles ne cessèrent de décroître jusqu'au cours de 685 fr. en octobre, pour se relever à 786 fr. 25 en novembre et finir l'année à 706 fr. 25, après avoir touché à 700 fr. dans le même mois.

Voici du reste le tableau des variations mensuelles de ses cours :

COURS DU CRÉDIT MOBILIER

Janvier..........	725	**637 50**
Février..........	710	650
Mars.............	670	650
Avril............	685	**637 50**
Mai.............	722 50	685
Juin	706 25	687 50
Juillet..........	695	661 25
Août...........	770	671 25
Septembre	**792 50**	740
Octobre..........	742 50	685
Novembre........	786 25	703 75
Décembre........	745	700

Les opérations du Crédit Mobilier pendant l'année 1861 peuvent se diviser en trois catégories distinctes :

1° Les affaires en cours à l'étranger,

2° Les affaires en cours en France,

3° Les opérations financières exclusivement.

Les *Chemins de Fer Autrichiens* [1] continuaient à donner des résultats favorables comme exploitation: ils rapportaient en 1861, 33 50 de dividende ou d'intérêt, au lieu de 35 fr. qu'ils avaient produit pendant les deux années précédentes; mais cette différence provenait uniquement de la dépréciation du change et n'infirmait en rien les résultats du trafic. Ces chemins de fer en pleine exploitation représentaient une longueur de 1,323 kilomètres, et de vastes dépendances consistant en domaines, forêts, mines et forges représentant une somme de 200 millions de francs, dont le montant avait été payé intégralement au gouvernement autrichien.

Il est à remarquer que la Compagnie avait en outre dépensé en adjonctions, en travaux neufs, travaux de construction ou développements de ses établissements métallurgiques, une somme de 180 millions de francs.

Le rapport du Crédit Mobilier pas plus que le rap-

[1] Le cours des Autrichiens fut, en 1861 :
Au plus haut, de...................... 523 75
Au plus bas. de...................... 446 25

port de la Compagnie des chemins de fer autrichiens ne donnait de détails sur l'ensemble de ses dépenses considérables : on se bornait à constater les faits.

Les chemins de fer Russes n'avaient pas réalisé entièrement les espérances qu'on aurait pu concevoir au début des négociations; des sommes considérables, telles qu'aucune compagnie n'en avait pu réunir jusqu'alors, avaient été ou auraient été nécessaires, pour la construction de cet immense réseau qui devait mettre en communication la mer Noire et la Baltique, en rayonnant sur Moscou, et Nidjni-Novogorod, pour se diriger, à l'Est, vers l'Asie centrale et remonter, au Nord, jusqu'à Saint-Pétersbourg. La Compagnie fut épouvantée des obstacles qui surgissaient de toutes parts, ces obstacles venaient surtout de la difficulté de se procurer le capital nécessaire : c'est en vain qu'on avait fait appel à diverses reprises à tous les capitaux de l'Europe. 500 millions avaient été déjà dépensés sur le chemin de fer de Moscou à Nidjni-Novogorod et sur la section de Saint-Pétersbourg à Varsovie, avec prolongement jusqu'à la frontière prussienne. Des difficultés de tout genre avaient surgi entre les administrateurs de la Compagnie et le gouvernement impérial de Russie; ces difficultés étaient encore pendantes à la fin de l'année 1861[1].

Le *Crédit Mobilier espagnol* n'avait encore reçu de ses

---

[1] Le cours des actions des chemins de fer russes, cotés à Paris en 1861, fut : au plus haut...................... 440 »
au plus bas...................... 375 »

actionnaires qu'un versement de 200 francs par action sur ses 120,000 actions, soit 24 millions. La Société s'était trouvée, avec ce capital restreint, dans l'obligation de faire des avances importantes sur les actions du chemin de fer du Nord de l'Espagne souscrites par quelques provinces. Elle avait dû en outre effectuer tous les versements sur les actions qu'elle possédait en propre, de plus elle s'était livrée à des achats de terrains à Madrid : toutes ces causes avaient porté le chiffre des emplois de fonds de la compagnie à une somme supérieure à celle du capital dont elle pouvait disposer. Au 31 décembre 1860, le Crédit Mobilier espagnol se trouvait débiteur d'une somme de 9,021,699 fr. 79 cent., envers le Crédit Mobilier français.

C'est pour se libérer de cette dette, que le Crédit Mobilier espagnol avait appelé 150 francs par action du 15 au 31 octobre 1860. Les versements n'étaient pas encore complétement effectués au 30 avril 1861. Un autre appel de 50 francs par action était projeté pour l'année [1].

Le *Chemin de fer du Nord de l'Espagne* comptait 451 kilomètres en exploitation.

Les négociations avec le gouvernement espagnol relativement à l'affaire de *la canalisation de l'Èbre* étaient encore sans solution.

---

[1] Pendant l'année 1861, les cours du Crédit Mobilier espagnol furent cotés : au plus haut.................. 490 »
au plus bas.................. 415 »

Quant aux *chemins de fer de l'Ouest-Suisse et du Central-Suisse*, ils se trouvaient dans un état précaire.

Telle était la situation des affaires étrangères du Crédit Mobilier français; on voit qu'elle était loin de répondre aux promesses pompeuses dont on ne s'était pas fait faute à leur création.

Fidèle à ses habitudes, le rapport de l'exercice 1861 couvrait d'un nuage épais les vérités qu'il aurait dû mettre en évidence. Toutes ces entreprises devaient être déjà compromises, et le Crédit Mobilier était incontestablement en position de le savoir.

Nous tenons à le constater,

Les affaires françaises étaient, au dire du rapport, couronnées du plus heureux succès.

La *Compagnie du Gaz* faisait des bénéfices considérables, qui avaient permis de donner, en 1861, le même dividende qu'en 1860 aux cent dix mille actions anciennes et aux cinquante-huit mille nouvelles, sans autre différence que la déduction des intérêts sur le capital non versé de ces dernières, qui rapportaient ainsi 50 francs de dividende pour une somme de 100 fr. versés.

La Compagnie avait traversé heureusement l'épreuve de l'extension des limites de la Ville de Paris. Non seulement sa prospérité n'en avait reçu aucune atteinte, mais l'administration municipale en avait largement profité [1].

---

[1] Les actions de la Compagnie du Gaz, en 1861, étaient cotées :
au plus haut, à................. 951 25
au plus bas, à................. 825 »

La *Compagnie Immobilière de Paris* était dans la meilleure situation.

On ne se lasse pas d'admirer les constructions qu'élève, avec une merveilleuse rapidité, la Compagnie Immobilière, disait le rapport de l'exercice 1861.

Dans cette année, elle distribuait un dividende de 10 0/0 à ses actions [1], sans épuiser les bénéfices acquis, et ce dividende devait s'accroître encore au moment prochain, où elle serait en jouissance de tous ses revenus.

En définitive, la situation de cette affaire était d'autant meilleure, qu'avec un capital primitif de 24 millions, elle avait pu employer plus de 88 millions à des constructions de maisons et d'hôtels splendides; ces emprunts avaient été contractés, disait le rapport, à des termes *favorables*... Cette assertion devait se trouver cruellement démentie un jour.

En réalité, la Compagnie Immobilière, avec un capital de 24 millions, s'était endettée de 64 millions.

Il est possible que les administrateurs du Crédit Mobilier fussent de bonne foi en faisant l'éloge d'une pareille situation financière; mais la pratique ne devait pas répondre à leur théorie. Les revenus étaient hypothétiques, l'intérêt à payer était certain : si le

---

[1] Les actions de la Compagnie Immobilière de Paris furent cotées :

        Au plus haut, en 1861.............   160   »
        Au plus bas,   →   120   »
              (L'action n'était que de 100 francs.)

niveau du revenu des immeubles baissait au-dessous de l'annuité à servir pour la dette, la Compagnie devait être en perte; s'il se maintenait ainsi pendant un temps donné, la Compagnie devait se ruiner.

Nous aurons du reste à revenir plus tard sur cette question.

La *Compagnie Maritime* était définitivement devenue, en 1861, concessionnaire des Lignes transatlantiques. De ce fait, la Compagnie Maritime avait pris le nom de *Compagnie générale Transatlantique*. Elle avait été autorisée par décret du 25 août 1861, pour une durée qui devait expirer le 1er mai 1891.

La Compagnie avait reçu, pour vingt ans, la concession :

1° De la ligne du Havre à New-York;

2° De la ligne de Saint-Nazaire aux Antilles et à Aspinwall, en rayonnant sur la Guadeloupe, le Mexique et Cayenne.

Nous avons exposé, dans le précédent chapitre, les conditions financières de cette entreprise, nous n'y reviendrons donc pas. Nous dirons seulement que la Compagnie devait toucher une subvention annuelle de 9 millions 300 mille francs et l'avance par l'État d'une somme de 18 millions 600 mille francs. Le montant devait en être remboursé sans intérêts, par une retenue proportionnelle sur la subvention, pendant la durée de la concession.

En sus de ces conditions générales, aux termes

d'une convention spéciale passée avec le gouyerne-
ment le 17 février 1862, la Compagnie s'engageait à
mettre à flot, dans le délai de deux mois, quatre paquebots d'une force totale de 1600 chevaux, destinés
à un service temporaire sur le Mexique.

L'État devait payer à la Compagnie, en échange de
ce service, une subvention de 310,000 fr. par voyage
d'aller et retour, soit 3,720,000 par an, et lui
compter en outre une somme de 4 millions, à titre
d'avances.

Nous remarquons que, dans le rapport du Crédit
Mobilier, il n'est pas fait mention de cette somme
de 4 millions.

La liquidation de l'ancienne Compagnie Maritime
se poursuivait activement. [1]

Le *Chemin de fer du Midi* réalisait les prédictions
faites par les administrateurs du Crédit Mobilier dans
les rapports de 1859 et 1860 : il voyait croître rapidement ses recettes. L'augmentation de l'exercice de
1860 avait été de 6.128.064.77 sur l'exercice précédent. Le dividende allait être porté de 35 fr. en
1860, à 50 fr. en 1861. [2]

---

[1] Les actions de la Compagnie générale Maritime furent cotées :
En 1861, au plus haut................. 427 50
— au plus bas................... 375 »
Elles ne donnaient pas d'intérêts.

[2] Les actions du chemin de fer du Midi furent cotées :
En 1861, au plus haut................ 680 »
— au plus bas.................. 497 50

Ce mouvement d'amélioration ne devait pas se ralentir, seulement il aura besoin d'être expliqué. Nous aurons l'occasion de le faire quand le moment sera venu.

Telle était, en 1861, la situation des affaires faites à l'Etranger et en France, par le Crédit Mobilier. Le rapport s'étendait outre mesure sur les chemins Autrichiens, sur les chemins Russes, sur le Mobilier Espagnol, sur le chemin de fer du nord de l'Espagne, sur la canalisation de l'Èbre, sur les Gaz, sur la Compagnie Transatlantique, sur la compagnie Immobilière; il était plus sobre de détails sur les chemins Suisses, mais il ne contenait aucun détail sur la somme des bénéfices que chacune de ces affaires, prise isolément, avait rapporté au Crédit Mobilier. C'était toujours le même système : on masquait le présent par les promesses de l'avenir, et la réalité, par les espérances. En attendant, les actionnaires lâchaient la proie pour l'ombre ils versaient de beaux et bons écus contre du papier, en se réservant le droit de ne pas toucher de dividendes.

L'année 1861 fut riche en émissions de tous genres : Outre les 786.000 obligations émises par la Banque de France pour le compte de huit compagnies de chemins de fer français, il fut émis :

2.500.000 francs d'actions pour le chemin de fer de Lyon à la Croix-Rousse et Sathonay et 1875 obligations à 270 francs.

10.000 Obligations pour les chemins de fer Portugais à 240 francs.

85.000 Actions de Chemins de fer Romains, reprises par la société à la liquidation J. Mirès et réparties aux actionnaires ;

2.000 Actions nouvelles de 500 francs pour la Banque de l'Algérie.

37.500.000 francs en obligations communales (2ᵉ série) par le Crédit Foncier de France.

5.987 Obligations du Crédit colonial.

22.700 Obligations nouvelles de 500 francs du Gaz.

5.000 Obligations de 200 francs de la Compagnie Franco-Serbe.

28.000 Obligations à 250 francs de la Société Houillère et Métallurgique des Asturies.

14.000 Obligations à 410 francs de la Société Cail et Compagnie.

30.000 Actions nouvelles des Messageries Impériales (services Maritimes).

63.158 Obligations à 285 francs de la Compagnie Immobilière de Paris.

3.600.000 francs en obligations à 240 francs des mines de cuivre de Huelva, (Espagne).

5.000 Obligations à 200 francs de la Compagnie du Touage de la Basse-Seine et de l'Oise.

30.000 Actions de la Société financière d'Egypte, etc., etc.

On voit que cette année, la part du Crédit Mobilier fut très modeste, si on la compare aux années précédentes. Il avait des concurrents sérieux dans la société des Asturies, dans les mines de Huelva, dans la société Franco-Serbe, dans la société financière d'Egypte, etc., etc.

Il nous reste à examiner la situation financière du Crédit Mobilier pour l'année 1861.

Cette situation se résumait ainsi, (nous transcrivons littéralement et absolument le rapport) :

Nous vous ferons connaître notre situation au 31 décembre dernier (1861) :

Nous possédions en Rentes, actions et obligations. . . . . Fr.	95.858.484 83
Nos effets en portefeuille montaient à.	6.586.890 24
Les reports effectués montaient à. . .	16.826.901 65
Les avances aux Compagnies à	13.647.901 07
Hôtel de la Société et mobilier	1.449.580 89
Espèces en caisse ou à la Banque et dividendes à recevoir	16.287.038 30
Total.	150.656.796 98

Dont le montant avait été fourni, par
votre capital, pour   60,000,000   »

Par les comptes-courants et créanciers
divers pour 82.314.442 85

Par le fonds de réserve. . . . .   2.000.000   »

Par le solde du compte de profits et
pertes. 6.342.354 13

                                                150.656.796 98

Nous remarquons ici que le rapporteur du Crédit
Mobilier s'affranchit des servitudes créées par le langage de la comptabilité. Il méconnaît la forme usuelle
de ses bilans. Les choses restent d'ailleurs les mêmes
quant au fond.

La situation financière du Crédit Mobilier présente
en 1861 les mêmes dangers qu'en 1859, 1860 et toujours. Le montant des valeurs en portefeuille dépasse
de 35 millions le capital effectif de la Société.

Quant aux bénéfices du compte de profits et pertes
figurant pour 6,342,354 fr. 13 c., il est impossible
d'en contrôler l'exactitude. Les moyens de vérification
manquent complétement : la composition du portefeuille reste inconnue.

Le montant des bénéfices, ajoutait le rapport, se
décomposait ainsi :

Intérêts et bénéfices de nos placements, déduction faite des intérêts bonifiés sur compte-courant. . 6.594.582 45

Bénéfice de placements, d'obligations et commissions 259.110 81

Produits de la caisse des dépôts et locations . . . . 92.300 »

Solde de l'exercice 1860. . . . . 8.191 95

Ensemble. 6.954.184 91

Dont il faut déduire, pour frais d'administration, réparations de l'hôtel, contributions, assurances, etc 611.830 78

Ce qui laissait pour bénéfice net. 6.342.354 13

Dont il faut déduire encore le prélèvement, déjà opéré le 1er janvier dernier, d'*un à-compte de dividende* de 5 0/0, représentant l'intérêt de notre capital, soit à raison de 25 fr. par action. . . . . 3.000.000 »

Il reste donc disponible un solde de. . . 3.342.354 13

Si nous en défalquons enfin 10 0/0 pour les administrateurs, conformément à l'art. 7 des statuts. 334.235 40

Il restera. 3.008.118 73

Sur lesquels nous vous proposons de distribuer *un nouveau dividende* de 25 fr. par action, ci. . . . . 3.000.000 »

Et de reporter l'excédant de. 8.118 73
au crédit de l'exercice 1862.

Dans ce compte de profits et pertes, nous retrouvons matière aux observations que nous avons déjà faites dans les chapitres précédents. Nous passons outre afin de ne pas nous répéter.

Le Crédit Mobilier nous apprenait que *tous ses placements était bons, très-bons* et que :

> Ses valeurs, presque toutes facilement réalisables, représentaient en moyenne, au 31 décembre 1861, un revenu de plus de 6 1/4 0/0, bien qu'une portion ne donnât qu'un faible intérêt, d'autres même aucun, comme les actions de la canalisation de l'Èbre et de l'Ouest-Suisse. Il ajoutait que ces deux entreprises sortiraient bientôt de cette situation ; que ce rendement s'était amélioré et devait s'améliorer davantage encore, de même que le capital des titres qui figurait dans l'inventaire pour un chiffre bien inférieur à leur valeur réelle.

Toutes ces affirmations n'avaient malheureusement aucune valeur, elles ne reposaient sur aucun document, sur aucun état de portefeuille, et quant à la valeur réelle des titres comment le Crédit Mobilier pouvait-il l'estimer ? Un titre fiduciaire, quel qu'il soit, n'a de valeur réelle qu'au moment où il est réalisé en argent.

Le rapporteur du Crédit Mobilier voulant répondre à des insinuations répandues chaque jour pour déprécier son portefeuille, prétendait que ses actions des chemins de fer Russes, de l'Ouest-Suisse ou de la canalisation de l'Ebre ne figuraient dans l'évaluation de son portefeuille que pour une somme de 4,224,132 fr.

90 c. — C'est encore une affirmation; elle manque de preuves. Il aurait été facile de les fournir.

Le rapport constatait que le bénéfice net du dernier exercice s'était trouvé réduit par diverses causes spéciales, par la réalisation de certaines actions qui absorbaient depuis longtemps de gros capitaux sans présenter de chances d'amélioration prochaine et notamment par une perte de 500,000 fr. que le conseil d'administration avait fait subir à un intérêt pris anciennement dans une Compagnie d'assurances contre la grêle.

Il est surprenant que le Crédit Mobilier n'ait parlé de cette perte, qu'après l'avoir éprouvée. Il eût été plus loyal de la part du Conseil d'administration, soyons plus précis, il eût été du devoir du Conseil d'administration, de mentionner l'intérêt pris dans ladite Compagnie d'assurances, au moment même où l'on prenait cet intérêt. Il fallait dire à quelle somme cet intérêt s'élevait : Était-ce à 1 million, à 2 millions? Qui sait? Dans le premier cas, on perdait 50 0/0; dans le second cas, 25 0/0. Et le rapport n'en dit rien !

On n'en trouve pas non plus trace dans les bilans; mais cet intérêt avait donc été pris verbalement, sans versement en espèces ! Comprend-on de pareils engagements. Le résultat de l'intérêt pris verbalement pouvait-il donc être passé sous silence, au besoin, comme l'intérêt lui-même ?

Il n'y a pas à objecter qu'on avait fait figurer cet

intérêt sans la rubrique :«Avances aux Compagnies, » mentionnée dans les bilans. Un intérêt pris dans une affaire ne saurait jamais être considéré comme une avance.

Si nous avions à conclure, nous dirions que les rapports, que les bilans étaient *incomplets*. — Nous n'allons pas plus loin.

Enfin, comment revenait-on, en 1862, sur des affaires consommées depuis le 31 décembre 1860 par une explication tardive et insuffisante? On avait donc été forcé, pour une cause ou pour une autre, de rompre un silence que l'on aurait voulu garder.

Eh bien, il faut que le Crédit Mobilier rompe aussi aujourd'hui le silence qu'il a gardé sur toutes ses affaires depuis quinze ans. Depuis quinze ans, ses bilans, ses rapports, n'ont rien dit de ce qu'ils devaient dire : on a pu affirmer, on n'a rien prouvé; il ne faut plus affirmer, il faut prouver.

A l'égard de cette dernière affaire, le rapporteur disait que le Crédit Mobilier avait toujours été étranger à l'administration de la Compagnie d'assurances. Nous voulons le croire, puisqu'il n'y avait que 500,000 francs de perdus, ce qui était en vérité fort peu de chose.

Mais n'aurait-on pas dit qu'on avait pris une grande part à l'administration si le fait inverse s'était produit, et s'il y avait eu par exemple 500,000fr. de bénéfices?

Dans cette hypothèse, n'était-ce pas le cas de faire appel à la doctrine des *placements qui n'avaient point encore un caractère définitif*, doctrine si habilement présentée dans le rapport lu à l'assemblée du 29 avril 1854 ?

Le Mobilier n'avait pas seulement d'immenses ressources financières, il en avait bien d'autres !

On nous permettra de passer sur les éloges que le rapporteur décerne au Crédit Mobilier, sur sa prudence, sur sa persévérance heureuse « dont témoigne « le passé et qui doit être la meilleure garantie « de l'avenir. » — On nous permettra de passer de la fécondité encore sur d'autres assertions qu'il serait oiseux de réfuter ici ; seulement nous signalerons aux actionnaires et aux administrateurs de Compagnies une innovation ingénieuse : le Crédit Mobilier partageait en deux termes le dividende de ses actions, et il prétendait avoir ainsi distribué deux dividendes.

Nous avons terminé l'examen des opérations du Crédit Mobilier pendant l'année 1861 ; il y aurait sans doute beaucoup à dire encore, il y aurait bien de vérités à mettre en évidence. Mais nous ne sommes pas un juge d'instruction, encore bien moins le Procureur impérial.

CHAPITRE XI

1862

Le premier janvier 1862, la Bourse était ouverte au public. Les tourniquets avaient disparu. Le droit d'entrée était aboli.

Au moment où le ministre des finances allait opérer la conversion du 4 et du 4 1/2 en 3 0/0, on élargissait le marché; c'était raison, c'était justice. Seulement il eut été à désirer qu'on ne se fût pas borné là, et que

25

du même coup on eût fait disparaître toutes les mesures de restriction.

L'année 1862 devait être une année où les préoccupations politiques pèseraient d'un poids léger sur les affaires en général.

L'affaire du *Trent* qui devait se terminer heureusement dans les premiers jours de janvier; le développement que prenait aux Etats-Unis la guerre civile; l'échauffourée de Garibaldi, si rapidement arrêtée par la balle intelligente d'Aspromonte (août); les évènements arrivés en Grèce à la chute du roi Othon, etc., etc., ne purent pas balancer l'importance des faits économiques, ces faits n'eussent-ils été réduits qu'aux deux principaux: c'est-à-dire la conversion de la Dette Française et la disette du coton. L'un relevait plus spécialement de l'ordre financier, l'autre de l'ordre industriel et commercial: tous deux représentaient des intérêts considérables.

Beaucoup d'incidents secondaires vinrent se grouper autour de ces faits principaux. Nous les mentionnerons lorsque leur influence se fera sentir directement ou indirectement sur le marché.

Au 31 décembre 1861, nous avions laissé la rente à 67.05. Le 2 *janvier*, elle ouvrait et fermait à 67.50, après avoir coté 67.40, commençant ainsi l'année par le plus bas cours. La Bourse pouvait se considérer comme entrée dans une période de calme et de sécurité relative: elle l'escompta largement; une hausse sérieuse, progressive, se dessinait. Pendant tout le mois, les cours de 68 — 69 — 70 étaient successivement atteints et dépassés; le 31, la Rente fermait à 71 20.

Le rapport de M. Fould, en date du 20 janvier 1862, avait produit les meilleures impressions : il ne devait plus y avoir de crédits ouverts au Trésor sans qu'il y eût été pourvu par des ressources prévues, mesurées et votées d'avance. Il ne devait pas y avoir d'emprunt; enfin on allait procéder à l'unification de la Dette en Rente 3 0/0.

Le discours prononcé par l'Empereur à l'ouverture de la session de 1862 confirma le programme du ministre des finances. Le succès de la conversion était dès lors assuré. Il n'entre pas dans le cadre de ce travail d'en faire l'historique; nous nous bornerons à dire que les dispositions prises pour la conversion étaient de nature à maintenir aux environs de 70 fr. les cours du 3 0/0, base et objectif des mesures financières. La conversion commença de fait le 15 *février*. La rente qui était encore cotée 71.10, le 14, se rapprochait du cours de 70 francs et restait à 70.65, le 28.

En *mars* et en *avril*, elle oscillait de 69.70 à 70.45, sans tenir compte de notre échec devant Puebla. Cet échec allait exiger pourtant l'envoi de forces imposantes au Mexique. Des esprits sensés mesuraient bien le danger des expéditions lointaines et prédisaient les dépenses qu'elles devaient nécessiter. On les accusait de prévoir les malheurs de trop loin, puis on passait outre en portant la rente à 71 fr. le 2 *mai*, en liquidation.

Le 31 mai on ne cotait plus que 70.15.

La conversion était terminée.

Sur : 174.161.366 francs de rentes à convertir,
       131.257.750 avaient accepté la conversion;
Sur :   675.160 Obligations trentenaires,
        602.575 avaient été converties.

Il ne restait donc plus que 42,893,616 fr. de Rentes 4 1/2 et 4 0/0; et 72,685 obligations trentenaires dans la circulation.

Nous ne décrirons pas les conséquences de ce succès, nous nous bornons à le constater, en constatant aussi que le cours du 3 0/0 fut en moyenne de

       70 94   en février
       69 84   — mars
       70 27   — avril
       70 60   — mai.

Pendant les quatre mois suivants, ce cours moyen fut de :

       68 89   en juin
       68 45   — juillet
       68 79   — août
       69 41   — septembre.

La dépression avait eu pour point de départ le détachement du coupon semestriel de 1 fr. 50 (6-7 *juin*), elle avait été maintenue par nos envois au Mexique,

envois d'hommes et d'argent; par les difficultés commerciales à cause de la crise cotonnière; par les souffrances de l'industrie, qui réduisaient au chômage
nos principaux départements manufacturiers, et par
un ralentissement général de la production, que les
grands travaux d'utilité publique, poursuivis sur une
grande échelle, étaient bien loin de compenser.

Une abondance d'argent extrordinaire était la conséquence forcée de cet état de choses : les banques
regorgeaient de numéraire et de capitaux inoccupés.

L'escompte réduit à la Banque de France,

le **21** janvier, à   4 1/2 0/0   90 jours
— 6 février —   4   0/0   90 —
— 27   —   — 3 1/2 0/0   90 —

ne fut ramené

le 6 novembre à 4   0/0   90 jours.

que lorsque les affaires de finances eurent créé de
nouveaux emplois de capitaux. Un mouvement considérable eut lieu dans les trois derniers mois de
l'année.

L'Angleterre, plus frappée que nous par les malheurs du roi Coton (*King-Cotton*), eut conséquem-
ment plus de capitaux disponibles que la France;
l'escompte a la Banque d'Angleterre ne fut coté que

2 1/2 0/0,   le 3 janvier
3   0/0,   le 22 mai
2 1/2 0/0,   — 10 juillet
2   0/0,   — 24   —
3   0/0,   — 30 octobre.

Pendant les trois mois de juillet, août et septembre, on trouvait facilement de l'argent dans la cité à 1 1/2 et même à 1 0/0 l'an, contraste étrange avec le prix de 8 à 10 0/0 qu'on avait payé, l'année auparavant, en février.

Les masses d'argent et de capitaux disponibles dans les deux pays les plus importants d'Europe, sous le rapport des ressources financières, semblèrent se porter par un mouvement d'ensemble sur les effets publics et sur les valeurs : les trois derniers mois de l'année furent signalés à la Bourse de Paris et au *Stock-Exchange* de Londres par une hausse simultanée.

Le 1er *octobre*, nous donnions le signal de la hausse en attaquant le cours de 70 francs et en l'enlevant de vive force. On cotait 70 85, le 2; 72 fr., le 3; 73 05, le 4; toutefois, on était allé trop vite : on rétrograda donc à 71 90, du 10 au 17; on touchait 71 25, le 18; pour remonter encore une fois à 71 90, le 23, et finir, le 31, à 70 90.

Le cours de 70 francs fut conservé pendant tout le mois de *novembre* et pendant la première quinzaine de *décembre*, on ne le perdit qu'à partir du 19.

L'argent se resserrait ou devenait moins abondant à cause de la fin de l'année ; au 31 décembre, le dernier cours de la cote authentique fut 69 90.

Le cours du 3 0/0 français se résuma comme suit pendant l'année 1862 :

3 0/0 Création de 1825.

	Plus haut cours.	Plus bas cours.
Janvier.........	**71 45**	**67 40**
Février........	71 35	69 35
Mars..........	70 10	69 30
Avril..........	70 65	69 55
Mai...........	71 »	70 »
Juin..........	70 45	68 15

3 0/0 Conversion de 1862.

Février........	69 65	69 »
Mars..........	69 15	68 45
Avril..........	69 80	68 60
Mai...........	70 »	69 10
Juin..........	69 80	68 10
Juillet........	68 95	67 90
Août..........	69 20	**67 85**
Septembre.....	70 30	68 70
Octobre.......	**73 05**	70 10
Novembre......	71 »	70 »
Décembre......	70 75	69 60

Le dernier trimestre de l'année fut signalé, comme nous venons de le dire, par des opérations considérables qui eurent pour résultat une hausse exagérée et générale sur toutes les valeurs.

Le Crédit Mobilier, après avoir été coté timidement :

En Janvier	de	757	50	à	**705**	»
— Février	—	772	50	—	746	25
— Mars	—	775	»	—	740	»
— Avril	—	852	50	—	767	50
— Mai	—	860	»	—	812	50
— Juin	—	870	»	—	822	50
— Juillet	—	850	»	—	815	»
— Août	—	856	25	—	820	»

aborda dès le mois de septembre le cours de 1000 fr. et parvint au prix de 1285 fr. en octobre. Les cours des quatre mois d'hiver se résumèrent ainsi :

— Septembre	de	1101	25	—	855	»
— Octobre	—	**1285**	»	—	1100	»
— Novembre	—	1205	»	—	1047	50
— Décembre	—	1171	25	—	1070	»

Toutes les valeurs qui relevaient de lui suivirent le même mouvement de hausse aveugle, comme si ce mouvement avait été imprimé par une seule et même main.

Les actions de la Compagnie Immobilière montaient :

de 128 75, en janvier, à 275, en octobre.

Les actions de la Compagnie du gaz montaient : de 895 00, en janvier, à 1492 50, en octobre (anc.), de 911 25, — à 1500 — (nouv.).

Les actions de la Compagnie du chemin de fer du Midi montaient :

de 656 25, en janvier, à 896 25, en septembre.

Les actions des Entrepôts et des Magasins généraux montaient :

de 510, en février, à 740 en octobre.

Les actions du Nord de l'Espagne montaient :

de 407 50, en janvier, à 567 50, en octobre.

Les actions des Chemins russes montaient :

de 390, en janvier, à 445, en décembre.

Les actions de la Compagnie générale Transatlantique montaient :

de 400, en mars, à 690, en octobre.

Enfin, sans nous préoccuper de bien d'autres valeurs secondaires, les actions du Crédit Mobilier espagnol montaient :

de 415, en janvier, à 900, en octobre.

En résumé, le mouvement de hausse représentait :

	HAUSSE par action	
Sur la Cⁱᵉ Immobilière..............	137	25
— du gaz (act. anᵗ.).........	597	50
— — (act. nouv.)........	588	75
— des Chemins de fer du Midi..	240	»
— des Entrep. et Magasins gén.	230	»
— du Nord de l'Espagne......	160	»
— des Chemins russes.........	55	»
— générale Transatlantique....	290	»
— du Crédit Mobilier espagnol.	485	»

On comprend quels durent être les bénéfices faits dans de pareils mouvements par le Crédit Mobilier français. Il dut en effet profiter de ces grands cours pour écouler, sinon en totalité, du moins en grande partie, les valeurs qu'il avait en portefeuille.

Faut-il croire, comme on le disait alors, que les administrateurs du Crédit Mobilier vendaient aussi pour leur compte personnel, par grandes masses, et continuaient ainsi à arrondir leur fortune déjà si considérable ? Nous ne savons et nous n'avons pas à l'examiner.

Ce qu'il y a de certain, c'est que le public seul acheta des valeurs à la Bourse pendant les mois de septembre, d'octobre, novembre 1862, et que les grandes institutions de Crédit et la haute banque vendirent. Ces faits sont de notoriété publique.

Ainsi s'explique ce passage significatif du rapport de l'exercice 1862, lu dans l'Assemblée générale des actionnaires du Crédit Mobilier, du 9 avril 1863 :

« Nous avons calculé que si nous avions pu conserver « toutes les valeurs que nous possédions au 31 décembre « 1861, sans tenir compte de celles que nous avions dû « acquérir dans le dernier exercice. »

(Lisez dans les premiers mois de l'année 1862.

« Notre bénéfice serait aujourd'hui en dehors des inté- « rêts produits par ces mêmes valeurs, de
« 48,441,460 fr. »

Pourquoi le Crédit Mobilier n'avait-il pas conservé une situation aussi avantageuse ? Il nous l'explique lui-même en prétendant que des réalisations lui étaient

commandées par la prudence; mais, ajoutait-il,
« ce qui diminuait ses regrets, c'est que la diffé-
« rence qu'il constatait avait été gagnée par ceux
« qui avaient pris sa place pour ces mêmes va-
« leurs » — traduction libre : le Crédit Mobilier
avait encaissé les espèces, les actionnaires avaient
acheté le papier. Le rapport ajoutait encore : « Au-
« cune partie de nos bénéfices n'a été réalisée au dé-
« triment de qui que ce soit. Loin de là, tout le monde
« a gagné; avec ou après nous. »

A cette affirmation dérisoire, ce sont les acheteurs

des Transatlantiques à . . . . 690 fr.

du Crédit Mobilier espagnol à . . . . 900 fr.
qui vont se charger de répondre.

Que valent les actions de la compagnie Transatlan-
tique ? . . . . 300 fr.

Que valent les actions du Crédit Mobilier espa-
gnol ? . . . . 150 fr.

Mais n'entrons pas dans la voie des récriminations
stériles; restons sur le terrain où nous nous sommes
placés, et constatons que le Crédit Mobilier put trouver dans la hausse des quatre derniers mois de l'année
1862, non-seulement la part de bénéfices qu'il accusa
dans le bilan du 31 décembre, mais d'autres bénéfices encore qui furent réalisés, si l'on en croit tou-

_____

1 Tels sont les cours de ces deux valeurs au moment où nous
écrivons.

jours la notoriété publique, par sés administrateurs et par leurs amis.

Cette hausse aveugle couvrit de son manteau la fusion scandaleuse de trois affaires, les Magasins Généraux, la Société Immobilière et les Ports de Marseille, qui était en voie de s'accomplir. Le baptême d'une dénomination nouvelle devait-il suffire pour augmenter les revenus, en proportion des dépenses exagérées qu'on avait déjà faites ou qu'on pouvait faire encore dans un avenir prochain ?

Cette hausse servait encore les ambitions et les intérêts du Crédit Mobilier, qui devait l'employer comme un argument pour l'émission de ses obligations mobilières, ces obligations mobilières qui devaient naître toujours et qui mouraient toujours avant d'être nées.

Il y a plus, cette hausse exceptionnelle et surfaite, conduite pour servir d'abord des intérêts privés considérables, et ensuite, les intérêts secondaires, de sociétés diverses, cette hausse à laquelle on ne croyait pas, et à laquelle on ne pouvait pas croire parce qu'on avait en main les fils qui la faisait mouvoir, cette hausse, coupable peut-être du délit de manœuvres fausses ou faussées, on eut l'audace de la présenter comme un moyen destiné à faire disparaître les mouvements irréguliers dans le cours des actions ; on eut l'audace de prétendre qu'on ne visait pas à des produits exceptionnels, mais qu'on voulait viser à la fixité des revenus. « La valeur de nos titres en dé-

« pend » disait le rapport, « et il ne faut à aucun
« prix compromettre le chiffre du capital qu'ils ont
« atteint. »

Le prix que les actions du Crédit Mobilier avaient
atteint, c'était 1,285 fr., 1,280, 1,200 fr. Si l'on
veut, peu importe! C'était en tout cas plus de
1,000 francs. Eh bien! c'est à ce prix-là qu'on indiquait les actions du Crédit Mobilier *comme des valeurs
de placement permanent, telles que les familles les recher-
chent de préférence,* et on faisait encore entrevoir que
leur capitalisation ne saurait tarder à s'effectuer à
des conditions plus normales.

Si nous en croyons certaines personnes qui assis-
tèrent à l'assemblée du 9 avril 1863, le rapporteur du
Crédit Mobilier, au lieu de se servir de la phrase que
nous trouvons dans le *Moniteur* et que nous retrans-
crivons ci-dessus.

Le rapporteur du Crédit Mobilier aurait dit :

« *Nos actions deviendront des valeurs de pères de famille.* »

Peut-être, par un sentiment de pudeur, modifia-
t-on le texte primitif du rapport; l'opinion publique
définissait autrement les actions du Crédit Mobilier[1].

Quoiqu'il en soit, le rapport lu à l'assemblée du
9 avril 1863 établissait ainsi le bilan au 31 décembre
1862.

---

[1] On ne se gênait pas pour dire, à la Bourse, que les actions du
Crédit Mobilier étaient des cartes biseautées. Nous n'avons jamais
été à même de le vérifier.

ACTIF

Rentes, actions et obligations..	147.900.116 94
Effets à recevoir.	11.887.212 91
Reports.	17.478.037 50
Avances aux Compagnies..	17.441.942 10
Hôtel de la Société et mobilier.	1.449.580 89
Espèces en caisse ou à la Banque et dividendes à recevoir.	17.238.644 83
Total de l'ACTIF.	213.395.535 17

PASSIF

Capital. . . . . fr.	60.000.000 »
Comptes-courants et créanciers divers.	101.811.890 56
Effets à payer.	16.824.300 27
Réserve	2.000.000 »
Solde du compte de profits et pertes *réalisés*	18.559.623 35
Solde du compte de profits et pertes à *réaliser*.	14.199.720 99
Total du PASSIF et Balance	213.395.535 17

Ce bilan nous révèle une situation plus dangereuse encore que celle que nous avions constatée en 1860 et 1861. En effet avec :

Un capital de.	60.000.000
Et une réserve de.	2.000.000
Ensemble.	62.000.000

Le Crédit Mobilier possédait en portefeuille pour plus de . . . .   147.900.000 fr. de valeurs.

Le Crédit Mobilier devait donc à ses comptes courants près de................... 86.000.000

Si les comptes courants avaient réclamé leur remboursement immédiat, dans une crise instantanée ou imprévue, comment le Crédit Mobilier aurait-il pu y satisfaire? Ces 147 millions de valeurs auraient dû être vendus coûte que coûte à la Bourse de Paris; en ce cas, auraient-ils produit 86 millions? C'est douteux. Le Crédit Mobilier pouvait donc être déclaré en faillite, si la crise à laquelle nous faisons allusion eut éclaté, et tout son capital aurait été dévoré avec sa réserve.

Et c'est une valeur placée dans de pareilles conditions qu'on osait proposer comme un placement aux pères de famille.

Ce n'est pas tout, dans ce bilan le lecteur a déjà pu remarquer que le compte de profits et pertes était divisé en deux catégories :

1° Solde du compte de profits et pertes *réalisés*................ 18.559.623 35

2° Solde du compte de profits et pertes *à réaliser*............... 14.199.720 99

La première mentionnait les bénéfices *réalisés* qui se trouvaient balancés par les espèces en caisse ; rien de mieux.

Mais la seconde mentionnait des bénéfices *à réaliser* qui ne pouvaient trouver leur contre-partie que dans le portefeuille.

Donc le chiffre des rentes, actions
et obligations................... 147.900.116 94

Se trouvait comprendre les.... 14.199.729 99
du compte de bénéfices *à réaliser*.

La valeur du portefeuille n'était

donc en réalité que de.......... 132.700.386 95

Le bilan à l'aide d'un subterfuge ou d'un abus de comptabilité, faisait donc miroiter aux yeux des actionnaires du Crédit Mobilier une somme grossie et gonflée à dessein, une somme inexacte comme chiffre de portefeuille, nous venons de le démontrer; quant aux 14 millions de bénéfices, ils étaient illusoires : on ne devait pas les retrouver dans l'exercice de l'année suivante, le bilan des écritures au 31 décembre 1863 ne devait pas même en faire mention.

Rigoureusement parlant, il n'y a qu'une conclusion possible à tirer de cet art d'aligner les chiffres : c'est que la comptabilité du Crédit Mobilier employait des expédients pour gonfler en apparence un portefeuille qu'on voulait faire croire d'une valeur de 147 millions.

De deux choses l'une donc, ou l'estimation du portefeuille n'était pas exacte, ou le bénéfice de 14 millions *à réaliser* n'était pas correct.

Quelle hypothèse est la vraie? Nous n'avons pas les moyens de le contrôler. Pour ce faire, il nous faudrait connaître qu'elle était la composition du portefeuille du Crédit Mobilier au 31 décembre 1862 ; mais le portefeuille, nous l'avons dit, c'était l'inconnu.

Les 14 millions de bénéfices à réaliser sur le portefeuille auraient-ils impliqué, par hazard, des ventes à découvert ou des ventes à terme, dont on restait **reporteur** jusqu'au moment où l'on aurait exécuté les acheteurs sur le marché ?

Des ventes à découvert ? — L'article 6 des statuts les interdisait formellement.

Il est expressément entendu que la Société ne fera jamais de ventes à découvert ni d'achats à primes.

Il est vrai qu'on pouvait tourner cette difficulté comme on la tourna dans plusieurs cas, notamment dans l'affaire des Ports de Marseille, où un administrateur du Crédit Mobilier achetait en son nom personnel, au nom du Crédit Mobilier français, au nom du Crédit Mobilier espagnol, pour compte de la Société Immobilière de Paris, à laquelle cette opération était interdite par ses statuts.

Des ventes à terme ? — Les statuts ne les interdisaient certainement pas ; en ce cas, le Crédit Mobilier restait reporteur jusqu'au moment où il forçait les acheteurs à se liquider à la Bourse. Ainsi se passaient très-probablement les choses : nous n'en voulons pour preuves que les hausses désordonnées causées en tout temps par les rachats des vendeurs à découvert, et que les bénéfices du Mobilier.

Ce n'est pas tout : si des ventes à terme étaient fai-

26

tes afin de voiler certaines opérations et d'en conserver le secret, au nom de tel ou tel administrateur temporairement, pour en attribuer le profit définitif au Crédit Mobilier lui-même, où se trouve la preuve qu'aucune part de ces bénéfices ne s'est égarée dans les comptes qu'ils ont eu à traverser.

En tout cas donc, l'article des bénéfices *à réaliser* aurait dû éveiller les inquiétudes des actionnaires, au lieu de provoquer leurs applaudissements habituels.

Le Crédit Mobilier aurait pu avancer qu'il avait en portefeuille 250 millions de valeurs, et que sur 250 millions il y avait 125 millions de bénéfices à réaliser, que personne n'aurait pu dire le contraire. Quant aux actionnaires des assemblées, obéissant sans doute à une discipline préméditée, ils se bornaient à tout entendre, tout écouter, tout approuver, tout applaudir.

Il y a plus : le chiffre des bénéfices qui n'étaient pas encore réalisés au 31 décembre 1862, *mais que*, suivant le rapport, *on pouvait considérer comme certains*, et qui résultait de la plus value acquise par les valeurs de portefeuille s'élevait, toujours au dire du rapport, à .... fr.　18.760.617 75

Là-dessus il avait été retranché pour réductions ou pour annulations provisoires de diverses valeurs................... fr.　4.560.896 76

Ainsi se trouvait établi le solde de　14.199.720 99
dont il est parlé ci-haut.

Ici, nous ne pouvons résister à la tentation de citer un passage du rapport de 1862 qui montre l'exubérance des richesses et des ressources du Crédit Mobilier.

« Le retranchement du montant de certaines valeurs a « été opéré en vertu de la résolution prise par votre Conseil « d'administration, de ne compter que pour 1 franc dans « notre actif, les actions ou autres titres qui ne rapportent « pas d'intérêts, quelle que fût leur valeur vénale sur le « marché.

« Mais cette résolution n'indique nullement que nous « considérions comme perdues les sommes représentées par « ces actions ou autres titres.

« C'est simplement une mesure d'ordre et de pru- « dence, etc., etc.

Nous passons ici quelques lignes dans lesquelles le rapport a la prétention de placer ses comptes au-dessus de toute critique, en faisant disparaître de l'actif des valeurs qui auraient pû être contestées, ou qui pouvaient être représentées comme n'étant pas d'une réalisation facile et immédiate.

Il est évident que la critique ne pouvait jamais s'exercer contre les valeurs du portefeuille du Crédit Mobilier puisque personne ne savait quelles étaient ces valeurs, à part les administrateurs du Crédit Mobilier, et encore n'y eut-il peut-être que les membres du Comité de direction qui, après la disparition de M. Henri Place furent initiés à ces terribles secrets.

D'ailleurs, ajoutait le rapporteur du Crédit Mobilier,

nous retrouverons dans la liquidation ultérieure de ces valeurs, une *réserve certaine* pour l'avenir !

Le moment est venu de compter avec cette réserve certaine que l'on constituait ainsi pour l'avenir : qu'est-elle devenue cette somme de....... 4.560.896.76 portée pour le chiffre de.......... 1.00 dans le bilan de 1862.

Qu'est-elle devenue, voyons; comptons !

Le compte de profits et pertes au 31 décembre 1862 était noyé dans le rapport et disparaissait sous des flots d'éloquence financière : reconstruisons-le péniblement en conservant toutefois l'ordre et les divisions des sommes que le rapport a adopté.

Le chiffre brut des bénéfices qui ont été réalisés, encaissés, dans le courant de cet exercice [1], en dehors de la plus-value du portefeuille, s'est élevé, compensation faite des intérêts reçus et payés, à la somme de. . . 22.763.545 66

Après avoir déduit pour frais généraux............ 702.422 48

Pour le montant de toutes les pertes effectuées ou présumées sur l'ensemble de nos comptes, y compris d'importantes atténuations dans l'évaluation des diverses parties de l'actif.......... 3.501.499 83

Ensemble. . . . 4.203.922 31

Il restait encore un bénéfice net de. . . 18.559.623 35

[1] Nous citons textuellement le rapport.

Sur le produit net de cet exercice, qui était, — en y comprenant le solde de l'exercice précédent (8,118 75) de. 18.559.623 35

Il avait été distribué, au 1er janvier, un à-compte de dividende représentant l'intérêt du capital à 5 0/0, à raison de 25 fr. par action, ci 3.000.000 00

Il restait disponible. 15.559.623 35

Sur cette somme, le Conseil d'administration proposait de défalquer, pour être mise en réserve, une somme de. 2.226.290 00

et de distribuer le solde de 13.333.333 35

Là-dessus, on allouait :

1º Aux administrateurs, 10 0/0 (suivant l'article 7 des Statuts), soit.. . . . . 1.333.333 35

2º Aux actionnaires, 100 fr. de dividende par action, ci. 12.000.000 00

Ensemble, somme égale. 13.333.333 35

Nous venons de voir que, en sus de sa réserve statutaire, le Crédit Mobilier éprouvait le besoin de constituer une réserve supplémentaire; il y préludait en portant à ce nouveau compte la somme de **2,226,290 fr.**

Nous en prenons note pour en reparler en temps utile, en faisant observer que le Crédit Mobilier constatait, par deux fois, dans son rapport (au mois d'avril 1863), que les bénéfices réalisés sur l'ancien courant (1863) assuraient déjà par avance, pour cet exercice, un dividende supérieur à celui de 100 fr., acquis en 1862.

Il exprimait, en outre, le désir que la Société se fît une règle de ne pas dépasser, pendant quelques années, le chiffre de dividende de 125 francs, en reportant à ce même compte d'une réserve supplémentaire les excédants qui seraient acquis.

L'expérience du passé, ajoutait-il encore, doit servir à éviter la faute dans laquelle nous étions tombés en distribuant la totalité des bénéfices effectués à l'issue de l'année qui les avait produits.

Des expressions mêmes du rapport, les actionnaires étaient en droit de compter pour l'avenir sur un dividende régulier de.............. Fr. 125

Le dividende fut en effet de cette somme pour l'exercice 1863,

Mais il ne fut, pour l'exercice 1864, que de................................. Fr. 50

Et, pour l'exercice 1865, que de....... Fr. 25

Quant à l'exercice 1866, chacun sait quelle en fut l'issue.

Tel était, en substance, le rapport du Crédit Mobilier. Il passait assez rapidement en revue les diverses opérations de la Société.

Les *Chemins de fer russes* étaient une affaire désormais consolidée ; elle offrait des perspectives d'avenir qui pouvaient, à un moment donné, rendre aux actions leur valeur primitive. Telle était l'oraison funèbre de cette valeur qui devait disparaître bientôt de la cote authentique par des motifs qu'on ne s'est jamais donné la peine de faire connaître à fond aux intéressés.

Nous avons déjà remarqué que les Chemins russes avaient atteint le cours de 425 francs en décembre, le Crédit Mobilier eut sans doute le bon esprit d'en profiter.

Les *Chemins de fer autrichiens* n'avaient présenté aucun incident particulier dans le cours de leur exploitation ; le cours du change était devenu plus favorable à l'accroissement du dividende ; mais le rapport prétendait qu'il serait imprudent de compter sur un accroissement moyen de plus de 10 francs par action. Le Crédit Mobilier avait-il, par hasard, vendu tous les autrichiens de son portefeuille ? Avait-il intérêt à la baisse ? Nous serions tentés de le croire : quand le cours des autrichiens était à 900 francs, il ne tarissait pas d'éloges sur l'avenir de l'entreprise ; quand le cours était à 540 francs, en avril, avait-il intérêt au cours de 467 fr. 50 c., que l'on fit en août suivant.

Les travaux du *Chemin de fer du nord de l'Espagne* approchaient de leur terme ; avant la fin de l'année 1863, la jonction allait être complète entre Saint-Sébastien et Bayonne ; il ne devait plus rester alors entre Paris et Madrid qu'une lacune de 26 kilomètres pour franchir les Pyrénées. 25,000 ouvriers étaient répartis sur les chantiers. Le rapport prétendait que le Conseil d'administration du Crédit Mobilier était confirmé chaque jour dans l'espérance de voir le trafic prendre un large développement sur cette ligne. Les cours des actions s'élevèrent, après le rapport, de 407 50 à 567 50, et le cours des obligations de 240 à 262 50. Il est à croire que le Crédit Mobilier sut encore en profiter.

Le *Chemin de fer de Cordoue à Séville* était dans la meilleure situation; son exploitation faisait des progrès rapides, les recettes avaient éprouvé une augmentation moyenne de 40 0/0, comparativement à la période correspondante de l'année précédente.

Les *Chemins de fer suisses* n'avaient qu'un obstacle à vaincre pour arriver à une véritable prospérité : le Simplon, qu'il aurait fallu supprimer. Il était plus facile de chercher à faire racheter ces lignes par le Gouvernement fédéral, c'est ce dont le Crédit Mobilier s'occupait avec activité.

Le rapport n'était pas avare d'éloges ni de promesses relativement aux *Chemins de fer du Midi*.

La Compagnie avait réclamé la concession de la ligne de Cette à Marseille, mais ses réclamations avaient été ajournées. Il lui était offert des compensations, sur lesquelles nous aurons à revenir ultérieurement.

Le rapport nous apprenait encore que le Crédit Mobilier avait conservé un intérêt très-important dans la *Compagnie du Gaz*, glissait rapidement sur l'affaire des *Omnibus de Paris* et entrait dans de longs détails sur les faits et gestes de la *Compagnie Générale Transatlantique*.

La situation de cette dernière société promettait les plus beaux résultats. Forte de l'expérience acquise par les malheurs de la *Compagnie Maritime*, et aidée d'une subvention que le rapport qualifiait de *considérable*, la compagnie devait se trouver dans les meilleures conditions d'exploitation. Elle devait posséder d'ailleurs la plus belle flotte à vapeur qui eût encore été créée en France par l'industrie privée.

La *Compagnie Immobilière* s'était fusionnée avec deux sociétés qui en faisaient le complément naturel. Nous aurons à en parler en détail un peu plus tard.

Enfin, *le Crédit Mobilier espagnol* avait accompli sa constitution définitive. Le rapport ne cachait pas que c'était là le résultat le plus important de l'exercice 1862. Nous le croyons sans peine : Nous rappelons que le cours des actions du Crédit Mobilier espagnol s'éleva de 415 fr. à 900 fr. dans l'année 1862.

Après avoir examiné et disséqué le rapport de l'exercice du Crédit Mobilier pour 1862, nous arrivons à être persuadés que les 18 millions et demi, ou pour mieux dire les 22 millions 763 mille francs de bénéfices *réalisés*, d'après le dire du bilan, furent tous ou presque tous puisés à la Bourse au moyen de la spéculation.

Quant aux bénéfices *à réaliser*, qui devaient s'élever à plus de 14 millions, on espérait aussi les puiser à la même source. Le marché était devenu public, il est vrai, par le fait de l'abolition du droit d'entrée, mais il n'offrait plus les mêmes ressources que par le passé. On ne pouvait pas espérer de retrouver la fièvre de spéculation et d'affaires qui avait signalé les années 1855, 1856 et 1857 ; et l'on allait se heurter contre un obstacle infranchissable : la méfiance qui commençait à germer dans les esprits.

En résumé, l'année 1862 avait été difficile pour le commerce et pour l'industrie à cause de la guerre d'Amérique et la disette cotonnière ; elle avait été favorable aux opérations financières par le bon marché et l'abondance extrême des capitaux. La Bourse n'avait qu'une préoccupation sérieuse : l'expédition du Mexique, expédition dans laquelle nous nous engagions de plus en plus. Quant à la conversion et à l'unification de la dette publique en 3 0/0, elle pouvait être considérée, désormais, comme un fait accompli.

CHAPITRE XII

1863

QUELLE tournure allaient prendre les affaires dans l'année 1863 ? telle était la question que tout le monde se faisait au 1er janvier, en entrant en 2... ., t chacun disposait de l'avenir à son gré. .s .. . aient un avenir prospère ; les autres un avenir di...ile ; beaucoup ne manifestaient que de. .outes, c'étaient les plus sages.

La rente que nous avons laissée à 69 90, au 31 décembre 1862, était portée à 70 50, le 9 *janvier*, la hausse commençait avec la nouvelle année. Les questions de politique extérieure ne causaient pas de préoccupations graves. L'Allemagne n'était pas encore saisie de la question des Duchés, l'Italie s'occupait d'améliorations financières, la Grèce cherchait un nouveau roi dans les cours du nord ; à ces trois faits se résumait la situation de l'Europe.

En Amérique, notre expédition du Mexique marchait au gré du *Moniteur ;* la guerre civile continuait aux États-Unis avec un acharnement douloureux. Cette guerre toutefois avait produit à peu près tous ses effets défavorables au triple point de vue financier, commercial, industriel. Il ne restait plus qu'à se remettre des craintes passées et à développer la confiance qui germait déjà dans les esprits.

Nul doute que le cours de **71 fr.** eût été facilement atteint en janvier si la Banque de France n'eût arrêté la hausse en portant le 28 le taux de son escompte de 4 à 5 0/0. Au lieu de finir à des prix d'amélioration, le mois de janvier se termina dans des cours intermédiaires : on cotait 69 85, le 31.

En *février*, une seconde tentative de hausse se produit du 1er au 13, la rente dépasse le cours de 70 fr., elle atteint **70 60** qui sera le plus haut cours de l'année. Les peuples voulaient la paix. En Angleterre, en Prusse, en Autriche, en Italie même, on parlait de diminuer les budgets d'armées et de guerre ; en France, on commençait à comprendre que les conquêtes durables ne sont dues qu'au développement du commerce et de l'industrie : l'Empereur proclamait lui-même publiquement cette vérité dans un discours que l'on ne doit pas oublier. Sous l'influence de ces idées, la hausse aurait dû se poursuivre et cependant la rente tombait à 69 50, le 21, à 69, le 27. La politique venait de détruire à l'improviste les espérances du monde financier : La presse française avait réveillé la question polonaise endormie ; elle lui donnait une importance inattendue ; elle allait jusqu'à prétendre qu'une guerre à ce sujet était possible entre la France d'une part, la Russie et la Prusse de l'autre. Des pétitions présentées au Sénat servaient de prétexte et de base à cette agitation intempestive. La rente ne put pas regagner le cours de 70 fr. On termina le mois à 69 75.

En *Mars* toutefois le cours de 70 francs fut encore franchi et l'on cota 70 15, du 2 au 5 ; mais on baissait, le 13, à 68 65, sous l'influence de discussions au Sénat, à la suite du rapport de M. Larrabit, sur les pétitions pour la Pologne, et sur le bruit de la démission de M. Fould. Le 31, cette démission était à peu près démentie, le 3 0/0 resta à 69 60, dernier cours.

La démission de M. Magne, ministre sans porte-feuille, à propos d'une divergence d'opinion entre lui et M. Fould sur les finances ramena le 3 0/0 à 70 10, le 9 *Avril;* mais il fut encore une fois impossible de conserver ce cours; la prise de Puebla ne s'étant pas confirmée, on tomba à 69 15, et on finit le mois avec peine à 69 50, dernier cours : les affaires étaient, du reste, lourdes, difficiles, rares.

En *Mai,* calme absolu de transactions; malgré l'a-baissement du taux de l'escompte, à Londres et à Pa-ris, malgré la prise de Puebla, qu'on dit certaine , le 3 0/0 reste pendant 31 jours captif entre les prix de 69 65 et de 69 20 et cloture à 69 30.

Juin offre la même nullité d'affaires; les cours s'af-faissent lentement, mais opiniâtrement de 69 65 à 68 30. On commence à parler dans le monde finan-cier de la création d'une grande institution de crédit destinée à favoriser l'industrie et le commerce en France. Cette nouvelle création trouve peu de sympa-thie dans le public, en trouve beaucoup dans les cer-cles opposés aux tendances du crédit Mobilier; sa fon-dation ne paraît être du reste que l'ancien syndicat des banquiers organisé en Société. La Rente finit le mois à 68 35, à la veille du coupon trimestriel de 0 75.

Les premiers jours du mois de *Juillet* sont retenus dans un calme profond. Pas un souffle d'affaires ne se produit. Jusqu'au 18 on cote 68 45, tout-à-coup des points noirs se lèvent à l'horizon politique, ils de-viennent des nuages menaçants : une note de la Russie, une circulaire du prince Gortchakoff à propos des affaires de Pologne précipitent le 3 0/0 de 68 45 à 67 20, du 20 au 22, on tombe à 66 80, du 22 au 24 et on finit le mois lourdement à 66.85.

En *août*, les cours se raffermissent; les négociations diplomatiques entrent dans une phase moins guerroyante; nos troupes sont à Mexico, on a proclamé l'Empire au Mexique; on en offre la couronne à l'archiduc Maximilien d'Autriche : de 66.65 les cours remontent à 68 20, progressivement; le mois finit à 68 15.

Le mois de *Septembre* devait être plus agité que le précédent; la question du Shleswig-Holstein ressuscitée, le commencement de la lutte entre la Prusse et l'Autriche pour la prépondérance dans la Confédération Germanique, une note nouvelle du prince Gortchakoff réduisant la question polonaise à une question de politique intérieure pour la Russie, firent osciller les cours par des variations nombreuses et répétées de 1 80 dans le mois; on cota 69 30 et 67 50. Le mois finit à 68 francs.

En *Octobre*, le plus haut cours fut 68 francs; l'élévation de l'escompte à la Banque de France, la diminution du numéraire, l'incertitude où l'on était de savoir si Maximilien accepterait ou refuserait le trône du Mexique firent tomber la Rente, après le coupon, à 66 85; on se relève toutefois à 67 10, le 31. Le discours de l'Empereur à l'ouverture de la session des Chambres soumettait la cause polonaise à un tribunal européen.

En *Novembre*, les cours sont dominés par les trois questions à l'ordre du jour : le Congrès, la diminution du numéraire, la possibilité d'un emprunt. Cet emprunt est montré comme nécessaire par un rapport de M. Fould à l'Empereur. La Rente clôt au 30 novembre à 66 65.

Le mois de *Décembre* fut témoin d'une tentative de hausse faite pour préparer, sans doute, l'emprunt jugé nécessaire par M. Fould ; on se releva de 66 65 jusqu'à 67 35 ; mais sans pouvoir aller plus haut. Le 3 0/0 retombait lourdement à **66 10**, plus bas cours de l'année ; pendant la dernière quinzaine on faisait avec difficulté 66 50 ; et l'année finissait ainsi le 31, par un effort semblable à une surprise, et que tous les cours de l'année suivante devaient démentir.

Pendant l'année 1863, les cours de la Rente se résumèrent comme suit :

Noms des mois.	Plus haut cours.	Plus bas cours.
Janvier	70 55	69 70
Février	**70 60**	69 »
Mars	70 15	68 61
Avril	70 10	69 15
Mai	69 45	69 20
Juin	69 45	69 30
Juillet	68 75	66 65
Août	68 20	66 65
Septembre	69 30	67 50
Octobre	68 »	66 85
Novembre	67 40	66 65
Décembre	67 85	**66 10**

Toutes les valeurs du marché suivirent, à peu d'exception près, les cours de la Rente et ses peripéties diverses. Comme la Rente, elles atteignirent leurs plus hauts prix pendant le premier semestre. Le second semestre ne fut qu'une longue série de chutes successives, qu'aucune circonstance ne put arrêter.

Quant au cours du Crédit Mobilier, si nous ne tenons compte que de leurs variations mensuelles, ils furent cotés comme suit :

Noms des mois.	Plus haut cours.	Plus bas cours.
Janvier......	1.200 »	1.125 »
Février......	1.262 50	1.100 »
Mars........	1.327 50	1.190 »
Avril........	**1.482 50**	1.337 50
Mai.........	1.447 50	1.405 »
Juin........	1.425 »	1.152 50
Juillet......	1.207 50	**1.010** »
Août........	1.142 50	1.022 50
Septembre...	1.246 25	1.150 »
Octobre.....	1.227 50	1.082 50
Novembre...	1.123 75	1.030 »
Décembre....	1.077 50	1.020 »

Ces variations furent lourdes, très-lourdes même pour la Bourse : on le comprend facilement. Elles représentèrent dans le premier mouvement en hausse, de 1,100 00 à 1,482 50. — 382 50 par action,

27

soit pour 120,000 actions.......	45.900.000	»
Pour le deuxième mouvement, en baisse, de 1,482 50 à 1,010 fr. — 472 50 par action.............	56.700.000	»
Pour le troisième mouvement en hausse, de 1,010 à 1,246 25. — 236 25 par action.............	28.350.000	»
Ensemble........	130.950.000	»

Mettons, en chiffres ronds, 131 millions de différences, c'est-à-dire deux fois le capital social de 60 millions, avec 11 millions en sus; et encore devons nous faire observer au lecteur que nous ne tenons compte que des mouvements principaux; quels résultats et quelles sommes n'atteindrions nous pas, si nous tenions compte de tous les autres.

Les valeurs qui gravitaient dans l'orbite du Crédit Mobilier et qui se trouvaient entraînées par ses mouvements, eurent des variations correspondantes aux siennes. Ainsi :

Les actions du Crédit Mobilier Espagnol firent, au plus haut, 990 fr. en avril; au plus bas, 585 fr. en décembre;

Les actions du chemin de fer du Nord de l'Espagne firent au plus haut, en avril, 592 50; au plus bas, 505 fr. en décembre;

Les actions de la Compagnie générale transatlantique firent au plus haut, en février, 600 fr.; au plus bas, 497 50 en juillet;

Les actions des Entrepôts et des Magasins Généraux de Paris firent au plus haut, 850 fr. en mars; au plus bas, 590 fr. en décembre;

Les actions de la Compagnie Immobilière de Paris firent au plus haut 276.25. en avril; au plus bas 215 francs en juillet, époque de leur fusion avec la société Immobilière, cotée 665 en juillet, et 477.50 en décembre; ·

Les actions de la Compagnie du Gaz furent cotées : 1480 les anciennes, 1500 les nouvelles en janvier; — 1910 les anciennes, 1930 les nouvelles en avril; — 1500 les anciennes, 1565 les nouvelles en juillet; — 1785 les anciennes, 1800 les nouvelles en septembre, pour terminer l'année à 1610 les anciennes, 1615 les nouvelles en décembre........

Bornons-nous à cette nomenclature. Elle suffit, et de reste, à faire mesurer l'étendue des ressources que le Crédit Mobilier trouvait sur le marché financier. Elle prouve que la Bourse était pour lui une mine d'or inépuisable. Les placers de la Californie et de l'Australie étaient incontestablement moins riches et moins faciles à exploiter.

A tout moment, à tous les prix, le Crédit Mobilier aurait pu acheter ou vendre; il aurait pu tenir envers et contre tous, tous les enjeux: à un moment donné, il était certain d'avoir et de recueillir des bénéfices. Qui donc aurait pu le lui disputer? — les grandes maisons de Banque, ou pour mieux dire, la plus grande maison de banque de l'Europe? — Cette maison est trop sage, trop prudente pour se lancer dans ce genre d'opérations et courir ces sortes d'aventures. — Le public? — Le public était trop faible par le nombre et par les capitaux. Le public n'agissait qu'avec des forces isolées, individuelles, sans idée, sans tactique d'ensemble; il ne comprenait pas des opérations combinées et dirigées par voie de syndicat ou d'association. En définitive, et en fait, donc, depuis l'inauguration du système de restriction, depuis la concentration des affaires entre les mains des 60 agents de change du parquet de Paris, le Crédit Mobilier était en quelque sorte devenu le maître du marché : il décrétait à son gré, ou suivant ses intérêts, le cours des valeurs, le minimum et le maximum.

C'est à la Bourse que le Crédit Mobilier vint moissonner la majeure partie des dividendes qu'il distribua à ses actionnaires; C'est à la Bourse que ses administrateurs trouvèrent l'augmentation considérable de leur fortune. La spéculation était un de leurs grands moyens. S'ils en eurent d'autres, nous les trouverons peut être et nous aurons soin de les signaler, dans la mesure des choses qui se rattachèren toutefois à la gestion du Crédit Mobilier.

Dans la première partie de ce chapitre, nous avons parlé du taux des escomptes pendant l'année 1863, et nous avons fait mention de l'influence qu'il exerça

sur les cours de la rente. Nous devons ajouter que
ce taux ne fut jamais assez élevé pour peser lourdement sur le marché financier.

De 4 0/0 taux fixé le 28 novembre 1862, la Banque
de France éleva l'escompte à 5 0/0 le 28 janvier 1863.
Elle le réduisait à 4 1/2 le 12 mars et à 4 0/0 le
26 mars; et le releva à 4 1/2 le 7 mai suivant, ce
qui constituait une moyenne de 4.64 0/0 pour
l'année.

A la Banque d'Angleterre il eut des variations beaucoup plus nombreuses et plus importantes : on en
jugera par le relevé suivant :

4 0/0	le 15 Janvier..	1863
5 0/0	28 —	—
4 0/0	19 Février..	—
3 1/2 0/0	23 Avril....	—
3 0/0	30 —	—
3 1/2 0/0	16 mai.....	—
4 0/0	21 —	—
5 0/0	2 Novembre.	—
7 0/0	2 Décembre.	—
8 0/0	3 —	—
7 0/0	24 —	—

Le loyer de l'argent et des capitaux menaçait d'être
cher pendant l'année 1864. On le savait, on s'en
doutait au moins au Crédit Mobilier ! Aussi dût-on
profiter des grands cours pour réaliser et peut-être
pour vendre encore, en sus de ces réalisations. Les

cours de baisse de 1863 devaient être des cours de hausse comparativement aux cours de l'année 1864 qui allait venir.

Le rapport du Crédit Mobilier pour l'exercice 1863, fut beaucoup plus laconique et plus court que le précédent; mais il aurait pu être aussi fécond en réclamations de la part des actionnaires, si les actionnaires avaient pu l'étudier et s'en rendre compte avant leur assemblée. Malheureusement il n'est pas encore admis dans nos mœurs financières que les Conseils d'administration doivent aller au-devant de la discussion et du contrôle. Bien rares sont les Compagnies qui distribuent leurs rapports quinze jours avant le jour de la réunion.

Le rapport prétendait que la situation du Crédit Mobilier était *excellente*, — et il ajoutait que cette situation eût été *bien meilleure* encore (nous conservons précieusement le style et les mots) *sans l'insuffisance des ressources* de la Société. — Des ressources? — le Crédit Mobilier se plaignait toujours de ne pas en avoir assez. Il aurait eu à sa disposition 500 millions qu'il se serait plaint encore ! — 1 milliard ? qu'il se serait plaint davantage ! Il avait la haute main sur plus de 3 milliards de valeurs, et il n'était pas content? Que lui fallait-il donc? On s'y perd..... et pourant, chose surprenante, tant qu'il n'eut que 60 millions de capital, il eut une situation, qu'il qualifiait d'excellente; quand il eut 120 millions de capital, il sombra.

Le rapport annonçait cependant que cet *inconvé-nient* [1], « *l'insuffisance des ressources,* » allait bientôt disparaître; le Conseil du Crédit Mobilier s'était mis d'accord avec le Gouvernement pour l'émission des obligations mobilières. Le rapport donnait cette nou-velle comme un fait certain et absolument définitif. C'était là le point le plus important du rapport, aux yeux même du Conseil d'administration.

Nous avons maintes fois parlé, dans le courant de cet ouvrage, de ces fameuses obligations mobilières, rêve éternel du Crédit Mobilier. Rendant enfin hom-mage à la vérité, et cessant de s'en attribuer le mérite, le Crédit Mobilier reconnaissait que cette idée se rat-tachait au projet d'une grande Société commanditaire de l'industrie, dont M. Jacques Laffitte et les princi-paux banquiers de Paris avaient eu l'idée en 1825; puis il expliquait l'analogie qu'il y avait entre les obligations foncières du Crédit Foncier et les obliga-tions mobilières du Crédit Mobilier [2]. et il concluait en annonçant que l'intention de la Société était d'émettre pour une somme de 60 millions de francs de ces valeurs en obligations, remboursables à 500 francs en 50 ans, rapportant 3 0/0, soit 15 francs d'intérêt annuel.

Quoiqu'il en soit, ce projet ne put se réaliser. Il

---

[1] Textuel.

[2] Nous avons déjà discuté cette question, chap. II page 62 et suivantes.

avait trouvé des répugnances ou des défiances légitimes parmi les actionnaires du Crédit Mobilier même, et dans le public; il trouva des résistances et des refus plus légitimes encore dans les hautes sphères administratives. Résistances et refus avaient été actes de sagesse. Mais on ne sut pas toujours refuser. Des obsessions réitérées, opiniâtres, arrachèrent peut-être des promesses dont on ne manqua pas de se faire un point d'appui. A Dieu ne plaise que certains engagements soient par nous discutés! Non. Mais si, pour surprendre cette promesse, on avait déguisé une situation financière compromise, ne faudrait-il pas faire justice, autant par dignité, que par devoir? N'allons pas plus loin.

Le Crédit Mobilier n'était jamais plus âpre à réclamer ses droits d'émission d'obligations mobilières, que lorsque ses bilans constataient de gros dividendes. Il réclama ces droits en 1855, 56, 57, 58, 59..... toujours! En 1862, il alla plus loin : il parla de l'OMNIUM..... c'est-à-dire de la transmutation générale de toutes les valeurs en une seule : la sienne!

En 1863, il allait distribuer 125 francs de dividende, comme en 1862, pourquoi ne parla-t-il plus de l'omnium?

Au 31 décembre 1863, le bilan du Crédit Mobilier, d'après le rapport, se comportait comme suit :

ACTIF

Rentes, actions et obligations..	77.810.720 75
Effets à recevoir.	17.571.684 54
Reports.	26.437.138 62
Avances aux Compagnies	44.030.101 35
Hôtels de la société et mobilier.	2.113.482 67
Espèces en caisse et à la Banque et dividendes à recevoir.	23.580.528 82
Total.	191.543.656 75

PASSIF

Capital.	60.000.000 »
Comptes courants, créanciers divers et effets à payer.	107.541.739 51
Réserve.	2.000.000 »
Réserve extraordinaire. 2.226.290 » Solde du compte de profits et pertes.. . . . . . . 19.775.627 24	22.001.917 24
Total	191.543.656 75

Il y a beaucoup à dire sur ce bilan.

Le chiffre des valeurs en portefeuille, rentes, actions et obligations, s'élevait, au 31 décembre 1862, à. 147.900.116 94

Il n'était plus, au 31 décembre 1863, que de. 77.810.720 75

Il avait donc diminué de..   70.089.396 19

Cette diminution considérable du portefeuille aurait dû être l'objet d'explications catégoriques de la part du rapporteur du Crédit Mobilier. Eh bien! c'était à peine si elle était le sujet d'une mention vague, conçue en termes généraux et indécis :

« Dans les circonstances politiques où s'est trou
« vée l'Europe dans le cours de l'année dernière,
« cette réduction nous était commandée par des mo
« tifs de prudence devant lesquels toute autre consi
« dération disparaît à nos yeux.

« Le chiffre de nos placements qui s'élevait, au
« 31 décembre 1862, au total de.   147.900.116 94
« n'était plus, au 31 décembre
« 1863, que de.............   77.810.720 75
« Il a éprouvé, ajoutait-on, depuis cette époque, une
« nouvelle réduction, et *nous pouvons certifier la com*
« *plète disponibilité des valeurs qui n'ont pas été réa*
« *lisées.* »

Qu'est-ce que tout cela signifie? Rien, rien, absolument rien ! Le Crédit Mobilier constate un fait. — Il ne l'explique pas. — Il affirme, il certifie, mais il ne fournit jamais une preuve, jamais il n'appuie ses affirmations, par des pièces probantes, par des pièces comptables!... Quand il s'agit de redditions de comptes on n'affirme pas, on ne certifie pas, on prouve; les preuves où sont-elles? fournissez-les.

Nous remarquons encore que le chiffre des avances aux Compagnies s'élève, au 31 décembre 1863, à la somme de.................... 44.030.101 35

Tandis qu'il ne figurait au bilan
du 31 décembre 1862 que pour la
somme de.................... 17.441.942 10

Différence...... 26.588.159 25

Comment ! le chiffre des avances aux Compagnies
s'était accru de 26 millions et demi d'une année à
l'autre, et on ne mentionnait pas, et on n'expliquait
pas cette augmentation ? et les actionnaires ne s'en
inquiétaient pas ? Mais c'était là peut-être le point de
départ des embarras graves sous le poids desquels le
Crédit Mobilier devait succomber !... Ces avances aux
Compagnies étaient peut-être une immobilisation dangereuse du capital social et des comptes courants ! et
personne n'en souffle mot !

Mais voyons : le chiffre des avances aux Compagnies
s'élève, au 31 décembre 1863, à. 44.030.101 35

Si nous rapprochons ce chiffre
de celui des valeurs en portefeuille..................... 77.810.720 75

Nous trouvons un total....... 111.840.822 10

N'y avait-il pas eu, au moyen des ressources qu'offre
toujours une comptabilité complaisante, un virement
entre ces deux articles si différents en apparence ?
Nous nous bornons à poser la question.

Qu'on y réponde si on veut, ou si on peut.

Nous remarquons aussi que le compte immeuble et mobilier s'est modifié d'une manière importante depuis l'année précédente.

En 1863, on écrit : *Hôtels* de la société et mobilier et on les fait figurer en compte à l'actif pour...................... 2.113.482 67

En 1862, on écrivait : *Hôtel* de la société et mobilier, et on les portait à l'actif pour.................... 1.449.580 89

Il n'y a plus un seul hôtel, il y en a deux au moins ; on a sans doute employé à l'achat du second une

somme de..................... 663.901 78

Et on n'en souffle mot aux actionnaires !

Il est vrai qu'on peut bien omettre de parler de l'achat d'un hôtel de 660,000 fr., quand on avait omis dans une année, ou dans des années précédentes, de parler d'une perte de 500,000 fr. sur un intérêt pris dans une Compagnie d'assurances contre la grêle. Un million de plus ou de moins, qu'est-ce que c'était pour le Crédit Mobilier ?... On n'avait pas besoin d'y regarder de si près !

Seulement, on peut constater que la comptabilité du Crédit Mobilier était une comptabilité exceptionnelle, toute spéciale à cette honorable Société. C'était une comptabilité mystérieuse, mystérieuse comme les actes, comme la gestion, comme le portefeuille, etc.

Tout était mystère enfin au Crédit Mobilier. Tout était article de foi.

Mais aujourd'hui les actionnaires ont droit d'examen ? Eh bien, qu'ils usent de leurs droit et qu'ils demandent des comptes.

On ne leur en a, de fait, jamais rendu !

Avant d'arriver au compte de profits et pertes, la méthode exige que nous examinions les opérations du Crédit Mobilier et les affaires où il a trouvé ses bénéfices.

Le rapport nous raconte que *le chemin de fer du Nord de l'Espagne* n'avait plus à terminer au mois d'octobre qu'une section de 46 kilomètres pour combler la lacune des Pyrénées.

Des bénéfices faits sur le chemin de fer du Nord de l'Espagne, lé rapport du Crédit Mobilier ne dit rien.

Le rapport nous raconte que *les chemins de fer du Midi* vont opérer leur jonction avec le chemin de fer du Nord de l'Espagne, et que l'embranchement de Bordeaux à Bayonne est destiné à devenir *une ligne de premier ordre.*

Le chemin de fer du Nord de l'Espagne avait été aussi qualifié *de ligne de premier ordre* dans un des précédents rapports.

Le rapport nous raconte encore les souffrances de la Bohême et de la Hongrie qui nuisent beaucoup aux recettes *des chemins de fer autrichiens.*

La solution attendue depuis si longtemps du gouvernement pour le raccordement des chemins de fer autrichiens à Vienne n'était pas encore obtenue.

Le rapport nous raconte les progrès de la *Compagnie parisienne du Gaz* ; la consommation s'est élevée :

de   92.502.270 mètres cubes,   en 1862,
à   100.833.258   —   — 1863.

Il ajoute que la compagnie encourage la construction des *moteurs Lenoir*.

Le rapport nous raconte les dividendes donnés par la *Compagnie des Omnibus de Paris*, et l'augmentation de la circulation des voyageurs.

Le succès de l'entreprise des Omnibus a déterminé le Crédit Mobilier à prêter son concours à la *Compagnie des Petites-Voitures*. Cette compagnie était en voie de transformation en société anonyme, ce qui, comme chacun sait, est une grande condition de succès, — les administrateurs étant ainsii rresponsables. Ses actionnaires venaient de recevoir un dividende de 7 1/4 0/0, et grâce aux moyens de contrôle dont le conseil d'administration allait disposer, le revenu ne pouvait que s'améliorer.

Toutes ces affaires avaient incontestablement dû laisser des bénéfices au Crédit Mobilier ; le rapport n'en parlait pas.

L'ancienne *Société immobilière de Paris*, dite *de Rivoli*, avait opéré la fusion avec la *Compagnie des Ports de Marseille* et l'entreprise de la *Rue Impériale* (Marseille). La nouvelle compagnie s'était définitivement constituée au capital de 80 millions, représenté par 160,000 actions de 500 francs.

Après quelques détails sur les constructions nouvelles élevées dans Paris et sur les travaux poursuivis à Marseille, le rapport ajoutait — nous citons textuellement :

> Les actionnaires de la nouvelle société peuvent avoir *une confiance d'autant plus grande dans l'avenir*, que celle-ci dispose de moyens de crédit plus puissants; son développement est certain, car *elle offre aujourd'hui à ses prêteurs les plus solides garanties*, tant par l'importance de son capital que par la nature immobilière de son actif.

Au moment ou le rapporteur du Crédit Mobilier tenait ce langage, au moment où l'on devait avoir *une confiance si grande dans l'avenir de la Société*, au moment où *elle offrait à ses prêteurs les plus solides garanties*, c'est-à-dire au moment de l'émission des titres de la Société Immobilière fusionnée :

Les actions se cotaient 665 francs.

Les obligations se cotaient 300 francs.

Que valent-elles aujourd'hui?

Les actions se cotent 80 francs.

Les obligations se cotent 165 francs.

Qu'y a-t-il de changé à la situation? Les immeubles sont restés les mêmes. Seulement on est en voie de découvrir, dit-on, que les dépenses de construction et les frais de premier établissement ont été si excessifs, que les revenus suffiront à peine à servir moitié de l'intérêt des obligations. On dit en outre que la Société est en proie à des difficultés sans nombre et exposée à de nombreux procès.

Il n'entre pas dans le cadre de ce travail d'étudier et de décrire la situation de la Compagnie Immobilière, seulement ses intérêts se rattachent à ceux du Crédit Mobilier par trop de points, pour que nous passions sous silence certains faits graves.

Dans le rapport du Crédit Mobilier pour l'exercice 1862, nous lisons ce passage [1] :

> « Les anciens statuts de la Compagnie Immobilière ne
> « lui permettaient pas d'acheter ses terrains (les terrains
> « de Marseille); ils ont été acquis par M. Emile Pereire,
> « tant pour son compte que pour celui des deux sociétés
> « du Crédit Mobilier français et espagnol, et ils rentre-
> « ront dans la nouvelle société, lorsque, par la fusion pré-
> « parée entre elle, la Société des Magasins généraux et la
> « Société des Ports de Marseille, elle aura reçu l'autorisa-
> « tion d'opérer hors de Paris. »

« Nous recommandons aux actionnaires de la Compagnie Immobilière le passage que nous venons de citer; il enseigne notamment comment on peut éluder les statuts d'une Compagnie et comment se pratiquent d'ordinaire les fusions. On était d'ailleurs pressé de jouir.

Le rapport du Crédit Mobilier nous apprend que :

[1] Nous reproduisons le texte exact du rapport.

« Après une longue instruction, nécessitée par l'opposi-
« tion de quelques intérêts privés, les Statuts de la nou-
« velle société ont été envoyés au Conseil d'État; nous
« espérons qu'ils ne tarderont pas à être approuvés. »

Ce rapport était lu à l'assemblée du Crédit Mobilier
le 9 avril 1862 : il constatait que les statuts de la
nouvelle Compagnie Immobilière n'étaient pas encore
approuvés, et en même temps, il faisait connaître :

« Que les travaux de terrassement, qui comprenaient un
« cube de 800,000 mètres, étaient poussés avec vigueur et
« devaient être terminés dans le mois de décembre sui-
« vant. »

Ce dernier fragment du rapport du Crédit Mobilier
ne prouve-t-il pas que, M. Emile Pereire, le Crédit
Mobilier Français et le Crédit Mobilier Espagnol, tous
trois acheteurs de ces terrains, faisaient acte de propriétaires ! pouvaient-ils conserver le rôle d'intermédiaires désintéressés ? C'est ce que nous laissons à
chacun le soin d'examiner.

Quoiqu'il en soit, le rapport du Crédit Mobilier
pour l'exercice 1863, ne mentionna pas la part de bénéfice que le Crédit Mobilier retira de cette opération.

Le rapport du Crédit Mobilier nous apprenait les
succès de la *Compagnie générale Transatlantique* — la
liquidation heureusement terminée de la *Compagnie
Maritime* — l'état de prospérité des compagnies françaises d'assurances *La Paternelle* et *La Confiance*,
à la constitution du Capital desquelles le Crédit Mo-

bilier avait pris une part considérable — la création d'une autre compagnie d'assurances embrassant à la fois les assurances sur la vie, contre l'incendie et contre les risques maritimes, le *Phénix Espagnol*, société qui devait avoir un caractère international et qui comptait au nombre de ses fondateurs et administrateurs, les hommes les plus compétents en France dans cette industrie, les directeurs de nos principales compagnies. C'est dire, ajoutait le rapport, que son succès est d'avance assuré.

Voilà comment le Crédit Mobilier rédigeait les réclames de ses affaires; mais il gardait le silence sur les bénéfices qu'il en retirait.

Le rapport du Crédit Mobilier nous apprenait encore : 1° que la Société générale de *Crédit Mobilier espagnol* qui s'était bornée à des opérations industrielles allait être appelée désormais à prendre une position importante comme institution de crédit. En attendant, cette société se livrait avec succès à l'exploitation de l'éclairage au gaz de la ville de Madrid et à celle des mines de houille qu'il possédait dans les provinces de Castille et de Léon ; 2° qu'une nouvelle société de *Crédit Mobilier* allait être fondée en Italie; 3° que la *Société générale de commerce et d'industrie Néerlandaise*, à la fondation de laquelle le Crédit Mobilier français avait pris une part importante, avait commencé à fonctionner à Amsterdam; 4° que la *Banque impériale Ottomane* était constituée et que sa première opération avait été un emprunt de 200 millions de francs, dont la première série émise à Paris avait été couverte plus de dix fois; 5° que la *Société Financière internationale* s'était constituée à Londres qu'elle avait réalisé un bénéfice de £ 97,500 5. 0. soit l'équivalent de 18 0/0 par an, et que le Crédit Mobilier français avait pris part à sa constitution...

Nous croyons que le rapport ne parlait pas d'autres sociétés en voie de concession, de création, de fondation, de constitution, d'organisation, de préparation, de souscription, d'émission....... ou autrement.......

Passons au compte de profits et pertes.

Le rapport du Crédit Mobilier l'établissait ainsi — nous citons textuellement :

Nous vous faisions espérer, l'année dernière, que nos valeurs en portefeuille au 31 décembre 1862 produiraient un bénéfice approximatif de **18,760,617** fr. **75 c.**

Ces valeurs, qui ont été réalisées pendant le premier semestre de l'année 1863, ont donné un bénéfice de. 17.978.822 98

Si l'on ajoute à ces chiffres les autres bénéfices réalisés en 1863, et qui s'élèvent à. 9.420.042 01

on arrive au total de.. . . . . 27.398.864 99

Mais ces bénéfices avaient été obtenus dans le premier semestre, et vous savez que toutes les valeurs se sont dépréciées dans le second.

Nous devions nécessairement nous en

A reporter. 27.398.864 99

Report. 27.398.864 99

ressentir, et les réalisations que nous avons dû faire pour rentrer dans notre capital nous ont laissé une perte de. 2.412.822 31

à laquelle il faut ajouter le chiffre des valeurs qui ont été retirées de notre actif et qui n'y figurent que pour *un franc*, ci. . . 3.588.691 66

Ces valeurs restent toujours dans la même situation, bien que nous ayons aujourd'hui l'espoir légitime de recouvrer, sinon la totalité, du moins une partie notable de leur montant.

Enfin, l'inventaire de nos valeurs, au 31 décembre, présentait une moins-value de. 3.124.843 74

Total à déduire des bénéfices réalisés. . . 9.126.357 11

Reste. 18.272.507 88

A quoi il faut ajouter :

1° Le montant des commissions, des bénéfices sur reports et intérêts des comptes courants, déduction faite des intérêts divers que nous avons eu à payer nous-mêmes. 2.331.686 44

A reporter. 20.604.194 32

Report.	20.614.194 32
2° La réserve extraordinaire reportée de l'exercice précédent, ci.	2.226.290 »
Total des bénéfices bruts. . .	22.830.484 32
Dont il faut retrancher le montant des frais d'administration et frais généraux de toute nature.	828.657 08
Bénéfice net.	22.001.917 24

Sur le produit net de l'exercice qui est, en y comprenant le solde de l'année précédente, de. . . . . 22.001.917 24 il a été distribué, au 1er janvier dernier, un à-compte de dividende représentant l'intérêt capital à 5 0/0, soit, à raison de 25 francs par action. . . . . 3.000.000 »

Restant disponible.	19.001.917 24

Sur cette somme, nous vous proposons de défalquer, pour être portée au compte de réserve extraordinaire que vous nous avez autorisés à ouvrir l'année dernière, une somme de. 5.668.583 89

et de distribuer le solde de..	13.333.333 35

Savoir :

1° Aux actionnaires, un nouveau dividende de 100 francs par action, formant le complément de 125 francs par action, soit pour 120,000 actions . . . . 12.000.000 »

2° Aux administrateurs, par un prélèvement de 10 0/0 sur la somme à distribuer après le payement des intérêts, conformément à l'article 7 des statuts. 1.333.333 35

Somme égale. . . . . , .	13.333.333 35

Nous nous rappelons que dans le compte de Profits et pertes de 1862, le Crédit Mobilier avait fait figurer un solde de *bénéfices à réaliser*,

de......................	14.199.720 99
et qu'il avait porté pour 1 franc.	4.560.896 76

de valeurs qui ne rapportaient pas d'intérêt quelle que fut d'ailleurs leur valeur vénale sur le marché.

Ensemble.............	18.760.617 75

Le rapport de 1863 nous apprenait que ces *bénéfices à réaliser* avaient disparu et avaient reparu ensuite, de telle sorte que le portefeuille avait subi deux mouvements inverses :

1° Un mouvement en perte de fr.	18.760.617 75
2° Un mouvement en bénéfices nouveaux, de même somme.......	18.760.617 75
Ensemble........	37.521.235 50

Voilà donc quelles avaient été les oscillations du portefeuille du Crédit Mobilier, du 31 décembre 1862 au 31 décembre 1863. Le rapport le constatait en ces termes :

« Les complications politiques survenues en Europe ne
« nous ont pas permis de donner à nos affaires tout le
« développement qu'elles eussent comporté dans des cir-
« constances plus favorables; leur influence ne s'est pas
« même bornée à nous imposer un temps d'arrêt : elle a

« fait subir aux valeurs qui composaient notre actif une
« dépréciation dont on peut facilement apprécier l'impor-
« tance, sans qu'il soit nécessaire de faire appel à d s
« souvenirs bien anciens.

« Heureusement les nouvelles affaires *réalisées* ont pu
« compenser cette dépréciation, de telle sorte que l'excel-
« lente situation, dont le tableau avait été présenté l'an
« passé, n'a éprouvé aucune modification. »

Il est possible que toutes ces assertions du rapport
soient exactes, seulement on nous permettra d'en
douter. En tout cas, il faut avouer qu'on n'employait
pas beaucoup de façons au Crédit Mobilier pour
expliquer la disparition et la réapparition de
18 millions de bénéfices. Partout ailleurs, de pareils
faits auraient été décemment justifiés. Toutefois il y
a des circonstances atténuantes : l'année 1863 se résumait par un bénéfice de francs 27.398.864 99
entièrement obtenu dans le premier semestre.

Ici nous avouons que le compte de profits et pertes,
devient de plus en plus inintelligible.

De ces bénéfices s'élevant ensemble pour l'exercice
1863, à...................... 27.398.864 99

On déduit :

1° Pour rentrer
dans les limites du ca-
pital, une somme de 2.412.822 31

2° Pour valeurs re-
tirées de l'actif et qui

n'y figurent que pour
1 franc.......... 3.588.691 06

3° Pour moins-va-
lue des valeurs au
31 décembre 1863.. 3.124.843_74

Ensemble........ 9.126.357.11

Reste........... 18.272.507.88

Nous faisons toutes réserves sur ces 9 millions qui ne sont aucunement appuyés par des preuves.

A cette somme de   18.272.507 88
Il fallait ajouter :

1° Pour commis-
sions, bénéfices sur
reports et intérêts des
comptes courants,
déduction faite des
intérêts payés, fr... 2.331_686.44

2° Pour montant
de la réserve extra-
ordinaire........ 2.226.290 00

Ensemble........ 4.557.976 44

Les bénéfices bruts étaient ainsi de 22.830.484 32

Sur cette somme, il avait été distribué aux actionnaires, 25 francs
pour intérêts des actions à 5 0/0... 3.000.000 00

On comptait pour **657**
frais généraux.... 828.567 08

On portait le
chiffre de la réserve
extraordinaire à... 5.668.583 89

                  Ensemble..... 9.497.150 97

Il restait donc comme bénéfices nets 13.333.333 35

Là dessus le Crédit Mobilier attribua
1° A ses administrateurs....... 1.333.333 35
2° A ses 120.000 actions un divi-
dende de 100 francs soit:........ 12.000.000 00

             Somme égale. 13.333.333.35

Et il allait ouvrir l'année 1864 avec :
Un capital social de.......... 60.000.000.00
Une réserve statutaire de...... 2.000.000.00
Une réserve extraordinaire de... 5.668.583.89

            Ensemble.... 67.668.583 89

Sans compter un portefeuille de
diverses valeurs de : 4.560.896 76
en 1862, et de..... 3.588.691 06

en 1863 ; ensemble. 8.149.587 82

Portés pour la
somme de........   2 00

         ci.........   2.00

Soit un capital de :............ 67.668.585 89

Constatons précieusement ce chiffre auquel s'élevait le capital du Crédit Mobilier au 31 décembre 1863.

CHAPITRE XIII

1864

L'ANNÉE 1864 s'ouvrait sous des auspices défavorables ; l'agitation sourde qui régnait dans le peuple allemand, désireux de constituer son unité, s'était

subitement transformée en un mouvement passionné. Ce n'était plus les souverains, c'étaient les
peuples qui allaient manifester leurs ambitions. L'entraînement des masses devenait tel que les princes de
la Confédération allaient être forcés de céder. Le roi
de Prusse, l'empereur d'Autriche allaient agir de con-
cert d'abord, quitte à se disputer ensuite la prépondérance. La question du Shleswig-Holstein fut le prétexte ; l'unité allemande était le but. Le monde financier prévoyait déjà l'importance que devait prendre
cette question ; et pendant toute l'année 1864, il agit
sous l'influence des craintes qu'elle entretenait.

L'année s'annonçait donc mal au point de vue politique ; elle débutait mal au point de vue financier :
elle commençait par un emprunt de 300 millions[1].

Cet emprunt était émis à 66 30, en 3 0/0, jouissance
du 1er janvier 1864, payable en dix versements échelonnés de mois en mois, jusqu'au 21 novembre. Les
avantages réservés aux souscripteurs réduisaient le
taux de l'emprunt en réalité à 65 05. Il fut souscrit,
cela va sans dire ; seulement on calculait que cet
emprunt portait à 2 milliards 380 millions les sommes
dont la dette publique avait été augmentée en douze
ans, de 1852 à 1864.

La guerre éclatait en Allemagne sur les bords de
l'Eïder, dès les premiers jours de février. Le Danemark était aux prises avec l'Autriche et la Prusse.

---

[1] Voir le décret de l'Empereur en date du 12 janvier 1864.

Cependant la diplomatie de l'Europe était en émoi, et l'on craignait qu'une guerre générale ne fût le dernier mot de la lutte commencée.

L'Italie, non moins inquiète que l'Allemagne pour la constitution de son unité, préludait par des emprunts aux préparatifs d'une guerre, afin d'obtenir la Vénétie. Telle était la situation pendant les mois de *janvier, février, mars* et *avril*. La rente, de 66 10 s'était successivement élevée jusqu'à 67 70. Mais tel devait être le plus haut cours de l'année.

Maximilien d'Autriche avait enfin accepté, après de longues hésitations, le trône du Mexique. Son premier décret, daté de *Miramar*, le 10 avril, instituait une commission des finances du Mexique en France. Aussitôt paraissait un décret complémentaire d'emprunt de 201,600,000 francs. Cet emprunt était émis à 63 fr. pour 6 fr. de rente par voie de souscription publique, du 18 au 25 avril inclusivement. A cet emprunt, le Gouvernement français ne donna point sa garantie : il se borna à lui accorder son patronage et son concours.

Les insurrections en Algérie signalèrent le mois de *mai* et le mois de *juin*. En *juillet*, elles étaient à peu près comprimées. En même temps, des préliminaires de paix étaient signés à Vienne, entre le Danemark d'une part, la Prusse et l'Autriche de l'autre. L'Italie transportait sa capitale de Turin à Florence (*septembre*). L'année finissait aussi sans autres incidents politiques en Europe.

En Amérique la guerre civile continuait avec un acharnement indescriptible, elle ne paraissait pas près de finir.

Les préoccupations financières furent du reste bien plus graves que les préoccupations politiques pendant l'année que nous décrivons. L'argent fut rare et cher, les capitaux difficiles.

Le taux de l'escompte à la Banque de France, fut en moyenne au-dessus de 6 0/0, il parcourut les prix suivants :

7 0/0........	1er janvier.
6 0/0........	24 mars.
7 0/0........	6 mai.
8 0/0........	10 —
7 0/0........	20 —
6 0/0........	26 —
7 0/0........	9 septembre.
8 0/0........	13 octobre.
7 0/0........	3 novembre.
6 0/0........	24 —
5 0/0........	8 décembre.
4 1/2 0/0....	22 —

La Banque d'Angleterre traversait les mêmes épreuves et en souffrait encore plus que nous : ses districts manufacturiers étaient en proie à une misère profonde, causée par la cessation du travail et la disette cotonnière. Le commerce anglais mettait en réquisition l'univers entier pour alimenter son industrie. Ses navires allaient quêter du coton en Asie Mineure, en Égypte, sur toutes les côtes d'Afrique, dans l'Inde, en Chine, dans l'Amérique du Sud, partout en un mot. L'or de toute l'aristocratie anglaise menaçait de devenir impuissant pour apaiser les souffrances du peuple affamé.

L'escompte fut porté à 8 0/0 à la Banque d'Angleterre le 22 janvier, pendant toute l'année il devait se maintenir au-dessus de 7 0/0, en moyenne.

Voici du reste le tableau de ces variations successives :

8 0/0........	22 janvier.
7 0/0........	11 février.
6 0/0........	25 —
7 0/0........	16 avril.
8 0/0........	2 mai.
9 0/0........	5 —
8 0/0........	19 —
7 0/0........	26 —
6 0/0........	16 juin.
7 0/0........	25 juillet.
8 0/0........	4 août.
9 0/0........	8 septembre.
8 0/0........	10 novembre.
7 0/0........	24 —
6 0/0........	15 décembre.

Sous l'influence des préoccupations politiques et financières que nous venons d'indiquer sommairement, l'année 1864 fut malheureuse pour les affaires de Bourse. Les cours des effets publics et des valeurs en furent profondément affectés. C'était le commencement d'une crise menaçante; on prévoyait qu'elle

serait longue, qu'elle atteindrait et frapperait tour à
tour les valeurs douteuses d'abord, les bonnes ensuite
et les meilleures peut-être. Au moment où nous écrivons, cette crise n'est pas terminée, elle entre dans
une nouvelle phase : Le public croit que sa bonne foi
et sa confiance ont été surprises, il prononce le mot
de revendication.

Les cours de la Rente en 1864 traduisirent fidèlement l'état de l'opinion publique, ils descendirent à
un niveau qu'ils n'avaient pas encore atteint depuis
douze ans.

Le cours moyen mensuel le plus élevé de la Rente
ne fut que de 66 71, en mai; le plus bas — 65 16 en
octobre.

Quant aux variations générales, elles se résumèrent
mois par mois comme suit :

Mois.	Plus haut cours.	Plus bas cours.
Janvier........	66 65	66 10
Février........	66 75	65 75
Mars.........	66 75	65 75
Avril.........	67 70	65 70
Mai..........	66 85	66 05
Juin..........	66 90	65 55
Juillet........	66 50	65 50
Août.........	66 50	66 00
Septembre.....	66 70	65 70
Octobre	65 80	**64 45**
Novembre......	65 50	64 50
Décembre......	66 30	65 10

Les variations insignifiantes de certains mois prouvent à quel degré de nullité les affaires étaient tombées.

Il est vrai que la Rente portait le lourd fardeau des emprunts passés, et des résultats de la conversion. Elle avait en outre la perspective d'emprunts à venir pour le Mexique, l'Italie, la Turquie, l'Espagne, l'Autriche, les Provinces Danubiennes, la Tunisie etc., etc. Toutes ces affaires qui eussent été légères pour un marché libre, devenaient impossibles sur un marché privilégié.

Pendant que les cours du 3 0/0 restaient dans les prix avilis que nous venons de mentionner; pendant que la valeur par excellence, la Rente, avait peine à se maintenir aux environs du cours de 66 francs, et à le défendre contre des tendances de baisse nouvelle, les cours du Crédit Mobilier conservaient une fermeté relative et se cotaient à des prix qui contrastaient étrangement avec ceux des autres valeurs. Il est vrai qu'ils servaient de point d'appui à des spéculations de tout genre; les mouvements les plus accusés n'étaient que la conséquence d'opérations engagées à la hausse et à baisse, tour à tour. Seulement, sur le marché restreint de 1864, tous ces mouvements avaient une transparence qui laissa voir clairement leur origine. La Bourse sut comment et par qui elle était menée. L'année 1864 aurait pu s'appeler, à bon droit, l'année des Révélations.

Avant de rappeler les faits auxquels nous faisons

29

allusion il est utile que nous donnions le tableau des cours du Crédit Mobilier pendant l'année; ils serviront de clef au langage des chiffres.

Mois.	Plus haut cours.		Plus bas cours.	
Janvier........	1045		1005	
Février........	1095		970	
Mars..........	1075		1023	75
Avril..........	1330		1037	50
Mai...........	1195		1120	
Juin..........	1147	50	1012	50
Juillet........	1087	50	960	
Août..........	1032	50	977	50
Septembre.....	1025		997	50
Octobre	1005		853	75
Novembre	912	50	867	50
Décembre.....	962	50	892	50

On se souvient que le Crédit Mobilier avait souvent eu l'air de déplorer dans ses rapports les exagérations de cours de ses valeurs; maintes fois il avait protesté contre des insinuations tendant à faire croire qu'il puisait à la Bourse la plus grande partie de ses bénéfices et qu'il demandait ces bénéfices à des spéculations sur ses propres valeurs; maintes fois il avait protesté de sa neutralité complète dans certains mouvements qui décelaient pourtant une origine indiscutable. Depuis quelques années il ne tenait plus ce langage superbe et indigné. Il s'était tû après que le monopole des affaires, placé entre les mains des agents de change, semblait lui assurer une discrétion et un secret inviolables. Mais le secret ne fut jamais gardé.

Ainsi, dans cette année 1864, depuis le mois de février jusqu'au mois d'avril, les actions du Crédit Mobilier s'élèvent avec peine, par une hausse laborieuse et difficile, du cours de 970 francs, le 4 février, au cours de 1,075 francs, le 15 mars ; pendant un mois entier, la valeur était lourde et sans affaires : on discutait à peine les primes, engagées à de faibles écarts, offertes ou vendues par petites parties. On cotait encore le cours de 1,050 francs le 9 avril, en se demandant s'il fallait escompter la perte du cours de 1,000 francs. Le mardi 12 avril, le Crédit Mobilier finissait à 1,077 fr. 50 c. : on avait, pendant toute la bourse, remarqué les achats persistants sagement conduits d'un agent de change, le regrettable M. L. C. jeune, qui opérait, dit-on, pour le compte d'un spéculateur bien connu, et d'un autre spéculateur toujours désireux de garder l'anonyme. On prétendait, dans la soirée, que M. L. C. avait ainsi acheté 10,000 actions. Nous n'avons pas à nous préoccuper des raisons qu'on pouvait avoir pour croire à la hausse ; la hausse devait être tout à fait indépendante de la cause qu'on lui attribuait. Mais ce que nous pouvons certifier d'après nos propres yeux, et ce que pourront certifier aussi des témoignages respectables, il fut donné ordre d'acheter :

25,000 actions, le mercredi 13 avril ;

25,000 — le jeudi 14 avril ;

25,000 — le vendredi 15 avril ;

25,000 — le samedi 16 avril.

Chacun a encore cette opération présente à la mémoire. Ce fut :

M. O. R... qui acheta le 13;

M. G... — le 14;

M. R. G... — le 15;

M. H. B... — le 16, etc., etc.

Or, il était de notoriété publique que MM. O. R.. , G..., R. G..., H. B... n'achetaient pas pour leur compte. Pour compte de qui achetaient-ils donc ?

Quel était le spéculateur ou le groupe de spéculateurs qui pouvait acheter ainsi 100,000 actions et qui les achetait en réalité ?

On sait que, sur 100,000 actions du Crédit Mobilier, il pouvait y avoir à cette époque 25 millions de différence en perte ou en bénéfice. Cette fois, il y eut 25 millions de bénéfice. En effet, en trois jours, les actions montaient de près de 300 francs du cours de 1,077 fr. 50 c. ou s'élevait à 1,330 francs.

Nous le demandons encore une fois, quel était le spéculateur capable de faire de pareils achats, au moment où presque toutes les actions devaient se trouver entre les mains du Crédit Mobilier, à cause de l'assemblée convoquée pour le 23 avril?

On ne s'avisa point de démentir cette affaire,

comme on avait jugé à propos d'en démentir bien d'autres; seulement, toute la spéculation engagée à la baisse fut obligée de se liquider : on exécuta beaucoup de victimes.

Après cette hausse inopinée, coup de main audacieux couronné de succès, peu de gens osèrent reprendre une position de vendeurs, l'assemblée du Crédit Mobilier était si proche ! mais on revendit toutefois. Au mois de mai, après l'assemblée du Crédit Mobilier, les cours tombaient à 1,120 francs; au mois de juin, ils tombaient à 1,012 fr. 50 c.; au mois de juillet, ils tombaient à 960 francs. On avait pu gagner à la hausse.................. 25 millions
on put gagner à la baisse......... 37 millions

Ensemble........ 62 millions.

Nous ne prétendons pas qu'on réalisa tout entière la somme de ce bénéfice, mais qui pourrait affirmer qu'on n'en réalisa pas davantage ? le Crédit Mobilier descendit à 853 fr. 75 c., en octobre et pendant deux mois et demi, on put acheter au-dessous de 900 fr. On put donc gagner plus ou moins que la somme de 62 millions dont nous venons de parler, mais qui pouvait ainsi opérer sur 100,000 actions du Crédit Mobilier en quatre bourses ? — M. de Rothschild, dira-t-on. Ce n'était pas M. de Rothschild.

Terminons-en avec cet incident qu'il nous a été pénible d'écrire.

Dans un pays ou la presse eût été libre, de pareils faits ne seraient point passés inaperçus ou impunis.

Nous nous demandons, tant nous sommes oublieux en France, si on en a seulement gardé le souvenir.

L'assemblée du Crédit Mobilier eut lieu en 1864, un peu plus tard que de coutume, elle ne se réunit que le 15 mai. Le rapport ne donna pas l'explication de ce retard. Il faisait seulement remarquer que cette assemblée était la treizième. Ce nombre de mauvais augure avait respecté la situation du Crédit Mobilier. Cette situation n'avait pas cessé d'être satisfaisante d'après les termes du rapport. Après de longues dissertations sur la difficulté des affaires, sur le renchérissement de l'intérêt et de l'escompte, sur les souffrances particulières de la Société et sur une foule de considérations générales, le rapporteur abordait l'historique des affaires du Crédit Mobilier pendant l'exercice 1864.

L'émission du premier *emprunt mexicain* était, selon lui, l'opération la plus importante de l'année : importante ? comment ? Le Crédit Mobilier avait fait cette émission en France, en qualité de « simple commissionnaire[1] » avec le concours de MM. les Receveurs généraux.

Dans cette opération, le Crédit Mobilier eut à sup-

---

[1] Textuel.

porter une perte importante en sus de la perte de la commission qui lui avait été allouée. Nous avons le regret de dire que dans les affaires mexicaines, hors quelques Mexicains, tout le monde a perdu.

L'Emprunt Turc, de 50 millions de francs, avait toutefois réparé en partie les pertes de l'emprunt mexicain, au dire du Crédit Mobilier.

Nous passons sous silence les éloges que contenait le rapport sur la *Banque impériale Ottomane* et sur le *Crédit-Mobilier Italien*. Ils encadraient heureusement la complainte chantée sur la *Société générale de Commerce et d'Industrie Néerlandaise*. Nous passerons également sous silence les paragraphes traitant des *Chemins de fer du Midi*, des *Chemins de fer Autrichiens* et du *Nord de l'Espagne*. En ce qui concerne le trafic et l'exploitation, le rapport prétendait que trafic et exploitation était en voie de progrès; seulement il déclarait que les prévisions de dépenses, calculées, pour l'établissement du chemin de fer du Nord de l'Espagne, avaient été dépassées dans une forte proportion.

Citons du reste ici le passage du rapport :

« Le chemin de fer du Nord est certainement appelé à « devenir l'un des instruments les plus puissants de la « prospérité de l'Espagne.

« Mais les prévisions de dépenses, dont le devis avait « été établi par les ingénieurs de l'État, et sur la foi des-

« quelles l'entreprise avait été accepttée, ont été dépassées
« dans une forte proportion.

« Les erreurs commises dans l'évaluation de ces dé-
« penses tiennent principalement à l'*extrême hâte* avec
« laquelle le gouvernement espagnol avait été forcé de
« faire terminer les études des lignes dont, à raison
« de leur grande utilité, la concession lui paraissait ur-
« gente. »

Toutes ces assertions sont à notre avis sans valeur ;
le Conseil d'administration du chemin de fer du Nord
de l'Espagne était coupable d'incurie en ne faisant pas
vérifier les devis établis par les ingénieurs de l'Etat.
S'il n'y avait pas incurie, il y avait peut-être incapa-
cité. En ce cas, il aurait fallu se défier de soi-même,
et recourir au contrôle, et à la vérification d'ingénieurs compétents et surtout désintéressés.

Le rapport du Crédit Mobilier voulait excuser les
erreurs commises dans l'évaluation des dépenses, en
arguant de l'*extrême hâte*, avec laquelle le Gouvernement espagnol avait été forcé de faire terminer les
études des lignes. L'assertion du Crédit Mobilier
n'était pas sérieuse ; rien ne forçait le Gouvernement
espagnol à une si grande précipitation. Il eut été
d'ailleurs du devoir du Conseil d'administration du
chemin de fer du Nord de l'Espagne, de modérer cette
hâte extrême, par des études approfondies.

On avait la mémoire courte au Crédit Mobilier.
Que disait-on en effet dans le rapport de l'exercice
1857, lu à l'assemblée du 30 avril 1858, à propos

des travaux du chemin de fer du Nord de l'Espagne ?
On disait :

> « Les travaux, commencés SANS PRÉCIPITATION, après des
> « ÉTUDES TRÈS-COMPLÈTES, *sont menés partout avec économie,*
> « sans qu'aucune garantie de solidité soit sacrifiée [1]. »

Et l'on affirmait plus loin, dans le même rapport,
que ce chemin ne devait pas revenir à plus de
200,000 fr. le kilomètre. Dans d'autres rapports on
disait que d'après les calculs les plus sérieux, les plus
positifs, etc., etc. ce chemin devait donner les plus
beaux résultats et assurer les revenus les plus satisfaisants... Enfin que ne disait-on pas !...

Devant de pareilles contradictions, il n'y a de justification possible que par des preuves matérielles.

Qu'on les fournisse.

Le rapport de l'exercice 1864 à l'assemblée des
actionnaires du Crédit Mobilier du 15 mai 1865,
cherchait à faire miroiter, aux yeux des actionnaires
du chemin de fer du Nord de l'Espagne, l'espérance
d'un supplément de subvention proportionnel à la
dépense effective, de la part du Gouvernement espagnol. Le Gouvernement espagnol a-t-il reconnu
l'exactitude de cette dépense effective ? Pourra-t-il la
reconnaître jamais ? Ce sont là deux questions difficiles à résoudre.

[1] Textuel.

Le fait essentiel et dominant, c'est que le chemin du Nord de l'Espagne a coûté...... **225 millions** au lieu de.................... **145 millions**

Différence en plus........ **80 millions.**

Les 80 millions, où sont-ils passés? Il faut répondre non par des phrases, mais par des chiffres et par des faits, appuyés de documents indiscutables.

Le rapport du Crédit Mobilier continuait ses plaintes en regrettant *les alarmes qu'on cherchait à faire naître sur les affaires Espagnoles*. Il prétendait que ces alarmes étaient *vaines et complétement dénuées de fondement*, surtout en ce qui concernait le *Crédit Mobilier Espagnol*.

« La situation de cette Société, disait-il, se présente, au « contraire, sous un heureux aspect. »

Telle est la phrase sacramentelle que nous retrouvons, avec des variantes, dans tous les rapports du Crédit Mobilier.

De 1854 à 1856 on disait: la situation de cette société, de cette compagnie, de cette entreprise se présente sous les plus heureux aspects.

De 1857 à 1860 on disait : La situation de cette société, de cette compagnie, de cette entreprise, se présente sous de très-heureux aspects.

De 1861 à 1864 on disait : La situation de cette société, de cette compagnie, de cette entreprise se présente sous un heureux aspect.

De 1865 à 1867 on pourrait dire : la situation de cette société, de cette compagnie, de cette entreprise, se présente sous un....... singulier aspect.

Les trois époques correspondent à la période d'émission : le plus heureux aspect ;

A la période d'appel de fonds et de versements : très heureux aspect ;

A la période de libération des titres : un heureux aspect ;

A la période de réalisation des promesses faites, des engagements pris, des dividendes à toucher : singulier aspect ;

Telle est, en peu de mots, l'histoire de presque toutes nos entreprises financières.

Les actionnaires sont responsables des pertes subies.

Les administrateurs ne le sont pas.

Le rapport prétendait encore que, depuis l'ouverture de la ligne totale du chemin de fer du Nord de l'Espagne, c'est-à-dire depuis le 16 août jusqu'au 31 décembre 1864, les produits kilométriques du chemin s'étaient élevés à près de 29,000 francs par kilomètre. Nous savons à quoi nous en tenir sur la question des augmentations de recettes de chemins de fer, surtout pendant les périodes de construction des lignes ou d'émission de titres. Le compte des recettes se pliait avec une intelligente complaisance à tous les besoins de la cause. On se souvient sans doute des faits graves signalés par M. E. Ollivier, à la chambre des députés, dans l'année 1863.

Le 6 mai 1863, à la tribune du Corps législatif, M. Emile Ollivier expliquait ainsi, pour les chemins de fer français du Midi, des faits analogues à ceux que nous venons de signaler pour les chemins de fer du Nord de l'Espagne :

« La Compagnie du Midi construit un nouveau réseau ; « l'ancien réseau transporte une partie des matériaux qui « sont destinés à la construction du nouveau réseau ; en « pareil cas, on ouvre un compte à l'ancien et au nouveau « réseau ; on calcule la somme qui représente la déprécia- « tion de la voie, l'usure du matériel, le prix de la trac- « tion, et on le compte en recettes d'ordre pour l'ancien « réseau, et en dépenses d'ordre pour le nouveau. Vous « comprenez pourquoi. L'État garantit le nouveau réseau ; « il est donc nécessaire que le prix exact employé à la dé- « pense de la construction soit déterminé. De plus, l'an- « cien réseau dépense, puisqu'il transporte, puisque ses « rails et son matériel s'usent ; il est donc simple qu'on « porte à son compte une somme, pour l'indemniser des « services qu'il rend, et rien n'est plus licite. Mais il paraît « que la Compagnie du Midi ne s'est pas arrêtée là, qu'elle « est allée plus loin, et que ces transports, que la Compa- « gnie a faits pour elle-même, dans l'intérêt de son nou- « veau réseau, ils ont été calculés d'après le tarif imposé « à l'étranger qui vient confier ses marchandises à la « compagnie pour qu'elle en opère le transport. D'où il « résulterait que la Compagnie aurait fait payer d'une « manière abusive au nouveau réseau pour grossir les « recettes de l'ancien, et obtenir ainsi un dividende que « naturellement on n'aurait pas obtenu. »

L'orateur nous montre ensuite la Compagnie du Midi annonçant un dividende de 50 fr., en promettant de plus beaux encore, les actions montant tout d'un coup à 900 fr., les administrateurs du Midi et du Mobilier écoulant alors leurs actions et arrondissant leur fortune, tandis que les actionnaires, qui viennent d'acheter sur la foi des rapports, restent *en partie dépouillés* et sur le point d'être ruinés.

L'orateur demandait des vérifications, des explications, s'inquiétait de ce chiffre de 78 millions que l'on voulait obtenir encore, et cependant il admirait aussi l'enthousiasme que toutes les compagnies affiliées au Crédit Mobilier laissaient éclater dans leurs rapports.

Si dans ces passages nous remplaçons les mots : *Compagnie du Midi* par ceux de *Compagnie du Nord de l'Espagne*, *ancien réseau* par *première voie*, *nouveau réseau* par *seconde voie*, ne trouvons-nous pas dans le discours de M. Emile Ollivier l'explication des recettes annoncées par le chemin du Nord de l'Espagne?

Les deux chemins avaient eu des devis trop faibles et avaient dépensé au-delà des estimations ; tous deux au moyen de nouvelles dépenses de construction apportaient des recettes sur le papier, annonçaient des dividendes pompeux, voyaient leurs actions s'élever à des taux exagérés, et quand leurs amis, leurs clients avaient échangé ces actions contre de beaux et bons écus, les recettes baissaient, les actions seules restaient aux actionnaires trop confiants.

Le bénéfice était liquidé ; on ne s'inquiétait pas du reste.

Le rapporteur du Crédit Mobilier cherchait en vain à masquer les erreurs ou les fautes commises en Espagne. Sous les artifices du langage, on découvre plus que des fautes, plus que des erreurs.

Laissons de côté les détails relatifs à la *Compagnie parisienne du Gaz*, à la *Compagnie générale des Omnibus*, à la *Compagnie impériale des Voitures de Paris*, à la *Compagnie des Entrepôts et Magasins généraux de Paris*. Nous ne voulons pas démontrer que l'intervention du Crédit Mobilier coûta plus qu'elle ne rapporta aux Compagnies protégées et à la Société du Crédit Mobilier lui-même. Cette intervention ne fut profitable qu'à des intérêts étrangers à ceux des Compagnies ; c'est un fait malheureusement acquis aujourd'hui : il est de notoriété publique.

La *Compagnie Transatlantique*, en attendant l'achèvement de son organisation définitive, conduisait avec le plus grand succès suivant le rapport l'exploitation du service des lignes du Mexique.

La *Compagnie Immobilière* était toujours, d'après le rapport, dans une situation qui se présentait sous l'aspect le plus favorable.

« Sa dette envers nous, ajoutait le rapport du Crédit
« Mobilier, *sera bientôt à peu près liquidée*, au moyen de

« la vente, en voie de négociation, à diverses sociétés de
« crédit, du solde des obligations qu'elle est autorisée à
« émettre; enfin *elle est entrée dans une période où le*
« *chiffre, déjà plus élevé de ses dividendes, paraît destiné à*
« *s'accroître progressivement.* »

Le rapport annonçait :

« Qu'une *Compagnie anglaise*, à la tête de laquelle
« figuraient des maisons considérables de Londres,
« venait de se constituer, et que sa première opéra-
« tion avait pour objet d'acquérir de la *Compagnie*
« *Immobilière* 228,000 mètres de terrain dans la rue
« Impériale et dans les quartiers de l'Ancien Lazaret
« et de la Joliette, à Marseille. »

Mais immédiatement après, le rapport ajoutait
(encore une phrase sacramentelle) :

« Il ne nous appartient pas de vous faire connaître,
« quant à présent, les conditions de cette affaire qui
« va placer la Société Immobilière dans une situation
« toute nouvelle.

« Les détails ne pourront être donnés que quand
« toutes les formalités légales auront été accom-
« plies. »

Voilà comment le Crédit Mobilier éludait toujours
les questions difficiles et les explications nécessaires.
Il les ajournait sans cesse. Il promettait de les donner
après les négociations entamées, *quand toutes les for-*
malités légales auraient été accomplies...... Mais à ce
moment là, il n'y avait plus à revenir sur les déli-

bérations prises. Il y avait encore moins à revenir sur les faits accomplis. Il n'y avait pas même moyen de revenir sur les explications fournies ou à fournir. Le mal était fait.

Les actionnaires étaient responsables, dans la limite de leurs versements. Quant aux administrateurs, ils se croyaient protégés par l'anonymat.

En résumé, le rapport du Crédit Mobilier, pour l'exercice 1864, comme tous les rapports des exercices précédents, n'était qu'une longue suite d'assertions erronées ou calculées. De deux choses l'une, ou bien on se trompait, ou bien on essayait de déguiser la vérité.

En thèse générale, d'ailleurs, dans les rapports, le texte importe peu. On parle comme on veut à une assemblée d'actionnaires, à une assemblée d'actionnaires du Crédit Mobilier surtout! On se croyait toujours à temps de revenir sur des promesses, sur des déclarations, sur des engagements au moyen des ressources de l'art oratoire, ou autrement.....

Il est moins facile de revenir sur des chiffres. Tenons-nous-en donc aux chiffres et serrons-les de près. Le moment est venu où ils auront plus d'éloquence que n'en eurent jamais les rédacteurs des rapports du Crédit Mobilier.

Le rapport du Crédit Mobilier dressait ainsi le bilan de la Société au 31 septembre 1864 :

ACTIF.

Rentes, actions et obligations......	50.545.603 35
Effets à recevoir............	24.730.792 56
Reports et avances aux Compagnies..	54.851.993 87
Hôtels et mobilier [1]...........	2.649.973 42
Espèces en caisse ou à la Banque et dividendes à recevoir.........	39.387.652 13
Total.........	172.166.015 23

PASSIF.

Capital...............	60.000.000 «
Comptes courants, créanciers divers et effets à payer...........	102.240.594 76
Dividendes arriérés...........	57.212 97
Réserve du compte de profits et pertes, y compris le solde de l'exercice précédent.	7.868.207 56
Total et balance....	172.166.015 23

A ce bilan, le rapport du Crédit Mobilier ajoutait des explications d'un caractère général, très-vagues et très-incomplètes ; il disait notamment :

« Si on compare cette situation à celle de l'année précé-
« dente, on trouve que d'importantes réalisations ont été
« opérées dans le montant de nos valeurs, et que le cha-
« pitre des avances a éprouvé également une réduction
« très-notable.

« Les réalisations et les rentrées opérées sur ces deux
« chapitres présentent un chiffre total de 43 millions. »

[1] Le chiffre de ce chapitre se trouve augmenté par les premiers paiements effectués pour l'achat d'un second hôtel, situé place Vendôme, n° 8. (Note du rapport du Crédit Mobilier.)

Toutes ces assertions sont évidemment erronées. Elles confondent des chapitres et des services qui auraient dû rester parfaitement distincts, et qui l'avaient toujours été, du reste, dans les comptes précédents du Crédit Mobilier.

Ainsi, dans le bilan du 31 décembre 1863, on distinguait le compte *Reports,* du *Compte d'avances aux Compagnies.* On disait [1] :

Reports................	26.437.138 62
Avances aux Compagnies..	44.030.101 35
Ensemble........	70.467.239 97

Pourquoi dit-on, dans le bilan du 31 décembre 1864 :

Reports et avances aux Compagnies :
      54.851.993 fr. 87 c.?

Pourquoi ne fait-on plus qu'un seul compte de deux comptes qu'on avait toujours séparés?

On embrouille la situation à plaisir ou à dessein!

En effet, on prétend que des réalisations importantes avaient été opérées dans le montant des valeurs; on prétend que le chapitre des avances avait éprouvé également une réduction très-notable; on affirme que les réalisations et les rentrées opérées sur ces deux chapitres présentaient un chiffre total de 43 millions.

---

[1] Nous citons textuellement.

Mais les actionnaires se trouvaient dans l'impossibilité absolue de se rendre compte de l'exactitude de ce chiffre de 43 millions, ou même de le contrôler, puisque le Crédit Mobilier ne fait pas connaître le chiffre auquel s'élevait le compte des reports.

Encore une énigme, et toujours des énigmes !

Quant au compte connu sous la rubrique de : *Hôtels et Mobilier*, il se trouve porté, en 1864, dans le bilan que nous examinons, à...... 2.649.973 42

Tandis, qu'en 1863, il n'était que de,......................... 2.113.482 67

Différence en plus... 536.490 75

Le rapport nous dit bien, dans une note de bas de page, que ce chapitre se trouvait augmenté par les premiers payements effectués pour l'achat d'un second hôtel, situé place Vendôme, n° 8; mais le bilan de 1863 avait été chargé, comme nous l'avons fait observer dans le chapitre précédent, de la somme de......................... 663.901 78

Le bilan de 1864 se trouve chargé d'une somme de............... 536.490 75

Ensemble...... 1.200.392 53

et il n'y a que les premiers versements effectués !

A quel prix a donc été acheté l'immeuble de la place Vendôme, n° 8, *that is the question.*

Ce qu'il y a de certain, c'est que les deux hôtels de la place Vendôme, l'hôtel n° 15 et l'hôtel n° 8, figure-

ront, dans le bilan du 31 décembre 1866, pour une
somme de.................... , 3.163.760 51

Chaque hôtel avait donc une valeur de plus d'un
million et demi? C'est possible. Mais le Crédit Mobilier n'avait-il pas quelque penchant à payer largement son dernier hôtel, en vue d'améliorer, autant
que possible, la situation des constructions de la Société Immobilière, à laquelle il portait un si tendre
intérêt?...

Nous remarquons, en outre, que le compte de profits et pertes figure dans le bilan pour un solde en bénéfice de.................... 7.868.207 56
en y comprenant le solde de l'exercice précédent.

Mais, dans l'exercice précédent, il n'y avait pas de
solde!

Que veut donc dire le bilan de 1864?

De quel solde veut-il parler?

Ce n'est sans doute pas de la
somme de........à........... 5.668.583 89
qui avait été portée au compte de *réserve extraordinaire* dans le bilan de 1863?...

Mais si! Le compte de *réserve extraordinaire* qui
avait été constitué, au 31 décembre 1862, par une
première somme de............ 2.226.290   »
et porté, au 31 décembre 1863, à la
somme de.................... 5.663.588 89
se trouve confondu dans le solde du compte

de profits et pertes de l'exercice 1864, porté
à............................ 7.868.207 56

de sorte qu'en déduisant la somme
ci-dessus, précédemment affectée à
une *réserve extraordinaire*........ 5.668.583 89

Il n'y avait eu, en réalité, que..... 2.199.623 67
de bénéfices faits par le Crédit Mobilier pendant
l'exercice 1864, si toutefois encore on peut ajouter
foi aux chiffres donnés par le rapport.

Ainsi les réserves portées aux exercices de 1862
et 1863 avaient disparu, et l'on ne parlait plus
des......................fr. 4.560.896 76
de valeurs portées, pour 1 fr., dans le bilan du
31 décembre 1862 ;
ni des....................fr. 3.588.691 06
de valeurs portées aussi pour 1 fr. dans le Bilan du
31 décembre 1863 ;

Étaient-ce les mêmes valeurs ?

Les deux sommes différentes ne représentaient
peut-être que leur estimation modifiée ?

Questions insolubles, quant à présent.

La rédaction des rapports du Crédit Mobilier est
tellement ambigüe qu'on ne sait à quoi s'en tenir.

Ce qui nous paraît de plus clair dans le bilan du
31 décembre 1864, ce que le sentiment de la situation
nous révèle, c'est que les avances aux compagnies
s'élevaient au moins à 50 millions et que le chiffre

des reports, déguisé, ne devait pas atteindre plus de 4,800,000 fr. !

Le Crédit Mobilier devenait de plus en plus un Crédit Immobilier. Tout son capital, à 10 millions près, était dès lors engagé dans les affaires, les constructions, les terrains, les hôtels, les maisons, etc., de la Compagnie Immobilière.

Tel est le seul fait exact qui, selon nous, ressort du bilan.

Quand une société de crédit ne sait pas conserver rigoureusement la disponibilité permanente et immédiate de ses capitaux; quand elle a l'imprudence de les aliéner ou de les immobiliser dans des valeurs de réalisation lente et difficile, elle perd sa raison d'être; elle perd aussi peu à peu ses forces; elle aboutit à l'impuissance, et de l'impuissance à la ruine, en matière de crédit, il n'y a qu'un pas !

Les bénéfices provenant des comptes de *profits et pertes*, évalués dans le bilan de l'exercice 1864 à la somme de (?)................fr.   7.868.207 56 furent répartis comme suit :

Il avait été payé aux actionnaires un à-compte de de 25 fr. par action, soit 5 0/0 sur le capital versé; 25 × 120,000 actions, ci.......... 3.000.000 »

Il leur fut distribué un dividende de 25 fr., soit une seconde somme de....................,..... 3.000.000 »

           A reporter....... 6.000.000 »

Report........	6.000.000	»
Il fut attribué aux administrateurs 10 0/0 sur la somme de 3.333,333 f. 33 c. (?).....................	333.333	33
Et il fut reporté à l'exercice suivant une somme à titre de *réserve extraordinaire*..................	1.534.874	23
Somme égale et balance.....	7.868.207	56

On voit que le chiffre de la *réserve extraordinaire* — bien extraordinaire en effet — s'était singulièrement amoindri !

Ah ! si le Crédit Mobilier avait pu émettre les titres de l'*omnium !*

L'année 1864 avait été mauvaise pour les affaires de finances : la cherté de l'argent et des capitaux les avait paralysées. Mais cet obstacle n'avait pas arrêté l'essor du commerce et de l'industrie. Le traité de commerce avec l'Angleterre, loin de nous être défavorable, semblait déjà tourner à notre avantage. Les États et les annales du commerce extérieur constatèrent en effet, en 1864, des accroissements nouveaux obtenus sur les résultats des années précédentes; la France était donc en progrès. Elle prouvait, en créant et en produisant sans cesse, la vérité de cet axiome économique : toute richesse vient du travail.

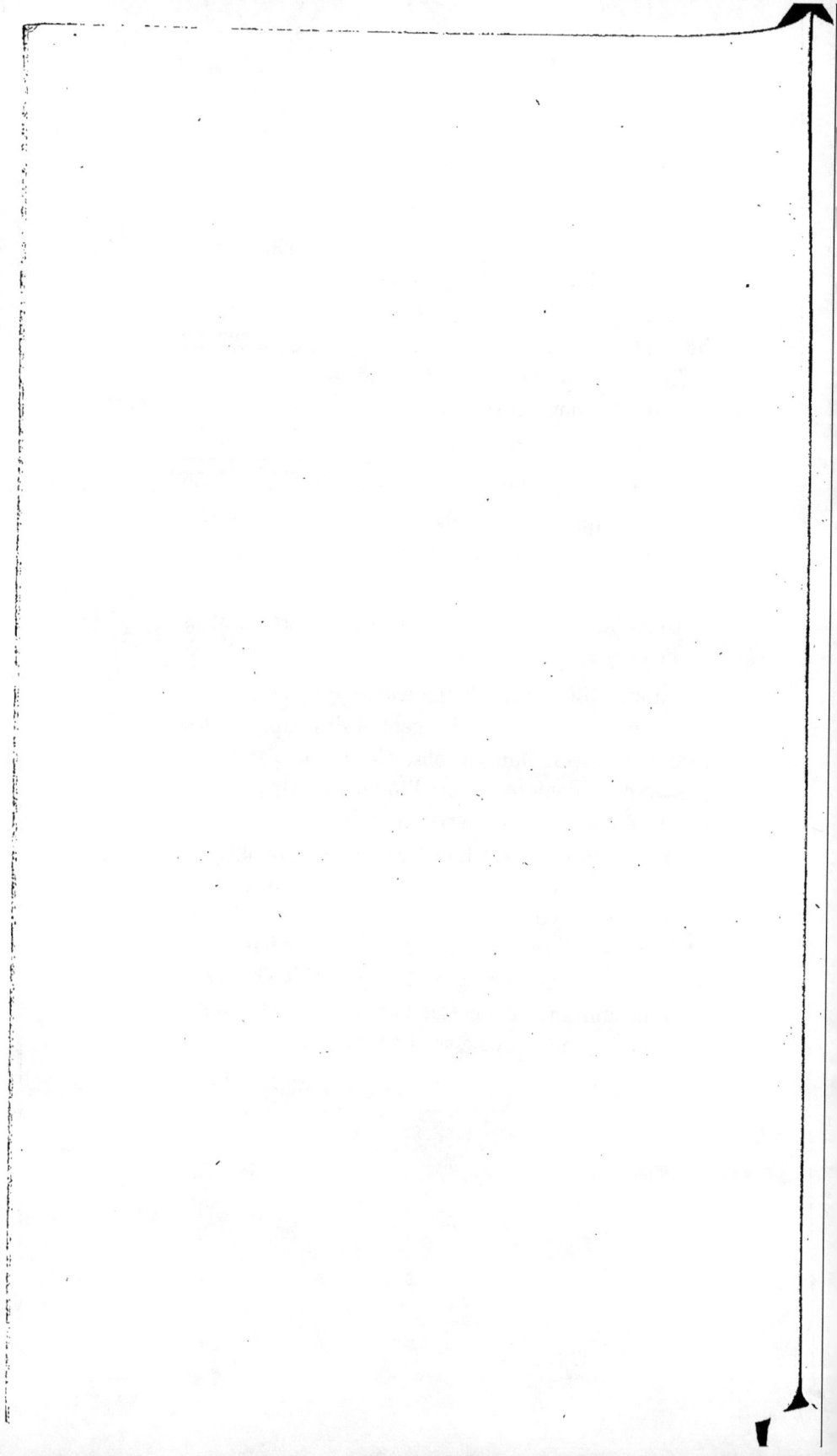

CHAPITRE XIV

1865

Des désirs et des velléités de hausse signalaient les premiers jours de l'année 1865, comme ils avaient signalé les débuts de l'année précédente, malheureusement ils devaient être paralysés par des préoccupations de tout genre, préoccupations politiques, préoccu-

pations financières, préoccupations économiques
etc., etc.

Les nouvelles de l'extérieur étaient bonnes. En Italie, cent mille soldats étaient renvoyés dans leurs
foyers. En Russie, il était question d'un désarmement
partiel; l'Autriche n'aurait pas demandé mieux que
de prendre des mesures semblables, mais elle était
retenue par un sentiment de rivalité et d'inquiétude
envers la Prusse : les ambitions de cette puissance
étaient le point grave de la situation. L'Angleterre
semblait inaugurer une politique nouvelle : la politique de neutralité. Pas un homme, pas un
schilling, avait-elle dit à l'Italie; c'était la règle
qu'elle allait pratiquer désormais, en substituant les
intérêts économiques à tous les autres intérêts. C'é-
tait un acte de haute raison et de saine logique, bien
digne du pays qui avait été l'instigateur et le propa-
gateur des idées du libre échange. — Mais c'était
aussi l'équilibre politique désormais sans contre-poids
sur le continent.

En Amérique la situation était pleine de périls :
notre expédition au Mexique nous aliénait les États
fédérés du Nord et il n'était guère possible d'espérer
une compensation pour l'avenir, soit du côté des
États confédérés du Sud, soit du côté du Mexique lui-
même. Loin de là ! Les États du Nord allaient être vic-
torieux. Quant à Maximilien, on sentait qu'il ne res-
terait au Mexique qu'autant qu'il y serait soutenu
par l'or et les soldats de la France.

Un rapport de M. Fould à l'Empereur en date du 9
janvier [1] résumait ainsi la situation des finances de
l'Empire, au point de vue du budget : l'année 1864
devait se solder très-probablement en équilibre. En
1865, nos dépenses militaires devaient être réduites
pour l'armée, de 21 millions, pour la marine, de 23
millions, ensemble 44 millions et l'on devait reporter
au budget de 1866 un excédant de 18 à 20 millions au
minimum. L'ensemble de la situation se présentait
donc sous un aspect favorable, disait le ministre. Une
reprise des affaires lui paraissait prochaine, et il pensait que nos revenus ne pouvaient manquer de s'accroître avec l'activité du commerce et de l'industrie.

La crise monétaire qui avait pesé sur l'année 1864
touchait à sa fin, l'escompte était à 4 1/2 0/0, pendant tout le mois de janvier à la Banque de France, et
devait être abaissé à 4 0/0 le 9 février. Pendant le
même temps il était coté 5 1/2 et 5 0/0 à la Banque
d'Angleterre.

L'industrie française, longtemps arrêtée par la disette des cotons d'Amérique, avait mis le monde entier
en réquisition, était parvenue à charger ses navires,
avait rempli ses magasins et remis en mouvement les
métiers de ses manufactures et de ses fabriques. En
même temps, des travaux considérables d'utilité publique se poursuivaient à Paris et dans les principales
villes de France.

[1] Voyez le *Moniteur* du 20 janvier.

Toutes ces circonstances auraient dû favoriser un mouvement de reprise à la Bourse, malheureusement rien ne pouvait tirer le marché de la léthargie où il était profondément plongé.

Au moment que nous décrivons, (fin *janvier*), le monde financier ne s'occupait que de la lutte engagée contre la Banque de France.

Aux termes de l'art. 5 de ses statuts, la Banque de Savoie avait été autorisée à émettre des actions, si son capital de 800,000 francs était jugé insuffisant. Cette émission eut lieu en effet jusqu'à concurrence de 4 millions de francs en vertu de délibérations prises par les assemblées d'actionnaires constituées régulièrement.

A la suite de l'annexion de la Savoie et du Comté de Nice à la France, une question grave se souleva, la banque de Savoie pouvait-elle conserver le droit d'émission de billets au porteur remboursables à vue, quand le privilége des émissions de ce genre avait été spécialement attribué et réservé à la Banque de France, même à l'époque où la Savoie faisait partie de notre territoire, sous le premier Empire. On cherchait à concilier ces deux intérêts devenus rivaux, quand par un traité provisoire du 30 mars 1862, la Banque de Savoie céda à M. Emile Pereire, en échange de certains avantages[1] , son droit d'émission

---

[1] Ces avantages ont toujours été tenus secrets dans leurs conditions les plus essentielles.

d'actions, en l'élevant jusqu'au chiffre de 40 millions. Au cas ou les pourparlers avec la Banque de France viendraient à se réaliser, M. Emile Pereire devait toucher à titre d'indemnité la moitié de ce qui excéderait la somme de 1,800,000 fr. dans le prix qui serait stipulé pour désintéresser la Banque de Savoie.

Le traité entre la Banque de Savoie et M. Emile Pereire, devint définitif le 4 octobre 1863, et fut ratifié par l'assemblée générale des actionnaires, malgré l'opposition d'un délégué spécial du ministère des finances, qui déclarait que la convention était contraire à la loi française et aux conditions du traité d'annexion. Si l'on en croit les bruits répandus à cette époque, la déclaration du délégué du ministère des finances avait paru produire très-peu d'impression sur l'esprit de M. Emile Pereire, et on allait jusqu'à prétendre qu'il s'était chargé de lever toutes les difficultés que le Gouvernement français semblait vouloir soulever.

Mais les difficultés furent de telle nature, qu'on ne put les surmonter, et que M. le baron Ruphy, président du Conseil d'administration de la Banque de Savoie, vint à Paris pour se mettre de nouveau en rapport avec la France. On s'était beaucoup ému dans l'administration supérieure des combinaisons financières que M. Emile Pereire voulait asseoir sur l'acte de constitution de la Banque de Savoie. Ces combinaisons financières étaient peut-être la résurrection de tous les projets antérieurs du Crédit Mobilier :

il croyait avoir trouvé dans la Banque de Savoie la mine inépuisable de papier monnaie qu'il avait toujours rêvée. Ce rêve devait encore lui échapper. La Banque de France acheta 4 millions les droits de la Banque de Savoie.

Tels étaient les faits politiques financiers et économiques qui occupèrent principalement la Bourse, pendant les mois de janvier et de février.

Le discours de l'Empereur à l'ouverture des Chambres avait été jugé éminemment pacifique, il semblait qu'il avait pour but de rassurer le commerce et l'industrie, et de ramener la confiance dans le monde financier. « Toutes nos expéditions touchent à leur « fin, disait ce discours, nos troupes de terre ont « évacué la Chine ; la marine suffit à maintenir nos « établissements en Cochinchine ; notre armée d'Afri- « que va être réduite ; celle du Mexique rentre déjà « en France ; la garnison de Rome reviendra bientôt « et en fermant le temple de la guerre...

« Livrons-nous sans inquiétudes aux travaux de « la paix....

« Plus loin le discours disait encore : que tous nos « travaux publics pourraient s'exécuter sans compro- « mettre la bonne économie de nos finances et sans « avoir recours au crédit. »

On s'attendait à la Bourse à voir suivre ces paroles d'un décret de désarmement ou tout au moins de réduction de l'armée. Malheureusement l'état politique de l'Europe ne le permettait pas : l'agitation allemande prenait de trop sérieuses proportions.

Pendant cet état de choses, qui résume les *trois premiers mois* de l'année 1865, les cours de la Rente restèrent limités de 67 85 au plus haut à 66 30 au plus bas, sans beaucoup d'affaires : la Bourse avait, depuis longtemps, perdu son activité.

Les mois suivants ne présentèrent pas de variations plus importantes : en *avril, mai, juin* et *juillet* la rente ne put franchir en hausse le cours de 67 85, en baisse le cours de 66 30. Ce fut le plus bas prix de l'année : on le cota par deux fois, à cinq mois d'intervalle, au mois de janvier et au mois de juin.

Vers la fin du mois d'avril eut lieu l'émission du fameux emprunt des obligations mexicaines. Nous ne pouvons nous dispenser d'en dire quelques mots.

La souscription qui s'ouvrit au Comptoir d'Escompte, à partir du 22 avril, avec l'autorisation du ministre des finances, comprenait 500,000 obligations 6 0/0 émises à 340 fr., remboursables à un minimum de 500 fr., en cinquante ans, par tirages semestriels, et productives d'un intérêt de 6 0/0 l'an.

Des lots d'une grande valeur devaient être attribués aux premières obligations sorties à chaque tirage ; ces lots représentaient une valeur de 3 millions de francs par an, ou 1,500,000 fr. par semestre ; chaque tirage comprenait :

la victoire restait aux États Fédérés du Nord. Elle leur coûta cher. L'assassinat du président Lincoln fut le plus grand malheur de cette affreuse lutte. Cette mort consterna le monde.

En Europe, la situation politique semblait s'améliorer. L'Autriche et la Prusse s'étaient, disait-on, mises d'accord sur la question des Duchés. La France et l'Angleterre mêlaient leurs escadres à Cherbourg, en échangeant des sympathies réciproques. L'Italie se livrait au travail de son organisation intérieure. Toutes ces circonstances permettaient de croire à une fin d'année en pleine paix.

Au point de vue financier la situation n'était pas moins rassurante. — On avait craint un moment que la cessation de la guerre aux États-Unis produirait une crise monétaire en Europe, par l'importance des affaires en coton. Toute crainte avait disparu à cet égard : les encaisse des Banques se maintenaient dans des conditions favorables. Le taux de l'escompte était à bas prix. On pouvait donc croire à un mouvement de hausse : il eut lieu. De 67 65, la Rente s'élevait à 68 80, au mois d'*août*, et atteignait 69 60 en *septembre*. Ce fut le plus haut cours de l'année. On réactionna toutefois jusqu'au dessous de 69 francs, et l'on semblait vouloir reprendre la hausse en *octobre*, quand la Banque d'Angleterre éleva coup sur coup, son escompte de 4 à 5 0/0 et de 5 0/0 à 6 et 7 0/0, A son exemple la Banque de France porta le sien de 3 0/0 à 4 0/0 puis à 5 0/0. Toutes les Banques d'Europe en firent autant. La Rente tomba rapidement au prix de 67 55.

Le dernier incident politique de l'année fut le voyage à Paris de M. de Bismark ; le dernier incident financier fut l'emprunt autrichien de 250 millions de francs. 734,694 obligations émises à 345 francs, remboursables à 500 francs en trente-sept ans, rapportant 25 francs d'intérêt annuel. Le chiffre des demandes dépassa 930,000 obligations. Ces deux faits furent sans influence sur les cours de la rente ; *novembre* revit le cours de 68 80. *Décembre* resta ferme de 69 15 à 68 francs. — Le 31 décembre, on cotait 68 15 dernier cours.

Les cours de la rente, pendant l'année 1865, se résumèrent comme suit :

Nom des mois.	Plus hauts cours.	Plus bas cours.
Janvier.	67 30	66 30
Février.	67 85	66 85
Mars	67 90	66 95
Avril.	67 80	67 20
Mai.	67 80	67 10
Juin.	67 50	66 30
Juillet.	67 85	66 60
Août.	68 80	67 65
Septembre. . . .	69 60	68 20
Octobre.	68 70	67 55
Novembre.	68 80	67 92 1/2
Décembre.	69 15	68

Les valeurs françaises, actions et obligations de chemins de fer, de sociétés de crédits, etc., etc., con-

servaient leurs cours dans des limites normales et
suivaient, en général, une marche correspondante à
celle de la rente française; mais les valeurs étrangères
se dépréciaient de jour en jour. Elles étaient menacées d'une baisse profonde. Cette baisse, commencée
dès la fin de 1863, s'était poursuivie pendant le cours
de toute l'année 1864, devait faire de nouveaux progrès en 1865, 1866, et atteindre, en 1867, des proportions graves, très-graves même. L'affaissement
des cours avait été lent, régulier, systématique pour
ainsi dire; il n'en eut pas moins les conséquences les
plus graves. La fortune publique diminua dans des
proportions considérables. Presque toutes les familles eurent des pertes à déplorer.

Quant au Crédit Mobilier, il semblait, dès 1864,
avoir brisé les liens de solidarité qui le rattachaient
aux cours généraux du marché. On voyait, toutefois,
que, tenu en bride par des mains habiles, il ne faisait un mouvement en avant ou en arrière que si ces
mains lâchaient le mors. Il n'avaient plus des allures
aussi rapides, aussi dangereuses que par le passé.
S'il n'avait été excité par les intérêts d'une nombreuse catégorie de spéculateurs qui se croyaient encore aux grands jours de 1854, de 1855 et 1856, il
aurait pris un pas régulier et aurait paisiblement che-
miné dans les sentiers chiffrés de la cote authentique.

Mais une telle marche ne convenait ni à ses directeurs ni aux spéculateurs eux-mêmes : du Crédit Mobilier, on exigeait des mouvements extraordinaires,

des soubresauts inattendus, des élans subits, des re-
tours furibonds, des courses désordonnées; on voulait qu'il finît sa carrière comme il l'avait commencée ! Sinon, qu'il mourût.

Pendant toute l'année 1865 cependant, il fut relativement calme. Les variations de ses cours ne présentèrent rien de trop imprévu ou de par trop exagéré, comparativement aux variations exagérées des
années précédentes : on peut en juger par le tableau
suivant :

Noms des mois.	Plus haut cours.	Plus bas cours.
Janvier.	**1,000** »	942 50
Février	977 50	885 »
Mars	926 25	831 25
Avril	842 50	755 »
Mai.	835 »	752 50
Juin.	785 »	698 75
Juillet	767 50	652 50
Août	826 25	727 50
Septembre . . .	890 »	802 50
Octobre.	895 »	827 50
Novembre. . . .	887 50	857 50
Décembre. . . .	915 »	810 »

Ainsi on cota : au plus haut. 1.000 fr. » c.
au plus bas..   652   50

Entre ces deux cours, le mouvement en baisse représentait 347 50 de différences, soit pour 120,000
actions 41,700,000 francs; il y eut ensuite un second

mouvement en hausse de 652 50 à 915 = 265 fr. de
différences, soit pour 120,000 actions 31,800,000 fr.
Ensemble 73 millions et demi, pour les deux mouvements en sens opposés.

Nous sommes loin d'atteindre, on le voit, les chiffres des variations bien autrement importantes qui signalèrent les premières années d'existence du Crédit
Mobilier.

Dès l'année 1865, la dépréciation de la plupart des
valeurs dépendant du Crédit Mobilier représentait
des sommes considérables. Cette dépréciation ne fit
que croître en importance, pendant les années 1866
et 1867; mais il faut croire que le Crédit Mobilier
avait dû se débarrasser à temps des valeurs les plus
maltraitées. Nous aurons en effet l'occasion d'établir
que *la plupart des sociétés dans lesquelles il avait encore de grands intérêts au 31 décembre 1865 et même
au mois de mai 1866, se trouvaient dans la meilleure
position.*

Quelque surprenante que puisse paraître cette
assertion, nous la justifierons et nous en prouverons
l'exactitude par un document qu'on ne pourra pas
contester. Nous nous réservons seulement de le produire à la place qu'il doit occuper.

Les opérations du Crédit Mobilier pendant l'année
1865 se bornèrent:

1° A l'émission de 270 millions en obligations de
la ville de Paris dont nous avons déjà parlé. Cette

émission produisit d'après le rapport de l'Exercice 1865 un bénéfice de 2,544,064 38.

2° **A la gestion des intérêts engagés dans diverses affaires**, telles que la Compagnie des chemins de fer du midi, la Compagnie générale Transatlantique, la Compagnie Immobilière, la Compagnie des Entrepôts et Magasins Généraux, la Compagnie des Petites Voitures à Paris, la Société générale de Crédit Mobilier Espagnol, et les affaires qui se rattachaient à cette société; enfin la Compagnie des chemins de fer Autrichiens.

Les autres entreprises que le Crédit Mobilier avait fondées ou avaient aidées de son concours ne l'intéressaient déjà plus. Le rapport de l'Exercice 1865 ne fit pas même mention de leur nom!

Mais en revanche, il faisait sonner bien haut: le dividende de 40 francs payé aux actionnaires du *chemin de fer du Midi* et il prétendait qu'il y avait lieu de considérer ce dividende, donné pour l'exercice 1865, *comme un minimum*, avec l'espérance fondée d'une amélioration successive.

La Compagnie générale Transatlantique n'était pas dans une situation moins prospère; nous parlons toujours d'après le rapport: il avait pu être distribué aux actionnaires un dividende de 45 francs!

La situation de la *Compagnie Immobilière* était dépeinte, cela va sans dire, sous les plus riantes couleurs. On prétendait qu'il y avait en réserve une somme de 20,717,923 fr. 87 de bénéfices ! après avoir payé les intérêts de tous ces emprunts, on avait pu distribuer un dividende de 37 fr. 50 par action ! L'actif de la société représentait une valeur de 277,920,757 fr. 07 !..... etc., etc. attendons pour parler de tous ces faits, de tous ces chiffres que nous ayions atteint l'année 1867 !

La Compagnie des Entrepôts et Magasins généraux de Paris était aussi dans la meilleure situation. Ses terrains à réaliser ou déjà réalisés représentaient un chiffre assez élevé pour permettre de rembourser la presque totalité du capital social, soit 15 millions. — Nous avons déjà dit que le Crédit Mobilier voulait s'attribuer le mérite de cette situation toute favorable. Elle n'était pas son œuvre. Loin de là !.. Et nous le répétons, la Compagnie des Entrepôts et Magasins Généraux de Paris était prospère, non pas à cause du concours, mais malgré le concours fourni par les administrateurs du Crédit Mobilier !

Passons sous silence les passages relatifs à la *Compagnie des Petites Voitures* : ils ne contiennent que des lieux communs, ne perdons pas notre temps à battre en brèche les assertions du Crédit Mobilier français en faveur du *Crédit Mobilier Espagnol !* Tout le monde est malheureusement trop bien instruit à cet égard ; et ne répétons pas les phrases habituelles que le rapport consacrait invariablement aux *chemins de fer Autrichiens.* Le Rapport cherchait à faire croire qu'il faisait nuit en plein midi.

Arrivons au bilan: de l'Exercice, 31 décembre 1865 le Rapport du Crédit Mobilier l'établissait ainsi :

ACTIF.

Rentes......................................	6.647.260	15
Actions de Chemins de fer.............	15.140.987	31
Actions diverses.......................	52.241.562	53
Obligations de Chemins de fer........	3.845.060	»
Obligations diverses.................	42.544.439	50
Portefeuille ensemble.....	120.419.309	49
Effets à recevoir.....................	14.664.106	87
Avances aux Compagnies et à divers sur nantissements.....................	53.971.339	80
Hôtels et mobilier....................	3.164.475	71
Espèces en caisse ou à la Banque et dividendes à recevoir au 1er janvier.....	24.068.522	12
Total de l'ACTIF.............	216.287.653	99

PASSIF.

Capital.............................	60.000.000	»
Comptes courants, créanciers divers et effets à payer......................	145.622.124	22
Dividendes arriérés.................	79.622	92
Réserve...........................	2.000.000	»
Bénéfice du compte de profits et pertes, y compris le solde et l'exercice précédent.............................	8.586.006	85
Total du PASSIF...........	216.287.753	99

Ce bilan dévoilait une situation plus dangereuse encore que la plus dangereuse de toutes celles que nous avons signalées. Ce bilan dévoilait une situation effrayante.

Avec un capital de..........	60.000.000	»
une réserve statutaire.........	2.000.000	»
et une encaisse de............	24.068.522	12
Ensemble....	86.068.522	12

Le Crédit Mobilier avait en portefeuille des valeurs diverses pour une somme de...............	120.419.309	49
Il avait fait des avances, aux Compagnies et à divers sur nantissements, de...............	53.971.339	80
Il avait immobilisé, pour ses deux hôtels, une somme de.....	3.164.475	71
Ensemble....	177.555.125	»

Le Crédit Mobilier était donc à découvert de...............	91.486.619	88

vis-à-vis de ses comptes courants.

On comprend que, dans une situation pareille, il ait tout mis en œuvre pour obtenir les moyens de se créer de nouvelles ressources. On comprend qu'il ait invoqué la loi de nécessité absolue pour obtenir l'autorisation de doubler son capital.

Quant à nous qui voyons froidement les choses, en présence d'un pareil bilan, nous nous demandons comment on a pu entasser dans son portefeuille 120 millions de valeurs et prêter 54 millions à des Compagnies quand on n'avait en réalité que 62 millions à soi.

Nous nous demandons encore si ce bilan était bien exact.

S'il était exact, il décélait des actes d'imprudence extrême, pour ne pas dire plus; s'il n'était pas exact, la question était bien plus grave, surtout lorsqu'on sollicitait une augmentation de capital.

Nous avons vu que le compte de profits et pertes avait laissé, d'après le rapport, un bénéfice de [1]...................... 8.586.006 85

Il avait été obtenu de la manière suivante :

Les intérêts et bénéfices des placements divers, déduction faite des intérêts bonifiés par la Société, s'étaient élevés à la somme de.... 3.802.395 95

Les commissions de toutes sortes, y compris celles perçues sur des émissions d'emprunts et sur des placements d'obligations, avaient été de............... 5.121.463 85

A reporter.... 8.923.859 80

---

[1] Nous avons encore été obligés de nous livrer à de nombreuses recherches sur les sommes partielles et totales du bilan, qui n'étaient pas exactement les mêmes dans tous les journaux, le *Moniteur* compris.

Report........	8.923.859 80
La caisse de dépôts de titres et de locations avait produit......	113.600 «
Enfin, le solde de l'exercice 1864 était de................	1.534.874 23
ce qui représentait un chiffre brut de........................	10.572.234 03

D'où il fallait déduire pour frais généraux d'administration et de personnel, de contributions, d'assurances, impressions et publicité............ 946.893 86

Pour moins-value du porte-feuille au cours du 31 décembre 1865......... 1.039.413 32

Ensemble.. ————————	1.986.227 18
Restait pour bénéfices nets..	8.586.006 85

Ici le rapporteur du Crédit Mobilier prétendait qu'un pareil résultat constituait 14 0/0 du capital constitutif de 60 millions ; malheureusement les actionnaires ne touchèrent pas ces 14 0/0 de revenus.

On se borna à leur servir l'intérêt des actions, à raison de 25 francs par action, pour l'année.

Telle était la situation financière du Crédit Mobilier.

au 31 décembre 1865. L'assemblée dans laquelle il la fit connaître à ses actionnaires, n'eut lieu que le 19 mai suivant.

Dans l'intervalle de ces deux dates, une crise financière s'était déclarée en Angleterre; la rivalité de la Prusse et de l'Autriche avait pris un caractère menaçant : on disait que l'Italie armait tous ses hommes valides pour conquérir la Vénétie; enfin que la guerre allait éclater. Les cours des effets publics et des valeurs avaient éprouvé l'effet de ces circonstances inquiétantes et avaient baissé profondément. Le Crédit Mobilier saisit le prétexte de cette baisse pour réserver jusqu'à nouvel ordre la question du solde des bénéfices qui restait en suspens au 31 décembre 1865.

L'année était finie : de grands événements devaient marquer l'année suivante, 1866. Nous avons hâte d'y arriver.

CHAPITRE XV

1866

L'année 1866 restera inscrite dans nos annales financières comme une des années les plus difficiles et les plus tourmentées du second Empire. Une épidémie, le choléra ; un fléau redoutable, les inonda-

tions ; un autre fléau plus terrible encore, la guerre :
telles étaient les dures épreuves que nous allions traverser.

Les pertes que les épidémies causent à une nation
n'ont jamais entré en ligne de compte dans l'évaluation
de la richesse publique ; c'est un tort. Un homme qui
meurt à la force de l'âge, c'est une perte : c'est un
outil qui se brise en plein travail, et il faut vingt ans
pour le remplacer! De même pour les inondations,
on n'évalue que la perte matérielle qu'elles causent.
On n'estime pas la valeur du travail supplémentaire
qu'elles font dépenser. A plus forte raison, ne chif-
fre-t-on jamais dans un calcul économique le nombre
d'hommes que la guerre emporte. La guerre c'est la
gloire : tel est le prétexte qui sert d'excuse; que rap-
porte-t-elle à l'humanité ?

Suivons la routine, ne tenons pas compte des pertes
causées par le choléra ou par la guerre, disons seulement que les inondations de l'année 1866, firent
perdre à l'Etat, c'est-à-dire aux contribuables, pour
travaux détruits................   12 millions

Aux Compagnies des chemins de fer,
travaux détruits..................   5   —

Aux particuliers : en récoltes, meubles ou immeubles, terrains disparus,
propriétés détériorées ou détruites,
environ......   44   —
                                     ————
                   Total.... .....   61 millions.

Pour comble de malheur, les récoltes avaient été insuffisantes, le pain était cher. Sous l'empire de la cherté des grains, l'encaisse en numéraire, à la Banque de France tomba du 30 août au 18 octobre, de 746 à 665 millions, différence, 81 millions. Cette somme représentait probablement celle de nos achats de céréales à l'étranger. — Tels étaient les faits d'ordre économique de l'année 1866. Passons aux faits d'ordre politique et résumons-les rapidement.

Nos troupes allaient revenir du Mexique. Malgré les négociations diplomatiques, on craignait des complications graves entre la France et les Etats-Unis. L'échauffourée du général Prim en Espagne passa presque inaperçue. Si elle causa quelque impression, cette impression s'effaça vite : le discours du roi de Prusse à l'ouverture du Parlement, posait nettement la question de l'unité allemande ; au lieu d'une révolution en Espagne, on voyait une guerre prochaine en Europe. — La paix semblait bien difficile à conserver.

En frappant Léopold, roi des Belges, la mort enlevait au conseil des rois un esprit conciliateur qui avait souvent prévenu des malheurs politiques. S'il eut encore vécu, la guerre d'Allemagne n'aurait peut-être pas éclaté.

L'ouverture du Corps législatif eut lieu sous l'impression des faits que nous venons d'indiquer. Une fraction importante de la Chambre demanda l'extension de nos libertés : il y fut répondu par un ajour-

32

nement. On interpella le gouvernement sur les questions intérieures, le gouvernement répondit qu'il aviserait.

Quant aux réformes économiques, elles se bornaient à l'ouverture d'une enquête agricole.

Cependant la Prusse, l'Autriche, toute l'Allemagne et l'Italie couraient aux armes. La Prusse, l'Autriche combattaient pour l'Empire; l'Allemagne, pour son unité; l'Italie, pour les provinces vénitiennes. Bientôt après, le discours d'Auxerre était prononcé. La guerre était inévitable. On parlait de reprendre les frontières du Rhin. Ces idées belliqueuses heurtèrent le sentiment public : la nation protesta et ne manifesta que des désirs de paix. Une tentative de congrès eut lieu, elle avorta. Dès lors la guerre éclata et prit son cours.

Les armées prussiennes entrent en Bohême, l'armée italienne traverse l'Adige, l'Autriche se tient sur la défensive, vis-à-vis de la Prusse, prend l'offensive contre l'Italie. La France garde une neutralité attentive; la Russie se tait sans laisser deviner ses intentions. Quant à l'Angleterre, nous l'avons déjà dit, elle avait ainsi résumé sa politique : ni un homme, ni un shelling; des traités.

La lutte restera donc circonscrite en Allemagne.

Nous n'avons pas à raconter la marche rapide des armées prussiennes, les lenteurs de l'Autriche, ses défaites en Bohême, ses victoires en Italie, à Custozza et à Lissa : allons droit au dénoûment. Par la bataille de Sadowa, l'Autriche perd à la fois la Vénétie et l'Allemagne; la Prusse s'aggrandit par ses victoires, l'Italie par ses revers.

L'agitation électorale en Angleterre, l'insurrection de Candie, l'évacuation du Mexique et de Rome, le projet de réorganisation de l'armée, remplissent la fin de l'année.

Tel est le précis historique des événements de 1866 : ils eurent tous une influence sur les affaires. La première, la Bourse en ressentit les effets. Indiquons rapidement quels furent, sous ces impressions diverses, les cours de la Rente et des valeurs.

Janvier, — La Rente était ferme, les cours tendaient plutôt à s'élever ; de 68 17 1/2 on montait à 68 80; le 5 0/0 italien était à 62 40, le 27. Les actions des chemins de fer français conservaient une ferme tenue.

Deux faits importants dominaient le marché : c'était, d'une part, la baisse de toutes les valeurs espagnoles; d'autre part, le doublement du capital du Crédit Mobilier. Nous allons étudier bientôt tout ce qui eut rapport à cette institution dans le cours de l'année; indiquons avant les mouvements généraux du marché.

Février. — Pendant le travail d'émission de ses actions nouvelles, le Crédit Mobilier baisse sur les plus hauts cours du mois précédent. La Rente, au contraire, touche au cours de 69 50; mais, dans la seconde quinzaine, la baisse prévaut, les chemins étrangers se déprécient avec une rapidité alarmante. Le mois finit dans le plus profond découragement.

Mars. — Toutes les valeurs sont offertes; seuls, les chemins de fer français font tête à l'orage et soutiennent leurs cours ; toutes les autres valeurs sont frappées ; la baisse fait des progrès de plus en plus rapides. Les cours de la Rente, très-tourmentés, touchent pendant le mois, en hausse, 69 75 ; en baisse, 67 50. On parle de guerre; elle aura lieu en Allemagne et en Italie à la fois. La Bourse sait que de toutes parts on fait des préparatifs.

Avril. — Baisse nouvelle. De 67 95, la Rente tombe à 65 35. Le 5 0/0 italien, de 57 90, tombe à 44 20; les chemins de fer français même commencent à être attaqués. Quant aux valeurs industrielles, elles sont à peu près invendables; personne ne veut plus entendre parler des Chemins étrangers. Ce n'est que le commencement d'une baisse nouvelle.

Mai. — Le mal gagne; la baisse est profonde : le 3 0/0 tombe à 62 85; le 5 0/0 italien à 36 50. La Banque de France elle-même baisse de 130 fr.; et symptôme plus alarmant encore, les obligations des chemins de fer français, dont le revenu est garanti par l'Etat, sont entraînées par un courant de baisse auquel rien ne peut résister.

Arrêtons nous ici un moment. Dressons l'inventaire provisoire du portefeuille public, non depuis les cours

du premier janvier — les résultats seraient lugubres
— mais seulement depuis le 17 mars, jour de neutralité entre la hausse et la Baisse, jusqu'au 9 mai, époque à peu près extrême de la baisse que nous venons
de signaler.

On a calculé, pièces en main et documents à l'appui[1], que sur les 70 valeurs principales du marché
des fonds publics à Paris, cette dépréciation des cours,
du 17 mars au 9 mai s'élevait à   2.856.726.653 55
et il y a, à la Bourse, 250 valeurs qui figurent sur la
cote authentique et au *Moniteur*.

Cette dépréciation de près de trois milliards représente donc tout au plus la moitié de la diminution
causée par la guerre d'Allemagne dans l'evaluation
de la fortune mobilière. Il faut dire, pour rester exact
et pour être juste, que cette dépréciation n'était que
passagère et qu'elle pouvait disparaître, si les prix des
valeurs regagnaient leur ancien niveau. Mais un mal
passager n'en a pas moins quelquefois des conséquences funestes, même après qu'il a disparu.

Cela est si vrai, que depuis cette époque nous nous
ressentons encore des effets de la baisse du premier
semestre de 66 ; malgré les hausses ultérieures, la
dépréciation dont nous venons de parler n'est pas
encore complétement récupérée. Il y a des chutes
dont on ne se relève jamais ; certaines valeurs ne se
sont jamais relevées.

[1] Voyez les journaux de l'époque.

Ce n'est pas tout.

La bourse, le portefeuille public, la spéculation, tout le monde enfin, après avoir supporté en deux mois une baisse aussi lourde, devait bientôt en rece voir le contre-coup par une hausse plus subite encore à laquelle personne ne se serait attendu.

Juin. La rente fut cotée 62 20, au plus bas (le 5); 64 90, au plus haut; l'Italien, 35 90, au plus bas; 41 au plus haut. Des achats successifs, d'origine inconnue, avaient lieu, disait-on, sur une grande échelle; telle était la cause attribuée à l'amélioration des cours, sans qu'aucun fait connu vînt la justifier aux yeux du public. Nous arrivions ainsi aux premiers jours de *juillet*.

Le lundi 3 et le mardi 4 juillet, la rente fermait à 63 85, indiquant ainsi l'état stationnaire de la baisse. Le 4, pointait un mouvement de hausse, conséquence d'achats importants et d'origine mystérieuse. La Bourse se demandait s'il y avait une cause sérieuse à des achats aussi considérables, elle cherchait à deviner l'énigme, surtout en voyant le 3 0/0 clôturer à 65 35, c'est-à-dire en hausse de 1 fr. 50 c. sur le cours de la veille. Les esprits étaient en suspens, et chacun s'apprêtait à profiter de la reprise pour revendre le lendemain, si la reprise se poursuivait. Tout à coup, le 5, un jeudi, la cession de la Vénétie est annoncée au *Moniteur*. Cette nouvelle éclate comme la foudre, elle se répand avec la rapidité de l'éclair. On la connaissait dès six heures du matin,

dix lieues à la ronde de Paris. Tout le monde disait :
C'est un rêve ! Non, c'était la réalité.

On entre en Bourse, le cours de 70 francs est coté,
et l'on fait 70 30 ; on était resté la veille à 65 35 :
cinq francs de hausse.

Cinq francs de hausse sur la Rente ;

Quatorze francs quatre-vingts centimes de hausse
sur l'Italien ;

Deux cents francs de hausse sur le Mobilier;

Deux cents francs de hausse sur le Foncier ;

Cent francs de hausse sur le Crédit Mobilier espagnol ;

Ainsi de suite.

Les cours avaient-ils donc été décretés d'avance ?
On le croirait !

Quelques minutes avant l'ouverture du parquet,
des spéculateurs qui avaient acheté des actions du
Crédit Mobilier à 500 francs la veille, les offraient à
600 francs. — « Ne vendez pas, » s'écrièrent certaines personnes, « vous allez vendre à 700 francs
dans cinq minutes ! » — Cinq minutes après on cotait
en effet 700 fr. et même 735 fr. Il en était de même
pour la Rente, l'Italien et les Valeurs. — La place
tout entière, surprise, était forcée de s'exécuter; on
racheta : il y eut des pertes considérables.

Ce même jour, les fonds consolidés anglais ne
montaient que de 2/8 (0 fr. 30 c.).

D'où vient ce contraste?

En Angleterre, le marché des fonds publics est libre; les affaires ne relèvent point d'un corps privilégié, elles sont contrôlées par une presse indépendante que la restriction n'enchaîne pas. Les affaires, comme l'opinion, ne sont point violentées ou maîtrisées, elles suivent leur cours naturel.

En France, au contraire, le marché des fonds publics n'est pas libre, les affaires relèvent d'un corps privilégié, elles ne peuvent pas être contrôlées par une presse dépendante, enchaînée par des restrictions; les affaires, comme l'opinion, peuvent être maîtrisées ou dirigées et ne peuvent pas suivre leur cours naturel.

Quand le marché anglais montait dans des limites raisonnables, nous montions dans une proportion désordonnée !

A Londres, il n'y eut pas le moindre sinistre; à Paris, nous assistâmes à une véritable catastrophe. Neuf agents de change furent forcés de vendre leur charge. La Bourse entière fut couverte de ruines.

Aurions-nous assisté à de pareils malheurs si, comme autrefois, le marché eût été libre, ou à peu près libre? n'aurions-nous pas vu, au contraire, les cours s'élever graduellement, par des prix successifs, contenus dans de sages limites, par la concurrence et par la discussion des intérêts?

La réponse n'est pas douteuse.

Voilà pourtant les dangers auxquels, dans l'état actuel des choses, nous sommes toujours exposés. En résumé, dans une semaine,

Le 3 0/0 monta de................   7 fr.
L'Italien 5 0/0 de................   21 »
Le Crédit Foncier de............. 285 »
Le Comptoir d'Escompte de........ 210 »
Le Crédit Mobilier de............. 265 »
Le Gaz Parisien de................ 190 »
La Compagnie Immobilière de...... 140 »
La Compagnie Transatlantique de... 115 »
Et le Crédit Mobilier Espagnol de..... 130 »

Il est fâcheux que les limites dans lesquelles nous devons nous renfermer, ne nous permettent pas de faire le compte des pertes qui résultèrent de ce mouvement et de ces variations exagérées. Quel enseignement n'en sortirait-il pas? Par leur excès même, on serait forcé de conclure que la liberté du marché et des transactions, est la seule garantie possible pour la fortune des particuliers: c'est ce que nous avons, du reste, indiqué déjà plusieurs fois. La logique des faits nous ramène toujours aux mêmes conclusions.

Après le 5 juillet, la Bourse ne conserva qu'à grand peine les cours exagérés qu'elle avait atteints. Une période de défiance, de découragement, de malaise profond succéda aux émotions violentes des mois de mars, avril, mai, juin et juillet. Quelques rares valeurs, la Rente notamment, les obligations françaises garanties par l'Etat, nos premières lignes de chemins de fer devaient seules ne pas en être atteintes: au contraire, elles allaient recueillir les épaves de nos naufrages. C'était justice. De là, leur prix soutenu jusqu'au moment où nous écrivons.

La Bourse, telle qu'elle est, n'a plus de forces, n'a plus de vitalité, il faut la rajeunir et la vivifier. En comprendra-t-on la nécessité? Il faut le croire, il faut l'espérer: sans cela, où irons-nous avec le malaise, avec la défiance toujours croissante. Les caisses publiques, les caves des Banques regorgent de numéraire, de capitaux sans emploi et qui, suivant l'expression d'un de nos premiers publicistes sont « en grève. »

Comprend-on qu'on ait choisi de pareilles circonstances pour rétablir l'ancienne liquidation de quinzaine?

Comprend-on qu'on ait encore apporté de nouvelles entraves aux transactions? Au moment où il eût fallu plus que jamais provoquer et faciliter les affaires, on les étouffait, on les restreignait sous le poids des charges. Ici comme toujours, les agents n'agissaient qu'en vue de leur intérêt particulier; ils avaient pour but réel d'amoindrir la durée de leurs risques. Ils n'y réussirent pas, ils tarirent au contraire la source de leurs profits.

Comprend-on qu'à cette place fatiguée, épuisée, surmenée, exploitée et saignée à blanc deux fois par mois par des liquidations doublées, qui augmentaient les frais de cent pour cent, comprend-on qu'on demandait toujours des capitaux nouveaux pour des affaires nouvelles. On lui demandait 1 milliard 361 millions, pour souscriptions diverses, en 1866[1].

Il y aurait peut-être à faire un autre compte non moins intéressant que celui dont nous venons de parler, c'est celui des bénéfices de tout genre qu'au milieu de ces malheurs et de ces désastres, on a prélevés sur le public.

Passons rapidement sur cette fin d'année où l'on n'entendit que des plaintes, où l'on ne traversa que des ruines, et disons que l'année se termina dans un calme relatif aux cours intermédiaires de :

69 50 pour la Rente.
et de 56 40 pour l'Italien.

En résumé les cours de la Rente présentèrent les variations mensuelles que voici :

Noms des mois.	Plus haut cours.	Plus bas cours.
Janvier........	68 80	68 15
Février........	69 50	68 50
Mars..........	69 75	67 50
Avril..........	67 95	65 35
Mai...........	66 15	62 85
Juin..........	64 90	**62 20**
Juillet........	70 30	63 60

[1] Voir le journal l'*Industrie* du 29 décembre 1866.

Noms des mois.	Plus haut cours.	Plus bas cours.
Août..........	69 65	68 45
Septembre.....	**70 60**	68 95
Octobre.......	69 55	68 60
Novembre.....	68 85	68 60
Décembre.....	69 80	68 90

Les cours extrêmes avaient donc été 70 60, en hausse; 62 20, en baisse.

Abordons maintenant les faits relatifs à l'histoire du Crédit Mobilier.

Il était question, nous l'avons dit dans le chapitre précédent, de doubler son capital social et de le porter de 60 millions à 120 millions, en actions. On abandonnait donc le projet longtemps caressé de se procurer des ressources de capitaux au moyen des obligations? Nous ne le croyons pas. Le Crédit Mobilier n'abandonnait jamais ses projets. Seulement il faut quelquefois se contenter de ce qui est permis ou de ce qui est possible.

Tout le monde se doutait depuis longtemps que le Crédit Mobilier serait forcé d'en venir là. Depuis le jour où il avait été connu que le Crédit Mobilier était à découvert en compte-courant avec la Compagnie Immobilière d'une somme de 60 millions environ, son capital était immobilisé, ainsi que nous l'avons établi. Un nouveau capital disponible était nécessaire, seulement on se demandait comment ce capital nouveau pourrait restaurer l'influence du Crédit Mobilier. A

ce propos on citait l'exemple récent encore du Crédit
Mobilier espagnol. Tant que le capital du Crédit Mobilier espagnol n'avait été que de 60 millions, c'était
un instrument de spéculation facile; du jour où son
capital fut doublé, ses cours ne purent plus être maî-
trisés. Aucun effort ne fut assez puissant pour l'empêcher de se déprécier et de tomber de 980 fr. au
prix du pair et même bien au-dessous.

Plus les titres d'une société sont nombreux et divisés,
plus il est difficile de diriger et de maîtriser leurs
mouvements. Les administrateurs du Crédit Mobilier
français devaient être pénétrés de cette vérité comme
nous en sommes pénétrés nous-même. Il fallait donc
se soumettre à de biens graves considérations, à de
biens grandes nécessités, pour consentir, en quelque
sorte, à une abdication.

Dans les derniers jours de janvier, on lisait dans
tous les journaux l'annonce suivante :

« Le Conseil d'administration de la Société générale de
Crédit Mobilier a l'honneur d'informer MM. les actionnaires qu'une Assemblée générale extraordinaire aura lieu
lieu au siége de la Société, place Vendôme, 15, le 12 février
prochain, à trois heures.

« L'Assemblée aura à se prononcer sur des propositions
à soumettre au gouvernement, relativement à des modifications à apporter aux Statuts, notamment en ce qui concerne l'augmentation du fonds social.

« Aux termes de l'article 43 des Statuts, l'Assemblée générale se compose des deux cents plus forts actionnaires,
dont la liste a été arrêtée par le Conseil d'administration

un mois avant la convocation. Les actionnaires inscrits sur
les registres de la Société, par suite du dépôt de leurs actions dans la caisse sociale, deux mois avant la confection
de la liste, peuvent seuls y figurer.

« L'Assemblée générale extraordinaire aura pour objet
de statuer sur le doublement du capital social, par la création de 120,000 actions nouvelles de 500 fr. chacune.

« Pour réaliser ce doublement, il est ouvert une souscription de 120,000 actions nouvelles dans les bureaux de
la Société générale de Crédit Mobilier. Les actions seront
mises à la disposition des porteurs des actions anciennes,
sur le pied d'une action nouvelle par une ancienne, au
prix de 516 fr. 66 c. par action.

« (Ce prix représente le pair de l'action à 500 fr., plus
16 fr. 66 c., formant, pour les 120,000 actions nouvelles,
une somme égale à la réserve de 2 millions réalisés par les
anciens actionnaires.)

« Les nouvelles actions auront droit au payement des
intérêts à 5 0/0 par an sur chaque versement jusqu'au
1er janvier 1867, et, à partir de cette époque, elles parti-
ciperont, comme les anciennes, à tous les bénéfices de la
Société.

« Pour souscrire aux nouvelles actions, MM. les actionnaires devront présenter leurs titres nominatifs, ou au
porteur, au siége de la Société, place Vendôme, nº 15, du
1er au 12 février prochain, de dix à trois heures. Ils auront
à verser, en souscrivant, 50 fr. par action nouvelle.

« Un second versement de 116 fr. 66 c. sera ensuite appelé
dans les dix jours qui suivront la promulgation du décret
d'homologation.

« Le surplus sera versé aux époques et dans les proportions qui seront ultérieurement déterminées. »

Cette annonce causa une surprise extrême. On savait bien que le doublement du capital du Crédit Mobilier était en préparation, mais on croyait avoir, au moins le temps de réfléchir. Il fallait réunir les actionnaires, avoir l'air de les consulter, provoquer ou obtenir d'eux une approbation éclatante, enthousiaste, et après cette approbation éclatante, enthousiaste, leur demander un vote unanime. Ce vote, à coup sûr, aurait été donné. On aurait ensuite procédé à une souscription et on aurait demandé au Conseil d'État les modifications nécessaires aux statuts.

Au lieu de suivre cette marche consacrée par les précédents, on procédait d'abord au doublement du capital, puis à la souscription, puis enfin aux délibérations de l'assemblée. L'ordre des choses était interverti. On convoquait *le* **28** *janvier pour le* **12** *février une assemblée qui ne devait se composer que d'actionnaires dont la liste devait être arrêtée par le Conseil d'administration, un mois avant la convocation;* autrement dit : la formation de l'assemblée avait lieu après ses délibérations.

Sous l'impression de ces étranges procédés administratifs, la Bourse du lundi, **29** janvier, ne fut qu'une longue protestation entrecoupée de clameurs et de cris. Rarement on assista à un pareil spectacle. C'était des imprécations sans fin contre le Crédit Mobilier.

Les actions du Crédit Mobilier qui étaient offertes le samedi précédent, **27**, de **815** à **820**, ouvrent à **845** et montent subitement à 880. Mais les protestations prennent un tel caractère que la Chambre syndicale s'émeut, se rassemble à la hâte, et publie à 2 heures un avis dans lequel elle déclare qu'elle s'est efforcée en vain d'obtenir que la souscription aux actions nouvelles n'eût lieu qu'après la liquidation de février. La raison *d'une nécessité absolue* lui avait été opposée. Elle ajoutait que désireuse de sauvegarder les intérêts engagés, elle avait décidé que tous les achats pour fin février jusqu'au 27 janvier, auraient droit de souscription jusqu'au 7 mars inclusivement, à la condition que le montant en fût déclaré à la Chambre syndicale le 31 janvier au plus tard, *sans qu'aucun nom ni aucun cours eussent besoin d'être mentionnés.*

Nous ferons remarquer en passant combien les mots que nous avons soulignés donnaient carrière à des suppositions étranges. Quel intérêt pouvait-il y avoir à ne mentionner ni les noms ni les cours ?

Dans la soirée du même jour, un nouvel avis de la Chambre syndicale modifia, comme suit, le premier :

« La Chambre syndicale, afin d'éviter aux agents de
« change la déclaration de la position de leurs clients, par
« suite des opérations fin prochain faites jusqu'au 27 jan-
« vier inclusivement, sur les actions du Crédit Mobilier,
« décide que les vendeurs fin prochain, qui n'auront pas
« été escomptés à la Bourse du 7 février, seront tenus de
« fournir en liquidation, à leurs acheteurs, les actions
« nouvelles afférentes aux titres vendus par eux. »

Enfin, le mardi matin, la Chambre affichait ce qui suit :

> « Jusqu'au 2 mars prochain inclusivement, les actions
> « du Crédit Mobilier pourront se négocier à terme, jointes
> « au récépissé de souscription aux actions nouvelles.
>
> « En conséquence, à partir d'aujourd'hui, elles figure-
> « ront à la cote pour fin février, sous la dénomination :
> « *Actions du Crédit Mobilier unies.* »

Ces avis successifs calmèrent à la fois vendeurs et acheteurs, et ramenèrent la tranquillité sur le marché, les cours s'affaissèrent jusqu'à 800 fr., dans les premiers jours de février :

On cotait en clôture 815, le 3, un samedi. Le lundi on ouvrait à 780, le cours de 800 francs était à jamais perdu. Bien d'autres choses étaient aussi perdues pour le Crédit Mobilier.

L'assemblée du Crédit Mobilier (assemblée extraordinaire) eut lieu le 12 février 1866. Dans le rapport présenté, on disait qu'on allait délibérer sur le doublement du fond social et proposer d'introduire diverses modifications aux statuts. On racontait les affaires auxquelles on avait pris part, les bénéfices qu'on en avait retirés, et les revenus annuels qu'on avait alloués aux actionnaires etc., etc. On s'étendait sur le chiffre considérable de ses affaires et l'on prétendait que pour se tenir au niveau de ces mêmes affaires, on avait dû *s'imposer des sacrifices* et supporter des

33

pertes d'intérêt d'autant plus préjudiciables, que le capital était relativement très-restreint.

Telles étaient les considérations sur lesquelles on s'appuyait pour porter de 60 à 120 millions, le capital de la société.

Ces 120,000,000 de francs n'étaient demandés, disait-on que pour mettre la société du Crédit Mobilie en état de répondre aux *exigences nouvelles* en présence desquelles l'avait placée le développement général des affaires et de la richesse publique. Nous devons remarquer ici que l'on ne s'expliquait pas suffisamment sur les *exigences nouvelles*, en présence desquelles on se trouvait placé. Ces deux mots *exigences nouvelle* employés par le rapporteur du Crédit Mobilier, contrastaient singulièrement avec les deux mots *nécessité absolue* dont s'était servi une des notes de la chambre syndicale.

Toujours est-il que 120,000 actions nouvelles furent mises à la disposition des anciens actionnaires, au prix de 516 fr. 66 représentant le prix de l'action ancienne au prix de.................... 500 00
plus, une somme de..................... 16 66
représentant la part de réserve qui s'élevait pour les 120,000 actions anciennes, à la somme de 2 millions. Jusqu'au 1er janvier 1867, les actions nouvelles ne pouvaient recevoir que l'intérêt à 5 0/0 sur les sommes versées; à partir de l'Exercice commençant le 1er janvier 1867, elles devaient être admises au

partage des bénéfices à titre égal avec les anciennes actions.

On ne comprit pas dans le public le stage que l'on imposait aux actions nouvelles, en ne les faisant participer aux bénéfices qu'un an après leur création; on comprenait plus facilement pourquoi l'on réservait aux actions anciennes les bénéfices acquis dans l'exercice 1865, elles représentaient en effet, seules, alors, tout le capital social.

La différence de droits et de situation des deux titres aurait été pour des financiers forts et habiles, une source féconde de profits, par les arbitrages. Ces arbitrages auraient toujours promis un équilibre et ne l'auraient jamais permis. Les deux valeurs eussent été comme les deux plateaux d'une balance, où le public aurait sans cesse jeté de l'or. Les plateaux pouvaient monter ou baisser alternativement suivant le poids jeté, mais ils n'auraient jamais été en balance: dès que l'équilibre voulait s'établir, une main invisible ravissait l'or des plateaux.

En matière de finances, les affaires de spéculation à la hausse ou à la baisse sont aux arbitrages, ce que l'arithmétique est au calcul intégral.

Revenons à l'Assemblée extraordinaire du Crédit Mobilier.

Le montant des actions nouvelles devait être payable de la manière suivante :

50 francs payables au moment de la souscription, 116,66 devaient être appelés dans les dix jours qui devaient suivre l'insertion au *Moniteur* du décret d'autorisation des statuts, et le surplus, conformément aux appels d'annonces insérées 15 jours à l'avance dans deux journaux de Paris désignés pour les publications légales.

Ces dispositions modifiaient les articles 9, 10 et 11 des statuts primitifs; d'autres modifications étaient proposées : elles établissaient :

1º Qu'il ne pouvait être créé d'obligations qu'en vertu d'une délibération des actionnaires réunis en assemblée dans les conditions présentes à l'article 60. Cette délibération devait être homologuée par le gouvernement. Les obligations devaient toujours être représentées, pour leur montant total, par des effets publics : actions ou obligations, existant en portefeuille.

2º Que la part des administrateurs serait réduite au vingtième, au lieu du dixième comme le portaient les statuts primitifs.

3º Que le fonds de réserve serait élevé de 2 millions à 10 millions.

4º Qu'il serait créé un comité de trois censeurs chargés de veiller à la stricte exécution des statuts;

5º Que le montant cumulé des sommes reçues en compte courant et des bons à moins d'un an de terme, ne pouvait dépasser une fois et demie le capital social.

6° L'article 12 qui donnait aux fondateurs le tiers des actions à émettre sur la première création, devait être supprimé comme n'ayant plus d'objet.

7° Le comité de cinq membres fixé par l'article 14 des statuts (c'était le comité d'exécution), était réduit à quatre, en raison de la réduction d'un cinquième opéré dans le nombre des administrateurs.

8° Et enfin l'article 60 devait être ainsi rédigé.

« L'assemblée générale peut, sur l'initiative du Conseil
« d'administration, et sauf l'approbation du gouverne-
« ment, apporter aux présents Statuts les modifications
« reconnues utiles.

« Elle peut notamment autoriser :

« 1° L'augmentation du capital social ;

« 2° L'extension des opérations de la Société ;

« 3° La prolongation de sa durée.

« Dans ces divers cas, les convocations doivent contenir
« l'indication sommaire de l'objet de la réunion.

« La délibération n'est valable qu'autant qu'elle réunit
« les deux tiers des voix des membres présents.

« Le nombre des membres présents ou représentés devra
« être de 80 au moins, réunissant dans leurs mains le
« dixième du capital social.

« Si ces conditions ne sont pas remplies, il sera fait une

« seconde convocation à quinze jours au moins d'inter-
« valle.

« Les délibérations prises par cette deuxième assemblée
« générale seront valables, pourvu que les membres pré-
« sents ou représentés soient au nombre de cinquante au
« moins, et que les délibérations soient prises à la majorité
« des deux tiers des membres présents, quel que soit le
« chiffre des actions représentées.

« En vertu de cette délibération, le Conseil d'adminis-
« tration est, de plein droit, autorisé à suivre auprès du
« gouvernement l'obtention de son approbation aux modi-
« fications adoptées, consentir les changements qui seraient
« exigés et réaliser les actes qui doivent les consacrer. »

Nous passons sur les modifications d'ordre secondaire que le Conseil d'administration demandait
encore à l'assemblée. Il serait oiseux d'en entretenir
nos lecteurs, eu égard à la position où se trouve
aujourd'hui le Crédit Mobier.

Nous trouvons dans le rapport un renseignement
que nous devons recueillir avec soin, il pourra servir
en temps utile, c'est que :

Sur les 120,000 actions anciennes du Crédit Mobilier, plus de la moitié appartenaient à des actionnaires possédant chacun en moyenne 10 à 12 actions, l'ensemble des actionnaires possédait chacun
en moyenne moins de 19 actions.

Il va sans dire que toutes les propositions du Conseil d'administration et toutes les modifications aux

statuts furent votées par l'assemblée; et il fut expressément stipulé que les 120,000 actions nouvelles seraient réservées exclusivement aux actions anciennes, dans la proportion d'une action nouvelle pour une ancienne.

Nous ayons dû rappeler les circonstances et les conditions sous lesquelles s'était opéré le doublement du capital du Crédit Mobilier, afin de bien préciser la situation.

Ajoutons que les versements des actions nouvelles s'opérèrent de la manière suivante :

Il avait été versé, en souscrivant........   50 »
Dans les dix jours de la publication du
décret d'homologation au *Moniteur*....... 116 66
    Le 27 juin......................... 125 »
    Le 1er octobre..................... 100 »
    Le 31 décembre.................... 125 »

                Total............... 516 66

Les actions du Crédit Mobilier, pendant l'année 1866, furent l'objet de spéculations aussi actives que par le passé. Seulement elles semblaient attirées irrésistiblement vers la baisse. Quand elles avaient monté pendant quelques jours, des réactions violentes les ramenaient aux environs du pair et pour employer un terme habituel à la Bourse, nous dirons : elles décrochèrent le pair quatre fois.

Les variations mensuelles des cours pendant l'année 1866 se résumèrent comme suit :

MOIS.	ANCIENNES.		NOUVELLES.	
	Plus haut.	Plus bas.	Plus haut.	Plus bas.
Janvier....	**880** »	755 »	» »	» »
Février....	712 50	660 »	**845** »	735 »
Mars......	711 25	626 25	800 »	675 »
Avril......	655 »	540 »	707 50	677 50
Mai......	570 »	490 »	502 50	477 50
Juin......	525 »	**420** »	485 »	**392 50**
Juillet.....	730 »	441 25	700 »	425 »
Août......	680 »	627 50	582 50	545 »
Septembre.	695 »	661 25	580 »	550 »
Octobre...	672 50	615 »	577 50	537 50
Novembre .	633 75	570 »	550 »	510 »
Décembre..	596 25	480 »	530 »	470 »

Le lecteur remarquera des écarts tantôt considérables, tantôt très-faibles entre les cours des actions anciennes et les cours des actions nouvelles : nous n'entreprendrons pas de les analyser. Non-seulement cela nous demanderait beaucoup de temps et d'espace, mais nous ne pourrions jamais donner des renseignements complets, car il y a des points qui restent toujours douteux, inexplicables. La seule conclusion possible, c'est de constater le fait. Dans tout ce qui touche au Crédit Mobilier il y a des questions insolubles.

Au 31 décembre 1866, le bilan du Crédit Mobilier se comportait ainsi :

ACTIF

Rentes	1.149.023 85	
Actions de Chemins de fer	12.284.221 70	
Actions diverses	55.515.165 33	
Obligations de Chemins de fer	3.530.820 75	
Obligations diverses. .	42.313.521 50	
		112.792.753 13
Effets à recevoir	22.229.741 52	
Avances aux Compagnies.	72.979.741 13	
		94.559.720 65
Hôtels et mobilier.		3.163.760 51
Versements restant à recevoir sur les actions nouvelles		6.036.239 11
Espèces en caisse ou à la Banque et dividendes à recevoir au 1er janvier. . . .		24.020 331 25
Solde du compte de profits et pertes. . .		7.983.136 03
Total.		249.455.940 68

PASSIF

Capital.	120.000.000 »
Comptes courants et créanciers divers. .	119.580.846 53
Effets à payer	5.102.439 82
Dividendes arriérés	41 759 33
Intérêts aux actions nouvelles.	4.000.000 »
Réserve	730.895 »
Total.	249.455.940 68

Dans ce bilan, le capital figurait au passif pour...................... 120.000.000 »

Il restait à recevoir sur les actions nouvelles une somme de...   6.036.239 1₁

Au moment où nous écrivons (22 novembre 1867), la totalité des versements n'est pas encore effectuée. Les bas cours auxquels est tombé le Crédit Mobilier laissent croire que les versements sont rebelles. Nous remarquons en effet que, depuis le 30 septembre jusqu'au 31 octobre dernier, la somme restant à recevoir sur les actions nouvelles figure dans les deux bilans de septembre et d'octobre pour le même chiffre de....................... 1.208.833 53

On ne verse donc plus?

A l'assemblée des actionnaires, en date du 6 avril 1867, le Crédit Mobilier accusait une perte de

7,983,136 fr. 03 c.

Dans cette perte se trouvaient compris les intérêts qui, aux termes de l'art. 9 des statuts, avaient dû être payés pour les fonds versés sur les nouvelles actions.

On se souvient qu'au bilan de l'exercice 1865 le Crédit Mobilier avait fait figurer un solde en bénéfices, de................... 8.586.006 85

Là dessus, il avait payé, au mois de janvier 1866, pour intérêt des actions, à raison de 25 fr.

A reporter....   8.586.006 85

Report........   8.586.006 85

par action.................   3.000.000   »

Il restait donc, au crédit du
compte de profits et pertes, un
solde de.................   5.586.006 85

On accusait ainsi que nous venons de le dire, pour l'exercice
1866, une perte de............   7.963.136 03

Ensemble.....   13.569.142 88

Telle était donc la perte qu'on avait éprouvée pendant l'année 1866.

Elle n'était pas de..........   7.983.136 03
comme le prétendait le rapport,

Elle était bien de.............   13.569.142 88

Pour établir les écritures du bilan, arrêté au 31 décembre 1866, d'après les règles de la tenue des livres, d'après la logique, et dans l'ordre des faits, il
aurait fallu faire figurer :

1° Au PASSIF, l'article suivant :

Solde de l'exercice 1865.   5.586.006 85

2° A l'ACTIF, l'article suivant :

Solde du compte de profits et pertes au
31 décembre 1866......   13.569.142 88

Le rapport prétendait que le chiffre du portefeuille
présentait une diminution plutôt apparente que
réelle, et que cette diminution résultait de la dépréciation que les valeurs avaient éprouvée. Nous avons

encore à répondre ici ce que nous avons toujours répondu en pareil cas : on affirme, on ne prouve pas. — Or, il ne s'agit pas d'affirmer, il faut prouver.

Mais comment cette assertion pourrait-elle être exacte?

Les valeurs en portefeuille qui figuraient au bilan du 31 décembre 1865 pour la somme de...................... 120.419.309 49 ne représentaient plus, au bilan de 1865, que................. 112.792.753 13

         Différence en moins...   7.626.556 36

Peut-on supposer un seul instant que les valeurs du portefeuille au 31 décembre 1866, étaient les mêmes qu'au 31 décembre 1865? Peut-on supposer que le Crédit Mobilier ait conservé pendant un an son portefeuille intact sans réaliser, acheter, vendre ou échanger des titres par des négociations diverses? Non! cette hypothèse n'est pas admissible. Elle est d'ailleurs détruite par les chiffres, qui, en pareille matière, prouvent irréfragablement les faits; mettons en regard le portefeuille de 1865 et celui de 1866.

PORTEFEUILLE DE 1865.

Rentes.....................	6.647.260 15
Actions de chemins de fer........	15.140.987 31
Actions diverses	52.241.562 53
Obligations de chemins de fer...	3.845.060 »
Obligations diverses...........	42.544.439 50
Total......	120.419.309 49

PORTEFEUILLE DE 1866.

Rentes	1.149.023 85
Actions de chemins de fer......	10.284.221 70
Actions diverses	55.515.165 33
Obligations de chemins de fer...	3.530.820 75
Obligations diverses...........	42.313.521 50
Total.....	112.792.753 13

Il suffit de jeter un coup d'œil sur ces deux états du portefeuille pour se convaincre des mutations que le Crédit Mobilier lui fit éprouver en 1866. Ce qu'il y a de plus saillant, c'est que les administrateurs du Crédit Mobilier vendaient des rentes pour lever des *actions diverses*. Lesquelles? mon Dieu! Le Crédit Mobilier devrait bien nous dire quelles étaient ces *actions diverses* qu'il préférait, en 1866, à des titres de rentes! Le public penserait peut-être comme lui et suivrait son exemple. Ce serait un moyen de relever ces actions.

Quittons ce ton plaisant, la situation ne le comporte pas. Tout cela est, en vérité, trop triste...

Constatons dans les bilans du Crédit Mobilier une modification importante : le compte *reports* avait toujours figuré au bilan jusqu'à l'année 1863; au bilan de 1864, il se confond avec le compte d'avances aux compagnies; au bilan de 1865, il disparaît complétement. Nous ne le retrouverons jamais plus.

Mais, par contre, le compte des avances aux com-

pagnies prend une extension de plus en plus importante, il figure :

Au bilan de 1862, pour   17.441.942 10
      —   1863,   —   44.030.101 35
      —   1864 [1],   —   54.851.993 87
      —   1865 [2],   —   53.971.339 80
      —   1866.   —   72.329.979 13

Telle était la progression.

La Compagnie Immobilière absorbait peu à peu
toutes les ressources disponibles du Crédit mobilier.

On comprend qu'en présence d'une situation pareille le rapporteur du Crédit mobilier n'ait pas eu
des idées fort gaies.

« Si nous nous sommes trompés, disait-il au nom
des administrateurs, nous sommes les premiers à en
subir loyalement les conséquences, avec ceux qui ont
marché à notre suite.....

« La règle que nous avions adoptée dans la *bonne
fortune*, devait nous servir de guide dans des circonstances différentes, etc., etc.

Ne laissait-on pas pressentir ainsi la catastrophe
dont nous allons être témoin?...

---

[1] Le bilan porte la rubrique : *Reports et avances aux Compagnies.*

[2] Le bilan porte la mention : *Avances aux Compagnies et à divers
sur nantissements.*
Mais n'est-ce pas un double artifice de langage ?

CHAPITRE XVI

1867

Nous arrivons au terme de ce travail que nous regret-
terons toujours de n'avoir pu faire plus complet, aussi
complet qu'il devait l'être.

Nous avons voulu, en nous plaçant au point de vue
des intérêts des actionnaires, raconter et examiner les
actes du Crédit Mobilier pendant les quinze années
de son existence, c'est-à-dire de 1852 à 1867. Nous
l'avons fait aussi fidèlement que possible.

On a vu par ce qui précède que cette histoire est divisée en deux parties distinctes,

1° Une période croissante de 1852-1856.

2° Une période décroissante 1857-1867.

Ainsi les années de prospérité furent au nombre de quatre, les années difficiles ou malheureuses, au nombre de onze, sur un total de quinze ans.

Dans ces intervalles, des intérêts considérables ont été maniés par le Crédit Mobilier. La plupart des affaires dans lesquelles ces intérêts ont été engagés se trouvent aujourd'hui dans la situation la plus critique. Ce qu'il y a de plus à déplorer dans cet état de choses, c'est qu'il frappe surtout la partie la plus sage, la plus *rangée* de la nation : celle dont le pécule avait été créé par le travail et par l'économie.

Nous avons raconté les événements et les faits qui eurent une influence directe sur les affaires du Crédit Mobilier ; nous avons successivement examiné toutes ces affaires dans leurs résultats ; enfin nous avons cherché les causes qui avaient pu conduire à une décadence ruineuse, une institution qui avait été dirigée par des hommes renommés pour leurs capacités, une institution, qui avait toujours eu à sa disposition des ressources considérables, un crédit illimité, et devant laquelle toutes les difficultés semblaient s'effacer à plaisir.

Dans ce but nous avons étudié les rapports, les bilans, les états de situation, nous avons consulté tous les journaux spéciaux, en ayant toujours sous la main les documents administratifs et le *Moniteur*.

Malgré nos travaux, malgré nos études, malgré nos recherches sans nombre, nous avons dû nous borner à constater des faits, ou à poser des questions.

Comment les résoudre ?

Des documents positifs, des pièces justificatives, des preuves enfin n'ont jamais appuyé les affirmations, les bilans, les comptes fournis par les rapports du Crédit Mobilier. C'est un fait que nous avons constaté plusieurs fois, que nous aurons à constater encore, et qui, on l'a remarqué, a été la conclusion forcée de tous nos chapitres.

Nous n'avons pu réussir à dégager l'inconnue, la vérité.

La vérité, nous l'avons cherchée, toujours ; nous l'avons entrevue et poursuivie dans le dédale infini des chiffres ; nous nous sommes toujour crus sur le point de la surprendre et de la saisir. Mais elle nous échappait aussitôt.

Seul, nous n'avons pas assez de forces pour la retenir et lui arracher ses voiles.

Pendant l'année 1867, les cours du Crédit Mobilier n'ont été qu'une longue chûte. Dans le mois de janvier et février on cotait encore le plus souvent des prix au-dessus du pair, mais à partir du 18 mars, on perdit le pair. On ne devait plus le regagner.

Voici du reste, le tableau des variations mensuelles des cours du Crédit Mobilier en 1867.

34

Mois.	Plus bas cours.	Plus haut cours.
Janvier............	480	516 25
Février............	485	533 75
Mars............	442 50	518 75
Avril............	343 75	441 25
Mai............	350	417 50
Juin............	370	432 50
Juillet............	316 25	371 25
Août............	285	337 50
Septembre.....	170	325
Octobre........	140	187 50

C'était le 18 mars, disons-nous, que le cours du pair fut définitivement perdu sur les actions du Crédit Mobilier.

L'assemblée devait avoir lieu le 6 avril suivant. Déjà circulaient des bruits sinistres; mais cette fois avec une persistance de mauvais augure, on disait que le Crédit Mobilier était dans la plus grave situation.

Dans l'assemblée des actionnaires du 6 avril, le rapport tenait compte de ces bruits sinistres, mais il les attribuait à la malveillance et il prétendait que des efforts étaient faits en vue de combinaisons nouvelles.

« Ces combinaisons, disait-il, sont l'objet de négocia-
« tions et de discussions nécessairement longues, et qu'on
« ne saurait abréger dans l'unique but de satisfaire à des
« désirs, à des impatiences légitimes, mais auxquelles il
« faut savoir résister pour ne rien compromettre. »

C'était implicitement reconnaître que ces bruits *répandus par la malveillance* étaient vrais. La situation du Crédit Mobilier était donc très-grave.

Malgré cela le bilan constatait au 31 décembre 1866, une situation qui ne portait le chiffre des pertes qu'à

7.983.136 03

C'est le chiffre que nous trouvons invariablement dans tous les bilans mensuels publiés du 31 mars au 31 octobre 1867.

Nous prenons note de ce chiffre, nous allons avoir l'occasion d'en parler.

Nous avons vu, à la fin du chapitre XII, c'est-à-dire l'année 1863, que le Crédit Mobilier avait *certifié la complète disponibilité des valeurs de son portefeuille qui n'avaient pas été réalisées.* En cette année, ainsi que nous l'avons établi, il avait donc entre les mains un capital de........................ 60.000.000   »

Une réserve statutaire de...... 2.000.000   »

Une réserve extraordinaire de.. 5.668.583 89

Plus diverses valeurs (ensemble 8,149,587 82) comptées seulement dans le portefeuille pour la somme de..........................   2   »

Total......... 67.668.585 89

Au 31 décembre 1863, le capital de la Société existait donc intact avec sa réserve statutaire de 2 mil-

lions, plus 13,818,171 71 de réserve extraordinaire
ou de valeurs diverses.

Au 31 décembre 1864, le capital de la Société était
intact avec sa réserve, puisqu'on distribuait un dividende de 25 fr. par action en sus des intérêts déjà
payés à raison de 5 0/0 aux actionnaires et qu'on
payait 333,333 fr. 33 c. pour la part de 10 0/0 sur
les bénéfices aux administrateurs.

Au 31 décembre 1865, le capital de la société était
intact avec sa réserve, puisqu'il figurait pour le chiffre
de 60 millions dans le *passif*, et qu'on constatait en
outre un bénéfice par le compte de profits et pertes
de 8,586,006 fr. 89 c. Il est vrai que cette année ne
paya que l'intérêt aux actions et qu'on ne distribua
pas de dividende. Mais la situation ne s'était pas modifié au 18 mai 1866.

Pendant l'année 1866, le capital de la Société est
porté de 60 millions à 120 millions, et le bilan du
31 décembre 1866, pour la première fois depuis
l'existence du Crédit Mobilier, signale une perte au
compte de profits et pertes, et cette
perte s'élève à 7.983.136 03

Or comme l'année précédente on
constatait, au 31 décembre 1865,
un bénéfice de 8.586.006 89

Le Crédit Mobilier aurait donc
perdu, pendant l'année 1866, à
partir du 18 mai, une somme de . . 16.569.142 92

Nous avons vu dans le rapport, lu à l'Assemblée des actionnaires du 6 avril 1867, qu'on avait parlé assez légèrement de cette perte considérable et qu'on s'était borné à l'expliquer par une dépréciation de portefeuille. Voici, en effet, les explications du rapport à ce sujet :

> « Le chiffre de notre portefeuille présente une diminu-
> « tion plutôt apparente que réelle : cette diminution résulte
> « de la dépréciation que nos valeurs ont éprouvée, et c'est
> « ce qui constitue le solde en perte qui ressort des comptes
> « du dernier exercice. Mais comme nous vous l'avons dit,
> « cette perte ne résulte à nos yeux que de circonstances
> « extérieures, de circonstances étrangères à la valeur intrin-
> » sèque de notre portefeuille. »

Il ne faut pas perdre de vue que c'était le 6 avril que le Crédit Mobilier parlait en ces termes. Les bilans mensuels publiés avant l'Assemblée, c'est-à-dire le 31 janvier, le 28 février, le 31 mars, et les bilans mensuels publiés après l'Assemblée, c'est-à-dire les 30 avril, 31 mai, 30 juin, 31 juillet, 31 août, 30 septembre, 31 octobre 1867, portent tous invariablement le solde du compte de profits et pertes pour l'exercice 1866 à l'*actif* pour la somme que nous avons déjà mentionnée de 7,983,136 03.

Cette perte étant admise, il faut voir si les variations du portefeuille peuvent nous fournir quelques indications.

Le 15 septembre, le journal l'*Epoque* donnait, d'après le bilan communiqué à la Banque de France, une liste des valeurs composant le portefeuille du Crédit Mobilier au 31 août dernier. Cette liste de valeurs ne fut jamais démentie ni contredite. Le journal la *Presse* la reproduisit après l'avoir vérifiée et complétée. Cette liste des valeurs, donnée par la *Presse* ne fut jamais démentie ni contredite, non plus. On peut donc croire que la liste était exacte. Voici de quelle valeurs elle se composait :

   3.000 fr. de rente.

113.600 obligations immobilières.

 72.000 actions   d°.

 65.000   —   Crédit Mobilier espagnol.

   650   —   Crédit Mobilier français.

 12.008 obligations, canalisation de l'Ebre.

 20.000   —   Transatlantique.

 62.000   —   Nord de l'Espagne.

   350 actions, Midi.

  4.200   —   Autrichiens.

 32.000   —   Magasins Généraux.

Le journal la *Presse* évaluait la perte de ce porte-feuille, du prix de revient présumé, au cours du 17 septembre, à la somme de...... 74,643,250 »
et il ajoutait que si les 62,000 titres du nord de l'Espagne étaient des actions au lieu d'être des obligations, la perte du portefeuille serait de 94,000,000 au lieu des 74,000,000 ci-dessus.

Cette perte est-elle exacte, en fait, pour les valeurs du Crédit Mobilier, au bilan du 31 août ? — Oui, — elle est exacte, si la composition du portefeuille est celle qu'a donnée le journal la *Presse*.

Selon nous, cette perte doit être plus grande encore. Si le Crédit Mobilier avait eu dans son portefeuille plus de valeurs ou de meilleures valeurs que le journal la *Presse* ne le disait, il se serait empressé de démentir, de crier à la diffamation, à la calomnie !

Donc la liste des valeurs donnée par le journal l'*Epoque*, liste revue, corrigée et enrichie de commentaires par le journal la *Presse*, était moins triste que la réalité.

Oui, elle était moins triste, car les actions de la Compagnie immobilière couraient risque de voir leur capital entier dévoré, et les obligations elles-mêmes étaient menacées par des créances en comptes courants au profit du Crédit Foncier et même du Crédit Mobilier. En ce cas, la perte du portefeuille aurait été non pas de 94 à 95 millions, mais plus considérable encore.

Nous avons scruté cette situation. Nous avons cherché à déchirer les voiles qui couvrent ce portefeuille, plus mystérieux encore aux jours de l'adversité qu'aux jours de la prospérité !

Nous avons fait les calculs de toutes les valeurs données par l'*Epoque* et la *Presse*, et nous les avons ramenés aux dates des bilans officiels du Crédit Mobilier.

Pour le bilan officiel du 31 août, ainsi établi :

Rentes et obligations diverses. fr.	38.829.643 30
Actions diverses............	58.630.750 18
Ensemble....	97.460.393 48

Nous avons trouvé que le bilan de la *Presse* aurait donné :

Rentes et obligations diverses...	26.044.675 »
En actions diverses.........	48.975.000 »
Ensemble.....	75.019.675 »

Pour le bilan officiel du 30 septembre, ainsi établi :

Rentes et obligations diverses...	37.080.882 25
Actions diverses............	58.176.731 63
	95.257.613 88

Nous avons trouvé que le bilan de la *Presse* aurait donné, en tenant compte des variations du cours :

Rentes et obligations diverses...	24.806.025 »
Actions diverses............	46.124.062 50
	70.930.087 50

Ainsi donc, entre les deux bilans officiels :

Celui du 31 août, évalué à.....   97.460.393 48

Et celui du 30 septembre, évalué

à.........................   95.257.613 88

          Il y a une dépréciation de   2.202.779 60

Tandis qu'entre les deux bilans de la *Presse* :

Celui du 31 août, évalué à.....   75.019.675   »

Et celui du 30 septembre, évalué

à.........................   70.930.087 50

          Il y a une dépréciation de.   4.089 587 50

Entre les deux portefeuilles, le portefeuille des bilans officiels et le portefeuille du bilan de la *Presse*, il y a un écart de 22 millions dans la situation du 31 août, et un écart de 24 millions et demi, dans la situation du 30 septembre. Là n'est pas, en réalité, le point important.

Nous ne savons, de l'un ou de l'autre de ces bilans, quel est celui qui se rapproche le plus de la vérité, sous le rapport des évaluations; seulement ce que nous pouvons affirmer, c'est qu'il est impossible, et matériellement impossible, qu'un portefeuille de 95 millions, quelles que soient les valeurs qui le composent, n'ait donné du 31 août au 30 septembre que deux millions de dépréciation, quand un portefeuille de 75 millions en donne 4.

Il y a plus :

Dans les bilans officiels, nous remarquons que l'article de *Rentes et obligations diverses*,

S'élevait au 31 août à........ 38.829.643 30

Tandis qu'au 30 septembre, il ne s'élève qu'à.................. 37.080.882 25

             Différence 1.748.761 05

Et que l'article *actions diverses*

S'élevait au 31 août à.......... 58.630.750 18

Tandis qu'au 30 septembre il ne s'élève qu'à................... 58.176.731 63

             Différence...... 454.018 55

Ainsi les obligations auraient perdu du 31 août au 30 septembre, suivant les bilans officiels, une somme de........................... 1.748.761 05

Quand les actions n'auraient perdu que la somme de............... 454.018 55

Ici encore nous pouvons affirmer que les résultats de ces deux dépréciations sont impossibles, et matériellement impossibles : Qu'on prenne la cote authentique, qu'on choisisse, pour les besoins de la cause, les valeurs qui se trouvent dans ce cas étrange de présenter plus de pertes sur les obligations que sur les actions, et on n'arrivera jamais à établir que :

38 millions de valeurs en *rentes et obligations diverses* peuvent donner une perte de 1,750 mille francs lorsque :

58 millions de valeurs en *actions diverses* ne donnent qu'une perte de 450 mille francs.

La situation des bilans officiels renferme donc une contradiction, une anomalie, quelque chose d'inexprimable, enfin, qui aboutit à l'absurde.

Quant à nous, nous renonçons à aller plus loin dans notre examen, les choses seraient bien autrement sérieuses si la liste des valeurs donnée par la *Presse* était exacte. Il ressort en effet de cette liste que le portefeuille du Crédit Mobilier contenait :

> 3.000 francs de Rentes,
>
> et 175.600 titres d'obligations
>
> contre :
>
> 214.208 Titres d'actions.

Voudrait-on objecter que pour faire face à des exigences de situation, on a vendu pour un million ou pour un million et demi de valeurs en rentes ou obligations et que la différence de portefeuille que nous avons constatée comme étant de 1,748 mille francs, doit-être, de ce fait, réduit à une somme beaucoup moindre ? Ici, non plus, l'objection ne saurait être fondée : on ne saurait admettre en effet qu'on se serait débarrassé des rentes et des obligations, valeurs certaines relativement, pour conserver des actions, valeurs subordonnées non-seulement à des variations de cours, mais encore à des incertitudes de revenus. L'objection ne saurait donc être admise, à moins d'être appuyée par des faits. En ce cas seulement le fait inodait servir d'explication.

Dans une pareille situation, il faut avoir le courage de prendre un parti; il faut publier la liste des valeurs qui composent le portefeuille du Crédit Mobilier; il faut la publier hardiment, sans se préoccuper de considérations secondaires.

Pourquoi ne le ferait on pas?

Peut-on prétendre aujourd'hui, comme on le prétendait autrefois, que si la composition du portefeuille est connue, toute la spéculation jouera sur la position du Crédit Mobilier? non on ne peut pas le prétendre. Il n'y a plus de spéculation à la baisse possible, sur les valeurs du Crédit Mobilier.

Le silence qu'on pouvait garder plus longtemps sur la composition du portefeuille autoriserait à croire peut-être, que le mal est encore plus grand qu'on ne peut se l'imaginer.

On doit chercher à éviter des malheurs, on doit s'efforcer de les prévenir; mais quand ils ont éclaté, il faut les accepter franchement; les subir avec courage et ne s'occuper que d'une chose: les réparer.

De tout ce qui précède, il résulte que la perte ou la dépréciation sur les valeurs du portefeuille du Crédit Mobilier peut être évaluée de 74 à 94 millions, y compris la perte de 7,983,136 fr. 03 c., solde du compte de profits et pertes de l'exercice 1866.

A quelle époque peut remonter cette perte de 74 à 94 millions? Telle est la question qu'il faut examiner.

Nous avons vu, il y a quelques instants, que ce n'était ni en l'année 1863, ni en l'année 1864, ni même en l'année 1865 que ces pertes s'étaient produites.

En effet, dans le rapport et dans le bilan de l'exercice de 1865, lu le 19 mai 1866, à l'assemblée des actionnaires, le Crédit Mobilier ne constate pas seulement un bénéfice de 8,586,006 fr. 85 c., mais il établit, avec des détails circonstanciés, que ce *bénéfice a été obtenu de la manière suivante :*

Les intérêts et bénéfices de nos placements, déduction faite des intérêts bonifiés par nous, se sont élevés à	3.802.295 95
Les commissions de toute sorte, comprenant notamment celles perçues sur des émissions d'emprunts et sur des placements d'obligations, ont été de	5.121.463 85
La caisse des dépôts de titres et les locations diverses ont produit.	113.600 »
Enfin, le solde de l'exercice 1864 était de.	1.534.874 23
Ce qui présente un chiffre brut de . . .	10.572.234 03
Dont il faut déduire, pour frais généraux, d'administration et de personnel, contributions, assurances, impressions et publicité, etc. 949.813 86	
Pour moins-value du portefeuille au conrs du 31 décembre 1865 . . . 1.039.413 32	1.986.227 18
Soit un produit net de	8.586.006 85

ou plus de 14 0/0 du capital primitif de 60 millions.

Nous avons dit, dans le Chapitre XIV, à la page 486, que nous aurions l'occasion d'établir que la plupart des Sociétés dans lesquelles le Crédit Mobilier avait encore de grands intérêts au 31 décembre 1865 et encore au mois de mai 1866, se trouvaient dans la meilleure position ; nous avons dit que nous justifierions cette assertion et que nous en prouverions l'exactitude par un document qu'on ne pourrait pas contester, nous nous réservions seulement de le produire à la place qu'il devait occuper : sa place est ici.

Dans le rapport de l'exercice 1865, nous trouvons cette déclaration formelle :

La plupart des sociétés dans lesquelles nous avons encore de grands intérêts se trouvent aujourd'hui dans la meilleure position, malgré la dépréciation que subissent en ce moment leurs titres, dépréciation que rien ne justifie et qui a eu pour unique cause les appréhensions exagérées des événements politiques.

Or, ce langage était tenu dans l'assemblée du 19 mai 1866, c'est-à-dire pendant que le doublement du capital était en cours, et, depuis le rapport de 1858, rapport qu'on rappelait à cette même assemblée du 19 mai 1866, il était officiellement établi que :

Aux yeux du conseil d'administration du Crédit Mobilier, il n'y avait de dividende acquis que lorsqu'il avait été loyalement constaté LA VEILLE DU JOUR DE L'ASSEMBLÉE.

Donc, la veille du 19 mai 1866, le bénéfice de 8,586,006 fr. 35 c. existait encore; donc, la veille du 19 mai 1866, le capital primitif de 60 millions, plus la réserve de 2 millions, existait encore; donc, à la veille du 19 mai 1866, le Crédit Mobilier possédait intacts :

Son capital................   60.000.000   »
Sa réserve................   2.000.000   »
                              ─────────────
        Ensemble...   62.000.000   »

et il avait, en outre, au compte de profits et pertes, un solde en bénéfices de..................   8.586.006 35

Voilà des faits indiscutables; voilà des affirmations qu'il est impossible d'effacer et de détruire; voilà une situation qui ressort des déclarations faites en pleine assemblée d'actionnaires et répétées dans tous les journaux. Ce n'est donc pas nous qui parlons et qui constatons : ce sont les administrateurs eux-mêmes du Crédit Mobilier, par l'organe de leur rapporteur.

Or, depuis le 19 mai 1866, en outre du capital primitif de 60 millions, on a reçu un second capital de 60 millions, ensemble 120 millions! On avait, en sus, 4 millions à la réserve....

Il y a eu une assemblée d'actionnaires le 6 avril 1867, dans laquelle on a constaté une dépréciation de 7,983,136 03, sur le capital social, et le 22 octobre suivant, le président du Conseil d'administration du

Crédit Mobilier, M. Isaac Pereire, M. Émile Pereire et M. C. Salvador se retirent...

Les deux esprits qui avaient été l'âme même du Crédit Mobilier l'abandonnent !...

Que s'était-il donc passé ?

On disait depuis longtemps, que les affaires du Crédit Mobilier étaient embarrassées; que des avances faites en compte courant à la Compagnie Immobilière, et s'élevant à 72 millions avaient absorbé la totalité du capital primitif et 10 millions en sus; que le reste du capital, 50 millions environs étaient engagés dans des valeurs déconsidérées, et frappées d'une dépréciation considérable; mais on était loin de penser que la désorganisation était si proche. On voyait une situation très-difficile, très-compromise même, mais on espérait toujours que des administrateurs capables, possesseurs d'une grande fortune, pourraient parer aux difficultés de la situation et reconstituer par des combinaisons heureuses le capital qui leur avait été confié.

On disait encore, que le Comptoir d'escompte, la Société Générale, le Crédit Foncier avaient été successivement appelés en aide; que la Banque de France avait été sollicitée pour un prêt de 75 millions; à ce sujet, les uns affirmaient que la Banque avait avancé 37 millions et demi; les autres prétendaient qu'elle n'en avait prêté que 27, en stipulant les plus sérieuses garanties. Nul doute ajoutait-on que le prêt tout entier n'eût été consenti, si tous les administrateurs du Crédit Mobilier se fussent docilement pliés aux justes exigeances de la Banque; mais il y avait de la part de certains membres, des résistances devant lesquelles les combinaisons durent échouer.

Elles échouèrent en effet ou tout au moins elles n'aboutirent qu'en partie, suffisantes pour empêcher une catastrophe immédiate, insuffisantes pour sauver la situation.

Tel était l'état des choses quand la lettre suivante ut publiée au *Moniteur*.

Nous devons à nos actionnaires, nous nous devons à nous-mêmes de mettre un terme aux bruits accrédités par la malveillance sur les motifs de notre retraite du Conseil d'administration du Crédit Mobilier et de la Compagnie Immobilière, en faisant connaître qu'elle n'a été de notre part qu'un acte de dévouement aux intérêts de ces sociétés.

Nous avons voulu, en nous effaçant, mettre fin à de regrettables dissentiments et rendre plus facile la réalisation des ressources nécessaires pour l'achèvement des travaux entrepris.

Quelque douloureuse que dût être pour nous une retraite dans ces temps difficiles, nous n'avons pas hésité à accomplir ce sacrifice. Nous avons fait plus : en nous retirant, nous avons donné, dans une proportion considérable, notre garantie personnelle pour faciliter des négociations que nous n'étions plus appelés à suivre.

Mais de loin comme de près, en dehors comme en dedans du conseil d'administration de ces sociétés nous ne serons pas moins préoccupés que par le passé des intérêts à la

35

gestion desquels nous avons participé pendant si longtemps avec le zèle le plus absolu.

Quant au silence que nous avons cru devoir garder en présence des attaques inqualifiables dont nous avons été l'objet, il s'explique par la nature même de ces attaques, par le mobile qui les a inspirées et le but qu'on déclare vouloir atteindre; il s'explique surtout par notre ferme confiance que l'appréciation exacte des faits et des circonstances ne tardera pas à en faire justice.

Paris, le 22 octobre 1867.

Emile PEREIRE.   Isaac PEREIRE.

Cette lettre n'est pas une abdication; les termes dans lesquels elle est conçue le prouvent.

C'est une désertion.

Un président du conseil d'administration du Crédit Mobilier, comme M. Isaac Pereire, un administrateur du Crédit Mobilier, comme M. Emile Pereire, ne peuvent pas se retirer ainsi, même quand il déclarent que leur retraite n'a été de leur part qu'un acte de dévouement.

Ce sont des paroles qui n'ont aucun sens dans leur bouche : Ils sont riches, dit-on; leurs actionnaires sont ruinés.

Il ne s'agit donc pas de parler de dévouement.

On attend autre chose d'eux.

Le 19 mai 1867, ils ont déclaré qu'il n'y avait qu'une perte de 7,983,136 fr. 03 c. sur le capital soet sur la réserve du Crédit Mobilier, ensemble cent vingt-quatre millions.

Qu'ils le prouvent.

Voilà le sujet de la première lettre qu'ils pourront écrire aux actionnaires et au public.

Jusqu'à ce qu'ils aient donné des explications satisfaisantes et mis ainsi leur honneur à couvert, les administrateurs du Crédit Mobilier seront responsables, matériellement ou moralement, de la somme de cent vingt-quatre millions que les actionnaires leur ont confiés.

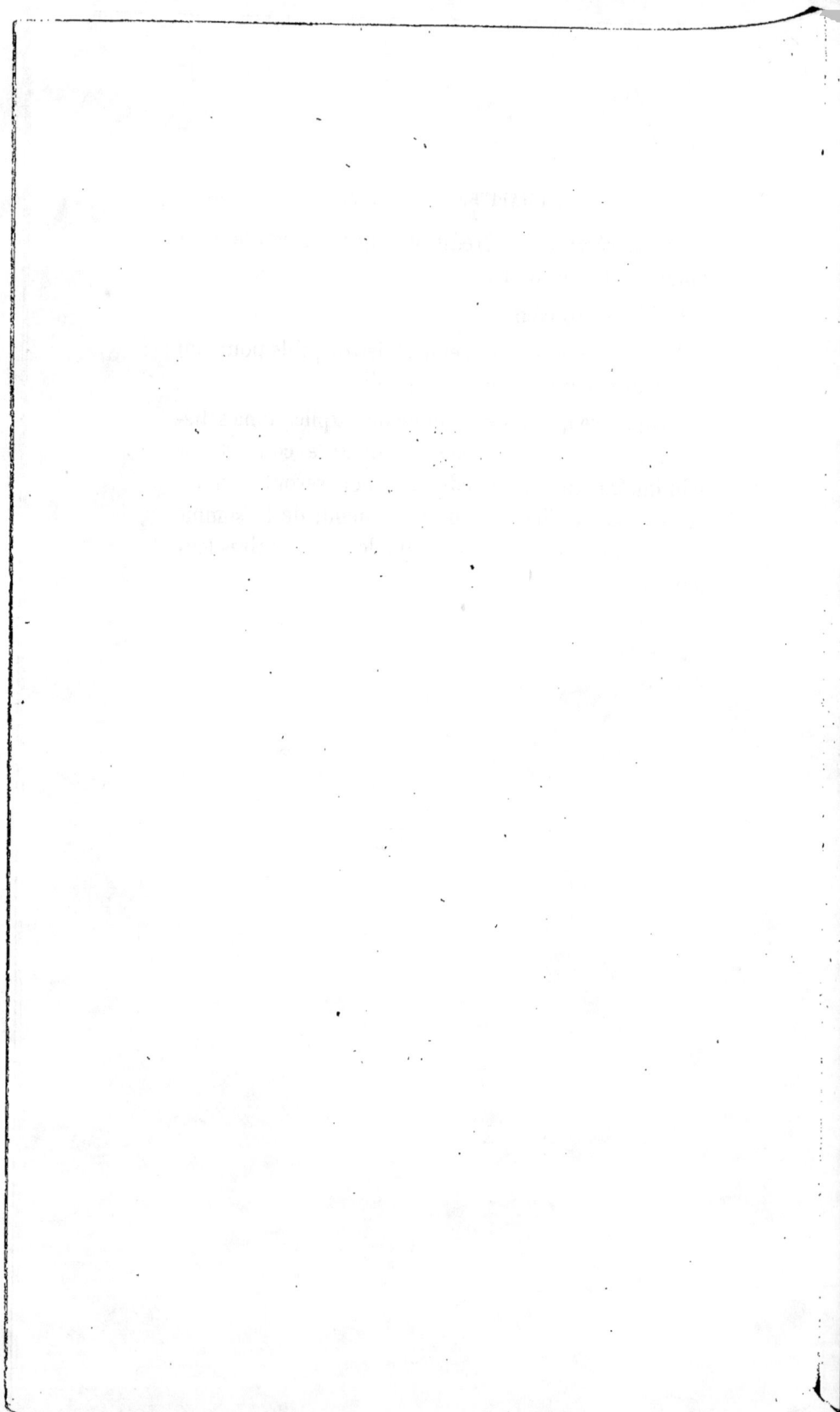

En quinze années d'existence, le Crédit Mobilier français avait pris part à de nombreuses affaires : il s'était mêlé activement aux intérêts de plusieurs grandes Sociétés et de plusieurs grandes Compagnies. C'étaient notamment :

Le Chemin de fer de l'Ouest,
Le Chemin de fer de l'Est,
Le Chemin de fer du Midi,
Le Chemin de fer du Dauphiné,
Le Chemin de fer de Dôle à Salins,
Les Chemins de fer Autrichiens,
Les Chemins de fer François-Joseph,
Les Chemins de fer Russes,
Les Chemins de fer Suisses,
Le Chemin de fer de Séville à Cordoue,
Le Chemin de fer du Nord de l'Espagne,
La Compagnie Maritime, devenue ensuite
La Compagnie Transatlantique,
La Compagnie Immobilière,
Le Crédit Mobilier Espagnol,
Le Crédit Mobilier Italien,
La Société générale Néerlandaise,

La Banque Ottomane,

La Compagnie Parisienne du Gaz,

La Compagnie des Omnibus de Paris,

La Compagnie des Magasins Généraux,

La Compagnie des Petites Voitures,

La Compagnie d'Assurances La Paternelle,

La Compagnie d'Assurances La Confiance,

La Compagnie d'Assurances Le Phénix Espagnol,

La Canalisation de l'Èbre,

Etc., etc., etc.

Et une multitude d'autres entreprises dont l'énumération nous entraînerait trop loin, mais qui représentèrent un capital d'émission de près de

4 milliards de francs.

Dans cet immense mouvement d'affaires, où nous ne faisons pas figurer les Emprunts d'État, de Villes, etc., nous calculons que, pour 21 Compagnies seulement, le Crédit Mobilier émit

4,332,084 titres, actions ou obligations.

Ces 21 Compagnies avaient à elles seules un capital d'émission de

1,916,168,030 francs,

à leurs cours les plus élevés les titres de ces 21 Compagnies atteignirent une valeur de

3,006,829,200 francs,

Ce qui constituait un bénéfice de

1,090,661,170 francs,

sur les prix d'émission au pair.

Aux cours cotés à la Bourse de Paris, aujourd'hui 21 novembre 1867, les titres de ces 21 Compagnies ne représentent plus qu'une valeur de

1,264,401,070 francs,

c'est-à-dire que les porteurs de ces titres perdent :

651,776,960 francs,

sur les prix d'émission au pair, et

1,742,428,130 francs,

sur les cours les plus élevés.

D'après ces chiffres, que nous justifions par des calculs détaillés [1], on peut juger des pertes que les malheureux porteurs de titres ont éprouvées dans les affaires faites par le Crédit Mobilier.

Pourront-ils les recouvrer jamais?

Mais dira-t-on, de ces entreprises, il reste des travaux, des immeubles, des maisons, des hôtels, des chemins, un matériel, un outillage, etc. Nous en convenons; oui, ces travaux, ces immeubles, ces maisons, ces hôtels, ces chemins, ce matériel, cet outillage, etc., etc., existent..... Mais n'aurait-on pas pu en établir deux fois autant, peut-être, avec la même somme de capitaux si on les eût sagement employés?

Où donc a passé tout cet argent? où sont passés les millions, les centaines de millions, et les milliards?...

Demandez-le AUX COMPTES D'ÉMISSION, DE NÉGOCIATION; demandez-le AUX COMPTES DE PREMIER ÉTABLISSE-

---

[1] Voyez, aux Documents et Pièces justificatives, les tableaux justificatifs 1, 2, 3 et 4.

MENT *des compagnies*, c'est là que se trouve le secret des pertes énormes, que subit aujourd'hui le marché financier.

Il est possible de reconstituer ces comptes, il est possible de tout rechercher, de tout suivre, de tout trouver : Par les négociations successives des titres, il est possible de remonter aux origines des émissions et d'en connaître tous les mystères; par la vérification des comptes de premier établissement, il est possible de savoir à quelles causes il faut attribuer les dépenses exagérées, les dépenses folles, les dépenses outrées, qui empêcheront certaines entreprises de donner jamais un revenu en rapport avec le capital employé.

En thèse générale, il n'y a pas de mauvaises affaires, il n'y a que de mauvaises gestions, il n'y a que de mauvaises administrations.

Il est probable qu'on a réalisé des bénéfices très-considérables sur l'émission des actions du Crédit Mobilier; il est probable qu'on a réalisé des bénéfices considérables sur l'émission des chemins de fer de l'Est; il est probable qu'on a réalisé des bénéfices bien plus considérables encore sur les chemins de fer autrichiens; il est probable qu'on a réalisé des bénéfices considérables sur les chemins de fer de l'Ouest, du Midi, et bien d'autres; il est probable qu'on a réalisé des bénéfices fabuleux sur l'émission des actions du Crédit Mobilier espagnol et autres institutions de banque.

Nous ne voulons pas poursuivre plus loin cette nomenclature. Seulement il est probable que la somme des bénéfices prélevés en quinze ans au moyen d'émissions diverses faites par le Crédit Mobilier, dut atteindre, au minimum, à la somme de 750 millions.

Voilà la part des émissions, et nous sommes sans doute, bien au-dessous de la vérité.

Il reste un autre côté de la question à envisager, et ce n'est pas le moins sérieux.

Nous avons rappelé, dans le cours de cet ouvrage, l'*erreur* de 80 millions signalée au Corps législatif par M. Em. Ollivier, pendant la construction de nos chemins de fer du Midi ; nous avons signalé nous mêmes, l'*écart* de 80 millions existant entre les devis d'estimation et le compte de premier établissement de la Compagnie du chemin de fer du Nord de l'Espagne ; nous ne nous arrêterons pas aux analogies que présentent les travaux faits sur d'autres lignes de chemins de fer dont le Crédit Mobilier dirigea les travaux, les chemins de fer autrichiens notamment, où l'on se souvient que les fondateurs réclamèrent la capitalisation de leurs bénéfices, capitalisation qui leur fut accordée sous la forme de 44,444 actions, autrement dit, 18 à 20 millions de bénéfices, *au minimum*.

Nous ne voulons pas rappeler tout ce qui s'est passé pendant l'orageuse existence de la Compagnie Immobilière, nous aurions trop à dire à ce sujet.

Nous nous bornerons à faire remarquer que l'Hôtel du Louvre et le Grand-Hôtel figurèrent ensemble dans les premiers bilans, de la Compagnie, pour la somme de 30 millions environ, et que, par une plus value inexplicable et miraculeuse, ils figurent aujourd'hui, dans ces mêmes bilans pour une somme de 50 millions. Il s'est peut-être passé dans la gestion de la Compagnie Immobilière, dans les achats de terrains, dans les constructions, dans les travaux, etc., etc., des faits dont on ne saurait trop rechercher le mobile et le but.

Nous ne voulons pas parler de la Compagnie maritime, et raconter comment elle opéra l'acquisition de son matériel. Ce matériel fut acquis dans des conditions telles que la Société fut rapidement obligée de liquider.

Au moment où son existence était près de finir, une convention, un décret la transforment, une subvention magnifique, exagérée, peut-être la sauve : elle devient la Compagnie Transatlantique.

Elle est concessionnaire du service postal entre la France, les Antilles et l'Amérique. La guerre du Mexique lui donne de nouvelles forces par des subventions considérables : les subventions annuelles payaient les dépenses de ses navires ; 18 millions d'avances couvraient ses frais de premier établissement. Malgré ces avantages inouïs, seuls, les navires achetés à l'étranger ou construits en Angleterre, peuvent remplir les conditions du cahier des charges. Tous d'ailleurs revinrent à des prix impossibles d'exagération [1]; il en est du reste de même, de tous les travaux faits par la Compagnie.

Si de pareils abus ou de pareils désordres ont pu se produire dans les travaux dans les constructions de tous genres, constructions de cheminsde fer, constructions d'immeubles, de maisons, d'hôtels, constructions de navires ou de matériel naval, etc., etc., quels ne doivent pas avoir été les abus et les désordres dans les opérations de finances, de banque, de spéculation, etc. De quelque côté que l'on se tourne, on n'apperçoit que des gouffres, où se sont engloutis les capitaux du public.

C'est en vain qu'on voudrait objecter les bénéfices faits par le Crédit Mobilier et les dividendes qu'il a distribués à ses actionnaires. Nous reconnaissons que es fondateurs et les administrateurs du Crédit Mobilier ont dû récolter des profits considérables. Mais les actionnaires ont-ils été aussi heureux ?

Voilà la question : examinons-la.

Le Crédit Mobilier, en quinze ans d'exercice, a payé à ses actionnaires :

[1] Les prix de revient du matériel naval, tels qu'ils sont indiqués au rapport de la Compagnie Transatlantique du 15 avril 1867, sont affreusement élevés : ils dépassent de moitié, pour des navires eu fer, le prix des navires en bois !

1° A titre d'intérêts.......... 37.830.000 »
2° A titre de dividendes...... 73.824.000 »

Ensemble....... 111.654.000 ,

pour 120,000 actions.

C'est-à-dire que chaque action a touché :

1° A titre d'intérêts................. 315 25
2° A titre de dividendes............. 615 20

Ensemble....... 930 45

Autrement dit, une action du Crédit Mobilier a touché en quinze ans.................. 930 45

Ce résultat, qui paraît splendide au premier abord et qui éblouirait les esprits légers et vulgaires, ne séduira jamais les hommes positifs et éclairés.

Nous allons démontrer que les bénéfices apparents donnés par une action du Crédit Mobilier se réduisent en quinze ans à 45 c.

Supposons, en effet, que dans le mois de décembre 1852, époque où les actions du Crédit Mobilier en émission étaient cotées de 1,785 à 830.

Soit en moyenne.......... 1,307 50

une personne ait eu la bonne fortune d'acheter bien au-dessous de ce cours moyen, c'est-à-dire, par exemple, au cours de .... 1,080 »

une action du Crédit Mobilier.
Qu'aurait-elle rapportée en quinze ans ?

De magnifiques intérêts, de magnifiques dividendes, qui seraient élevés ensemble, comme nous venons de le voir, à la somme de................ 930 45

Or, que vaut aujourd'hui, 21 novembre, l'action du Crédit Mobilier.............. 142 50

Total........ 1,072 95

Supposons maintenant que dans le même mois de décembre 1852, époque où la Rente française 3 0/0, après avoir fait 86 fr., était cotée au cours de 81 fr., la même personne eût employé en un achat de Rentes 3 0/0, une même somme de........ fr. 1,080 00

Qu'aurait rapporté ce capital employé en Rentes en 15 ans?

La Rente n'aurait rapporté, ni magnifiques intérêts ni magnifiques dividendes; elle aurait tout simplement accompli le service régulier de ses coupons. Ainsi, un capital de 1,080 fr. aurait rapporté par an 40 fr., soit en 15 ans. . . . . , ... fr.   600 00

$$\left(\frac{1,080}{81} \times 3 \times 15 = 600 \right)$$

Or, que valent, aujourd'hui, 21 novembre, 40 francs de Rente 3 0/0 (le cours du jour est de 68 40)?............ fr.   978 64

Total.. fr. 1,578 64

Donc le placement pendant quinze ans de 1,080 fr. sur une action du Crédit Mobilier eût donné une *perte* de ....fr. 7 05

Le placement pendant quinze ans de 1,080 francs, en Rente française, 3 0/0, eût donné un

bénéfice de . . . . fr.   498 64

Le Crédit Mobilier a fait perdre . . . fr.   7 05

La Rente eût fait gagner . . . . . . fr.   498 64

Entre le gain sur la Rente et la perte sur le Crédit Mobilier nous trouvons ensemble . . . fr.   505 69

qui forment la différence réelle entre les deux placements....

Donc le placement en Rentes eût été incontestablement le plus avantageux des deux placements.

Voilà donc à quoi se réduisent les opérations lancées à grand fracas, à grand renfort de programmes, d'annonces, de réclames etc., etc.; ils aboutissent à une perte.

Il n'y a qu'un seul vrai placement pour les *pères de familles*, puisqu'on a osé parler d'eux dans les rapports du Crédit Mobilier : c'est la valeur, par excellance, c'est la Rente française, 3 0/0.

Il y a plus, il n'est guère probable qu'on retrouve jamais un capital de 1,080 francs sur une action du Crédit Mobilier; tandis qu'on peut espérer, qu'on doit même toujours espérer de revoir le cours de 81 francs sur la Rente.

Pour y revenir, à ce cours de 81 fr., il ne s'agirait que de créer des petites coupures de 3 francs de

Rente ; cette mesure suffirait pour nous le faire atteindre et pour nous le faire dépasser avant peu.

Nous avions donc raison de dire, il y a quelques instants, que les opérations du Crédit Mobilier n'avaient été qu'une longue suite de déceptions et de désordres.

Sa chute est un naufrage; il ne s'agit plus maintenant que d'en sauver les épaves, les rares épaves !

Pour y arriver, il faut demander et exiger des comptes, ces comptes expliqueront peut-être les erreurs ou les fautes commises : ils les démontreront clairement; et alors il sera établi ou admis qu'on a pu se tromper.....

Qu'on s'est trompé.

Mais si on ne s'était pas trompé....

A ce propos, que les administrateurs du Crédit Mobilier nous permettent de leur faire une observation et de leur poser ce dilemme :

De deux choses l'une, ou ils ont administré les affaires du Crédit Mobilier comme leurs propres affaires, — et c'était leur devoir, — ou bien, ils les ont administrées dans un sens opposé.

---

1 Il y a longtemps que nous avons réclamé la création de ces petites coupures de 3 francs de rente, c'est-à-dire la division logique des inscriptions par les multiples de $3 \vee 6 - 9 - 12 - 15 -$ etc., seuls rationnels, puisque l'étalon de nos rentes est de 3 0/0.

Le cours des dixièmes d'obligations du Crédit Foncier 3 0/0 est l'argument le plus décisif à invoquer pour l'adoption immédiate de la mesure.

Dans le premier cas, nous ne nous expliquons pas qu'ils aient acquis d'immenses fortunes; dans le second cas, nous comprenons pourquoi le capital du Crédit Mobilier a disparu.

Mais nous le répétons, c'est aux COMPTES D'ÉMISSIONS, c'est aux COMPTES DE PREMIER ÉTABLISSEMENT que les actionnaires doivent demander la plus grande partie des restitutions auxquelles ils ont droit. eC sont-là les points vulnérables des Compagnies, de toutes les Compagnies sans exception.

Actionnaires, unissez-vous !

Isolés, vous êtes faibles, impuissants; unis, vous serez forts et maîtres de la situation...

Formez des associations intelligentes, constituez-les fortes, inébranlables dans le but que vous avez à atteindre. Ce but, c'est la reddition de comptes qui n'ont jamais été fournis, avec des preuves irrécusables à l'appui.

Quand vous les aurez obtenus, ces comptes, votre revendication deviendra un droit exécutoire, la responsabilité fera place à l'irresponsabilité.

FIN.

TRIBUNAL CIVIL DE LA SEINE (1re ch.)

Présidence de M. de Belleyme

Audiences des 25 et 27 juin

M. GOUPY CONTRE LA COMPAGNIE DU CRÉDIT MOBILIER. — DEMANDE EN DOMMAGES-INTÉRÊTS.

Me Berrier, avocat de M. Goupy, s'explique en ces termes :

Messieurs, je ne me propose pas d'entrer dans toutes les questions que pourrait soulever cette affaire. Je n'ai pas le droit d'examiner ici, en dehors des faits spécialement relatifs au procès, la nature des opérations de la Compagnie du Crédit Mobilier et le caractère des résultats que ces opérations ont pu avoir. Je dois renfermer la cause dans ce qui est exclusivement de la compétence du Tribunal.

La Compagnie du Crédit Mobilier, dans ses publications, dans ses rapports aux assemblées générales, se plaint hautement d'être l'objet d'accusations injustes suscitées par des jalousies personnelles, par des rivalités haineuses; ces plaintes ont eu leur écho dans le procès et nous les retrouvons dans une requête qui nous a été signifiée. M. Goupy, dit-on, est entré dans cette coalition d'intérêts froissés, de rivalités blessées, dans cette conjuration contre un établissement protecteur de l'industrie, du crédit public et du crédit privé, dont la puissance se développe dans des proportions gigantesques; M. Goupy est l'instrument de ces haines ; il ne fait le procès que dans un but de scandale.

Cela n'est pas, et quand j'aurai dit au Tribunal ce que j'ai à lui dire, ces reproches tomberont.

Des hommes considérables, des économistes distingués, des financiers dont l'expérience et les lumières n'ont été jusqu'ici méconnues de personne, envisagent sévèrement, au point de vue des intérêts moraux et même au point de vue des intérêts matériels du pays, l'établissement de la Compagnie du Crédit Mobilier; mais je n'ai pas à m'occuper des avantages ou des dangers que cet établissement peut créer en France, je n'ai qu'à examiner et à discuter un fait qui a

36

causé à mon client un préjudice incontestable et à appliquer à ce fait
les principes du droit quant à la responsabilité de la Compagnie.

Je ne puis cependant laisser sans réponse les objections étrangères
à la question même du procès et dirigées contre M. Goupy.

M. Goupy, dit-on, a commencé par porter contre la Compagnie une
une plainte en escroquerie; il a bientôt été obligé de reculer. Honteux
et comme embarrassé de l'attaque dirigée par lui contre une puissante institution, il a presque immédiatement fait suivre son assi-
gnation d'un désistement. Ce désistement n'a pas empêché qu'il n'ait
été traduit devant le Tribunal de police correctionnelle sous la pré-
vention de diffamation et condamné.

Il est vrai que M. Goupy, assez familiarisé avec les opérations
financières pour comprendre la nature et la portée des actes impu-
tables à la Compagnie du Crédit Mobilier, a porté inconsidérément,
sous le coup de la perte énorme qu'il venait de faire, une plainte
inspirée par une indignation assez naturelle. Il y a dans le monde
bien des manières de juger les choses, et certaines appréciations
très-justes peuvent ne pas être juridiques. Lorsque M. Goupy a consulté des hommes de loi, on lui a répondu : « Votre plainte n'est
peut-être pas injuste au fond, les lois pénales sont peut-être applicables aux actes du Crédit Mobilier; mais, pour le démontrer, il faudrait établir certains faits, et vous vous trouvez en présence de difficultés presque insurmontables. Comment prouver qu'en prenant des
engagements envers le public, la Compagnie a agi dans des vues de
hausse et de baisse dont elle pourrait tour à tour profiter ? Comment
constater le délit ? Comment prouver que tel ou tel membre du Conseil d'administration a acheté ou vendu à la Bourse tant d'actions
du Crédit Mobilier ? Le secret est imposé aux agents de change, et
d'ailleurs les titres sont au porteur, et les opérations d'achat ou de
vente ne laissent pas de trace saisissable. Et puis, il y a un autre
obstacle : c'est la puissance financière de la Compagnie. Le principe
même de son institution lui donne un ascendant immense. Vous
échouerez; désistez-vous. L'action civile vous reste : vous ferez connaître la nature des engagements qu'une Compagnie qualifiée de
grande institution d'intérêt public a pris envers le public lui-même;
vous montrerez que vous n'avez fait que répondre à l'appel adressé
aux capitaux; vous montrerez que le Crédit Mobilier est lié avec
vous par un quasi-contrat, et vous demanderez à la justice la réparation du dommage que vous avez souffert. »

Voilà sur quels avis M. Goupy a renoncé immédiatement à l'action correctionnelle, sans qu'on puisse s'en prévaloir contre lui.

Laissons donc de côté cette première objection et arrivons au procès civil lui-même.

La demande portée devant vous est-elle fondée? M. Goupy, dit la Compagnie, est un failli déclaré indigne de la réhabilitation, parce que des opérations de jeu avaient amené sa ruine.

Voici la vérité : M. Goupy est, en effet, tombé en faillite il y a trente ans environ. Il a sollicité sa réhabilitation, apportant à la Cour des quittances en règle attestant qu'il s'était libéré envers tous ses créanciers. La Cour n'a pas vu dans ces quittances des preuves suffisantes; elle ne les a pas trouvées assez complètes dans leur rédaction, voilà pourquoi elle a refusé de prononcer la réhabilitation demandée; elle n'a pas dit que M. Goupy était un joueur.

Ah! quand on se plaint des malveillances, des jalousies, des rivalités haineuses, il ne faut pas tenir le langage haineux et blessant que tient la Compagnie du Crédit Mobilier; il faut y regarder de bien près avant de déclarer ainsi un homme indigne de la protection de la justice. C'est une matière délicate.

Si l'on envisageait la situation antérieure de tous ceux qui peuvent se prévaloir d'immenses fortunes très-rapidement acquises, peut-être l'origine de ces fortunes et la différence des situations pourraient-elles prêter à des soupçons en apparence fondés.

Des faillites! mais elles frappent tout le monde. Dans un rapport bien récent de la Compagnie du Crédit Mobilier, je lisais que deux places d'administrateurs étaient vacantes. Le Conseil d'administration proposait d'appeler dans son sein des personnes investies, disait-on, du plus grand crédit et jouissant de la plus grande honorabilité. C'était au mois d'avril dernier; et, de ces deux personnes, l'une a bien rapidement fait courir de grands bruits sur la place de Paris, et bien vite on a parlé d'une vingtaine de millions qu'elle n'était pas en état de payer; et, si j'en crois la notoriété publique, le membre regretté qui sortait du Conseil d'administration de la Compagnie est créancier de celui qui y entrait d'une somme de six millions.

Soyons donc mesurés en examinant la vie des gens, et ne les faisons pas à la légère indignes de l'attention de la justice.

Mais M. Goupy est un joueur, ajoute-t-on; il a joué à la hausse d'une valeur émise par le Crédit Mobilier. Les tribunaux ne peuvent connaître d'opérations de ce genre.

Je ne sais si depuis 1828 M. Goupy a fréquenté la Bourse. Mais qui donc lui reproche d'avoir joué ? La Société du Crédit Mobilier : c'est-à-dire la plus grande maison de jeu qui ait jamais existé dans le monde. Il ne faut pas se payer de vains mots. Il y en a de magnifiques, je le sais : la protection de l'industrie, l'affranchissement du crédit de l'Etat, le développement du crédit particulier, la consolidation de toutes les valeurs industrielles, c'est-à-dire un rêve. Tout cela, c'est l'apparence : ils ont donné au jeu un nom nouveau, ils l'appellent dans leurs rapports l'*industrie du crédit.*

L'industrie du crédit, qu'est-ce que cela ? Aux termes du rapport de la Compagnie, les bénéfices ont été de 31 millions en 1855, y compris les 3 millions d'intérêt du capital social de 60 millions de francs. Comment les 28 millions d'excédant ont-ils été produits ? Ils ne sont pas dus à l'accroissement de prospérité des affaires dans lesquelles la Société du Crédit Mobilier a pénétré et auxquelles elle a apporté sa grande influence. Non, ils sont dus aux réalisations, ils représentent la différence entre l'achat et la vente de certaines valeurs. Vous voyez bien que c'est le jeu qui les a enfantés, le jeu, pas autre chose. Il y a deux millions d'intérêts sur des capitaux avancés sur des reports. Depuis que l'action bienfaisante du Crédit Mobilier se fait sentir, le report a été porté à 1 1/2 et 1 3/4 pour quinze jours. Etrange protection donnée à l'industrie.

Une telle Compagnie doit être dépouillée de l'illusion des mots : encore une fois, elle est une immense maison de jeu, qui pousse sans cesse toutes les valeurs à la hausse. Une telle Compagnie n'a pas le droit de flétrir du nom de joueurs des gens qui font à la Bourse des spéculations qui tournent à son profit.

J'ai répondu aux objections adressées à mon client; j'aborde maintenant les faits de la cause en eux-mêmes.

La Société du Crédit Mobilier avait annoncé déjà, dans un de ces Rapports, l'insuffisance, pour les immenses opérations auxquelles elle se livre, de son capital de 60 millions. Le succès prodigieux qu'elle avait obtenu, je n'examine pas comment, nécessitait un accroissement de capital. Au mois d'août 1855, on commence à annoncer que le dividende pour l'année de ces actions au capital de 500 fr., sera de 200 fr. au moins. Cette annonce anticipée circule sur la place. Les gens bien instruits, bien avisés, se trompent souvent dans la confiance qu'ils mettent aux rapports qui leur sont faits. Mais enfin ce bruit est répandu avec assez d'habileté. Il y a plus de 200 fr. de dividende pour 1855. Là-dessus, des journaux, dont le langage change, j'en conviens, à certaines époques, se montrent très-favorables à la Compagnie du Crédit Mobilier.

Le *Journal des Chemins de fer* de M. Mirès, entre autres, annonce qu'il existe pour la Compagnie du Crédit Mobilier un projet de diviser les actions en coupons de 250 fr., et de doubler le capital en donnant une action nouvelle au pair à chaque action ancienne. On affirmait ailleurs qu'il n'en était pas question et qu'il fallait ranger cette rumeur parmi celles qu'une spéculation effrénée répand pour en profiter et obtenir des mouvements factices. A qui fallait-il imputer la spéculation effrénée? Je n'en sais rien. Mais le public, dans lequel on faisait circuler qu'il y aurait à la fin de 1855 un dividende de 200 fr. au moins, n'était pas induit en erreur. C'était une prévision singulière, sur l'exercice 1855, qui avait encore cinq grands mois à courir, que de déterminer qu'il y aurait 200 fr. de bénéfice à la fin de l'année, sans savoir quels événements pourraient survenir. Nous étions en pleine guerre; on ne savait quels besoins l'Etat pourrait éprouver, quelles négociations détourneraient de certaines valeurs les capitaux pour les porter dans les caisses du Trésor qui auraient peut-être besoin d'être remplies. Prévoir la paix était une difficulté bien grande pour tous les esprits, à cette époque-là. Mais la Compagnie du Crédit Mobilier en savait assez. Le public était éclairé par elle. Certainement à la fin de 1855 il y aurait 200 fr. de dividende.

C'était un grand attrait pour aller vers ces actions qu'une prochaine distribution d'un dividende de cette importance. L'annonce était faite sous une forme qui n'est pas nouvelle. Si nous voyons de nos jours donner un immense développement à certaines combinaisons qu'on appelle financières, elles n'ont pas même le mérite de la nouveauté. Le procédé est ingénieux, mais il est vieux. Ces messieurs parlent beaucoup de créations qu'ils font; il y a quelque cent trente ans qu'un nommé Law a procédé de la même manière. Il avait des actionnaires, il fallait encore attirer des capitaux : des merveilles étaient promises à ces premiers actionnaires, et pour attirer de nouveaux capitaux, voici le moyen qu'on prenait : quand des actions sont en faveur à juste raison, ou bien quand on a travaillé la place de manière qu'elles soient en faveur, on annonce qu'il va y avoir un accroissement de capital, et, par conséquent, une émission d'actions nouvelles. Mais elles sont réservées aux précédents actionnaires. En conséquence, il n'y a que ceux qui sont porteurs d'actions de la Compagnie qui vont avoir, dans des conditions très-avantageuses, au pair, au-dessous même du pair, parce qu'il y aura des primes accordées, les actions nouvelles qui vont être émises. Evidemment, il n'y a pas de meilleur moyen de faire deux choses à la fois : 1° d'appeler des capitaux à venir prendre part à de si larges festins; 2° de déterminer la hausse des actions dont on est porteur ou qui sont en circulation.

Ce qui n'était qu'une rumeur au commencement prend de la consistance : le 1er septembre, les journaux annoncent que définitivement l'accroissement du capital de la Compagnie va avoir lieu.

La *Presse* publie l'avis suivant :

« SOCIÉTÉ GÉNÉRALE DU CRÉDIT MOBILIER.

« La Société générale du Crédit Mobilier a l'honneur d'informer le public que, selon les termes de l'autorisation du gouvernement, le nombre des obligations à émettre est réduit de 240,000 à 120,000.

« En conséquence, les conditions de la souscription annoncée le 8 du mois courant se trouvent modifiées comme suit :

« Les obligations émises au prix de 280 fr. seront réservées par préférence aux porteurs d'actions de la Société générale, qui y auront droit à raison d'une obligation pour une action.

« Les versements auront lieu : 200 fr. en souscrivant; 80 fr. le 1er mars 1856.

« Les coupons des actions du Crédit Mobilier à échoir les 1er janvier et 1er juillet prochain seront acceptés comme argent en paiement du premier terme des obligations, sur le pied de 200 fr.

« Dans le cas où le dividende de l'exercice excéderait 200 fr., la différence serait payée sur présentation de l'action portant indication de la souscription des obligations.

« Le dernier versement pourra être payé d'avance, moyennant bonification de 4 0/0 d'intérêts.

« La souscription sera ouverte le 14 courant, etc. »

Ainsi ce ne sont pas des actions nouvelles, ce sont des obligations qu'on va émettre. Mais voyez quelle faveur pour les actions anciennes et quelle raison de s'empresser d'en devenir acquéreur! Telle est l'annonce du 6 septembre, dont toute la Bourse est occupée le 7. Le 8, on crie merveille dans tous les journaux. Le *Journal des Chemins de fer* reproduit l'annonce du paiement du coupon en obligations avec de grands éloges et en faisant ressortir les immenses avantages qui vont être attribués aux porteurs d'actions de la Compagnie. En même temps, les annonces qui ont été faites dans les différents journaux par la Compagnie du Crédit Mobilier sont insérées dans le *Moniteur* exactement dans les mêmes termes.

La Compagnie avait-elle le droit de faire cela? Il serait étrange de lui entendre dire qu'elle n'en avait pas le droit; car l'art. 7 de ses statuts qu'elle invoque le permet. Elle avait droit d'augmenter son capital en émettant des obligations jusqu'à concurrence de dix fois son capital primitif, c'est-à-dire de 600 millions. Cependant une grande Compagnie ainsi constituée sous la protection de l'État ne doit-elle pas, avant de faire des émissions d'obligations, encore bien qu'elle y soit pleinement autorisée par l'article 14 de ses statuts, consulter le ministre des finances? C'est une question qui pourrait être débattue. Le ministre des finances se trouvait précisément, au moment où tant de faveurs venaient d'être annoncées pour les actions du Crédit Mobilier, dans une situation beaucoup moins satisfaisante Il avait les dépenses de la guerre. Il croyait pouvoir être obligé de négocier encore un emprunt considérable, et, en conséquence, il a pu s'inquiéter de ce que, dans un pareil moment, la Compagnie allait faire une émission aussi considérable que celle de 120 millions en 240,000 obligations. En conséquence, il paraît que, dans une lettre du 10 septembre que je n'ai pas lue, mais qui est mentionnée dans les écritures de la Compagnie du Crédit Mobilier, le ministre des finances aurait témoigné de l'inquiétude, et manifesté le désir qu'il n'y eût pas d'émission nouvelle sur la place; que l'appel aux grands capitaux ne fût pas fait par des Compagnies considérables comme celle du Crédit Mobilier, dans la crainte que cette émission ne nuisît aux intérêts publics et à la négociation vraisemblablement prochaine d'un nouvel emprunt auquel l'État serait obligé de recourir.

On invoque la question de force majeure qui a forcé, dit-on, la Compagnie de retarder son émission d'obligations. Fixons bien les dates. Vous me rectifierez, si je me trompe. Mais je crois que la date de la lettre qu'on invoque est du 10 septembre 1855. Qu'arrive-t-il? Le 14, une note insérée au *Moniteur* annonce qu'il ne sera émis que 120,000 obligations au lieu de 250,000, et que l'émission est prorogée au 5 octobre.

Je m'arrête ici. Le bruit si prématurément répandu dans le public, au mois d'août, que les actionnaires du Crédit Mobilier allaient toucher immédiatement un dividende de 200 fr. en acceptant des obligations qui serviraient à augmenter le capital de la Compagnie, ce bruit a produit un effet que vous comprenez facilement. Tout le monde a couru après les actions du Crédit Mobilier, et du taux déjà considérable de 1,200, si je ne me trompe, vous les voyez monter vers la fin d'août au prix de 1,300 et de 1,400 fr. Le 6 et le 8 septembre, les publications officielles certifient ce qui n'était encore qu'insinué, que glissé dans la rumeur publique. La hausse prend un élan nouveau. Elle atteint et dépasse 1,600 avec la rapidité de l'éclair.

Cette hausse, il est bien évident que c'est l'engagement pris par vous qui l'a produite, et vous ne tenez pas votre engagement.

Je sais bien que le 26 une lettre du ministre va paraître dans le *Moniteur*, annonçant que l'émission des valeurs nouvelles ne sera plus autorisée; mais après l'autorisation du 12, d'émettre 120,000 obligations, après l'annonce faite par vous le 13, que vous alliez procéder à cette émission, à qui ferez-vous croire que l'avis du 26 contenait une prohibition qui vous concernait?

Eh bien, il est constaté par un bordereau d'agent de change que M. Goupy, qui avait déjà 50 actions en portefeuille, en a fait acheter 100, le 12, à 1,550 fr., et 100, le 15, à 1,490 et 1,495, en vue du dividende de 200 fr., payable avant le 5 octobre, en obligations de 500 fr., sur lesquelles il n'y aurait ainsi que 80 fr. à payer.

Qu'arrive-t-il alors? L'opinion publique est entretenue, par différents articles de journaux, de la suite et du maintien de ces opérations. Le *Moniteur* du 15 reproduit l'article du Crédit Mobilier, portant que, selon les termes de l'autorisation du gouvernement, le nombre des obligations à émettre est réduit de 240,000 à 120,000. Le 22, autre annonce relative à la même opération. Puis le 26, l'article dont j'ai parlé tout à l'heure.

Evidemment, cet article dans lequel il est question d'autorisation d'entreprises qui entraîneraient des émissions de valeurs nouvelles n'a aucunement rapport à l'émission d'obligations que le Crédit Mobilier a dû commencer dans les termes de ses statuts, d'accord avec le ministre des finances et suivant la publication du 14. C'est alors que paraît au *Moniteur*, sous la date du 28 septembre, c'est-à-dire l'avant-veille de la liquidation de quinzaine et au mépris de la promesse de délivrer jusqu'au 5 octobre des obligations à quiconque apporterait des actions à la Compagnie du Crédit Mobilier, un avis annonçant que la Société générale du Crédit Mobilier, pour entrer dans les vues du gouvernement, n'émettra pas d'obligations nouvelles.

Vous comprenez, Messieurs, l'effet produit par un pareil avis. Autant les engagements formellement pris et l'appel fait à quiconque serait porteur d'actions avait provoqué à acheter, autant la nouvelle que le paiement immédiat du dividende en obligations n'aurait pas lieu devait provoquer à revendre. Aussi les actions qui avaient été à 1,655 fr. tombent subitement à 1,200 et même 1,100 fr. Ainsi, dans l'espace de six semaines, il y avait eu hausse de 500 fr., tant sur la rumeur que sur l'annonce officielle, que des obligations allaient être délivrées aux actionnaires, et, en moins de vingt jours, il y a eu baisse de 500 fr. par suite de la rétractation spontanée de la Compagnie du Crédit Mobilier.

C'est dans cette situation que l'homme qui a acheté, parce qu'il a été provoqué par les promesses faites à ceux qui seraient porteurs d'actions, voit que le but de son acquisition va lui échapper par la déclaration du 28 septembre, et se défait de ses actions avec une perte considérable.

Il n'est pas la seule victime. Bien des choses se sont murmurées Si elles étaient librement dites, on ne s'étonnerait pas du mouvement qui a porté M. Goupy à traduire la Compagnie en police correctionnelle.

Me Berryer s'attache à établir que le dommage éprouvé par son client ne saurait être révoqué en doute; que la Compagnie est responsable envers lui.

La Compagnie du Crédit Mobilier, dit-il, n'a pas la liberté d'un particulier. Institution publique, être anonyme et irresponsable, elle pèse sur la place de tout le poids d'un capital énorme, elle fait à son gré la hausse ou la baisse sur telle ou telle valeur; accumulant dans son portefeuille les valeurs industrielles et les remplaçant par ses obligations, opérant par là ce qu'elle appelle la consolidation du crédit industriel dans le fonds commun, elle règne sur la place. Voilà ce qu'est le Crédit Mobilier; c'est une banque comme celle des États-Unis, qui, avec 400 millions de dollars en réserve, éclata cependant; en un jour, tout disparut dans l'immensité de sa ruine, parce que tout était absorbé dans l'immensité de ses opérations. Et en parlant des opérations du Crédit Mobilier, je n'accuse pas ses administrateurs de spéculer à côté de l'établissement qu'ils dirigent, et pourtant certain d'entre eux perd bien rapidement 20 millions.

Vous êtes donc une institution d'utilité publique, vous êtes anonyme, vous êtes irresponsable et vous jouez! Vous êtes une banque de jeu qui voit les cartes! En vain vous parlez des garanties que vous offrez, des millions que vous avez en portefeuille : ce sont des valeurs variables, mouvantes, incertaines dans leur résultat définitif; car un jour, sous le coup de je ne sais quels événements, l'argent peut se porter ailleurs, vers les nécessités publiques, vers les subsistances, vers les travaux immenses qu'il faut faire pour réparer les désastres que le ciel ne nous épargne pas à côté de ceux que les hommes nous prodiguent. Vous n'êtes donc pas un simple particulier qui peut dire : « Je suis Laffite, Rougemont, Mallet; mon grand crédit, ma responsabilité, ma personnalité sont engagés dans les opérations que je fais, et je suis libre de mes actes, je puis changer de volonté à mon gré. » Vous qui ne pouvez être poursuivi que sous le voile de l'anonyme, vous êtes en dehors du droit commun; vos engagements sont des actes publics. L'Etat aurait commis la faute la plus grave s'il ajoutait l'arbitraire aux priviléges qu'il vous a accordés; il aurait exposé le pays aux convulsions les plus épouvantables.

Si les désirs de la Compagnie contre laquelle nous plaidons se réalisaient, elle monopoliserait dans ses mains toutes les valeurs industrielles, elle deviendrait le seul industriel de France; un semblable monopole ne se serait vu nulle part, pas même chez le pacha d'Egypte. Voilà son rêve.

Mais je me renferme dans la cause; je ne suis pas capitaliste, je ne me suis jamais mêlé à une affaire de Bourse ou de Banque, et je ne puise mes convictions que dans l'étude de ce procès. Ce que je dois dire, c'est que vous ne pouvez prendre les capitaux privés sans réaliser les avantages que vous promettez en retour.

Me Berryer soutient que la Compagnie ne peut pas invoquer la force majeure, et termine ainsi : Dans notre pays, les règles du droit ne changent pas, elles sont éternelles; le fait d'autrui qui cause à autrui un dommage doit être réparé. Or, vous avez pris un engagement, vous avez appelé les acheteurs, vous avez fait rechercher les actions. Elles sont montées à un prix énorme. La révocation capricieuse qui est votre fait a amené une baisse qui a été désastreuse pour M. Goupy. Vous lui devez une réparation.

Parmi vos victimes, les unes ont gémi sur leur ruine, d'autres se sont tuées, nous avons lu dans les journaux ces tragiques histoires. M. Goupy seul a été plus hardi, peut-être même a-t-il été d'abord téméraire dans la forme de son action. Aujourd'hui, il a recours à la voie civile. Son action repose sur un véritable quasi-contrat provoqué par la Compagnie du Crédit Mobilier, il est entré dans une opération qu'un changement de volonté de cette Compagnie a rendue ruineuse pour lui. Ce sont là mes conclusions, et j'y persiste.

M. Sénard, avocat de la société du Crédit Mobilier, prend la parole en ces termes :

La présence dans ce débat de l'illustre orateur que nous venons d'entendre nous avait fait penser que M. Goupy n'était qu'un adversaire nominal qui en cachait de plus sérieux ; nous ne pouvions croire que Me Berryer se fût fait le champion de ses spéculations trompées, de ses calculs déçus. Et pourtant c'est bien M. Goupy qui plaidé, et qui plaide personnellement, malgré les apparences. Je m'incline devant cette déclaration.

Il est donc acquis que les attaques dirigées contre le Crédit Mobilier ne viennent pas de rivalités froissées.

Je ne vous aurais rien dit des antécédents de M. Goupy, si mon honorable contradicteur, pour arriver à des rapprochements dont le tribunal a pu apprécier la valeur, n'avait pas cru devoir jeter d'étranges accusations dans le procès.

C'est à tort, nous a dit Me Berryer, que l'on fait passer mon client pour un homme qui vient demander à la justice l'indemnité d'une spéculation qui n'a pas réussi. Selon lui, on n'a jamais reproché à M. Goupy d'être un joueur.

Si la Cour a refusé d'accorder à M. Goupy, tombé autrefois en faillite, la faveur de la réhabilitation, ce n'est pas qu'elle ait reconnu qu'il se fût livré à des jeux de bourse : un autre motif a dicté sa décision. Je le veux bien ; c'est qu'apparemment M. Goupy n'aura pas payé ses créanciers. En tout cas, j'ai le jugement du 2 avril 1831 qui refusa au failli l'homologation du concordat que lui avaient accordée ses créanciers; or, ce jugement se fonde sur l'inconduite du requérant et les dépenses excessives qu'il avait faites.

Voilà quelle est l'honorabilité de M. Goupy. On vous disait que beaucoup d'autres avaient souffert de la mesure prise par la société du Crédit Mobilier : peut-être serait-il heureux pour ces nombreuses victimes que le procès n'eût pas été fait par l'adversaire que nous avons à combattre aujourd'hui, et qu'un autre se fût chargé de venger leurs injures.

On nous a dit, Messieurs, que le Crédit Mobilier était la plus grande maison de jeu de notre époque, une maison de jeu qui voyait les cartes, qu'il était mal venu à parler des grandes opérations de crédit ; que c'étaient là des mots dont il ne fallait pas se payer. Nous ne nous payons pas de mots ; nous répondrons avec des faits et avec des chiffres ; nous ne déclinons aucune responsabilité. Que sommes-nous ? Une société anonyme, et une société, vous l'avez dit vous-même, qui offre les garanties les plus considérables, parce que nos statuts ne peuvent exister qu'autant qu'ils ont été discutés au point de vue des intérêts publics.

Ce n'est pas tout, le Crédit Mobilier peut présenter avec orgueil le nom de ses administrateurs. Un homme a été frappé tout à coup dans des circonstances imprévues ; une faillite l'a atteint, mais elle a été bientôt rapportée, et cette menace d'un désastre a montré comment le Crédit Mobilier était administré. Il a été prouvé que cette grande société n'était pas créancière d'une obole de l'homme dont je parle.

Que se passe-t-il donc dans cette grande société financière ? Elle a été fondée au capital de 60,000,000 qui ont été immédiatement réalisés. Elle avait en compte courant les capitaux que lui verse la confiance publique, et je peux vous dire quels chiffres témoignent de cette confiance. Les bénéfices, dit-on, trahissent la nature des opérations du Crédit Mobilier. Mais nous avons les rapports de la compagnie ; il n'est pas une personne intéressée qui ne puisse contrôler l'exactitude de ces rapports. Si vous voulez savoir pourquoi les bénéfices immenses ont été réalisés, vous n'avez qu'à jeter les yeux sur la liste des affaires que patronne le Crédit Mobilier, et vous comprendrez que, sans jouer, il peut faire ces bénéfices énormes.

Le Crédit Mobilier a fondé, aidé ou soutenu des entreprises, des institutions de crédit dans lesquelles plus de 1,340,000,000 étaient engagés ; il est le banquier de seize compagnies dont les capitaux réunis dépassent 4,400,000. Le gouvernement émet des emprunts : voici dans quelles proportions le Crédit Mobilier entre dans ces emprunts ; il avoue 60,000,000 dans le premier, 276 dans le second, 522 dans le troisième, en tout 856,000,000. La société des chemins de fer autrichiens est l'œuvre de la Compagnie que vous attaquez. Tout cela n'explique-t-il pas les bénéfices qu'on attribue au jeu ?

Je crois qu'en appelant l'attention du tribunal sur les grandes opérations du Crédit Mobilier, j'ai suffisamment répondu aux faits que mon contradicteur a jetés dans le débat.

J'arrive au procès lui-même. M. Goupy se présente devant vous tout meurtri de ses défaites correctionnelles. Voici en quels termes le tribunal résumait, au mois de décembre dernier, son appréciation sur les faits qui lui étaient soumis :

« Attendu qu'il suit de là que Goupy n'a pu se tromper dans l'appréciation des faits qu'il imputait à Péreire et consorts; qu'il a donc agi avec l'intention de leur nuire ou de les forcer à transiger avec lui, pour éviter les débats d'un procès devant un tribunal de justice répressive ;

« Attendu qu'il résulte de tout ce qui précède que Goupy est coupable d'avoir méchamment et de mauvaise foi fait, par écrit, contre Péreire et consorts, aux officiers de justice et de police judiciaire, une dénonciation calomnieuse, délit prévu par l'art. 373 du Code pénal ;

« Appliquant l'article précité, modifié par l'article 463, attendu qu'il existe des circonstances atténuantes en faveur du prévenu ;

« Condamne Goupy à 500 fr. d'amende, fixe à une année la durée de la contrainte par corps, le condamne en outre aux frais, lesquels tiendront lieu de dommages-intérêts à l'égard de Péreire et consorts. »

J'établirai, messieurs, continue Me Senard, que la société du Crédit Mobilier, en annonçant qu'elle allait émettre un emprunt nouveau, ne faisait que se conformer à ses statuts ; qu'elle n'a retiré l'emprunt que sur l'ordre du gouvernement ; que ce n'est pas ce fait qui a amené la dépréciation considérable sur laquelle l'adversaire fonde sa réclamation.

Me Senard donne lecture des articles 5 et 7 des statuts de la société du Crédit Mobilier ; il tire de ces articles la conséquence que la compagnie était tenue de représenter par des emprunts les valeurs qu'elle conservait en portefeuille ; c'était la chose la plus simple du monde : la compagnie fit ce qu'elle pouvait et ce qu'elle devait faire, et le conseil d'administration approuva le projet d'emprunt.

Après avoir cherché à établir que les embarras financiers qui pesèrent sur la place à cette époque ne doivent pas être attribués à l'action du Crédit Mobilier, après avoir rappelé les notes insérées au

Moniteur, Mᵉ Senard s'attache à démontrer que si l'emprunt a été retiré, c'est qu'une circonstance de force majeure a surgi : l'opposition du gouvernement, manifestée par des ordres reçus du ministère...

M. le Président, interrompant : La cause est entendue.

M. Pinard, substitut de M. le procureur impérial, après avoir examiné les faits, en tire la conclusion que l'opération à laquelle s'est livré M. Goupy est une opération de jeu, et qu'il n'est pas fondé à demander la réparation du préjudice qu'il a souffert au Crédit Mobilier, qui a agi dans les limites de ses statuts et n'a fait que se conformer à un avis émané de l'autorité supérieure.

M. l'avocat impérial termine ainsi :

Quel est donc, en réalité, le but de ce procès? Faire un peu de bruit autour d'une société puissante, dont les plus grands détracteurs sont ceux qui ont voulu lui toucher de plus près. Sur ce terrain, toutes les récriminations sont permises ; tant pis pour ceux qui sont en faute : nous n'avons personne à défendre ici. M. Goupy a des antécédents qu'il fera bien d'expliquer le moins possible, et le Crédit Mobilier a des succès dont il s'enorgueillit trop. Ces succès, pour les apprécier à fond, il faudrait dire quels ont été les actes de cette société. Son organisation, je ne la juge pas ; je ne recherche pas si ces mots pompeux : « Industrie du crédit », n'ont pas été prononcés, il y a vingt ans, par cet homme qui fut chef d'école et qui eut tant de disciples. Au nombre de ses adeptes se trouvaient des jeunes gens qui furent plus tard économistes, administrateurs de chemins de fer, banquiers, hommes d'affaires, et qui, avec une remarquable intelligence, fondèrent cette grande compagnie nommée le Crédit Foncier.

Je ne me demande pas si l'idée de leur jeunesse, modifiée sans doute, mais toujours caressée (qui donc dit un adieu définitif aux idées de sa jeunesse ?), ne se retrouve pas dans l'œuvre nouvelle. Ces questions-là, je ne suis pas apte à les résoudre ; mais si je n'approuve ni ne critique l'organisation intime de ce puissant levier, j'ai le droit de parler d'actes et de rappeler un bilan qu'on avait oublié. On nous a donné la liste des grandes entreprises que le Crédit Mobilier avait fait naître, soit. On nous a parlé de ses services industriels, soit encore. Mais au milieu de la fièvre de l'époque, au

milieu de cet amour effréné du jeu et de ces luttes éperdues, est-ce
que le Crédit Mobilier n'a pas de reproches à se faire? Cette fièvre,
l'a-t-il calmée ou l'a-t-il excitée? Ces entrainements, ne les a-t-il
pas doublés? Est-ce qu'en multipliant les entreprises au-delà des
forces de la place, en les jetant à l'avidité des joueurs avec ces cer-
titudes de primes énormes doublées par la spéculation de tous, en
escomptant l'avenir au profit du présent, il n'a pas créé, avec
d'autres qui doivent partager sa responsabilité, de sérieux périls
pour la morale publique et les intérêts matériels eux-mêmes? Les
reports sous l'action d'une situation si tendue ne sont-ils pas devenus la loi normale de la place?

Ne faut-il pas à chaque liquidation trente ou quarante millions de
reports pour sauver les joueurs en les excitant? Et le jour où ce
moyen périlleux de vivre et de marcher manquerait un instant, le
jour où l'arc trop tendu se briserait, que de pertes, que de deuils de
famille, que de morts et de blessés, puisqu'un des administrateurs
du Crédit Mobilier lui-même est tombé récemment sur le champ de
bataille! Voilà le bilan moral et financier que vous oubliez et que la
parole impartiale du ministère public doit jeter dans la balance du
passif, quand on vante sans réserve les merveilles de vos opérations.
Voilà pourquoi le dernier mot de ce procès, c'est celui-ci : que le
Crédit Mobilier parle moins de ses succès, et que M. Goupy dissi-
mule le plus possible son passé. Les succès de l'un sont si rapides,
les pertes et les malheurs de l'autre sont de telle nature qu'ils n'atti-
reront jamais la compassion de la justice.

Nous concluons au rejet de la demande qui vous est soumise.

Le Tribunal, conformément à ces conclusions, a rendu le
jugement suivant :

« Attendu qu'en ouvrant une souscription à l'effet d'augmenter son
capital par la création d'obligations, l'administration du Crédit Mobilier a agi selon son droit et conformément aux articles 3 et 5 des
statuts;

« Qu'en annonçant un dividende de 200 fr. à recevoir en compte
de la souscription, elle a réalisé ce dividende;

« Que la souscription a été abandonnée par suite d'un acte de sage
administration de l'autorité supérieure; qu'on ne peut l'imputer à
grief à l'administration du Crédit Mobilier;

« Que Goupy n'a pris aucune part à cette souscription, et qu'ainsi
il ne peut même prétexter d'un engagement entre l'administration
du Crédit Mobilier et lui comme souscripteur;

« Que Goupy a acheté à la Bourse des actions du Crédit Mobilier et les a revendues à perte, tandis que son achat étant ferme, il aurait postérieurement réalisé un bénéfice ; qu'il a liquidé ses opérations d'achat et de revente par le paiement d'une différence ; qu'ainsi ces faits constituaient une opération de bourse étrangère au Crédit Mobilier ;

« Par ces motifs,

« Déclare Goupy mal fondé dans sa demande en dommages-intérêts ;

« L'en déboute et le condamne aux dépens. »

DISCOURS PRONONCÉ PAR S. M. L'EMPEREUR À L'OUVERTURE DE LA SESSION LÉGISLATIVE DE 1859

MESSIEURS LES SÉNATEURS,

MESSIEURS LES DÉPUTÉS,

La France, vous le savez, a vu depuis six ans son bien-être augmenter, ses richesses s'accroître, ses dissensions intestines l'éteindre, son prestige se relever, et cependant il surgit par intervalles, au milieu du calme et de la prospérité générale, une inquiétude vague, une sourde agitation qui, sans cause bien définie, s'empare de certains esprits et altère la confiance publique.

Je déplore ces découragements périodiques sans m'en étonner. Dans une société bouleversée comme la nôtre par tant de révolutions, le temps seul peut affermir les convictions, retremper les caractères et créer la foi politique.

L'émotion qui vient de se produire, sans apparence de dangers imminents, a droit de surprendre; car elle témoigne en même temps et trop de défiance et trop d'effroi. On semble avoir douté, d'un côté, de la modération dont j'ai donné tant de preuves : de l'autre, de la puissance réelle de la France. Heureusement la masse du peuple est loin de subir de pareilles impressions.

Aujourd'hui, il est de mon devoir de vous exposer de nouveau ce qu'on semble avoir oublié.

Quelle a été constamment ma politique ? Rassurer l'Europe,

rendre à la France son véritable rang, cimenter étroitement
notre alliance avec l'Angleterre, et régler avec les puissances
continentales de l'Europe le degré de mon intimité d'après la
conformité de nos vues et la nature de leurs procédés vis-à-
vis de la France.

C'est ainsi qu'à la veille de ma troixième élection, je faisaist
à Bordeaux, cette déclaration : L'EMPIRE C'EST LA PAIX;
voulant prouver par là que, si l'héritier de l'empereur Napoléon remontait sur le trône, il ne recommencerait pas un système de conquêtes, mais il inaugurerait un système de paix
qui ne pourrait êre troublé que pour la défense de grands intérêts nationaux.

Quant à l'alliance de la France et de l'Angleterre, j'ai mis
toute ma persévérance à la consolider, et j'ai trouvé de l'autre
côté du détroit, une heureuse réciprocité de sentiments de la
part de la reine de la Grande-Bretagne, comme de la part de
hommes d'état de toutes les opinions. Aussi, pour atteindre ce
but si utile à la paix du monde, ai-je mis sous mes pieds, en
toute occasion, les souvenirs irritants du passé, les attaques de
a calomnie, les préjugés même nationaux de mon pays. Cette
alliance a porté ses fruits : non-seulement nous avons acquis
ensemble une gloire durable en Orient; mais encore, à l'ex-
t rémité du monde, nous venons d'ouvrir un immense empire
aux progrès de la civilisation et de la religion chrétienne.

Depuis la conclusion de la paix, mes rapports avec l'Empereur de Russie ont pris le caractère de la plus franche cor-
dialité, parcéque nous avons été d'accord sur tous les point s
en litige.

J'ai également a me féliciter de mes relations avec la Prusse,
qui n'ont cessé d'être animées d'une bienveillance mutuelle.

Le cabinet de Vienne et le mien, au contraire, je le dis avec
regret, se sont trouvés souvent en dissidence sur les questions
principales, et il a fallu un grand esprit de conciliation pour

parvenir à les résoudre. Ainsi par exemple : la reconstitution
des Principautés Danubiennes n'a pu se terminer qu'après de
nombreuses difficultés qui ont nui à la pleine satisfaction de
leurs désirs les plus légitimes; et si l'on me demandait quel
intérêt la France avait dans ces contrées lointaines qu'arrose
le Danube, je répondrais que l'intérêt de la France est partout
où il y a une cause juste et civilisatrice à faire prévaloir.

Dans cet état de choses, il n'y avait rien d'extraordinaire
que la France se rapprochât davantage du Piémont, qui avait
été si dévoué pendant la guerre, si fidèle à notre politique
pendant la paix. L'heureuse union de mon bien-aimé cousin
le prince Napoléon avec la fille du roi Victor Emmanuel n'est
donc pas un de ces faits insolites auxquels il faille chercher
une raison cachée, mais la conséquence naturelle de la communauté d'intérêts des deux pays et de l'amitié des deux Souverains.

Depuis quelque temps l'état de l'Italie et sa situation anor-
male, où l'ordre ne peut être maintenu que par des troupes
étrangères, inquiètent justement la diplomatie. Ce n'est pas
néanmoins un motif suffisant de croire à la guerre. Que les
uns l'appellent de tous leurs vœux, sans raisons légitimes; qu'
les autres, dans leurs craintes exagérées, se plaisent à mon-
trer à la France les périls d'une nouvelle coalition, je resterai
inébranlable dans la voie du droit, de la justice, de l'honneur
national; et mon gouvernement ne se laissera ni entraîner,
ni intimider, parceque ma politique ne sera jamais ni provo-
catrice, ni pusillanime.

Loin de nous donc ces fausses alarmes, ces défiances injustes, ces défaillances intéressées. La paix, je l'espère ne sera
point troublée. Reprenez donc avec calme le cours habituel de
vos travaux.

Je vous ai franchement expliqué l'état de nos relations extérieures; et cet exposé, conforme à tout ce que je me suis ef-
forcé de faire connaître depuis deux mois à l'intérieur comme

à l'étranger, vous prouvera, j'aime à le crire, que ma politique n'a pas cessé un instant d'être la même : ferme, mais conciliante.

Aussi je compte toujours avec confiance sur votre concours comme sur l'appui de la nation qui m'a confié ses destinées. Elle sait que jamais un intérêt personnel ou une ambition mesquine ne dirigeront mes actions. Lorsque soutenu par le vœu et le sentiment populaires, on monte les degrés d'un trône, on s'élève, par la plus grave des responsabilités, au dessus de la région infime où se débattent des intérêts vulgaires, et l'on a pour premiers mobiles comme pour dernier juges : Dieu, sa conscience et la postérité.

Noms des valeurs.	Prix d'émission.	Nombre des titres émis.	Capital d'émission.
Crédit Mobilier Français.........	500	120.000	60.000.000
— — actions nouvelles..	500	120.000	60.000.000
— — Espagnol.........	500	240.000	120.000.000
— — Italien..........	500	100.000	50.000.000
Société générale Néerlandaise....	540	160.000	86.400.000
Banque Ottomane..............	500	135.000	67.500.000
Chemin de fer de l'Est..........	500	584.000	292.000.000
— du Midi...........	500	250.000	125.000.000
— de l'Ouest.........	500	300.000	150.000.000
— Autrichiens.......	500	400.000	200.000.000
— Nord-Espagne....	500	200.000	100.000.000
— Courdoue-Séville...	500	36.000	18.000.000
— Ouest-Suisse.......	500	100.926	50.463.000
Canalisation Ebre..............	500	63.000	31.500.000
Compagnie Immobilière.........	500	160.000	80.000.000
— Transatlantique	500	80.000	40.000.000
Magasins Généraux.............	500	25.000	12.500.000
Obligations Ch. de fer Nord-Espag.	250	622.000	155.500.000
— Emprunt Ottoman 1863	360	300.000	108.000.000
— — — 1865	330	300.000	99.000.000
— Compagnie Immobilière	285	36.158	10.305.030
		4.332.084	1.916.168.030

Noms des valeurs.	Plus haut cours.	Epoque des plus hauts cours.	Capital aux plus hauts cours.
Crédit Mobilier Français.	1997 50	1856	239.700.000
— — Actions nouvelles.	700 »	1866	84.000.000
— — Espagnol	995 » [1]	1863	209.100.000
— — Italien.	655 »	1863	65.500.000
Société générale Néerlandaise . . .	650 »	1863	104.000.000
Banque Ottomane	800 »	»	108.000.000
Chemin de fer de l'Est	1060 » [2]	1856	537.280.000
— du Midi	900 »	1862	225.000.000
— de l'Ouest	885 »	1857	265.000.000
— Autrichiens	957 50	1856	383.000.000
— Nord-Espagne. . .	597 50	1863	119.500.000
— Cordoue-Séville . .	505 »	1859	18.180.000
— Ouest-Suisse. . . .	630 »	1856	63.583.380
Canalisation Ebre	500 »	»	31.500.00 0
Compagnie Immobilière	665 »	1863	106.400.000
— Transatlantique	682 50	1862	54.600.000
Magasins Généraux	780 »	1863	19.500.000
Obligations Ch. de fer Nord-Espag.	» »	»	155.500.000
— Emprunt Ottoman 1863	» »	»	108.000.000
— — — 1865	» »	»	99.000.000
— Compagnie Immobilière	290 »	»	10.485.820

3.006.829.200

1 Avec droit aux actions nouvelles, cours moyen ; 747 50.
2 Et actions nouvelle; moyen, 780.

Nom des valeurs	Cours au 21 novembre 1867		Capital au 21 novembre 1867
Crédit Mobilier Français.	145	»	17.400.000
— — — actions nouvelles.	145	»	17.400.000
Crédit Mobilier Espagnol.	163	75	39.300.000
— — Italien.	225	»	22.500.000
Société Générale Néerlandaise. . .	»	»	»
Banque Ottomane	480	»	64.800.000
Chemin de fer de l'Est	531	25	310.880.000
— — du Midi.	547	50	136.875.000
— — de l'Ouest.	548	75	164.625.000
— — Autrichiens. . . .	500	»	200.000.000
— — Nord-Espagne . .	60	»	12.000.000
— — Cordoue-Séville .	10	»	360.000
— — Ouest-Suisse . . .	»	»	»
Canalisation Ebre	»	»	»
Compagnie Immobilière.	82	50	13.200.000
— Transatlantique. . .	295	»	21.800.000
Magasins Généraux.	560	»	14.000.000
Obligations du Chemin de fer			
— Nord-Espagne.	110	»	68.420.000
— Emprunt Ottoman 1863	258	75	77.625.000
— — — 1865	257	50	77.250.000
— Compagnie Immobilière	165	»	5.966.070

Total 1.264.401.070

RÉSUMÉ

Différence entre le capital d'émission et le capital le plus élevé :

Le capital le plus élevé s'élevait à. . .   3.006.829.200
Le capital d'émission était de. 1.916.168.030

Il en résulte un bénéfice de. 1.090.661.170

Différence entre le cours le plus élevé et le cours des valeurs au 21 novembre 1867 :

Le capital le plus élevé s'élevait à . . .   3.006.829.200
Le capital au cours du 21 novembre était de. 1.264.401.070

Il en résulte une perte de 1.742.428.130

Différence entre le capital d'émission et le cours de valeurs au 21 novembre 1867 :

Le capital d'émission s'élevait à. . . .   1.916.168.030
Le capital au cours du 21 novembre était de : 1.264.401.070

Il en résulte une perte de. 651.766.960

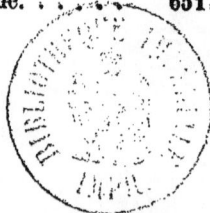